BIBLIOTHÈQUE
DE PHILOSOPHIE CONTEMPORAINE

L'IDÉE D'ÉVOLUTION

DANS

LA NATURE ET L'HISTOIRE

PAR

GASTON RICHARD

Agrégé de philosophie, docteur ès lettres,
Chargé du cours de sociologie à l'Université de Bordeaux.

*Ouvrage couronné
par l'Académie des sciences morales et politiques.*

PARIS
FÉLIX ALCAN, ÉDITEUR
ANCIENNE LIBRAIRIE GERMER BAILLIÈRE ET Cⁱᵉ
108, BOULEVARD SAINT-GERMAIN, 108

1903

L'IDÉE D'ÉVOLUTION

DANS

LA NATURE ET L'HISTOIRE

DU MÊME AUTEUR

De l'origine de l'idée de Droit. 1 vol. in-8°, 1892 (THORIN ET FILS, éditeurs).

Le socialisme et la science sociale. 1 vol. in-12 de la *Bibliothèque de philosophie contemporaine*, 2ᵉ édition, 1898 (FÉLIX ALCAN, éditeur). 2.50.

Les crises sociales et la criminalité, mémoire publié dans l'*Année sociologique* (3ᵉ année, 1898-1899) dirigée par E. Durkheim, professeur à l'Université de Bordeaux (FÉLIX ALCAN, éditeur).

L'IDÉE D'ÉVOLUTION

DANS

LA NATURE ET L'HISTOIRE

PAR

GASTON RICHARD

Agrégé de philosophie, docteur ès lettres,
Chargé du cours de sociologie à l'Université de Bordeaux.

*Ouvrage couronné
par l'Académie des Sciences morales et politiques.*

PARIS
FÉLIX ALCAN, ÉDITEUR
ANCIENNE LIBRAIRIE GERMER BAILLIÈRE ET Cⁱᵉ
108, BOULEVARD SAINT-GERMAIN, 108
—
1903
Tous droits réservés.

AVANT-PROPOS

Cet ouvrage a été présenté sous forme de mémoire à l'Académie des sciences morales et politiques qui lui a décerné en 1901 le prix Crouzet. Nous le publions à peu près sans modifications. Néanmoins nous nous sommes efforcé de tenir compte des observations exprimées par M. Th. Ribot dans le lumineux rapport qu'il a présenté à l'Académie dans la séance du 26 octobre 1901. Nous avons apporté, croyons-nous, plus de précision dans la discussion des problèmes de la psychologie sociale (deuxième partie, deuxième section). Nous avons cru devoir ajouter à notre travail, sous forme d'appendices, un certain nombre d'observations et de discussions qui ne figuraient pas dans le mémoire et nous avons relégué dans ces appendices quelques développements qui alourdissaient l'exposé primitif.

PRÉFACE

L'idée d'évolution peut être considérée soit comme l'abrégé d'une doctrine qui formule la loi même des origines et du développement de l'univers, soit plus simplement comme le concept directeur d'une méthode qui doit fonder la cosmogonie. Mais, puisque toute doctrine rationnelle repose sur une méthode, la discussion de la doctrine évolutionniste doit être précédée par l'étude du rapport entre l'idée d'évolution et la méthode qui s'applique aux origines des grands processus en lesquels l'univers se divise. S'il était prouvé que les sciences génétiques ou dynamiques, sans lesquelles la cosmogonie n'aurait pas d'assises, ne peuvent qu'être égarées par le concept de l'évolution, la doctrine évolutionniste serait par là même convaincue d'erreur. Au contraire, même si l'idée d'évolution donnait une orientation utile à la recherche génétique, il n'en résulterait pas qu'une loi d'évolution universelle fût le dernier mot de la cosmologie. Le problème de la méthode prime donc absolument la question de la doctrine. La philosophie critique et la philosophie des sciences se partagent l'étude de l'idée d'évolution dans la nature et l'histoire, mais c'est la philosophie critique qui ouvre la discussion et qui prononce le verdict.

L'IDÉE D'ÉVOLUTION

DANS LA NATURE ET L'HISTOIRE

INTRODUCTION

I

L'idée d'évolution semble d'abord être identique à l'idée de devenir ou de développement ; or l'idée de développement est l'idée d'une succession régulière modifiée par l'idée d'une complication régulière elle-même dans les rapports de succession. Ainsi définie cette idée est impliquée dans la notion empirique de la loi, c'est-à-dire du rapport de condition antécédente à conditionné conséquent ; elle est même impliquée dans la notion du phénomène naturel ; elle n'est pas autre chose que la forme définie du rapport de causalité dans les sciences de la nature.

Si nous la définissons ainsi nous devrons nous garder d'y voir une loi objective, une conclusion de la science, encore moins une conception générale de l'univers. Ce serait revenir à l'illusion des premières écoles philosophiques de la Grèce. L'évolution ne serait pas une loi, mais un concept directeur de l'expérience. Ce serait l'âme de la méthode qui doit présider à l'étude des rapports de succession entre les phénomènes naturels. Si cette méthode est féconde, elle devra enfanter des sciences définies et distinctes, sciences susceptibles de se hiérarchiser et d'éclairer l'action, mais sous peine d'arriver à une pure tautologie cette méthode ne doit pas se contenter de nous apprendre que les phénomènes se succèdent du simple au complexe : elle doit nous faire connaître la filiation réelle et historique de chaque processus, de chaque ordre de phénomènes.

Bref, l'idée d'évolution n'est pas autre chose que l'énoncé d'une question posée à l'expérience. La réponse est la connaissance des origines d'un processus donné. Mais la notion d'origine est elle-même relative. *Il n'y a pas d'origine en soi*. Faire connaître les origines d'un processus, c'est en faire connaître les formes primitives ainsi que les conditions au milieu desquelles le processus s'est d'abord manifesté. En d'autres termes, c'est en faire connaître la genèse. La question impliquée dans l'idée d'évolution reçoit sa réponse toutes les fois que l'étude génétique d'un processus a été poussée, dans le présent et dans le passé, aussi loin qu'il est possible.

Ainsi entendue, l'idée d'évolution ne peut inspirer qu'une méthode inductive. La genèse d'un processus réel ou observable, le processus de l'organisation par exemple, ne peut être construite. Plus compliqué est le processus, plus nombreuses sont les hypothèses que nous pouvons former sur les modes de son apparition. Mais, réciproquement, induire n'est pas, selon une vieille formule, remonter du fait particulier au cas général ; c'est remonter du conséquent à l'antécédent, du conditionné à la condition. Le géologue n'induit pas moins correctement que le physicien ou l'astronome. La recherche inductive définie est une recherche génétique ; c'est la recherche des conditions de l'apparition du phénomène. Que le résultat de la recherche puisse être étendu indéfiniment, c'est une hypothèse, légitime à coup sûr, mais qui ne devrait pas être confondue avec l'opération inductive elle-même[1].

1. Voir l'appendice A.

La pierre de touche qui nous permet de discerner la recherche inductive de la recherche déductive n'est pas autre que le type de preuve auquel on a recours pour produire la conviction. Toute méthode est la mise en œuvre de l'aptitude à raisonner et il n'est pas deux façons de raisonner. Raisonner est toujours unifier deux jugements qui ont un élément commun. Mais le raisonnement est inductif si la conclusion doit sa certitude à la possibilité d'être traduite en une série indéfinie d'expériences sensibles, il est déductif dans le cas contraire. Or la méthode génétique dont l'idée d'évolution est l'âme doit nous découvrir une relation entre faits sensibles.

L'idée d'évolution aurait une autre conséquence : elle nous conduirait à abandonner l'espoir d'arriver à des *explications intelligibles* et nous inspirerait la résignation à la connaissance du fait donné comme tel et dans toute sa contingence. Expliquer ne serait plus autre chose que connaître la succession effective des phénomènes qui constituent chaque processus et connaître la succession effective des processus qui constituent la nature. Expliquer c'est *développer* (enucleare) le contenu de notre expérience : ce n'est plus prétendre orgueilleusement ramener les faits à un petit nombre de notions sinon à une notion unique. Sans doute la connaissance génétique nous amène à constater qu'en fait telle forme animale, telle forme sociale n'aurait pu se produire si telle autre forme n'avait pas apparu avant elle. Mais la relation entre la condition et le conditionné est contingente et nous imaginons aisément des possibilités différentes, puisque les hypothèses se succèdent sans relâche dans l'esprit des savants jusqu'à ce que la connaissance réitérée des faits vienne les condamner, sauf une seule qui était bien souvent jugée la plus invraisemblable. Toutefois cette relation n'est pas capricieuse ou désordonnée. En ce sens, si nous expliquons, nous ne rendons pas raison de ce que nous expliquons. Nous constatons au contraire que la nature est infiniment trop riche pour que nous puissions en faire tenir la formule dans le rapport de quelques idées claires et distinctes. Nous pouvons sans doute, pour le soulagement de notre débilité, substituer certaines connaissances à l'immense variété des autres. Nous substituons, par exemple, la connaissance de la physiologie cellulaire à la série des données zoologiques. Nous donnerons à des formules vaguement approximatives ou plutôt compréhensives le nom de *lois* ; mais nous mesurerons la vraie portée de ce titre ambitieux ; nous saurons que ces lois sont relatives à la faiblesse d'une intelligence qui ne peut sans une fatigue extrême passer en revue la série des faits que la loi résume. Nous n'aurons pas la fatuité de croire que selon le mot de Taine, nous tenons le réel « dans les tenailles de fer de la nécessité ».

L'idée d'évolution nous conduit donc à abandonner comme inutile et inintelligible la distinction des lois empiriques et des lois rationnelles. Les lois valables, énonçant des rapports de filiation entre phénomènes et conditions, sont des lois empiriques. Les lois rationnelles, bien loin de rendre raison de ces dernières, ne sont au contraire que des formules abréviatives qui appauvrissent l'expérience pour la faire cadrer avec nos exigences logiques, c'est-à-dire avec le besoin d'épargner la dépense de notre activité intellectuelle. — Tout au plus pourrait-on dire qu'il y a deux sortes de lois empiriques : celles qui rattachent le phénomène au processus et celles qui énoncent les rapports de succession entre les grands processus ; une loi morphologique serait un exemple des premières, une loi physico-chimique un exemple des autres ; mais les unes comme les autres tireraient toute leur certitude de l'expérience qu'elles unifient.

Nous irons plus loin encore ; il serait impossible de laisser subsister entre la science et l'histoire cette différence admise par Bacon comme par Aristote, par Descartes comme par Bacon. L'histoire c'est l'expérience, dit Bacon, et la science c'est la connaissance des causes. — Mais cette distinction est vaine si l'on ne peut connaître un phénomène empiriquement sans lui donner un antécédent dans la durée et si connaître les causes n'est pas autre chose que connaître des rapports entre phénomènes antécédents ou conditions et phénomènes conséquents ou conditionnés. Histoire et science sont donc une seule et même chose et désignent la connaissance génétique.

Dès lors il faut écarter la vieille formule : *Il n'y a pas de science du fait particulier*, car elle conduit à nier la validité des études génétiques. Otez à la science les faits et les relations contingentes et vous lui avez ôté tout son objet, tout le contenu de l'expérience, car, ainsi que le montrait Leibnitz, tout fait est contingent, et comment les relations entre faits contingents, fussent-elles invariables, pourraient-elles être autrement que contingentes ?

Toutes ces conséquences se ramènent à une seule, bien indiquée par les grands théoriciens de la succession et de la causalité synthétique, Hume, Kant et M. Charles Renouvier : c'est que la relation de causalité doit être radicalement distinguée de la relation de la substance au mode. C'est que si l'idée de substance peut être conservée, elle ne désigne pas autre chose que la liaison des phénomènes dans la conscience. *La substance est la substance du phénomène :* elle n'est pas une essence dont chaque phénomène ne serait que la limitation, en sorte que, connaître scientifiquement, ce serait rétablir l'identité partielle du mode et de la substance. — Bref, l'idée d'évolution serait l'idée même de la science expérimentale mise au niveau de la philosophie critique.

II

Mais dès lors pourquoi le nom même de l'évolution évoque-t-il l'idée d'un système que contredit point par point le tableau que nous venons de décrire, d'un système que renouvellent le spinozisme et l'hégélianisme ?

Le système évolutionniste, esquissé par Spencer dans les *Premiers principes* et vérifié complaisamment dans les *Principes de biologie, de psychologie et de sociologie*, est un essai de synthèse totale, synthèse de la connaissance et de l'action, unification de l'expérience. L'évolution est le nom de la loi qui rendrait compte de l'apparition de tous les phénomènes, simples ou compliqués, et de leurs relations dans le temps et l'espace. Cette loi est mieux qu'un simple résumé de l'expérience : elle permet d'anticiper les conclusions de sciences encore en enfance. Spencer n'a pas attendu que l'induction ait fourni des lois empiriques de la zoologie générale, de la psychologie objective et de la sociologie ; il a imposé la loi d'évolution, loi rationnelle selon lui, à ces sciences en voie de formation, à la sociologie notamment, et il en a déduit les relations les plus générales entre les faits. La preuve est que l'on mettrait en doute la loi d'évolution universelle si l'on mettait en doute le transformisme en biologie, l'identité de la raison et de l'instinct en psychologie, l'identité de la contrainte sociale et du militarisme en sociologie. — La loi d'évolution est formulée *a priori*. Sans doute c'est un corollaire d'une autre loi, le principe de la conservation de l'énergie, et ce principe peut être présenté comme une synthèse de l'expérience. Mais d'une part cette synthèse est partielle puisqu'elle est limitée aux phénomènes physiques qui s'accomplissent dans la partie de l'univers dont nous sommes les habitants ; d'autre part, ce principe est considéré par Spencer comme une donnée immédiate de la conscience ou comme l'interprétation de ses données immédiates [1]. La notion de la force est le symbole le plus approché de l'inconnaissable [2]. La conscience n'a pas moins que l'expérience sensible le privilège de le

1. *Premiers principes*, § 350.
2. *Ibid.*, § 61, 62.

découvrir. C'est parce que le principe de la conservation de l'énergie se déduit de la notion de la force absolue que l'on peut l'affirmer de l'expérience totale. C'est donc, non un résumé des sciences empiriques de la nature, mais un principe constitutif de l'expérience. La loi d'évolution, qui n'en est que le corollaire, est donc l'hypothèse à laquelle il faut soumettre l'expérience si l'on veut parvenir à l'unification complète du savoir.

Le philosophe dont le nom restera associé au système évolutionniste a exposé au début de son œuvre maîtresse, les *Premiers principes*, un abrégé des conclusions de la philosophie critique et de la théorie de la relativité de la connaissance. Il peut sembler étrange de voir en lui un continuateur de Hegel, de Schelling et de Spinoza. Mais il ne faut pas s'y tromper. Spencer reprend les formules de Kant, mais dans un tout autre esprit que leur auteur. Il résume les antinomies, mais néanmoins il conclut à la légitimité d'une cosmologie rationnelle d'où l'on doit pouvoir déduire les règles de la conduite. Est-ce défaut de logique ou n'est-ce pas plutôt parce que la théorie de l'inconnaissable n'est pas comprise par lui comme par le philosophe critique ?

L'esprit de la philosophie critique est que nous pouvons *a priori* nier la valeur de toute synthèse rationnelle de l'expérience parce qu'il y a contradiction entre les conditions de l'expérience sensible, l'intuition et la catégorie et l'idée de la totalité. Nous ne pouvons pas nous donner l'expérience tout entière précisément parce que nous devons en appréhender successivement les parties dans le temps. C'est pourquoi l'expérience est une phénoménologie et l'idée de totalité ne peut donner lieu qu'à des noumènes, c'est-à-dire à des concepts de limite. Mais, quoi qu'on ait pu dire, les noumènes de Kant ne sont pas des substances ou des réalités inaccessibles distinctes des phénomènes. Aussi a-t-on pu les chasser de la philosophie critique sans apporter la moindre altéraration soit à la cosmologie de Kant, soit à sa morale.

Chez Spencer, il n'en est pas ainsi. La constatation d'une limite de la science et de la nescience ne paraît nullement faire obstacle à la recherche d'une systématisation totale de l'expérience. Une fois admis que l'esprit ne peut avoir du fond des choses une conception exacte ou adéquate, l'expérience, connaissance inadéquate, reçoit cependant une valeur absolue, en ce sens que l'esprit peut se la donner tout entière en la symbolisant. Kant identifie toujours l'absolu et la totalité de l'expérience. Spencer estime au contraire que l'on peut sans contradiction unifier, totaliser le relatif.

La philosophie critique conclut que la question de l'Unité doit rester sans réponse, non seulement parce que toute hypothèse tendant à y répondre est en contradiction avec nos croyances morales fondamentales, mais encore parce qu'elle est de sa nature incertaine et même en opposition avec les conditions de l'expérience.

Le système évolutionniste est donc une philosophie précritique : ce qui caractérisait les systèmes antérieurs à la critique, c'était beaucoup moins la prétention de connaître, au delà des lois, des substances et des propriétés éternelles, que celle de donner une satisfaction complète à ce besoin d'unité qui agite l'esprit humain. Le rôle de la critique a été de contrôler la valeur et la légitimité de ce besoin et de montrer qu'il doit céder le pas au besoin de la certitude et au souci de la preuve scientifique.

Sans l'œuvre de la philosophie critique une philosophie positive des sciences, celle de Comte par exemple, n'aurait jamais été possible, car c'est la distinction faite par les criticistes entre l'unification des intuitions empiriques et la totalité (impossible et contradictoire) de l'expérience qui a conduit à conclure que connaître les lois empiriques de la nature et les ordonner selon une complexité croissante est le seul objet possible du savoir objectif.

Le système de Spinoza est le spécimen éternel et parfait des œuvres de la philosophie précritique. Ici en effet le pro-

—blème des conditions de la certitude et de la preuve est sciemment sacrifié au souci de l'unité. La certitude est la satisfaction intellectuelle que donne la possession de l'idée adéquate : or l'idée adéquate est une contemplation de l'unité primordiale d'où la diversité des phénomènes émane.

C'est pourquoi nous devons retrouver les vues générales du spinozisme dans toute philosophie, théiste ou athéiste, qui se propose de faire une synthèse totale de l'expérience. C'est pourquoi aussi, aux conclusions politiques près, la cosmologie de Spencer et sa philosophie de l'histoire ont une analogie réelle avec celles de Hegel, qui par l'intermédiaire de Schelling et de Herder se rattache au spinozisme. Le système de l'évolution est un hégélianisme desséché et l'hégélianisme était lui-même un spinozisme illustré d'emprunts faits aux découvertes de la science et de l'histoire modernes.

III

Le système de l'évolution universelle et la méthode génétique semblent donc être formellement en opposition. Néanmoins doit-on s'empresser de jeter aux évolutionnistes le reproche d'avoir violé la logique élémentaire et d'être tombés, sans s'en apercevoir, dans une grossière contradiction ? Est-il interdit de penser que la synthèse totale n'a dans leur esprit qu'une valeur hypothétique et que le rôle de la méthode génétique est précisément de soumettre cette hypothèse à la vérification de l'expérience ?

Une étude impartiale et approfondie de l'histoire de la philosophie a conduit beaucoup d'esprits à voir dans la métaphysique la source principale des concepts et des hypothèses qui fécondent temporairement la science. La métaphysique est elle-même une synthèse totale, soit de l'expérience, soit du savoir et des règles de l'action. Interdire à la pensée l'espoir de parvenir à une synthèse totale, ce serait donc stériliser la recherche scientifique et la priver des principes heuristiques sans lesquels l'expérience n'est qu'un tâtonnement dans les ténèbres. La philosophie critique et la doctrine relativiste de la connaissance qui en est la conclusion auraient dès lors pour mission, non point de condamner toute cosmologie et toute métaphysique, mais de nous en rappeler le caractère hypothétique et l'obligation de les soumettre au contrôle de l'expérience.

Dès lors une loi d'évolution universelle, déduite elle-même du principe de la conservation de l'énergie, aurait sa raison d'être. Elle ne donnerait pas *a priori* la formule certaine de la conservation et du développement de l'univers, mais *a priori* elle justifierait l'étude génétique des grands processus entre lesquels se laissent distribuer les phénomènes ; elle justifierait même la possibilité de les disposer en série, en allant du simple au complexe, et de trouver dans les processus les plus simples les conditions et les antécédents des plus compliqués.

L'idée d'évolution représenterait sans doute encore l'unité du monde, mais elle ne serait plus qu'un concept heuristique ou, si l'on préfère, une question posée à l'expérience. Cette question ne recevrait qu'une réponse partielle ; car l'esprit humain ne peut se donner l'expérience entière d'un seul coup et identifier le possible avec le réel, le futur avec le passé.

Mais une objection surgit aussitôt :

L'évolution est présentée non pas seulement comme un concept, mais comme une loi, la loi qui assujettit tout processus à passer de l'homogène à l'hétérogène. Cette loi serait elle-même l'unification de toutes les lois empiriques que les sciences concrètes trouvent, ou tout au moins recherchent ; bref, elle est donnée comme la synthèse de la phénoménologie et non pas seulement comme l'idée directrice de la méthode à laquelle la phénoménologie doit recourir pour passer de la probabilité à la certitude.

Il y a là une équivoque qui n'a pas échappé à la critique[1]. La question est de savoir si la méthode est astreinte, en quelque sorte *a priori*, à témoigner en faveur d'une certaine conception de l'univers et si ses résultats cessent d'être dignes de créance toutes les fois qu'ils infligent un démenti à la théorie.

Cette question en contient une autre : le problème de la loi.

Par opposition aux lois empiriques de la géologie, de la botanique, de la zoologie, de la psychologie, de l'histoire sociale et politique, la loi d'évolution serait une loi rationnelle. Mais quels sont les caractères logiques d'une loi rationnelle ? La nécessité du rapport y est-elle comprise ?

C'est là une question entièrement éludée par les évolutionnistes. Spencer pose, avant toute synthèse de l'expérience, le principe de la relativité de la connaissance. Il circonscrit le domaine du connaissable à la région des phénomènes. Il semblerait conséquent d'attendre de lui la reconnaissance du principe de la contingence des lois naturelles et l'élimination de la nécessité. En fait nous ne voyons pas qu'il ait jamais attribué, en termes propres, le caractère de la nécessité à la loi de l'évolution universelle. Mais il procède et raisonne toujours comme si le passage de l'homogène à l'hétérogène était une condition sans laquelle la liaison des phénomènes ne serait pas susceptible d'être pensée.

Si d'ailleurs l'auteur des *Premiers principes* avait explicitement reconnu la contingence des relations entre les phénomènes, aurait-il aspiré à embrasser, dans une formule unique, tous les résultats passés et futurs de la méthode génétique ? Aurait-il énoncé cette formule comme il l'a fait, au risque de ne pas se distinguer des purs mécanistes ?

---

[1]. Témoin les œuvres de M. Émile Boutroux ; *La Contingence des lois de la nature* (Paris, F. Alcan). — *De l'idée de loi naturelle dans la science et la philosophie contemporaines* (Paris, F. Alcan).

La méthode génétique consiste dans l'étude comparative des processus naturels (telle la comparaison des phases du développement de l'embryon et des transformations que présente la série animale dans la succession des âges géologiques) ; elle ne permet de découvrir que des lois empiriques et contingentes, lois certaines aussi longtemps que l'expérience les confirme, mais sans valeur aucune dès que l'on sort des limites de l'expérience. La méthode génétique ne doit s'appliquer qu'à des processus définis et circonscrits, et la difficulté est même de les définir et de les circonscrire ; on ne peut, sous peine de lui ôter toute valeur, l'appliquer à l'univers en général. Donc, il n'y a pas lieu de chercher, scientifiquement, une évolution universelle distincte du développement des processus spéciaux. Distinguera-t-on des problèmes scientifiques un problème philosophique, consistant à découvrir les caractères communs à tous les développements naturels ? Il faudra laisser la méthode génétique pour une analyse abstraite quantitative et qualitative. Mais outre que cette tentative ne sera possible que le jour où la méthode génétique aura été suffisamment appliquée aux principaux processus entre lesquels on peut diviser la nature, quels résultats l'esprit philosophique peut-il en attendre ? Une loi rationnelle ? En ce cas on abandonne la philosophie pour la science. Mais si l'on n'atteint pas une loi rationnelle, qu'aura-t-on conquis sinon la notion la plus abstraite, la plus simple, la plus nue et la plus inutile, celle du processus indéterminé ?

C'est une loi rationnelle du développement en général que Spencer a tenté de formuler, au risque de confondre les deux domaines de la science et de la philosophie. Il nous reste à savoir si cette loi est pour lui une relation constante entre phénomènes contingents ou un rapport nécessaire.

Le passage de l'homogénéité indéfinie à l'hétérogénéité définie, ou abréviativement, le passage de l'homogène à l'hétérogène, telle serait la formule abstraite de la loi rationnelle présidant au développement de tous les processus passés ou actuels, réels ou simplement possibles. Sans doute Spencer n'a jamais été jusqu'à dire, si nous le comprenons bien, qu'il fût impossible à l'Inconnaissable de se manifester autrement que par des processus soumis à cette loi (sinon la loi d'évolution deviendrait pour lui comme pour Hegel la formule de l'Absolu, et l'Inconnaissable serait connu αὐτὸ καθ αὐτὸ). Néanmoins, si la philosophie psychologique de Spencer n'est pas un pur non-sens, l'esprit humain doit se produire conformément à cette loi. Elle prime les lois logiques elles-mêmes et il est bien difficile de ne pas lui attribuer le caractère de la nécessité.

Cette loi nécessaire, à quelle source est-elle puisée? Elle n'est pas demandée à l'expérience seule, car l'expérience ne connaît pas l'*homogène*. Les données empiriques sont des phénomènes distincts, hétérogènes les uns aux autres par là même qu'ils tombent sous les prises de la sensibilité consciente. Même élaborées par l'abstraction, les données de l'expérience ne peuvent conduire l'esprit à la notion de l'homogénéité pure.

Cet homogène, en effet, sera-t-il la matière? Mais il serait bien étrange qu'une philosophie relativiste parlât de la matière en soi, de la substance matérielle, plus étrange encore, qu'elle prétendît en devoir la connaissance à l'expérience. L'expérience ne connaît que des corps. Ces corps, ni la chimie ni la minéralogie ne peuvent en épuiser la liste, car le nombre des combinaisons chimiques possibles défie le calcul. En élaborant à l'aide de l'abstraction les données de l'expérience on ne peut arriver qu'à des concepts vagues, tels que ceux du corps simple et du corps composé, du corps brut et du corps vivant, non à la notion d'une matière homogène qui contiendrait en soi, on ne sait comment, la possibilité de tous les processus.

L'énigme prend fin si l'on songe que la notion de l'homogène n'est pas autre que celle de l'espace géométrique.

L'espace que les géomètres se donnent pour objet est homogène et il ne saurait exister deux homogènes, car l'un deviendrait aussitôt hétérogène par rapport à l'autre. Le passage de l'homogène à l'hétérogène, c'est la construction *a priori* de figures géométriques de plus en plus complexes. La loi rationnelle que l'évolutionniste impose à l'expérience et à la méthode génétique est en réalité une théorie mathématique de l'univers.

IV

De là résulte une série de conséquences.

La philosophie mathématique devient pour les évolutionnistes comme pour Descartes le fondement de la phénoménologie. Elle seule élabore les concepts qui peuvent entrer dans la constitution de la science expérimentale et isolée d'elle, l'expérience n'est qu'une *histoire*, une description plus ou moins fidèle de l'accidentel. Mais la philosophie mathématique doit résoudre des problèmes qui, selon les philosophes critiques, mettent la raison aux prises avec elle-même ou tout au moins aux prises avec l'imagination. Tel est le problème de la *continuité*. La philosophie mathématique est partagée entre deux solutions. Ou elle considère que le concept mathématique le plus clair, le plus distinct, le plus défini, est le concept du nombre, synthèse de l'unité et de la pluralité ; ou elle admet l'infinie divisibilité de la grandeur. Dans le premier cas la loi du nombre est imposée *a priori* à l'expérience ; les phénomènes ne peuvent être étudiés scientifiquement, déterminés les uns par les autres que s'ils forment des collections susceptibles d'être complètement dénombrées ; dans le second cas la grandeur est un tout continu qui ne peut être mesuré qu'approximativement, car l'unité à laquelle la grandeur est comparée n'est jamais qu'une conception arbitraire.

Les deux thèses ont eu d'illustres défenseurs. La première a été merveilleusement exposée par M. Charles Renouvier, mais la seconde avait eu pour avocats Pascal et surtout Leibnitz. Si on laisse de côté l'inutile protestation de Gassendi en faveur de l'atomisme, les fondateurs ou les rénovateurs de la philosophie mathématique au xviie siècle sont favorables à la thèse de la continuité. Il faut attendre la publication de la *Critique de la raison pure* pour qu'elle soit ébranlée et pour que la discontinuité puisse être de nouveau considérée comme la loi des phénomènes naturels.

Au contraire, la philosophie mathématique du xixe siècle travaille de plus en plus à éliminer l'infini et le continu. Pour elle, comme pour la philosophie du xviie siècle, l'objet le plus profond de la philosophie mathématique est de découvrir la correspondance du nombre et de la grandeur[1]. Mais la solution est de considérer la grandeur, en apparence continue et indéfiniment divisible, comme une collection dénombrable et de retrouver le nombre sous l'étendue, la durée ou la masse[2]. L'effort de l'esprit mathématique est de créer des concepts numériques dont les propriétés puissent exprimer celle de la grandeur : de là, le nombre fractionnaire, le nombre négatif, le nombre complexe ou imaginaire[3]. Mais le concept fondamental est toujours celui du nombre entier, de même que l'arithmétique est toujours l'introduction à l'analyse.

Les philosophes mathématiciens de l'école allemande, — dont le chef, Helmholtz, a été précisément le principal théoricien de la conservation de l'énergie, — ont été plus loin. Ils semblent s'être attachés à ramener la mathématique à la théorie du nombre et à voir dans la théorie du nombre le premier moment de la science empirique du phénomène (car tout processus est d'abord une collection dénombrable).

---

1. Couturat. *De l'infini mathématique* (Paris, F. Alcan).
2. Du même auteur, quoiqu'il penche plutôt vers l'infinitisme.
3. Couturat. Ire partie. Nous faisons toutes nos réserves sur la conclusion de l'auteur qui admet en outre un nombre infini.

Leur point de vue, qui a d'ailleurs donné lieu à de très vives critiques, semble être en contradiction absolue avec la théorie de la continuité qui régnait au xvii° siècle. Non sans raison, on a pu y voir une forme étrangement radicale du nominalisme[1].

Le système évolutionniste reste au contraire fidèle à la philosophie mathématique du xvii° siècle, aux théories de Descartes, Pascal et Leibnitz ; il soumet *a priori* toute la série des phénomènes au principe de continuité. Il accorde une valeur quasi métaphysique aux découvertes de Helmholtz sur la conservation de l'énergie, mais il dédaigne de donner la moindre attention à sa théorie du nombre.

L'école évolutionniste choisit donc sans grande critique entre les deux grandes thèses de la philosophie mathématique, et ses préférences vont spontanément à la théorie de la continuité, c'est-à-dire à celle qui a été frappée d'un discrédit croissant à mesure que s'est constituée la méthode des sciences de la nature. (Il est vrai que cette école n'hésite pas à être infidèle à son principe mathématique et à postuler la discontinuité quand la conception atomistique de la nature lui fournit des explications commodes.)

Cette conséquence n'est pas la seule. Imposer à l'expérience comme une loi nécessaire le passage de l'homogène à l'hétérogène, c'est professer implicitement que la qualité est partout et toujours réductible à la quantité. En effet, l'esprit même de la théorie spencérienne de l'évolution est que le passage de l'homogène à l'hétérogène n'est pas une transformation de l'homogène en son contraire, mais un simple accroissement de la complexité. Toute autre interprétation serait d'ailleurs entièrement inintelligible. La géométrie peut seule nous donner l'idée d'un milieu homogène dans lequel une complication graduelle de la figure serait possible. La formule de l'évolution est donc celle de la géométrie universelle :

---

1. Couturat. *De l'infini mathématique*, II° partie. Livre I.

elle présuppose par suite une réduction préalable des données de l'expérience. — Cette réduction a dépouillé, en quelque sorte, les phénomènes de toute diversité sensible, de tout caractère spécifique et qualitatif. Dès lors ce n'est plus la série des phénomènes sensibles, effectivement présentés à l'expérience, que l'évolutionniste réussit à tirer de l'homogène, ou, comme aurait dit Platon, du récipient, c'est la série de leurs symboles, de leurs substituts mathématiques.

L'évolutionnisme se confond donc avec le mécanisme; ce n'en est qu'une version nouvelle ou même, si l'expression ne trahit pas notre pensée, une vulgarisation.

Il découle de là une conception de la science expérimentale, familière sans doute aux hommes du xviie siècle, mais contre laquelle la philosophie critique et la philosophie positive se sont également élevées, j'allais dire insurgées.

Pour l'adepte du mécanisme, expliquer c'est mesurer avec une exactitude approchée. Ne nous faisons pas en effet d'illusion sur la valeur des formules les plus ambitieuses. Réduire la qualité à la quantité signifie seulement : *substituer* au phénomène considéré, ou à une relation empirique une grandeur indirectement et approximativement mesurable, et c'est faire abstraction de toute la partie du phénomène qui échappe à la mesure, si importante qu'elle soit. Le type de la réduction c'est ainsi la substitution d'une grandeur à une autre, la substitution du plan au volume, de la ligne au plan, de la droite à la courbe et surtout celle du nombre à la grandeur.

Evidemment si expliquer c'est comprendre, le mécanisme universel qui substitue à l'univers sensible un univers mesurable n'explique rien car ce que nous avons mesuré nous reste inintelligible. La réputation faite aux fondateurs et aux apologistes du mécanisme serait donc énigmatique si l'interprétation mécanique de l'univers n'était pas, à certains égards, une bonne école pour l'esprit. Mesurer les phénomènes est une opération modeste, mais elle comporte la certitude et en enseigne les conditions. On conçoit que la mathématique ait pu être l'école de l'esprit scientifique.

Toutefois cette école fait chèrement payer à l'esprit humain les leçons qu'elle lui donne : elle le porte en effet à croire qu'il n'y a pas de certitude en dehors du domaine des mathématiques et que l'esprit erre dès qu'il observe, compare, induit et cesse de calculer et de mesurer. La cause de cette erreur est une équivoque très grossière dénoncée à maintes reprises par Auguste Comte : c'est la confusion de la *certitude* et de la *précision* ou exactitude. Elle est mortelle à l'autorité des sciences expérimentales et surtout, à celle des sciences qui ne peuvent manier d'autre instrument que la comparaison, telles que la morphologie et la sociologie. En d'autres termes le mécanisme tend à sacrifier la valeur des sciences dynamiques à celle des sciences statiques de la nature.

De là résulte une conception de la prévision scientifique que l'école évolutionniste a faite sienne quoiqu'elle soit en opposition complète avec l'esprit de la méthode génétique : nous voulons parler de la réversibilité des séries ou de la parité de la dissolution et de l'évolution.

On peut concevoir la prévision scientifique de deux manières bien différentes.

Ou bien l'on tire de la connaissance des lois empiriques d'un phénomène une conclusion relative à la ressemblance probable de l'avenir au passé, abstraction faite des différences accidentelles. Cette prévision est celle du statisticien, du pathologiste, du météorologiste, du géologue.

Ou bien l'on fait abstraction du temps et l'on voit en quelque sorte la relation entre un phénomène et son antécédent dans un présent éternel : telles sont les prévisions de la mécanique céleste [1].

Le succès, l'exactitude de la prévision astronomique a

---

1. Cf. Bergson. *Les données immédiates de la conscience*, chap. II (Paris, F. Alcan).

exercé la plus grande séduction sur l'esprit des savants et des théoriciens de la science, mais elle en a conduit quelques-uns à tomber dans de graves illusions relativement aux conditions de ce type de prévision. Il ne s'applique, a montré Comte, qu'à des phénomènes d'une extrême simplicité et que l'abstraction simplifie encore. Dès que les phénomènes se compliquent quelque peu, l'erreur survient. Par exemple, on ne tirerait pas de la loi de la gravitation universelle une prévision des marées qui fut absolument exacte ; encore moins tirerait-on des lois de la physique une prévision exacte des phénomènes météorologiques.

Au point de vue purement mécanique, les phénomènes sont réversibles : le mobile peut parcourir de B en A la route qu'il a parcourue de A en B. Dans ces conditions, la prévision atteint une exactitude absolue, car à y regarder de près, les difficultés du problème sont supprimées. Le savant se donne à lui-même la durée future comme déjà présente; en d'autres mots il ne retient que le symbole mathématique du temps, c'est-à-dire l'étendue géométrique.

Mais les savants tombent d'accord aujourd'hui que, même pour le physicien, les phénomènes réels forment des séries irréversibles. A plus forte raison en est-il ainsi des données de la géologie, de la physiologie, de la psychologie individuelle et sociale. Les phénomènes dont la loi d'évolution énoncerait l'unité n'autorisent que des prévisions approchées. Donc si l'école évolutionniste déduit de l'évolution la certitude de la dissolution, c'est parce qu'elle a imposé *a priori* à l'expérience les thèses du mécanisme mathématique et soumis tous les phénomènes au principe du parallélogramme des forces.

V

La loi d'évolution universelle n'est donc pas une simple hypothèse destinée à orienter l'expérience et à lui épargner les tâtonnements. C'est une conception *à priori* de l'univers et de la loi ; c'est une synthèse *à priori* de la connaissance et cette synthèse n'est pas autre chose qu'une philosophie mathématique vieillie et révoquée en doute par la critique.

Cependant les savants qui ont appliqué aux grands processus inorganiques, organiques et superorganiques, à la terre, aux organismes, à l'humanité la méthode génétique n'ont pas repoussé explicitement l'hypothèse de l'évolution universelle ; beaucoup même l'ont ouvertement acceptée. La question n'est donc pas jugée.

Il se pourrait que Descartes et Spinoza eussent définitivement raison contre Bacon, Hume et Kant. Il se pourrait que la connaissance dynamique de l'univers fût étroitement subordonnée à la connaissance statique, que celle-ci répondît seule pleinement à nos aptitudes logiques, enfin que le rôle de l'expérience fût simplement de prononcer sur la valeur des détails d'une construction mathématique toute *a priori*.

Le problème du rapport entre la méthode génétique et la loi d'évolution universelle relève donc de la philosophie générale.

L'idée d'une loi d'évolution universelle, d'un passage de l'homogène à l'hétérogène qui serait la condition commune à tous les processus est une synthèse totale de l'univers qu'il est impossible de concilier avec une théorie relativiste ou agnosticiste.

Cette conception est le mécanisme. Elle consiste à penser qu'il n'y a de relations scientifiquement intelligibles qu'entre les phénomènes mesurables et que les phénomènes ne sont mesurables, et par conséquent déterminés, que dans la mesure où ils sont réductibles à un élément homogène, à une grandeur abstraite, qui en dernière analyse est l'étendue géométrique. Par suite elle exclut radicalement les états de conscience de la série des phénomènes intelligibles et déterminés ; car si l'état de conscience, vu son intensité, peut être le signe de phénomènes quantitatifs et mesurables, en lui-même il est purement qualitatif. Il ne peut donc être qu'un stérile épiphénomène, accompagnant la représentation des faits mais étranger à leur production.

A cette conception de l'univers on peut en opposer une autre. La connaissance de l'univers serait une phénoménologie toujours incomplète, mais toujours progressive. Cette phénoménologie consisterait en lois empiriques, en relations contingentes reconnues vraies seulement dans les limites de l'expérience. Il serait possible de former une hiérarchie de ces lois empiriques et de les ordonner selon une complexité croissante et une généralité décroissante, mais la relation de la condition au conditionné étant un rapport de succession et non d'identité, jamais l'on ne jugerait que les lois du complexe pussent être réduites aux lois du simple, et par suite déduites de celles-ci.

Cette phénoménologie n'appauvrirait pas la représentation de l'univers avec l'espoir de la rendre intelligible ; elle ne ferait abstraction d'aucun élément constant de la complexité des choses ; elle reconnaîtrait les caractères propres de chacun des processus ; elle ne prétendrait donc pas déduire l'explication des états de conscience des propriétés de l'organisation ni l'explication de la vie des propriétés de la matière inorganique ou du mouvement. Il en résulte qu'elle reconnaîtrait aux états de conscience une causalité comme aux phénomènes mesurables.

La philosophie contemporaine en France a discuté la valeur de ces deux conceptions du monde et donné les preuves des plus fortes contre la théorie spencérienne, soit qu'elle ait ruiné la théorie de l'épiphénomène et montré l'impossibilité de refuser une place aux sentiments et aux idées dans le devenir de l'univers[1] ; soit qu'elle ait soumis la notion abstraite du phénomène à une critique approfondie et prouvé

---

1. Alfred Fouillée. *L'évolutionnisme des idées-forces* (Paris, F. Alcan).

que ni le phénomène ni la liaison des phénomènes ne sont possibles en dehors de la conscience [1] ; soit qu'elle ait montré l'incompatibilité de la loi expérimentale et de la nécessité logique [2], elle a conduit les esprits à révoquer en doute la loi d'évolution universelle.

Cependant le débat est loin d'être épuisé. Les œuvres puissantes que nous venons de rappeler ont plutôt le caractère dialectique. L'évolutionniste peut toujours invoquer l'accord apparent entre la loi d'évolution et les résultats de la méthode qui préside aux recherches génétiques. Il faut chercher s'il n'y a pas là une illusion, si l'application de la méthode génétique aux différents processus naturels n'a pas supposé l'usage de concepts en contradiction avec le mécanisme évolutionniste et si cette méthode ne doit pas ses erreurs et ses déviations à l'influence de l'esprit de système.

1. Boirac. *L'idée du phénomène* (Paris, F. Alcan).
2. Boutroux. *La Contingence des lois de la nature*, 2ᵉ édition (Paris, F. Alcan). — *L'idée de loi naturelle dans la science et la philosophie modernes* (Paris, F. Alcan). Cf. Bergson. *Les données immédiates de la conscience*, chap. II (Paris, F. Alcan).

PREMIÈRE PARTIE
LE PROBLÈME BIOLOGIQUE

CHAPITRE PREMIER
L'ÉVOLUTION SIMPLE ET L'ÉVOLUTION COMPLEXE

Si la notion de l'évolution est identique à celle de développement, de devenir ou de processus, elle désigne non pas un principe d'explication, mais un ensemble de données concrètes à expliquer. L'esprit scientifique exige que les lois propres à chaque processus soient recherchées et de là résultent les sciences concrètes ou empiriques (sciences ayant pour objets les agrégats, pour employer la langue de Spencer). Mais l'esprit philosophique conçoit l'unité de ces sciences ; il ne la trouve pas suffisamment dans l'étude abstraite des phénomènes, dans les sciences dites abstraites-concrètes par Spencer ; les sciences abstraites des rapports, les mathématiques la lui refusent également. Est-il légitime qu'il la demande à une élaboration nouvelle du concept de développement, de devenir ou de processus et qu'il donne au résultat de cette élaboration le nom de *loi d'évolution* ?

Si vous lisez avec quelque attention l'œuvre de Spencer, vous le surprendrez professant tour à tour l'unité et la pluralité des processus. Dans les *Premiers principes* il formule une loi d'évolution universelle qui s'applique, toujours identique à elle-même, à des phénomènes que les manifestations de l'inconnaissable compliquent toujours davantage. Mais au début des *Principes de sociologie* il reconnaît nettement trois processus distincts : l'inorganique, l'organique, le superorganique. L'apparition de chacun d'eux est soumise à la loi d'évolution ; il en est de même de son développement. Cependant l'un de ces processus n'est pas la répétition des autres ; c'est ainsi que le développement des sociétés se fait en un tout autre sens que le développement des organismes. Il y a donc là deux conceptions bien opposées, dont l'une est déduite de la physique générale et l'autre induite des sciences concrètes.

La loi d'évolution ne peut correspondre qu'à l'ensemble des conditions de tout processus étudiées abstraitement [1]. En ce sens seulement, on pourrait la considérer comme une loi rationnelle des phénomènes décrits, classés et expliqués relativement par les sciences concrètes.

Mais la difficulté subsiste. L'étude des processus et de leurs différents moments, et plus encore, l'étude de la succession irréversible des processus constituent le domaine de la théorie dynamique de l'univers. Mais la théorie des conditions communes à tous les processus ne se confond-elle pas précisément avec la connaissance statique des choses ? Le principe même de la conservation de l'énergie, inséparable du principe de la conservation de la matière, ne consiste-t-il pas à envisager les rapports des phénomènes *sub specie œternitatis*?

Incapable de saisir le devenir éternel des phénomènes autrement que comme l'inexplicable, comme l'énigme pure, l'esprit humain semble s'être résigné à une division du travail d'où sont résultées d'un côté la théorie statique de l'univers, c'est-à-dire la mécanique ou mathématique universelle, et de l'autre la théorie dynamique ou phénoménologie.

---

1. *Premiers principes*, § 98, et XIII (Paris, F. Alcan).

La première donne une satisfaction complète aux tendances analytiques de l'esprit ; en revanche, elle est une simple construction du possible, non un tableau du réel ; elle n'épuise l'explication d'aucun phénomène, si simple qu'il soit. La seconde est un tableau exact de la réalité concrète ; mais elle se subdivise en connaissances qui ne se laissent pas réduire à l'unité et elle constate le fait sans en montrer jamais la raison d'être.

Or il n'est pas douteux que l'école évolutionniste ait cru possible de faire progresser la théorie dynamique de l'Univers à un point tel qu'elle pût rivaliser de clarté et de simplicité avec la théorie statique. De là l'hypothèse d'une loi d'évolution universelle. Le péril était de la rattacher si étroitement à la Mécanique universelle que le Phénomène, le Devenir, le Changement, ne fût plus qu'un aspect illusoire de la *Conservation*.

Spencer a cru éviter cette difficulté capitale en distinguant l'évolution simple de l'évolution composée. (*Premiers principes*, § 98.)

« Lorsque les seules forces en jeu sont celles qui tendent directement à produire l'agrégation ou la diffusion, l'histoire entière d'un agrégat ne comprend rien de plus que les mouvements qui rapprochent ses composants du centre commun et ceux qui les en écartent. L'opération de l'évolution ne comprenant rien de plus que ce qui a été dit au commencement du dernier chapitre (le passage de l'imperceptible au perceptible) sera simple. »

« ... Mais au contraire quand l'intégration est lente, soit parce que le mouvement contenu par l'agrégat est relativement grand, soit parce que, malgré la faiblesse relative de la quantité de mouvement de chacune des parties de l'agrégat, son grand volume empêche ce mouvement de se dissiper aisément, soit parce que le mouvement s'y perd plus vite qu'il ne s'y absorbe, les autres forces produiront dans l'agrégat des modifications appréciables. A côté du changement constituant l'intégration, il y aura des changements supplémentaires. L'évolution au lieu d'être simple sera composée. » (*Premiers principes* § 98).

L'évolution simple est une intégration de matière et une dissipation de mouvement ; l'évolution est composée quand, l'intégration de la matière et la dissipation du mouvement étant plus lentes, d'autres forces produisent des changements supplémentaires. Si nous nous souvenions que la critique de Spencer a tenté de mettre en évidence que les forces sont des manifestations de l'Inconnaissable, nous sommes amenés à penser que l'évolution est complexe quand des phénomènes irréductibles aux lois de la force et du mouvement viennent s'y manifester.

Mais cette interprétation n'est-elle pas fautive ? La distinction du processus organique et du processus inorganique correspond assez exactement à celle de l'évolution complexe et de l'évolution simple[1]. Si donc Spencer reconnaissait que la vie manifeste l'Inconnaissable autrement que la matière brute, l'interprétation que nous venons de proposer serait plausible. Mais rien ne répugne plus à l'esprit de la doctrine évolutionniste que la reconnaissance de cet hiatus entre l'organique et l'inorganique. L'effort de l'école tend à le réduire à la différence entre l'état cristalloïde et l'état colloïde de la matière[2]. La diversité des manifestations possibles de l'Inconnaissable doit dès lors être laissée de côté. L'Inconnaissable se serait manifestée objectivement une fois pour toutes par la force, la matière et le mouvement.

Il devient dès lors aisé de démontrer qu'il n'a pas suffi à Spencer de distinguer l'évolution complexe de l'évolution simple pour empêcher sa cosmogonie d'être absorbée par la théorie statique de l'univers. Il était impossible qu'il en fût autrement. La formule de l'évolution simple est en effet au plus haut point équivoque. Ou elle désigne une évolution

---

1. *Premiers principes*, § 103, quest.
2. *Principes de biologie*, chap. x (Paris, F. Alcan.)

entièrement indéterminée et étrangère à toute espèce de loi, ou elle désigne la simplification des processus par les procédés logiques de la pensée scientifique.

Dans le premier cas l'on revient à une conception de la nature que l'esprit a lentement exorcisée en constituant les sciences statiques et abstraites ; dans le second cas l'on se contente de la seule conception de la nature que puissent donner les méthodes des sciences statiques et abstraites. Mais dans un cas comme dans l'autre, on renonce à l'application des méthodes qui seules pourraient nous donner une connaissance dynamique (ou génétique) de l'univers.

En effet, la notion d'une évolution indéterminée n'est pas autre chose que cette idée de la métamorphose universelle que l'on constate à l'origine de toutes les philosophies : c'est elle que l'esprit découvre en effet dès qu'il réfléchit sur le contenu des mythes, sur l'analogie universelle des choses. La roue des bouddhistes en est un bel emblème. C'est sous l'aspect de la métamorphose que l'histoire des choses peut s'écrire en quelques lignes, en quelques vers. Mais, comme l'a montré Gœthe, elle est l'abîme de la pensée scientifique[1]. Elle est l'excitant le plus énergique de cette forme de l'imagination que M. Ribot a heureusement nommée « *diffluente* » l'imagination des théologiens de l'Inde.

Quoi qu'on ait pu dire, il est évident que Spencer, en parlant du passage de l'homogène à l'hétérogène n'a pas en vue l'*Indéterminé* des premiers philosophes ioniens. L'homogène est chez lui bien nettement distinct de l'Inconnaissable. Mais il n'en est que moins discernable de l'élément mesurable des phénomènes, c'est-à-dire de l'étendue géométrique.

---

1. « Die Idee Metamorphose ist eine höchst ehrwürdige, aber zugleich höchst gefährliche Gabe von oben. Sie führt in's Formlose, *zerstört das Wissen, löst es auf*. Sie ist gleich der *vis centrifuga* und Würde sich in's Unendliche verlieren, wäre ihr nicht ein Gegengewicht zugeben ; ich meine *den Specificationstrieb*, das zähe Beharrlichkeitsvermögen dessen was ein mal zur Wirklichkeit gekommen ; Eine *vis centripeta* welcher in ihrem tiefsten Grunde keine Aeusserliegkeit etwas anhaben kann. » (Gœthe. Zur Naturwissenschaft. Problem und Erwiderung).

L'école évolutionniste ne veut pas se priver des résultats dus à l'analyse mathématique de l'univers : c'est sur ce sol inébranlable qu'elle veut construire la connaissance dynamique de la nature. Mais par là même elle se condamne à voir l'aspect dynamique des choses du même biais que les mathématiciens. La dynamique universelle n'est qu'un corollaire de la statique, et le développement universel n'est plus qu'une conséquence des transformations de la force, une transformation du potentiel en actuel.

A l'étude de la métamorphose universelle, aucune méthode n'est applicable ; à l'étude des conditions statiques, universelles et permanentes des processus, on ne saurait appliquer la méthode que nous avons nommée génétique. Cette méthode est en effet essentiellement comparative. Son objet est de découvrir les conditions d'un développement ou d'une transformation dans les limites mêmes du processus ; elle consiste à chercher parmi les phénomènes qui ont précédé un certain état défini du processus celui qui a conditionné l'apparition de cet état. La comparaison de processus définis et bien décrits peut seule conduire à ce résultat. L'embryologie contemporaine nous en offre un bel exemple. On sait qu'elle est fondée tout entière sur le rapprochement du développement larvaire et du développement fœtal et qu'elle tend à conclure que le développement *larvaire ou dilaté* a précédé dans tous les embranchements le développement *fœtal ou abrégé*. Or ce qui autorise cette conclusion est la comparaison des œufs d'où sortent par voie de segmentation les divers types d'embryons. Les œufs qui donnent lieu au développement abrégé ou fœtal sont plus riches en vitellus nutritif que les œufs d'où sortent les larves. Le procédé comparatif pouvait seul conduire à une conclusion de cette importance, mais le problème de la genèse des organismes complexes pouvait seul provoquer l'application de la méthode comparative aux œufs et aux embryons des organismes.

Or le savant qui croit avoir déjà déduit de la connaissance des lois statiques de l'univers la marche générale des processus jugera superflu de se livrer à de laborieuses comparaisons sur les différents aspects que peut présenter à ses yeux une forme de développement défini. Le théoricien de l'évolution universelle s'attachera à démontrer que les organismes simples et primitifs ont pu résulter de l'état colloïde de la matière inorganique, à justifier la *generatio œquivoca* etc., mais jamais il ne se livrera à une recherche embryologique. De même, il déduira de la loi d'évolution l'analogie profonde entre les sociétés et les organismes ; il se consumera en efforts pour prouver que les lois de l'adaptation au milieu et de la sélection naturelle ont régi les transformations économiques, morales et politiques des peuples, mais il sera souverainement dédaigneux de l'histoire et en usera très librement avec les faits. C'est que pour lui la formation de chaque processus est astreinte *a priori* à répéter un certain ordre, à obéir à une loi nécessaire.

La méthode génétique est (qu'on nous passe la trivialité de ce terme) escamotée et remplacée par une méthode toute autre, la méthode des limites. Si le géomètre veut mesurer une circonférence, il multipliera successivement et indéfiniment les côtés d'un polygone ; puis il passera à la limite. Mais s'il a substitué une grandeur mesurable à une grandeur qui ne l'était pas, il ne pense pas qu'il ait réellement créé une circonférence en multipliant les côtés d'un polygone. La ligne courbe reste qualitativement irréductible à la ligne droite.

Il en résulte que si la méthode des limites est applicable à l'analyse quantitative de l'univers, elle est entièrement fallacieuse quand on lui demande de rendre compte de la genèse des processus. En appliquant rigoureusement le principe de continuité on supprimerait précisément le devenir, c'est-à-dire l'apparition d'existences, de qualités nouvelles. Veut-on par exemple rendre compte de l'apparition des organismes ? Non seulement on négligera toute différence entre les organismes simples et les organismes complexes, mais on réduira à une simple différence de complexité la distinction de la matière inorganique et de la matière vivante. On considérera la synthèse chimique la plus complexe, et par la pensée on lui donnera l'organisation vivante comme une limite vers laquelle elle tend. C'est ainsi que l'être vivant sera assimilé à l'explosif. Qui ne voit cependant qu'ici c'est le phénomène vital, le renouvellement de l'individu et de l'espèce qui est traité comme une quantité négligeable ?

Sans doute, dans la pratique on n'a pas rejeté systématiquement l'emploi de la méthode génétique ; on a même cherché à *illustrer* par des emprunts faits à ses résultats l'exposition des théorèmes tirés de la loi de l'évolution simple et nécessaire. La raison en est aisée à découvrir. Ce n'est pas autre chose que la pénétration des méthodes expérimentales dans la raison publique moderne et dans la conscience scientifique.

Si les géologues n'avaient pas, en classant les roches, en analysant les terrains, cherché et réussi à retracer les origines et la formation de la croûte terrestre ; si les embryologistes n'avaient pas suivi pas à pas la transformation de l'œuf en feuillets blastodermiques et celle des feuillets en appareils organiques ; si les paléontologistes n'avaient pas suivi de même, jour par jour, la succession des formes de la vie organique et animale ; si les palethnographes n'avaient pas recueilli les indices qui nous montrent les races primitives de l'humanité créant peu à peu les éléments d'une industrie et d'un art ; si les philologues n'avaient pas découvert une loi de passage des thèmes indéterminés aux parties du discours et aux flexions verbales ; si les historiens n'avaient pas étudié les anciennes formes de la discipline sociale et leurs relations avec les degrés de la civilisation, jamais on n'aurait discuté sur l'évolution universelle ; jamais la philosophie d'Herbert Spencer, de ses précurseurs et de ses disciples n'aurait obtenu la moindre popularité.

Néanmoins, la théorie de l'évolution simple et universelle est jugée par l'école d'essence supérieure aux résultats de la méthode génétique. Il est permis à celle-ci de la confirmer mais non pas d'ébranler la conception cosmologique d'où elle est déduite.

Or cette conception est celle de la mathématique universelle, c'est-à-dire celle des sciences statiques ; c'est celle qui conduisait Voltaire et les newtoniens du xviiie siècle à dénier toute valeur à la géologie car cette étude paraissait devoir ébranler la confiance de la raison humaine en la fixité des lois de la nature. Il faut donc choisir entre l'hypothèse mathématique d'où se déduit le principe de l'évolution simple et la conception dynamique qui préside à l'application de la méthode génétique.

CHAPITRE II

L'ÉVOLUTION COMPLEXE. — LA GÉOGÉNIE ET L'ÉVOLUTION ORGANIQUE

Une fois mise en doute la réalité d'une évolution simple, universelle, commune à tous les développements, la théorie dynamique de la Nature se trouve en présence de trois grands processus, l'inorganique, l'organique et le superorganique. Le problème est dès lors de savoir si l'étude du processus le moins complexe ne contient pas l'explication des deux processus supérieurs et si, ayant rendu compte du développement du monde inorganique, il ne suffit pas de prouver (comme faisaient les atomistes de l'antiquité), que le monde organique et le monde superorganique n'en sont que les prolongements.

L'étude du monde inorganique appartient à des sciences statiques, aux sciences que Spencer nomme abstraites et abstraites-concrètes : ces sciences formulent des lois quantitatives qu'elles rattachent aux théorèmes de la mécanique rationnelle. La subordination de la connaissance dynamique de la nature à la connaissance statique serait donc consacrée d'une façon détournée si le processus inorganique était considéré scientifiquement comme le substitut des processus complexes.

Il n'est pas impossible de montrer qu'une telle conclusion ne saurait être acceptée, même dans l'état présent de la science. — En effet, le passage des sciences statiques de l'inorganique aux sciences de la vie requiert un intermédiaire : nous voulons parler de la géogénie, œuvre de la méthode génétique.

Or la géogénie, qui est en quelque sorte le juge de toute hypothèse scientifique sur les origines et le développement du monde inorganique, est amenée à considérer la vie organique plutôt comme une cause des phénomènes étudiés par elle que comme une simple conséquence des transformations du monde physique.

Ces propositions appellent une démonstration qu'il faudrait sans doute rendre minutieuse, mais que nous devrons nous contenter d'ébaucher.

Le problème des rapports de l'organique et de l'inorganique ne peut être correctement posé sans le concours de cette branche nouvelle de la biologie que l'on nomme la *cytologie*, l'étude des éléments et des origines de la cellule vivante.

La cytologie est, au point de vue statique, une chimie de la cellule.

Mais cette chimie, si pénétrée qu'elle soit des notions de la mécanique universelle, doit accepter la donnée fondamentale de la biologie : *omne vivum ex vivo*. Allons plus loin : elle ne peut faire abstraction des différences entre les organismes simples et les organismes complexes, ou même entre la plante et l'animal.

Les cellules les plus simples sont *aérobies* ; la plupart des éléments anatomiques de l'animal sont *anaérobies*.

Donc, la chimie de la cellule vivante ne peut justifier la confusion du processus organique et du processus inorganique ; elle constate, dans le noyau de la cellule, l'existence d'une énergie primordiale dont la science peut connaître les conditions physico-chimiques, mais elle reste muette sur l'origine de cette énergie.

Aucune solution n'est donc donnée par les sciences statiques à cette question précise : Pourquoi les quatre corps simples auxquels se laissent ramener les principes immédiats des organismes ont-ils acquis seuls la propriété de donner lieu, par leurs combinaisons, à des êtres organisés et vivants ? Répondre qu'ils donnent lieu à des combinaisons ternaires et quaternaires qui ont en commun avec les phénomènes vitaux le caractère de l'instabilité est se payer de mots. L'instabilité chimique n'est pas la vie ; c'en est tout au plus la condition négative, car chez l'être vivant cette instabilité des combinaisons s'accorde avec le renouvellement de la structure individuelle, et, *mutatis mutandis*, avec le renouvellement du type spécifique.

Les explosifs sont aussi des combinaisons instables, et l'esprit de système qui nie toute différence entre l'organique et l'inorganique a conduit à une assimilation téméraire de l'explosif et de l'être vivant[1]. Mais l'unique rôle de cette comparaison est qu'elle donne une raison péremptoire de repousser la thèse qui a conduit à la faire. Le moindre choc amène la décomposition de l'explosif. L'explosif réagit sur le monde extérieur, mais en se transformant totalement. L'être vivant réagit sans se détruire et même en accroissant l'activité de ses fonctions ; sous le choc des forces incidentes, il s'adapte, mais d'une façon active, en choisissant au dehors les éléments chimiques suceptibles de former les combinaisons d'où le noyau des cellules tire son énergie.

Le problème est donc du ressort de la cosmogonie scientifique. L'existence des êtres vivants ne peut être constatée que sur la terre ; la formation et la structure de la terre ont une histoire dont les archives sont de mieux en mieux connues, déchiffrées et publiées. La géogénie est l'étude de cette histoire. C'est elle qui doit être interrogée sur la filiation des phénomènes physico-chimiques et des phénomènes vitaux.

Inconnue au xviie siècle, sauf de Leibnitz qui en pressentit

---

1. Ch. Richet. *Essai de psychologie générale* (Paris, F. Alcan). Conclusion p. 188. (Encore l'auteur en vient-il à conclure pratiquement à la spontanéité de la cellule vivante, à l'absence de toute proportion entre l'excitation et la réaction.)

l'importance philosophique, dédaignée au xviiie siècle par Voltaire et l'école newtonienne qui y voyaient un démenti à la constance des lois naturelles et à la conception statique du monde, la géologie est devenue une science d'une importance capitale à dater du moment où Kant et Laplace ont eu formulé leur hypothèse sur l'origine du système solaire. Il a fallu voir dans la géologie autre chose qu'une étude concrète et descriptive de l'écorce terrestre. Elle est devenue la méthode qui permet de soumettre au contrôle de l'observateur les hypothèses cosmogoniques. Le procès qui a été débattu entre l'école de Cuvier et l'école de Constant Prévost et de Lyell ne portait sur rien moins que sur la genèse du monde ; le problème des « Révolutions du globe » ne le cédait pas en gravité au problème de l'héliocentrisme.

Combinant les données de l'astronomie, de la physique, de la météorologie, de la chimie minérale, de la minéralogie, la géologie établit que la terre, aplatie aux pôles et renflée à l'équateur, a d'abord été à l'état fluide. Elle établit ensuite que sa température s'étant constamment abaissée, elle a dû sa fluidité primitive à un état d'incandescence. Par là même est confirmée l'hypothèse qui fait naître les planètes d'un refroidissement de la chaleur solaire, dans l'ordre même de leur éloignement du soleil. C'est ainsi qu'une classification comparative des roches peut influer directement sur toute notre conception dynamique du monde, laquelle modifie à son tour toutes nos vues sur la genèse de l'univers.

Or, sans l'étude du processus vital, sans la paléontologie, une géogénie serait-elle possible ?

La théorie des révolutions du globe est une énergique négation de ce que l'on peut appeler la cosmogonie positive. Si une volonté libre et toute-puissante s'est jouée dans la marche des phénomènes sur la planète, si elle a brusquement transformé les climats, fait surgir les banquises sur des mers dont les palmeraies ombrageaient les rives, arrêté le cours des fleuves, effondré des continents dans le sein des océans, appelé le feu des volcans du centre de la planète, il est certain que les planètes et leurs satellites ne sont pas sortis dans un ordre lent et régulier du refroidissement de l'atmosphère solaire.

Si Cuvier et les géologues de son école ont raison, Kant et Laplace n'ont ébauché que la plus téméraire des hypothèses. Mieux vaut croire à l'opération des génies qu'invoquait encore Kepler.

Or Cuvier s'appuyait sur le témoignage de la biologie. Il croyait pouvoir montrer une discontinuité absolue entre les formes vivantes actuelles et il en concluait à la discontinuité des faunes et des flores géologiques. Cette discontinuité lui servait de preuve en faveur de la théorie des révolutions. La théorie de la fixité des types, c'est-à-dire une conception systématique des faits biologiques, réagissait donc sur la cosmogonie tout entière.

Croirons-nous maintenant que la géologie, en perfectionnant sa méthode, a pu, sans sortir de l'horizon des phénomènes inorganiques, éliminer la théorie des révolutions du globe ? C'est demander si, sans la paléontologie, une classification historique des terrains serait possible.

Nous croyons que la réponse ne peut être que négative. Sans la distinction des terrains azoïques et paléozoïques, sans la distinction des grandes faunes secondaires et tertiaires, la géologie ne serait guère qu'une théorie statique des roches et n'éclairerait point la cosmogonie.

Le géologue dispose de deux séries de faits, d'un côté les positions relatives des roches, de l'autre la succession des flores et des faunes. La correspondance de ces deux séries l'amène à conclure que la température de la planète a dû sans cesse s'abaisser depuis le moment où elle a eu une existence distincte.

Mais que vaudrait cette preuve si le processus vital était

considéré comme un simple reflet du processus inorganique ?

Admettons même que la simple classification des roches eût suffi à prouver que la terre a obéi à la loi du refroidissement graduel. S'il était prouvé que le processus organique n'a aucun développement régulier, la théorie des révolutions du globe pourrait encore être défendue.

En d'autres termes, on pourrait encore admettre que quelque cause inconnue et indéterminée a, soit accéléré, soit retardé le refroidissement planétaire.

En effet, de quelque façon qu'on la nomme, hétérogonie, archigonie, génération équivoque, génération spontanée, la thèse qui fait naître les premiers germes vivants d'un certain état de la matière inorganique ne reçoit aucune confirmation, soit de l'étude actuelle du globe, soit de la chimie expérimentale. Dans la science positive, le vivant naît du vivant. Mais la vie n'a pas laissé de traces dans les terrains primitifs ; une période azoïque d'une durée prodigieuse précède la période paléozoïque, à dater de laquelle les manifestations de la vie deviennent de plus en plus nombreuses et compliquées.

Ne peut-on pas en conclure qu'il y a eu au moins une révolution du globe, celle qui a posé les premières conditions de la vie organisée au sein des combinaisons chimiques par lesquelles se manifestait l'énergie de la planète ?

L'adversaire de l'hypothèse des révolutions ne peut repousser cette conclusion qu'en formant une autre hypothèse de nature également métaphysique. Il admettra que, vu la relativité de notre connaissance des phénomènes organiques, rien ne nous interdit de concevoir la possibilité d'une vie latente dont les manifestations étaient neutralisées par l'extrême simplicité des combinaisons chimiques. Le refroidissement graduel, en rendant possibles des combinaisons plus complexes, aurait permis l'apparition d'êtres organisés, élémentaires sans doute, mais déjà capables de se renouveler par la reproduction.

Contre cette hypothèse paraît militer sans aucun doute l'incompatibilité de la vie organisée et d'une température très élevée. L'école de Pasteur professe que l'un des caractères de la vie est de ne pas résister à l'ébullition et la méthode expérimentale paraît lui donner raison. Mais cette objection n'a pas une valeur absolue [1]. Il n'est pas question en effet d'imaginer des protistes vivant sur une planète à l'état incandescent. Le protiste est toujours une cellule organisée, pourvue d'une enveloppe et d'un noyau, et il s'agit ici d'une vie latente, capable de grouper, dans un milieu favorable, les éléments chimiques de la matière organisée.

Mais pour confirmer une telle hypothèse, il devient d'autant plus nécessaire de prouver que, postérieurement à la formation des terrains paléozoïques, le développement de la vie n'a présenté aucune discontinuité.

Il faut établir scientifiquement que la faune et la flore

---

1. L'école positiviste française démontre avec clarté la relativité de cette objection « Ce fut bien à un moment donné (que la vie parut). Pendant des millions de siècles, la terre, vu son incandescence, fut impropre à toute vie. Quand la température y eut baissé, au degré compatible avec les existences vivantes, ces existences se montrèrent. Mais comment ? par quel procédé ?

« Il ne faut pourtant pas faire valoir outre mesure cette discontinuité. Une discontinuité autre que celle qui appartient à l'évolution de la vie, est survenue dans le cours du développement de la terre. Quand les particules qui la composent étaient animées d'une immense chaleur, une dissociation complète y régnait ; elles n'obéissaient qu'aux lois du mouvement, de la gravitation, de la chaleur, de la lumière ; *les lois chimiques, c'est-à-dire de combinaison et de décombinaison n'y étaient qu'à l'état virtuel.* Elles passèrent à l'état effectif dès que l'abaissement de la température le permit. Je sais bien qu'une différence considérable existe entre ces deux discontinuités : en effet, depuis lors il a toujours été possible de reproduire à volonté les faits chimiques ; et, toutes les fois que nous en avons besoin nous répétons le phénomène d'origine qui se produisit dans les combinaisons et décombinaisons. Pour la vie, c'est autre chose ; elle a été une fois émise, et, depuis le phénomène d'origine, elle ne se propage que par génération. Un être vivant est nécessaire pour produire un être vivant, et, ni par les procédés de la nature, ni par ceux de la science, ce qui se fit au moment créateur ne se refait. Malgré cette considérable différence, il demeure que la terre a possédé des forces virtuelles, qui sont entrées en action quand les conditions générales se modifiant graduellement l'ont permis ». (Littré. *La science au point de vue philosophique*, XVII. — *Les hypothèses positives en Cosmogonie*, § 5, p. 540.)

actuelles dérivent l'une et l'autre des faunes et des flores fossiles et que les structures vivantes complexes dérivent des structures simples par voie de spécification. Sinon, l'hypothèse des révolutions du globe prévaudra. Si chaque faune a été l'objet d'une création propre, et si à chaque âge de la vie, il en a été de même de chaque type, rien n'empêche d'admettre que la matière vivante elle-même a été l'objet d'une création distincte et que, pour permettre cette création, le milieu terrestre a été intentionnellement modifié par un *Fiat*.

Il faut donc, ou reconnaître au moins la réalité d'une révolution du globe, celle qui a mis fin à la période azoïque et ouvert la période paléozoïque, ou bien prouver que la vie organisée présente tout entière un développement un et régulier (nous ne disons pas continu, pour éviter tout risque d'équivoque).

Mais admettre une seule révolution du globe, due à une cause surnaturelle, c'est renoncer à l'espoir de former une cosmogonie scientifique, fondée sur des sciences dynamiques. Donc la philosophie biologique est seule juge de la valeur de la géogénie, de même que la géogénie peut seule contrôler la valeur de la cosmogonie positive ; sinon, il faut répéter avec Voltaire et Newton : *Natura est sibi ipsi consona* et rejeter, au nom de la fixité des lois naturelles, toute investigation cosmogonique.

CHAPITRE III

LE PROBLÈME DE L'ORGANISATION ET LE PROBLÈME DE LA VIE DANS LA DISCUSSION DU TRANSFORMISME

L'étude génétique du processus organique implique l'idée de la variabilité des espèces et est inconciliable avec l'idée de la fixité des types. Sans doute, il serait possible d'admettre une pluralité de types spécifiques qui en chaque individu se réaliserait par un développement plus ou moins rapide. Le concept du développement ne recevrait ainsi qu'une application limitée ; le naturaliste se bornerait à rattacher par une loi la forme adulte à la forme embryonnaire ou larvaire. Mais qui ne voit que la notion de la fixité des types recevrait déjà ainsi une grave atteinte?

Si un être vivant peut appartenir au même type tout en existant d'abord sous la forme d'un œuf, puis d'une larve ou d'un fœtus, enfin d'un animal adulte, la notion du type ne devient-elle pas toute relative? Désigne-t-elle autre chose que les limites extrêmes entre lesquelles est comprise la variabilité d'une forme vivante? La fixité du type est-elle autre chose que la loi à laquelle obéit toujours la série des variations embryogéniques d'où résulte finalement une individualité complexe?

La variabilité de la structure n'en est pas moins la loi fondamentale de l'être vivant. La constance du type est la limite imposée à la variabilité par les conditions d'existence au milieu desquelles l'organisme se réalise. Dès lors, pourquoi n'irait-on pas plus loin et pourquoi ne donnerait-on pas satisfaction au besoin d'unité qui agite l'esprit humain en rattachant par un rapport de succession et de filiation les organismes complexes aux organismes simples, les métazoaires aux protozoaires, les plantes aux protophytes, les flores et les faunes actuelles aux flores et aux faunes géologiques ?

Opposera-t-on à ce besoin d'unité les exigences de la science expérimentale et la nécessité de bien distinguer les hypothèses et les données de l'observation ?

Sans doute, M. Emile Boutroux a justifié avec raison l'école zoologique de Linné, de Cuvier et d'Agassiz du reproche d'avoir été asservie à des préjugés théologiques [1]. Mais pourrait-on la justifier d'une accusation qui ne serait pas moins grave : celle d'avoir été baconienne à l'excès, et de n'avoir pas su ou voulu distinguer entre l'empirisme et les vraies conditions de la science expérimentale et comparative ?

Jamais l'homme n'a produit expérimentalement une espèce nouvelle ! Jamais l'homme n'a pu observer la transformation d'une espèce en une autre ! Tels sont les deux axiomes qu'avec une confiance superbe les partisans de la fixité opposent aux écoles transformistes. Mais, en vérité, a-t-on jamais entendu des propositions plus révocables en doute ?

Jamais les chimistes n'ont créé dans leurs laboratoires, un lac, un fleuve ou même une source. En conclut-on que la synthèse de l'eau soit sans valeur ? Donc si en quelques générations un éleveur produit par un changement de régime une assez profonde modification de la structure d'un ruminant, va-t-on refuser de voir là une expérience valable ? Ne commet-on pas une pétition de principe en prétendant distinguer radicalement la variété et l'espèce ?

Admettons que ces expériences ne répondent pas aux exigences rigoureuses de la méthode expérimentale, quoique

---

1. Boutroux. *De l'idée de loi dans la science et la philosophie modernes*, ch. x.

une expérimentation indirecte soit à la fois légitime et probante. N'est-il pas reconnu que des observations accumulées et variées peuvent, quand elles se confirment, remplacer une expérience impossible?

Lors donc que l'on soutient n'avoir jamais observé la transformation d'un type, on tient pour non avenue cette somme prodigieuse de données assemblées par la paléontologie, d'accord avec la géographie zoologique et botanique, et par l'anatomie comparée d'accord avec l'embryologie. Si l'on n'observe pas les transformations du type de l'éléphant quand l'on compare le dinothérium, le mastodonte, le mammouth et l'éléphant indien les uns aux autres, si l'on n'observe pas une transformation de l'hipparion en cheval, pourquoi ne révoquera-t-on pas en doute la transformation de la vapeur d'eau en neige, en glacier et en fleuve?

D'ailleurs niera-t-on la solidarité de la zoologie et de la physiologie et la réaction des découvertes de celle-ci sur la première? Or le physiologiste peut-il accorder quelque crédit à l'idée de la fixité absolue des types? Son effort ne tend-il pas à créer une physiologie générale? une physiologie cellulaire d'où se déduisent les conditions de l'existence des organismes complexes? Or le transformisme le plus hardi n'est-il pas tout entier dans cette idée que la vie de l'animal le plus compliqué est déjà contenue dans la vie de la cellule la plus simple?

Il ne serait donc pas besoin de donner les preuves directes du transformisme. Ces preuves, a-t-on dit, sont déjà exposées par l'embryologie, l'anatomie comparée, la paléontologie et la géographie zoologique. Elles le sont mieux encore et plus explicitement si on les cherche dans la physiologie cellulaire.

Celui qui défend la théorie de la fixité des types doit au contraire fournir des preuves proportionnelles à son invraisemblance. Or cette hypothèse est, on peut le dire, réduite à l'absurde par la constatation d'un phénomène zoologique d'importance capitale : nous voulons parler des générations alternantes. Ici en effet, que devient la constance du type puisqu'un même animal a successivement deux structures différentes et puisqu'il ne reproduit jamais son type ?

Laissons un des maîtres de l'anatomie comparée nous montrer la valeur de cette observation.

« La méduse représente l'état sexuel de l'espèce, et le polype hydraire la forme asexuelle. On a rangé ce phénomène dans la catégorie des « générations alternantes », donnant ainsi une simple qualification pour une explication, car la génération alternante est elle-même un phénomène inexpliqué. Si au contraire on le considère comme le résultat d'une marche de différenciation basée sur une division du travail qui élève un organe au rang d'individu nouveau, nous en avons une conception plus exacte. Les états inférieurs des bourgeons sexuels sont d'après cela les équivalents morphologiques des méduses, mais ce ne sont pas des méduses en voie de rétrogradation, car la forme la plus inférieure doit être regardée comme l'état antérieur et la forme médusaire la plus élevée, comme l'état postérieur. Le phénomène constitue donc un anneau de la grande chaîne du développement, où des états supérieurs d'organisation procèdent de formes inférieures et peut ainsi servir d'exemple pour montrer comment, dans une marche dont les phases successives se sont d'abord réparties sur des espaces de temps immenses et sur de longues séries de générations, ces phases ont fini par se manifester à nous dans un état condensé. La « génération alternante » ainsi conçue est explicable.

« Tout mystère disparaît dès que nous nous représentons que dans l'origine les bourgeons formant les produits sexuels des souches hydroïdes se sont différenciés dans les générations ultérieures et qu'il en est ainsi graduellement résulté des conformations médusiformes, puis des Méduses. Le bourgeonnement des Méduses répète dans un temps fort court une marche qui, pendant la période paléontologique, doit s'être étendue sur des espaces immenses de temps[1]. »

La notion de l'espèce donnée par Linné et Cuvier était donc provisoire ; dans la vie d'une même espèce inférieure le type peut varier beaucoup plus que d'une espèce supérieure à une autre. La fixité ne serait donc pas seulement relative, mais encore acquise ; ce serait la résistance qu'une structure complexe oppose aux variations. Or s'il en est ainsi peut-on hésiter entre ces deux hypothèses, l'une qui tout en admettant la plasticité des types inférieurs, supposerait que la fixité des types a été arbitrairement introduite dans le monde comme une sorte de retouche de l'œuvre primordiale ; l'autre qui ne voit dans la fixité relative des types supérieurs qu'une plasticité moindre, mais encore bien réelle, puisque l'espèce n'est jamais qu'une somme de races et de variétés et puisque le type n'est qu'une moyenne, une somme de caractères bien rarement réunis chez un même individu ? L'hésitation n'est pas permise, nous ne disons pas à l'esprit scientifique, mais même à l'esprit philosophique. De la première hypothèse, on ne peut pas même dire qu'elle soit théologique, car elle répugne à cette saine théologie de Descartes et de Malebranche, théologie qui repoussait la croyance à un Dieu inconstant, imparfait, capable de préférer créer par des volitions particulières ce qui pouvait résulter d'une loi.

La preuve du transformisme, c'est la plasticité des tissus vivants, plasticité qui est à l'extrême chez les organismes composés, mais subsiste toujours sous le nom de variabilité[3].

On peut même dire que la notion de la variabilité et la notion de la vie ne sont que deux aspects d'une notion unique, mais c'est ici que surgissent les difficultés.

---

1. Gegenbaur. *Manuel d'anatomie comparée*, partie spéciale. § 59. — Traduction française, p. 139 et 140.

2. Cf. Perrier. *Philosophie zoologique avant Darwin* (Paris, F. Alcan).

3. Nous aurons plus tard à faire la critique de l'idée de plasticité et à lui préférer celle de la spontanéité vivante. Nous parlons ici la langue usuelle des biologistes.

Le transformisme considéré comme l'aspect biologique de l'évolutionnisme universel, ne rejette-t-il pas la notion même de la vie et ne tend-il pas à présenter les lois de la vie comme de simples corollaires des lois de la force et de la matière ?

Les écoles transformistes et surtout la plus connue, celle de Darwin, ont surgi en une période de réaction violente contre le vitalisme et l'animisme. Comme l'a montré Chauffard, les organicistes confondaient systématiquement les formules malheureuses de Barthez, la théorie de l'âme vitale et du double dynamisme, avec les notions beaucoup plus profondes de la spontanéité, de l'unité et de la finalité vitales. On jugeait que la fondation de la pathologie cellulaire par Virchow et que les expériences de Bert sur la greffe animale avaient éliminé définitivement l'idée de l'unité vivante et de la finalité organique, et quant à la spontanéité, on la tenait pour incompatible avec ce déterminisme physico-chimique dont Claude Bernard faisait victorieusement l'hypothèse directrice des physiologistes.

Or, quelle fut l'attitude des transformistes dans le débat ? On peut dire qu'ils épousèrent les vues des écoles physiologiques chez lesquelles leur doctrine trouvait le meilleur accueil. Les vitalistes dont Chauffard, en France au moins, était le représentant le plus brillant et le plus ingénieux repoussaient le transformisme où ils ne voyaient qu'un corollaire du mécanisme universel. Les organicistes apercevaient une sorte de solidarité entre la théorie de l'espèce fixe et celle du principe vital. Si beaucoup de physiologistes de cette école se retranchaient, comme Paul Bert, dans un positivisme prudent, d'autres, MM. Marey et Beaunis notamment, accueillirent le doctrine de la descendance et y virent une confirmation de leurs conceptions mécaniques de la fonction vitale.

Cependant, rien de plus équivoque au fond que l'attitude des zoologistes de l'école transformiste. On peut dire qu'ils sont tour à tour vitalistes, organicistes et mécanistes selon les besoins de la cause. Ecrire comme Lamarck que la fonction fait l'organe, ou comme Darwin que les modifications de la structure résultent de l'usage ou du non-usage des organes, n'est-ce pas affirmer l'idée fondamentale du vitalisme, celle de la spontanéité vivante et de la finalité organique ? Le paléontologiste américain Cope n'a-t-il pas été plus loin, affirmant l'antériorité de la vie relativement à l'organisation ? Mais il n'en est pas toujours ainsi. Dans les *Principes de biologie* de Spencer, il est aisé d'apercevoir deux doctrines. Parle-t-il des rapports de la fonction à l'organe ? Spencer emploie des formules qu'avouerait le vitaliste le plus exigeant. Mais le début de l'ouvrage est consacré à une théorie de la matière organique dont se déduit la variabilité comme le corollaire du théorème.

C'est dans cette équivoque que réside la grande difficulté du transformisme. Tour à tour cette doctrine est présentée soit comme impliquant l'unité de la matière vivante et de la matière brute, de la vie et du mouvement, soit comme confirmant l'idée d'une dépendance de l'organisation à l'égard des fonctions dont la vie est l'unité. Bref le transformisme a été jusqu'ici une solution ambiguë et même contradictoire du grand problème de la vie.

Ecartera-t-on ce problème comme métaphysique et étranger à une méthode de la science positive ? Mais il n'y a là qu'une querelle de mots. La métaphysique n'est pas un catalogue de problèmes étrangers à la science ; c'est l'élaboration des concepts heuristiques qui fécondent l'expérience et la font passer peu à peu de la diversité à l'unité. Toute l'histoire de l'esprit humain prouve que la science reçoit ses problèmes de la métaphysique, mais tandis que la métaphysique, livrée à ses propres forces, ne sait guère autre chose, selon un mot ingénieux, que convertir en solution, par un artifice de langage, l'énoncé même du problème, la science, élaboration de l'expérience, peut arriver à des solutions approchées. En fait, il n'est pas un physiologiste, pas un morphologiste qui ne donne une solution implicite au problème de la vie. La critique est donc en droit d'exiger qu'il ne la donne ni purement verbale, ni contradictoire.

Les transformistes aspirent à constituer une botanique et une zoologie générales. Mais ces sciences ne peuvent que faire double emploi avec la biologie. Elles ne peuvent être autre chose que l'application de la morphologie et de la physiologie aux problèmes que soulèvent la description et la classification des animaux ou des plantes, ainsi que leurs relations avec le monde extérieur.

A la physiologie et à la morphologie la zoologie générale ne peut ajouter qu'une théorie de l'adaptation.

Mais une théorie de l'adaptation n'est-elle pas une réponse au problème de la vie?

La zoologie et la botanique générales, considérant la distribution des animaux et des plantes dans leurs différents milieux, non seulement à l'époque actuelle, mais aux différentes périodes géologiques, cherchent quelle peut être la relation qui unit chaque type à ses conditions d'existence. Le fil conducteur est l'idée d'un rapport de succession et de causalité entre la complication des conditions de l'existence et la complication des organismes. C'est ainsi que la zoologie générale conduit à interroger la morphologie.

Or celle-ci ne peut comparer les organismes végétaux ou animaux qu'à un seul point de vue, celui de la complexité et de l'unité des structures. Les grandes lois de la division du travail et de la corrélation des formes, ainsi que celle de la réduction des organes, sont ainsi les conclusions de l'anatomie comparée qui trouvent dans l'embryologie une remarquable confirmation. Mais sans la physiologie, les lois de la morphologie ne donneraient aux problèmes posés par la zoologie générale qu'une réponse trop vague. Comment les rapports du milieu physique avec ce que l'on appelle la matière vivante ont-ils déterminé peu à peu la division du travail organique et la corrélation des formes ? Pourquoi ici d'autres rapports qu'entre les roches et la pluie, le vent, les mouvements sismiques, etc. ? Pourquoi, sinon parce que cette matière vivante réagissait sur le monde extérieur par un système de fonctions ?

La zoologie générale des transformistes ne peut donc éluder le problème de la nature des fonctions si elle veut donner une solution au problème de l'adaptation.

Il est donc ici impossible de passer sous silence le problème de la spontanéité vivante. Peut-on faire coïncider l'idée commune à Lamarck et à Darwin, l'idée que la fonction fait l'organe et que le non-usage le réduit au rôle d'organe rudimentaire, avec cette thèse physiologique d'après laquelle il n'y a pas de phénomènes vitaux, mais seulement des procédés vitaux ?

L'adaptation n'est-elle, selon la formule de Spencer, qu'une *équilibration* soumise à toutes les lois de la mécanique et de la physique, bien que dans des conditions qui nous sont encore inconnues ? Résulte-t-elle seulement de l'action prolongée des forces incidentes sur la plasticité de la matière organique ?

Ne serait-elle pas au contraire la série des manifestations de cette spontanéité que l'on observe dans les mouvements du noyau de la cellule (caryokinèse) et dans l'opération par laquelle ce noyau choisit, au milieu d'un liquide organique, les éléments chimiques propres à sa nutrition ? C'est ainsi que nous semble se poser le problème philosophique de l'évolution organique.

CHAPITRE IV

LE PROBLÈME DE L'ADAPTATION

L'adaptation n'est-elle autre chose que l'équilibre qui s'établit entre un agrégat de matière organique et les forces extérieures qui agissent sur lui ? En d'autres termes peut-on faire rentrer l'ensemble des phénomènes morphologiques et physiologiques, que désigne abréviativement le terme d'adaptation, sous les lois de la mécanique ?

Puisque l'évolutionniste est amené à voir dans les lois de l'adaptation l'explication des fonctions qui, en se spécifiant, font apparaître la division du travail morphologique, il faut chercher si le rapport entre la fonction et l'organe correspond à la notion d'équilibre. En effet, la théorie de l'adaptation est avant tout une théorie de la fonction.

La division du travail est la donnée fondamentale qui doit nous servir de point de départ. De la loi de la division dérive la loi de la corrélation des formes qui est la clef des grands phénomènes morphologiques[1].

Or la spécification des organes est toujours consécutive à la spécification des fonctions. Une fonction dont l'importance s'accroît dans la vie de l'animal — par exemple la circulation du liquide nourricier — en vient à requérir un organe propre — par exemple un système de canaux distincts du tube intestinal. En revanche, (si l on met à part les embryons des animaux supérieurs) on ne voit pas l'orga-

---

1. Gegenbaur. *Traité d'anatomie comparée.* Partie générale.

nisme se différencier en vue de fonctions futures. La différenciation fonctionnelle est donc partout et toujours l'antécédent de la spécification des organes. La division du travail, c'est la localisation de fonctions solidaires et complémentaires.

L'adaptation n'est donc pas autre chose que le résultat d'une série de différenciations fonctionnelles allant du simple au composé.

Or l'apparition d'une fonction nouvelle doit-elle être considérée comme une simple réaction de l'organisme opposée à une excitation extérieure, telle que la chaleur, la lumière, l'humidité, la pression barométrique?

La fonction la plus complexe dérive toujours de la propriété physiologique élémentaire, c'est-à-dire de l'irritabilité et de la contractilité. Les différents tissus ont des propriétés différentes, c'est-à-dire qu'ils ne réagissent pas tous uniformément aux mêmes excitations. Néanmoins, même chez les animaux, à plus forte raison chez les plantes, les différents tissus sortent tous par différenciation d'un tissu primitif homogène.

« On a l'habitude, écrit Roule, de grouper les tissus en quatre grandes séries : les *tissus épithéliaux*, les *tissus conjonctifs*, les *tissus musculaires* et les *tissus nerveux*. Cette classification n'est pas tout à fait rationnelle, car elle ne tient aucun compte du développement et s'adresse seulement à l'état final ; une classification logique doit être basée sur l'évolution même et sur l'origine tout aussi bien pour les tissus que pour les organes et pour les individus. Sous ce rapport les tissus épithéliaux doivent être mis à part des trois autres, car seuls ils conservent durant leur existence entière la disposition prise par les éléments des feuillets blastodermiques primitifs et paraux du blastoderme. Ces derniers sont serrés les uns contre les autres en couches souvent régulières et ne sont séparées par aucune substance fondamentale ; il en est de même pour les épithéliums qui méritent par là le nom de *tissus primordiaux* ou *primitifs*. »[1]

Les propriétés des différents tissus naissent donc de propriétés fondamentales communes à toutes les cellules vivantes et même à un moindre degré à leurs éléments protoplasmiques. Nous voyons ainsi comment doit être interprétée la réduction de la fonction à la propriété physiologique : c'est que la fonction est à l'état d'ébauche dans la propriété physiologique. S'il y a une différence appréciable entre la locomotion de l'oiseau et la simple contractibilité du protoplasma excité par la lumière ou la chaleur, entre la sensation kinesthétique ou tactile et la simple irritabilité de la cellule épithéliale, elle est due à ce que dans un cas nous sommes en présence de l'association et de la combinaison d'un très grand nombre d'éléments anatomiques alors que dans l'autre le phénomène est réduit à sa plus simple expression. Dès lors nous ne craignons pas d'être dupes d'illusions si nous pouvons montrer que la fonction est autre chose qu'une réaction mécanique opposée à une excitation extérieure.

Nous devons admettre que la spontanéité de l'être vivant n'est nulle part absolue et que l'organisme ne fonctionne jamais sans être excité par un agent physique. Mais la question est de savoir si l'intensité ou la durée de la réaction est toujours proportionnelle à l'intensité ou à la durée de l'excitation. C'est ce qu'il faudrait établir pour démontrer que le phénomène biologique est entièrement expliqué quand on en connaît les conditions physiques et chimiques ou, en d'autres termes pour réduire l'adaptation fonctionnelle à une simple équilibration.

Or il nous semble apercevoir les raisons les plus sérieuses de mettre en doute l'existence de toute proportion entre l'excitation et la réaction fonctionnelle. En effet la biologie ne peut négliger la distinction des phénomènes morbides

1. Roule. *Embryologie générale*, ch. vi, I, p. 185-186.

et des phénomènes pathologiques. Entre les uns et les autres, il n'y a, dit-on, qu'une différence de degrés. Soit ! La maladie est le nom de l'état qui résulte de la fonction surmenée ou déprimée. Mais d'une part la surexcitation ou l'abaissement de la fonction en prépare la disparition ; d'autre part l'abolition d'une fonction atteint l'organisme tout entier et d'autant plus sûrement que la division du travail est poussée plus loin. L'état morbide n'est donc que la disparition d'un des caractères qui distinguent un organisme d'un agrégat de matière brute. Le système qui refuserait d'attribuer aucune valeur à la distinction des états physiologiques et des états pathologiques serait donc convaincu de parti pris et même de pétition de principe.

Considérons par exemple l'action qu'exerce sur un organisme vivant quelque peu compliqué une force de la nature toujours agissante et choisissons à dessein une force dont l'action ait été étudiée d'une façon rigoureusement expérimentale. La pression atmosphérique remplit mieux qu'aucune autre les conditions requises. Cette force est en relation directe avec une fonction essentielle de la vie organique, la nutrition, et avec un phénomène chimique, l'oxydation du sang. Si la pression diminue, comme il arrive sur le sommet des montagnes, ou plus encore dans ces couches élevées de l'atmosphère où peuvent s'élever les aérostats, on assiste à un commencement d'asphyxie mais l'accroissement de la pression détermine des phénomènes pathologiques encore plus nettement caractérisés. La condensation de l'oxygène produit des effets toxiques. L'oxygène condensé « est un poison du système nerveux qui amène un abaissement notable de la température, indice d'un trouble profond dans les phénomènes généraux de la nutrition, le sang n'étant plus ici qu'un véhicule du poison »[1].

---

[1]. Mathias Duval. *Traité de physiologie*, p. 45.

Examinons maintenant quelle pourrait être la condition d'un être vivant qui réagirait seulement à la façon d'un mécanisme ou d'un explosif. Ou la pression est insuffisante pour introduire l'air dans le poumon et il y a asphyxie par défaut d'oxydation, ou la pression condense à un haut degré l'oxygène et il y a empoisonnement du système nerveux. La réaction mécanique ne consisterait-elle pas dans les violentes convulsions qui accompagnent l'asphyxie ou l'excessive oxydation ne serait-elle pas encore (en admettant que le mécanisme fut dirigé on ne sait comment par un instinct) la fuite vers un milieu idéal où la pression ne serait ni trop faible comme sur les montagnes, ni trop forte comme dans les bas-fonds des mers ?

Au lieu de cela nous assistons à une adaptation véritable, c'est-à-dire à une modification utile de la plasticité organique. En effet, tel est l'enseignement des expériences de Munz[1]. « On avait acclimaté au Pic du Midi des lapins de la plaine et ces animaux s'étaient reproduits. Au bout de sept ans on compara leur sang à celui de leurs congénères vivant dans leur ancien habitat. On trouva qu'il renfermait presque le double de fer et absorbait bien plus puissamment l'oxygène. » — Paul Bert a cherché à quelle condition les animaux plongeurs peuvent résister à l'asphyxie. Il a pu démontrer que cette résistance est due à une plus grande quantité de sang, car à poids égal un canard renferme 1/3 de sang en plus qu'un poulet. Mais l'acquisition d'une quantité de sang plus abondante est l'effet d'une alimentation plus riche et d'un fonctionnement plus intense de la vie organique et cette réaction à coup sûr n'a rien de mécanique. Ainsi les organismes s'adaptent aux variations de la pression atmosphérique par un travail physiologique interne dont aucune loi mécanique ne peut rendre compte.

Identifier l'adaptation et l'équilibration, c'est ramener la

---

[1]. *De l'enrichissement du sang en hémoglobine.* Comptes rendus de l'Académie des sciences, février 1891.

théorie dynamique de l'organisation vivante à la connaissance approximative de ses conditions statiques ; c'est, en apparence au moins, donner satisfaction au besoin de synthèse totale, mais, en réalité, c'est écarter la seule méthode qui puisse nous faire connaître les transformations successives de l'organisation et de la vie, depuis la granulation protoplasmique jusqu'à l'animal pourvu d'un encéphale différencié.

L'embryologie est la science génétique des formes vivantes. Sans son témoignage toute filiation des types animaux ou végétaux reste hypothétique. La généalogie des organismes est, en effet, contredite par la constatation de la fixité des espèces. Mais l'embryologie fait réellement disparaître les difficultés qui entourent la théorie de la descendance en nous montrant que les métazoaires dérivent des protozoaires, et les tissus propres aux fonctions de la vie animale des tissus communs à l'animal et au végétal. Le problème de la variabilité est dès lors tranché par la racine, car la relativité des types, déjà enseignée par la paléontologie, la géographie zoologique et la zootechnie, est bien mise en évidence.

Autant les raisonnements des adeptes de l'école évolutionniste, en vue de réduire la différence des corps organisés et des corps bruts à une simple question de complexité, laissent de doutes en l'esprit du critique, autant les embryologistes ont su reconstituer la filiation des types pluricellulaires et des types unicellulaires. Leur succès ayant pallié en partie l'échec de l'autre tentative, les purs évolutionnistes ont pu en triompher à bon compte et attribuer à la méthode des limites des résultats dus exclusivement à la méthode génétique et comparative.

Or, si les embryologistes ont pu mener à bien leur tâche, c'est à la condition de concevoir l'adaptation comme l'effet d'une « force adaptative interne », bien différente d'une simple équilibration de l'interne à l'externe.

On sait que tout l'effort des embryologistes a été de

découvrir un rapport de succession entre le développement du fœtus et le développement de la larve. Si l'on renonçait à voir dans la vie fœtale une accélération et une condensation des phénomènes qui s'accomplissent d'une façon plus lente et plus complète chez les larves, l'embryologie ne pourrait plus reconstituer la généalogie des animaux supérieurs. Le grand triomphe de l'embryologie est d'avoir montré que dans tous les embranchements où l'on observe le développement fœtal, les formes les plus simples présentent des développements larvaires ou dilatés ; c'est ensuite d'avoir découvert la condition fondamentale de cette transformation. Les larves sortent d'œufs petits et pauvres en vitellus nutritif ; le développement d'un embryon a d'autant plus le caractère fœtal ou *condensé* qu'il sort d'un œuf plus riche en deutolécithe. Si les mammifères placentaires semblent faire exception, c'est que le fœtus puise directement les matériaux nutritifs dans le sang maternel.

Mais la conséquence est aisée à tirer. Le développement du fœtus, implacentaire ou placentaire, n'est pas le moins du monde attribuable à l'action mécanique des forces qui constituent le milieu physique.

Une larve est un embryon libre qui se développe dans un milieu extérieur, généralement uniforme, car la plupart des larves sont aquatiques. L'évolution de la larve, la spécification et la localisation des fonctions, la division du travail organique peuvent encore être attribuées à l'action d'un milieu physique extérieur identique à celui dont les ancêtres de l'animal subiraient l'action.

Mais peut-il en être ainsi des fœtus ? Les fœtus sont généralement les embryons des espèces terrestres qui vivent dans un milieu moins uniforme que les espèces à développement larvaire. Mais la complexité et la rapidité de leur évolution ne pourraient aucunement être attribuées à l'action des forces extérieures. Vivant dans l'utérus maternel ou protégés par la coque ovulaire, ces embryons ne subissent pas l'action de la lumière. Pour les mêmes raisons, leur croissance n'est guère influencée par l'inégale distribution de la chaleur, car le placentaire vit dans un milieu dont la température est sensiblement uniforme, et quant aux implacentaires, l'incubation a pour effet de réduire au minimum l'action des variations de la température. Le même raisonnement s'applique à la pression atmosphérique. Nous sommes donc en présence d'une différenciation rapide de fonctions et d'organes, et cependant l'action des forces incidentes sur « la matière vivante » est à peu près nulle ou ne s'exerce que très indirectement. On pourrait même aller jusqu'à dire que la division du travail organique se constitue d'autant plus rapidement que l'embryon est plus soustrait à l'action du milieu extérieur : tel est le cas des mammifères placentaires.

La grande loi de l'embryologie, la loi d'accélération, loi sans laquelle le transformisme ne peut espérer faire concorder l'ontogénie et la phylogénie, est donc inintelligible pour celui qui veut étendre aux phénomènes vitaux la loi mécanique de l'inertie. La substitution du développement fœtal au développement larvaire a en effet pour condition une activité physiologique interne. « La teneur de l'ovule en deutolécithe, écrit Roule, exerce une grande influence sur la marche de l'embryogénie ; si cette réserve alimentaire est abondante, l'évolution s'abrège, se condense et s'accompagne d'absences fréquentes de phases ou de déplacements ; si elle est restreinte, le développement s'accomplit avec une hâte moindre que dans le premier cas, et présente une série nombreuse et régulièrement ordonnée d'états génétiques. Dans ce dernier type, les embryons sont obligés de quitter sous forme d'ébauches leurs enveloppes et deviennent des *larves*, qui subissent des métamorphoses pour parvenir à l'état parfait. Lorsque l'évolution est condensée, les embryons puisent en eux-mêmes tous les aliments qui leur sont nécessaires et ne sortent de leur coque qu'au moment où ils sont achevés ; ce moment étant tardif et répondant à une phase très avancée, voisine de l'état définitif, si elle ne lui correspond pas. *Les métamorphoses sont alors peu complexes*, du moins celles qui se passent dans les milieux extérieurs, car le petit être à peu à faire pour devenir adulte. » (Roule, *Embryologie générale*, p. 236).

On ne peut donc à la fois nier au profit du mécanisme universel, la spontanéité vitale et la finalité immanente et demander à l'embryologie l'explication du rapport entre les formes embryonnaires complexes et les formes simples. L'adaptation, en embryologie, implique le jeu d'une cause *sui generis*, d'une cause irréductible à l'action des forces incidentes sur une matière colloïde et plastique. Aussi les embryologistes de l'école de Lamarck n'hésitent pas à parler d'une *force adaptative* sans laquelle les effets de l'adaptation seraient inintelligibles[1]. Mais pourquoi multiplierait-on les causes naturelles s'il suffit de reconnaître aux organismes une spontanéité dont les fonctions ne sont que des manifestations successives ?

En effet, l'étude d'un problème inévitable, qui est le rapport entre l'adaptation et l'hérédité place le savant et le critique dans l'alternative ou de ratifier le fond de la doctrine

---

1. « L'adaptation est la propriété que possède tout être vivant de disposer, dans la mesure du possible, son organisme en rapport avec l'action que les circonstances environnantes exercent sur lui et d'acquérir ainsi des qualités nouvelles. Cette définition diffère quelque peu de celle qu'on a l'habitude d'accepter et qui est d'une portée plus restreinte; cette dernière a comme unique objet d'exprimer la possibilité pour chaque individu de se plier, dans la limite où son organisation s'y prête, à l'influence des milieux extérieurs. En réalité l'adaptation est un phénomène d'une amplitude plus grande et correspond à une propriété inhérente à la matière vivante; elle n'a pas seulement pour objet d'introduire dans l'organisme quelques modifications superficielles, mais l'organisme tout entier, avec sa structure plus ou moins complexe, est un résultat de son action. — On a l'habitude de confondre, dans le mot *adaptation* deux choses distinctes et séparables, à savoir la cause et le résultat. *D'une part est la propriété même de la substance vivante, la force adaptative, qui permet à l'organisme de présenter de tels phénomènes : d'autre part est l'effet de cette propriété, la modification introduite dans l'organisme et qui porte également le nom d'adaptation.* » (Roule. *Embryologie générale*, ch. IX, § 4, III, pp. 302 et 303).

vitaliste ou de reconnaître *provisoirement*, mais sans grand espoir de jamais les réduire, des qualités occultes, des forces incommensurables beaucoup plus mystérieuses que la spontanéité vitale.

L'adaptation individuelle n'est pas la seule dont il faille tenir compte. L'adaptation ancestrale est beaucoup plus importante. En d'autres termes, on n'attribue pas à la cause profonde de l'adaptation la totalité de ses effets si l'on note seulement les légères modifications qu'un organisme subit en se pliant aux exigences de la vie dans un milieu extérieur défini. Il faut considérer en outre la série des modifications subies par les ancêtres de cet animal, car s'il reproduit sans grand changement le type de ses parents et de leurs auteurs, il s'éloigne de plus en plus de la structure que présentaient ses ancêtres éloignés.

C'est à l'adaptation ancestrale qu'il faut attribuer les traits généraux de la structure que manifeste l'animal pendant la vie embryonnaire et à l'âge adulte. Mais elle est elle-même le résultat d'une transaction entre deux causes concurrentes : l'hérédité et l'adaptation individuelle.

Par l'hérédité, la structure des auteurs est transmise à la postérité sans modification. Le spécimen parfait en est offert par l'identité de deux êtres unicellulaires, plantes ou animaux. Si la postérité vit dans le même milieu que les auteurs, l'hérédité agit seule et tend à constituer un type immuable. Mais cette conditition ne se présente qu'exceptionnellement, et le plus souvent les organismes doivent s'adapter à des milieux quelque peu modifiés. L'adaptation individuelle entre donc en lutte avec l'hérédité. Elle n'en annule pas l'action néanmoins : elle complique l'organisation selon la loi de la division du travail, et cette complication est transmise héréditairement. De là résulte l'adaptation ancestrale.

Or, supposons que l'organisme ne soit qu'un agrégat de matière à l'état colloïde, de matière plastique pétrie et moulée par l'action des forces extérieures ? Pourrons-nous concevoir l'hérédité de façon telle qu'elle soit d'accord avec les faits?

Ou l'hérédité est le nom donné à l'ensemble des effets de l'inertie de la matière dont les organismes sont faits, ou elle désigne les effets d'une force vitale (force héréditaire) accumulée dans l'oospore, distribuée ensuite aux feuillets du blastomère et enfin à l'ensemble des cellules qui constituent la structure entière de l'animal[1].

La première hypothèse est celle qu'acceptent d'emblée en quelque sorte, tous les mécanistes. Mais elle ne semble guère susceptible d'être mise d'accord avec les phénomènes embryologiques. En effet, si l'hérédité est un cas particulier de l'inertie et si l'adaptation n'est qu'une conséquence de la plasticité de la matière colloïde, soumise à l'action des forces extérieures, les effets de l'hérédité et ceux de l'adaptation ne peuvent être opposés. En ce cas, on donnera le nom d'hérédité au prolongement des ébranlements antérieurs imprimés à l'agrégat organique, et on réservera celui d'adaptation aux effets immédiats. Néanmoins, entre l'adaptation et l'hérédité, il ne peut alors y avoir conflit, ou, pour parler comme les embryologistes, *lutte vitale*. Cette lutte vitale existe cependant chez tous les organismes et elle est beaucoup plus vive encore chez les embryons que chez les organismes adultes.

Ceux des philosophes biologistes qui sont portés à subordonner les phénomènes de la morphogénèse à une loi d'évolution universelle conçoivent volontiers l'hérédité comme un simple phénomène mécanique. Aussi sont-ils conduits par là à négliger le conflit de l'adaptation et de l'hérédité. De là, la valeur absolue accordée à la fameuse loi dite de Fritz Müller : l'ontogénie est une récapitulation de la phylogénie. Or, les travaux de l'embryologie contemporaine ont prouvé que cette loi n'a qu'une valeur toute rela-

---

1. Roule. *Embryologie générale*, ch. IX, § 1, III. Les lois de l'embryologie.

tive. Prise à la lettre, elle impliquerait universellement l'hérédité aux périodes correspondantes de la vie ; or, l'embryologiste constate beaucoup d'abréviations ou même d'omissions de phases, là surtout où le développement est exclusivement fœtal.

Adoptons-nous au contraire l'hypothèse d'une force héréditaire, d'une capacité héréditaire inhérente à l'oospore et distribuée ensuite aux feuillets blastodermiques et aux organes qui composent l'animal adulte? Il nous faut en ce cas, sous peine de nous contredire grossièrement, adopter les thèses fondamentales du vitalisme et voir dans l'adaptation et l'hérédité deux manifestations dissemblables, mais complémentaires, de la spontanéité vitale et de la finalité organique.

Chez les animaux unicellulaires, l'hérédité est un phénomène simple et intelligible : la matière dont est composée la cellule mère est tout entière employée à la production des cellules filles : la force héréditaire se confond avec la vitalité même du petit organisme ; en revanche, si l'on niait la spontanéité vivante, l'aptitude à se renouveler en choisissant les éléments nutritifs dans le milieu ambiant, le phénomène de la reproduction deviendrait inintelligible.

Chez les animaux pluricellulaires, l'hérédité semble être un phénomène plus mystérieux. Le problème est de savoir ce qui rend une partie de l'organisme, la partie génératrice, capable de donner lieu à des organismes nouveaux, alors que le reste, la partie somatique, en est incapable : c'est le problème de la capacité héréditaire.

La solution a été demandée à deux hypothèses ; l'une, celle de Weissmann, affirme la continuité du *plasma germinatif ;* l'autre, celle des Lamarckistes, fait intervenir la loi de la division du travail. On a démontré qu'en fait, la continuité du plasma germinatif est un cas exceptionnel, tandis que la loi de la division du travail régit l'ensemble des phénomènes physiologiques et morphologiques.

La loi initiale est que la cellule vivante reproduit son semblable. Dès qu'il y a plusieurs cellules agrégées en un seul organisme, la division du travail intervient ; les fonctions se différencient. La génération devient une fonction propre. La force héréditaire est dévolue à l'oospore, à l'œuf fécondé.

Mais cette force héréditaire qui crée tour à tour les feuillets et par eux tous les organes de la vie, quelle est-elle, sinon la force vitale initiale conservée dans sa totalité? Cette force ne se manifestera plus que sous la loi de la division du travail, mais cette loi empirique ne désigne pas au fond autre chose que la condition d'une vie multicellulaire.

L'hérédité ainsi entendue est la condition de l'adaptation ancestrale et par suite de la formation des structures complexes. Bien loin d'être un cas particulier de l'inertie, elle atteste la résistance de l'organisme composé à l'action modificatrice des forces extérieures. Mais la *lutte vitale* entre l'hérédité et l'adaptation individuelle ne doit pas être considérée comme un conflit de forces mécaniques. Loin de là ! C'est une manifestation de la finalité immanente. Que l'être vivant résiste aux causes qui tendent à rompre la solidarité de ses fonctions et à détruire l'équilibre de ses organes, c'est là une condition de sa conservation et la conservation de l'individu implique d'une façon générale la persistance du type. Mais que l'organisme individuel subisse, lentement, les modifications, qui rendront possibles, dans un milieu renouvelé, l'activité de ses fonctions, c'est là une condition non seulement de sa conservation propre mais de sa fécondité. La lutte vitale est la preuve la plus décisive de la finalité immanente aux organismes [1].

Les lois de l'adaptation et les lois de l'hérédité s'impliquent et constituent les unes et les autres les lois de l'embryologie. Les unes et les autres supposent sans doute une

---

1. Roule. *Embryologie générale*, ch. ix, § 1.

loi supérieure d'économie ou, comme on disait au xviiᵉ siècle un principe de moindre action qui tend à produire la plus grande variété de formes *aux moindres frais*. Cette constatation encourage un mécanisme aveugle et sans critique et lui fait concevoir l'espoir de réduire les phénomènes organiques aux lois simples de la mécanique universelle. Quelle méprise cependant! Ce principe d'économie auquel la marche de la nature semble obéir atteste uniquement l'existence d'un accord entre les exigences logiques de notre esprit et les lois objectives des processus naturels. Or il n'est pas une preuve plus décisive de la finalité.

Mais oublions ces problèmes généraux : Nous croyons avoir prouvé que l'adaptation directe implique la spontanéité vivante. N'avons-nous pas exagéré les effets de cette adaptation directe? Les transformations des types n'auraient-elles pas été dues à une adaptation indirecte, procédant de causes aveugles et toutes mécaniques.

CHAPITRE V

LE PROBLÈME DE L'ADAPTATION (Suite)
LA CONCURRENCE ET L'ADAPTATION

Bien que les théories propres à Darwin sur la sélection naturelle n'aient plus guère de partisans depuis que les vues de Lamarck et de Geoffroy ont repris faveur et depuis que Weissman a mis en doute l'hérédité des caractères acquis, néanmoins nous croyons devoir les soumettre à une critique. En effet, sans l'autorité des œuvres de Darwin, sans la gloire attachée à son nom, les vues paradoxales des néo-darwiniens n'auraient rencontré que le scepticisme. La thèse du néo-darwinisme est claire, simple, unilatérale; mais elle succomberait aux objections pressantes de l'école lamarckiste si l'ascendant longtemps exercé par Darwin sur les écoles transformistes n'avait réussi à former une sorte d'association indissoluble entre l'idée de la sélection naturelle et l'idée même de l'adaptation. Une discussion du darwinisme doit donc précéder celle du néo-darwinisme.

Il convient d'abord de remarquer[1] que Darwin n'a jamais songé à révoquer en doute les lois morphologiques reconnues par les anatomistes de son temps, c'est-à-dire la loi de la division du travail, la loi de la corrélation des formes et enfin la loi du balancement organique; 2° en second lieu Darwin ne paraît pas vouloir écarter le fond des conceptions vitalistes, c'est-à-dire la subordination des organes aux fonctions[1]. S'il ne dit pas expressément, comme Lamarck que la

---

1. *Origine des espèces*, ch. v.

fonction fait l'organe, il édifie le transformisme tout entier sur l'idée que le développement et la réduction d'un organe dépendent de l'usage ou du non-usage. La concurrence vitale n'est donc pas autre chose que l'agent qui détermine quel organe sera développé et quel organe réduit. Ainsi, quand bien même Darwin n'aurait pas été le premier à démontrer l'influence que les organismes exercent les uns sur les autres, quand même il n'aurait pas montré le concours que la vie en société a pu apporter au développement des espèces les plus élevées, on pourrait considérer son système comme plus propre à vérifier la conception téléologique de l'évolution organique qu'à l'ébranler. Néanmoins, entre les mains de Spencer la théorie de la sélection est devenue celle de l'équilibration indirecte et a servi à pallier les faiblesses de la théorie mécanique de l'adaptation. Le darwinisme a été ainsi incorporé à la doctrine de l'évolution universelle et nous devons chercher en quelle mesure il a été vérifié scientifiquement.

Ce qu'on attendrait en effet, c'est la preuve d'une double thèse, la première est que la compétition des animaux en vue des subsistances a pour effet d'exercer les organes qui assurent la victoire : la seconde est que cette excitation des fonctions de l'organisme donne l'unique explication de la spécification croissante des fonctions et des appareils. Or ni l'une ni l'autre de ces preuves n'est donnée ; on peut même dire que Darwin refuse explicitement de fournir la seconde.

Darwin a montré très clairement que tous les germes vivants produits par les organismes adultes des végétaux et des animaux ne peuvent se développer. Il a montré que beaucoup de ces germes sont inévitablement détruits avant d'avoir évolué. Mais pouvait-il conclure de ce fait en quelque sorte trivial qu'il doive se former, dans les organismes élémentaires ainsi menacés, une tendance à la variation ? Il semble bien qu'il y ait là une véritable pétition de principe. A qui admet que l'organisme élémentaire contient en puissance l'organisme supérieur et que la vie peut compliquer la structure de façon à assurer l'adaptation, il n'est nullement difficile d'admettre en outre que la compétition donne à cette tendance interne l'occasion de se produire. Mais celui qui repousse ces hypothèses comme contraires au mécanisme scientifique, celui-là s'abstiendra de conclure de la concurrence à la variabilité. Il se défiera d'autant plus de la synthèse hypothétique de Darwin que l'observation lui montre une sorte de proportion entre la simplicité d'un organisme et l'abondance des germes qu'il émet. Les graines de la plante, les larves de l'insecte, les œufs du poisson ou du reptile sont détruits en quantité innombrable sans que pour cela l'espèce soit le moins du monde menacée d'extinction. Comment donc pourrait-on considérer la variabilité comme un moyen de défendre la vie des espèces? Il semble bien que, loin d'appliquer les thèses du mécanisme, Darwin ait à l'excès assimilé les organismes inférieurs, je ne dis pas à l'homme mais aux animaux supérieurs. L'oiseau dont le chasseur prend les œufs ira, parce qu'il est déjà capable de mémoire et de prévoyance, les pondre dans des lieux inaccessibles et perfectionnera, s'il le faut, ses fonctions de locomotion. Mais il est relativement peu fécond et le parasitisme du chasseur menace sa descendance. Au contraire, on n'aperçoit pas comment la destruction des larves, des œufs et des graines des espèces très fécondes pourrait déterminer une complication de leur organisme.

Négligeons cette première difficulté si grave qu'elle soit : nous ne pouvons pas néanmoins nous abstenir de chercher une relation constante entre la sélection naturelle et la division du travail organique. La tâche des darwinistes serait évidemment de montrer : 1° que chaque complication de la structure a été pour chaque espèce un avantage dans la compétition pour les subsistances ; 2° que sans la compétition la différenciation des organes et des fonctions ne se serait pas produite.

En effet l'idée de la variabilité reste vague tant qu'on ne peut pas la déduire des grandes lois morphologiques. Darwin croit pouvoir montrer que vu la loi de corrélation des formes une modification fonctionnelle en entraîne d'autres et que, la loi du balancement organique ne permet pas qu'un organe ne puisse être réduit ou développé sans que d'autres organes soient développés ou réduits proportionnellement. On explique bien ainsi comment un changement introduit dans le fonctionnement des organes d'un animal supérieur peut rendre compte d'une transformation rapide et complète de sa structure, mais on n'explique pas comment les formes supérieures et complexes de l'organisation ont pu procéder des formes simples ; et telle est pourtant la principale donnée de l'évolution biologique.

D'ailleurs les anatomistes de la seconde moitié du siècle, tout en conservant la loi de Cuvier, tendent à n'y voir plus qu'un corollaire de la loi de Milne-Edwards et quant à la loi du balancement organique elle est entièrement transformée : elle devient la loi de réduction, et elle implique une sorte de régression dans la division du travail[1]. La loi de la division du travail devient ainsi l'unique justification de cette hypothèse de l'unité de type, si chère à Geoffroy Saint-Hilaire et à Gœthe. Le résultat en est plus important encore car par elle l'anatomie comparée est rattachée par un rapport de dépendance à l'anatomie générale, selon le vœu et la prévision d'Auguste Comte[2].

Une théorie générale de la variabilité est donc jugée si elle se montre impuissante à rendre compte de la différenciation croissante des fonctions et de la division du travail organique. Tel est expressément le cas du darwinisme. Son auteur renonce à établir la concordance de la sélection et de

---

1. Gegenbaur. *Manuel de l'Anatomie comparée* (Partie générale, B. phénomènes morphologiques des organes).
2. *Cours de philosophie positive* (La structure sur la composition des corps vivants).

la division du travail. Cet aveu d'incompétence est trop important pour que nous manquions de l'enregistrer textuellement.

Ayant affirmé (ch. X p. VIII) « que la spécialisation des organes, chez les êtres vivants adultes est la meilleure norme qu'on ait encore trouvé de leur perfection et de leur supériorité relative, » et que « la spécialisation des organes ou des parties est avantageuse à chaque être, de sorte que la sélection naturelle doit tendre constamment à spécialiser de plus en plus l'organisation de chaque individu », Darwin essaie de montrer que les faits malheureusement ne se laissent pas juger d'après ce critère. « Ce problème du progrès total des organismes vivants est de toutes façons extrêmement compliqué. Les archives géologiques, de tous temps imparfaites, ne s'étendent pas assez loin, dans le passé, je crois, pour prouver, avec une évidence indiscutable que, depuis les premiers commencements de l'histoire connue du monde, l'organisation ait considérablement avancé.

« *Il est complètement vain de vouloir juger de la supériorité relative des êtres de types bien distincts.* Qui par exemple décidera si une seiche est plus élevée qu'une abeille, cet insecte que Von Baer jugeait en fait d'une organisation plus élevée qu'un poisson, bien que sur un autre type : « *Dans le combat si complexe de la vie, il est tout à fait croyable que des crustacés par exemple, et non pas même les plus élevés de leur classe, puissent vaincre des Céphalopodes, c'est-à-dire les mollusques les plus élevés ; et de tels crustacés, bien que d'une organisation peu élevée, n'en seraient pas moins ainsi placés très haut dans l'échelle des animaux invertébrés, en vertu du plus décisif de tous les jugements, le jugement du combat.* »

Il est impossible d'avouer en termes plus clairs qu'il n'y a aucune relation déterminée entre la concurrence vitale et la division du travail organique. Mais comme c'est la tâche même d'une théorie transformiste de découvrir la cause de la différenciation morphologique, il en résulte que Darwin reconnait l'impuissance de la théorie de la sélection naturelle à rendre compte de la transformation des organismes simples en organismes complexes.

En conséquence Darwin a renoncé à faire œuvre de morphologiste et de biologiste et s'est contenté d'arguments probables. Cependant nous le voyons, dans toutes ses œuvres, s'attacher à montrer l'importance générale d'une cause physiologique des variations : nous voulons parler des modifications subies par l'appareil reproducteur. Toutes les fois que les conditions de l'existence d'une plante ou d'un animal sont rapidement changées, par la concurrence vitale ou autrement, ses organes reproducteurs subissent des modifications dont la descendance ressent les effets. La postérité d'animaux qui doivent vivre dans des conditions très variables ne peut donc manquer de différer grandement des ancêtres. Telle pourrait être, en effet, la loi rationnelle de la variabilité. Mais, outre que la pathologie pourrait ici peut-être élever des objections sérieuses, car la stérilité semble être l'effet ordinaire de ces changements de l'adaptation, on peut demander si la théorie de la sélection naturelle reçoit de cette observation la plus légère confirmation et si l'on n'est pas convenablement conduit par là même à lui préférer l'hypothèse de l'adaptation directe.

En effet, on ne voit pas comment l'effet de la lutte pour les subsistances serait une modification de l'appareil reproducteur d'une espèce végétale ou animale, si le résultat de cette lutte n'était pas l'émigration forcée des individus qui la représentent. Quand une race humaine, quand une espèce animale ou végétale est astreinte à émigrer, il est vraisemblable que sa postérité cesse de reproduire exactement le type ancestral. C'est ainsi que les habitants de l'Asie Mineure, descendants des Galates et des Tatars ne reproduisent guère soit le type des races blondes de l'Europe, soit le type des races jaunes de l'Asie centrale. Les Aryas ont acquis dans la vallée du Gange des caractères morphologiques et psychologiques qui les distinguent nettement des Iraniens et des Européens. Les Magyars, fixés dans la vallée du Danube et astreints à la vie agricole, ne se rapprochent plus que par la langue des Baskirs et des Samoyèdes. Bref, la ségrégation est le plus puissant agent de transformation qui soit connu. Nous ne croyons pas qu'elle soit toujours l'effet d'une compétition. Un rameau humain quitte un territoire le plus souvent non pas parce qu'il en est expulsé mais parce qu'il y trouve difficilement à vivre. L'école darwiniste refuse de distinguer les deux cas et attribue à la concurrence tous les effets morphologiques et physiologiques de la ségrégation.

Or c'est là une conclusion inacceptable, ainsi que l'a vigoureusement montré Moritz Wagner dans une étude publiée il y a vingt ans.

Moritz Wagner distingue expressément les facteurs physiologiques internes de la variabilité et les causes mécaniques externes qui assurent la généralisation d'un type. « L'origine des variations résulte de causes internes, physiologiques, qui nous sont encore inconnues, et comme elle est, de l'aveu même de Darwin, de Huxlay et de la plupart des partisans les plus convaincus de la théorie de l'évolution, *complètement indépendante* des circonstances extérieures, il faut en conclure que l'apparition de ces variétés spontanées doit être possible dans tous les temps, ce que d'ailleurs nous constatons souvent chez des individus isolés »[1]. Mais la cause interne inconnue qui produit la variabilité individuelle est en principe neutralisée par les croisements et par les conditions de vie dans un même habitat. Donc une variation individuelle n'aurait aucune extension si une cause mécanique externe ne « réagissait pas contre cet élément conservateur afin de provoquer l'apparition d'espèces nouvelles[2].

---

[1]. *La formation des espèces par la ségrégation* (Doin, éditeur). (Trad. fr., p. 10). Bibliothèque biologique internationale.
[2]. *Ibid.*, p. 9.

Or cette cause ne peut être la concurrence dans un même milieu physique.

En effet « vu que la lutte pour l'existence sévit avec le plus d'acharnement entre individus de la même espèce, c'est dans le point où ces individus sont groupés avec le plus de densité, c'est-à-dire d'ordinaire auprès du point central de la région habitée par l'espèce, que sa force créatrice devrait se manifester avec le plus de puissance. *Or tous les faits de la géographie des animaux et des plantes viennent contredire cette assertion de la manière la plus décisive* [1]. »

« Chaque nouveau caractère morphologique, quelque favorable qu'il soit à l'individu, sera forcément réduit, par suite du croisement avec des individus normaux et ramené ainsi au type normal de l'espèce. Dans le croisement illimité, c'est toujours le grand nombre qui l'emportera sur le petit [2]. »

Nous ne pouvons suivre l'auteur à travers toute sa démonstration [3]. L'observation des éponges, celle des oiseaux migrateurs et non migrateurs, celle des poissons, des crocodiles et des singes de l'Amérique du Sud, viennent successivement témoigner en faveur de son hypothèse. Elle diffère du darwinisme non seulement en ce qu'elle réduit la concurrence au rôle d'un simple auxiliaire de la ségrégation, mais encore en ce qu'elle ne croit pouvoir omettre l'intervention spontanée et intelligente des organismes vivants dans les transformations successives qu'ils éprouvent.

Tel est le mimétisme. On l'observe bien souvent chez les variétés contraintes à l'émigration. Les purs théoriciens de la concurrence y voient un phénomène explicable par un mécanisme inconscient. Mais tel n'est pas l'avis de Wagner. « C'est, dit-il, le simple résultat du besoin de se protéger,

---

1. *La formation des espèces par la ségrégation* (Doin, éditeur. Trad. fr., p. 12). Bibliothèque biologique internationale.
2. *Ibid.*, p. 13.
3. Voir sur ce point l'appendice B (la ségrégation et la géographie zoologique).

propre à tout animal, besoin qui le guide avec un instinct sûr dans la recherche et le choix d'un domicile approprié ou d'un abri protecteur. *Les animaux les plus inférieurs sont doués de conscience* ou tout au moins de la vague perception des dangers qui menacent leur existence. Ils cherchent à les éviter et sont constamment sur leurs gardes [1] ».

Aussi bien Darwin avait-il pris soin de prévenir la ruine de la doctrine de la sélection naturelle en la munissant de solides étais. Non seulement il admettait l'hérédité des caractères acquis, mais il reconnaissait deux autres facteurs de l'adaptation, la sélection sexuelle et la vie en société, la *symbiose* pour mieux dire.

On sait quelle serait l'importance morphologique de la sélection sexuelle. Elle rendrait compte de tous les caractères secondaires qui, chez beaucoup d'espèces et principalement chez les vertébrés, distinguent les mâles des femelles. Des deux sexes, le mâle est toujours le plus variable, le plus éloigné du type primitif; c'est là que l'on trouve vraiment des caractères sexuels secondaires acquis. L'autre sexe est en quelque sorte, à bien des points de vue, un témoin du passé. Or les mâles devraient leurs caractères acquis à la lutte pour la possession des femelles, lutte contre les femelles elles-mêmes et plus encore lutte contre des compétiteurs.

La société animale joue peut-être dans la conception darwiniste un rôle plus grand encore. Elle seule permettrait de comprendre comment a été comblé peu à peu l'abîme qui sépare l'homme actuel des animaux. Nous voulons parler de la conscience morale. Les pages où Darwin a formulé cette idée sont trop connues pour que nous ayons besoin d'y faire autrement allusion.

De l'aveu de tous les savants et de tous les critiques, il est impossible de reconnaître à la sélection naturelle le

1. *La formation des espèces par la ségrégation* (Doin, éditeur. Trad. fr., p. 26 et 27). Bibliothèque biologique internationale.

caractère d'une loi constante si la vie en société a été la condition de la formation de l'humanité. On pourrait dire sans doute que l'aptitude à vivre en société, à former un faisceau de forces contre les autres espèces, assure le succès de certains types. Mais il faudrait résoudre la difficulté indiquée par Wallace. La loi de sélection cesse de modifier les individus dès que l'espèce est constituée socialement. Les faibles sont de plus en plus assistés, directement ou indirectement ; si, la division du travail aidant, ils deviennent capables d'exercer au profit de la vie commune quelque humble fonction, ils sont de plus en plus soustraits à la loi de l'élimination. Leur type se multiplie et dès lors le progrès par voie de sélection est arrêté. Il faut donc conclure que si l'altruisme a pu être l'agent de la formation d'une espèce plus élevée que toutes les autres, la loi de la concurrence n'avait pas été l'unique agent de l'évolution organique ou même le principal agent de l'adaptation.

Les effets de la loi de sélection sexuelle ne semblent pas au premier abord contredire ainsi ceux de la loi de la concurrence vitale. Il semble que la lutte pour la possession des femelles puisse fort bien ajouter ses effets à ceux de la lutte pour les subsistances. Mais outre que le grand problème de l'hérédité des caractères acquis surgit inévitablement ici, on ne peut cacher la différence des conceptions qu'expriment ces termes en apparence identiques, la sélection naturelle et la sélection sexuelle [1]. La sélection naturelle serait un agent mécanique opérant d'une façon toute inconsciente ; elle produirait ses effets sur la fonction et la structure sans que le concours de la perception fût le moins du monde requis. Tout au contraire la conscience de l'animal doit entrer en activité pour que la sélection sexuelle produise ses effets. Darwin ne peut même échapper à la nécessité d'attribuer aux animaux un sentiment esthétique

---

[1]. Lange. *Histoire du matérialisme*, t. II. IIe partie, ch. IV.

élémentaire. Or ce sentiment n'est pas ici un simple épiphénomène ; il rendrait compte des modifications du plumage et du pelage. La théorie de la sélection sexuelle met donc les causes psychologiques au premier rang[1].

Darwin avait donc ébauché une théorie peu consistante, théorie indécise entre l'idée de l'adaptation directe et celle de l'adaptation indirecte, entre la finalité et le mécanisme. On comprend que certains de ses disciples aient cherché à la rendre plus précise et à mettre plus fortement en relief le rôle de la sélection naturelle. Telle a été l'œuvre des néo-darwinistes. On n'en saurait nier l'utilité car elle a rendu plus facile le travail de la critique.

Il ne paraît pas que jusqu'ici cette école ait montré mieux que Darwin le rapport entre la sélection et la division du travail organique, mais elle a posé deux problèmes dont la solution donnerait celle que nous cherchons ; nous voulons parler du problème de l'hérédité et du problème de la vie en société.

On sait quelle importance Darwin attachait à la loi de l'hérédité aux périodes correspondantes de la vie. Il en trouvait la confirmation dans les phénomènes de morphogénèse étudiés par l'embryologie. Il semble avoir pressenti que sans l'hypothèse de l'accélération de la croissance et de la simplification des phases embryonnaires, le transformisme ne pourrait faire témoigner l'embryologie en sa faveur et perdrait ainsi l'autorité des preuves les plus décisives.

Darwin ne pouvait donc accorder un sens à la distinction de l'hérédité des caractères acquis et des caractères primitifs. Non seulement il lui serait devenu impossible de rendre compte de l'instinct, mais il semble bien qu'une telle distinction répugne à l'idée même du transformisme. Pour le transformiste en effet, toutes les fonctions, toutes les

---

1. *Descent of Man*, trad. fr., p. 98, 248, 452, 626.

structures, toutes les propriétés anatomiques et physiologiques qui distinguent d'une cellule isolée un organisme composé, ne sont-ils pas autant de caractères acquis?

Si l'on repousse l'hypothèse de la fixité des types et celle des créations spécifiques, il est évident que l'ensemble des conditions physiologiques et morphologiques du développement de l'embryon est héréditaire. Par exemple les femelles des mammifères monodelphes héritent toutes de la disposition à former un placenta pendant la gestation, car chez ces espèces la vie ne pourrait être perpétuée autrement. Mais, vu la corrélation des formes et des fonctions, la gestation placentaire accompagne partout et toujours une structure hautement différenciée. Si ce n'est pas là un caractère acquis, il faut évidemment renoncer à l'idée même de l'évolution organique.

Il en est de même de cet autre phénomène capital, la substitution du développement fœtal au développement larvaire, phénomène qui s'est produit plus ou moins dans tous les embranchements.

Or, le résultat de cette substitution a été évidemment de réduire le rôle de la lutte pour l'existence si tant est que cette lutte ait eu chez les animaux inférieurs d'autre effet que le parasitisme.

En niant l'hérédité des caractères acquis les néo-darwinistes sont donc en désaccord avec l'esprit de l'embryologie, c'est-à-dire avec la source d'où le transformisme tire ses preuves les plus palpables et les plus frappantes.

La logique porte également les néo-darwinistes à réduire à rien le rôle de l'association dans l'adaptation des organismes complexes aux conditions de leur existence. Ce rôle semble cependant croître avec la complexité de l'organisation et le développement de l'activité sensorielle. Une théorie qui prétend expliquer l'adaptation sans en tenir compte, n'est-elle pas par là même en contradiction avec l'expérience?

C'est ce qu'a montré avec force un naturaliste partisan de l'hypothèse de Lamarck, M. Houssaye[1].

M. Houssaye distingue deux faits souvent confondus par les transformistes : la supériorité d'une espèce et sa prospérité. La supériorité dépend de la différenciation des fonctions et des organes, mais « les êtres également élevés en organisation ne jouissent pas de la même prospérité. On peut juger du degré de celle-ci par la quantité des individus qui parviennent à vivre et par la qualité de leur vie ». « Voici deux espèces à peu près équivalentes pour la complication anatomique ; l'une n'a plus que des représentants rares et misérables, exclusivement occupés à chasser et à fuir ; l'autre est formée par des individus nombreux, habiles à faire des provisions d'aliments pour les périodes de disette, ayant des animaux domestiques qu'ils exploitent, sachant se mettre à l'abri des intempéries par des demeures construites avec art. Ne serons-nous pas en droit de dire que la seconde a mieux réussi que la première et qu'elle est plus prospère[2] ? »

Ce point établi, il faut trouver une qualité commune à toutes les espèces prospères, une qualité telle que la prospérité des espèces varie avec son intensité et son développement.

Cette qualité existe : c'est l'aptitude à vivre en société. Il n'est pas difficile à M. Houssaye de montrer : 1° que les grands carnassiers n'ont pas eu la prospérité des herbivores sociables *quoiqu'ils fussent beaucoup mieux armés dans la lutte pour l'existence ;* 2° que l'homme a dû à la sociabilité le premier terme de la série de ses succès ; 3° et enfin, point plus important, que l'adaptation au milieu est toujours favorisé par la sociabilité[3]. C'est ainsi que l'émigration à

---

1. *Revue philosophique,* Ain 1893, n° 5. *La sociabilité et la morale chez les animaux.*
2. *Article cité,* § 1.
3. *Ibid.,* § I.

peu près impossible à un insecte, un poisson, un oiseau, un mammifère solitaire devient extrêmement facile à une bande car elle triomphe aisément des ennemis et des obstacles[1].

A notre avis, on peut tirer de ces faits une objection encore plus forte au néo-darwinisme.

L'association se forme quelquefois entre animaux de race ou d'espèces différentes, mais le plus souvent entre individus semblables et issus d'une même souche. Réciproquement, dès qu'une espèce est capable de perception et de mémoire, la similitude devient l'origine d'une association. Chez les grands carnassiers, tels que les félins, on constate tout au moins le rudiment d'une société domestique.

Le semblable cesse donc de lutter contre son semblable pour la possession des subsistances. La lutte n'est plus que l'antagonisme d'espèces différentes. C'est ainsi que deux races de fourmis se feront la guerre et que l'une enlèvera les œufs et les larves de l'autre ; mais qui ne voit que la lutte ainsi entendue ne peut avoir vu ni le sens ni les effets attribués par les darwinistes à la loi de sélection ?

D'après cette hypothèse, en effet, la lutte sévit au maximum entre les semblables. Ce sont de légères différences individuelles qui peuvent seules donner lieu à des organismes nouveaux. Au contraire une association d'individus semblables doit faire échec à ces variations individuelles et d'autant plus qu'elle est plus prospère.

D'après M. Espinas l'association favorise à tous les degrés l'accomplissement des fonctions de la vie ; au plus bas degré, les fonctions de la nutrition ; à un degré plus élevé, les fonctions de la reproduction ; enfin chez les vertébrés elle stimule la vie de relation.

La vie en société aurait donc toujours contrarié l'œuvre de la sélection naturelle ; et néanmoins nous voyons que les espèces les plus sociables sont celles qui se sont le mieux

---

1. *Article cité.* § II.

adaptées aux conditions de leur existence. N'a-t-on pas ainsi la preuve manifeste que l'adaptation a eu d'autres facteurs que la lutte ?

On ne saurait évaluer trop haut la valeur de cette objection. Ou le darwinisme est une théorie téléologique, et en ce cas, il doit se subordonner à une conception de la finalité plus simple et plus précise, ou, comme le pensent les plus fougueux de ses partisans, c'est une application du mécanisme à l'évolution organique. Or en ce cas il doit chercher à découvrir une relation entre la concurrence et la cause même des variétés qui sont élues et donnent l'avantage à leur possesseur. Si en effet la finalité interne a pu donner naissance à la variation, si elle a fait apparaître une nouvelle fonction, un nouvel organe, pourquoi ne présiderait-elle pas en outre à l'adaptation ? Le théoricien de la symbiose peut facilement montrer que la formation des sociétés est une nouvelle manifestation de la finalité organique par laquelle l'adaptation s'achève. Au contraire le mécaniste doit prouver que les animaux sont variables dans la mesure même où ils sont soumis à la concurrence. Or l'existence universelle des sociétés animales, leur extension et leur perfectionnement chez les espèces voisines de l'homme infligent à cette hypothèse le démenti le plus complet.

La sélection naturelle ne rend compte ni de la complexité organique des espèces, ni de leur prospérité. Elle ne peut donc être opposée aux preuves qui nous font croire à un développement interne issu de la spontanéité vivante.

CHAPITRE VI

LE SYSTÈME NERVEUX ET L'ADAPTATION

S'il y a dans l'organisme animal un système, un appareil qui réagisse sur l'ensemble des fonctions, et dont on puisse suivre pas à pas la différenciation et le développement, l'étude de cet appareil doit, mieux que tout autre, contribuer à la solution du problème de l'adaptation.

Tel est bien le double caractère de l'appareil nerveux.

D'un côté, chez les organismes les plus compliqués le système nerveux exprime l'unité des fonctions, et la paralysie des centres nerveux n'est pas seulement l'abolition de la vie de relation, mais encore et progressivement celle de la nutrition.

D'un autre côté, des cœlentérés à l'homme, nous voyons naître et se développer le système nerveux, beaucoup mieux que tout autre organe. Il en est de cet organe chez les animaux comme de la fleur et du fruit chez les plantes.

A son tour l'embryologe nous montre le tissu nerveux se différenciant peu à peu du tissu épithélial ; les centres nerveux se constituent aux dépens du feuillet externe, puis émettent des filaments d'où naissent les nerfs propres à mettre en rapport les centres avec la périphérie. C'est donc ici que la correspondance est frappante entre l'ontogenèse et la phylogenèse.

Les témoignages de la paléontologie et de la géographie confirment ceux de la morphologie ; les animaux dont le système nerveux est complet et différencié ont apparu postérieurement aux espèces chez qui cet appareil est indifférencié.

C'est donc ici qu'est la pierre de touche d'une théorie de l'adaptation.

L'adaptation n'est-elle qu'une équilibration directe ou indirecte ? Les êtres vivants ne pourraient-ils être adaptés à leurs conditions d'existence sans l'élimination des plus faibles par la concurrence vitale ? L'étude de l'évolution des nerfs et des centres nerveux doit répondre à ces problèmes.

C'est bien ce qu'a compris Spencer. La théorie biologique des nerfs n'est pas seulement le fondement de sa psychologie; elle est encore le trait d'union entre la théorie de l'adaptation et celle de l'équilibration indirecte ou sélection.

L'adaptation des végétaux serait une équilibration directe : elle résulterait d'une action prolongée des forces incidentes et surtout de la lumière; au contraire l'adaptation des animaux serait due à la modification graduelle des organes locomoteurs, mais la locomotion serait en relation directe avec les exigences de la lutte pour la vie.

Or entre les appareils qui assurent la locomotion et le système nerveux, la relation est directe et étroite. La locomotion suppose et implique une adaptation toujours plus parfaite de l'interne à l'externe. La perception, les nerfs qui en assurent le fonctionnement, les centres qui assurent l'association des différents nerfs naissent ainsi peu à peu, et par sélection héréditaire, des exigences de la lutte pour la vie. La victoire est assurée, non pas à l'espèce qui peut dépenser le plus d'énergie musculaire, mais à celle qui, grâce à la perception, peut le mieux économiser cette énergie.

C'est ainsi que pourraient être rapprochées et fondues harmoniquement deux idées réputées souvent contradictoires, l'idée vitaliste d'après laquelle la fonction crée l'organe et l'idée mécaniste qui exclut toute spontanéité du corps organisé non moins que du corps brut.

Mais ne faut-il pas distinguer entre deux théories dont l'une attribue aux exigences de la locomotion la formation et l'évolution du système nerveux, tandis que l'autre voit dans les fonctions de relation une conséquence de la concurrence vitale ? La première nous paraît beaucoup moins hypothétique que la seconde, beaucoup plus conforme aux données de l'anatomie comparée et de la zoologie générale. Le savant qui tient compte des arguments si précis de Moritz Wagner estimera que la nécessité d'émigrer a suffi à développer la locomotion dans le règne animal et par là même la fonction de l'innervation. Mais voir dans toute migration la conséquence d'une compétition pour les subsistances, c'est transporter sans raison en biologie une hypothèse d'économiste. Les animaux émigrent précisément parce qu'ils ne luttent pas pour la possession des subsistances. D'ailleurs d'autres causes que la rareté des aliments, par exemple la difficulté de vivre sous un climat devenu trop froid, peuvent fort bien rendre compte du phénomène des migrations.

Mais devons-nous accepter sans aucune réserve la théorie qui fait naître le système nerveux de la locomotion agissant sur des tissus moins différenciés ?

La grande preuve apportée à l'appui n'est autre que la comparaison des animaux aux végétaux et celle des animaux les plus élevés aux types les plus bas. Les vers se déplacent plus que les cœlentérés et ont un système nerveux mieux différencié ; il en est ainsi des insectes comparés aux vers ; et parmi les mollusques des céphalopodes comparés aux brachiopodes et aux lamellibranches.

Néanmoins l'anatomie comparée autorise des objections. Les oiseaux n'ont pas un système nerveux beaucoup plus différencié que celui des reptiles. Les centres nerveux de l'oiseau rappellent l'état embryonnaire des mêmes organes chez les mammifères. Or chez aucune classe d'animaux la fonction de la locomotion n'est aussi développée.

La physiologie contemporaine nous fournit une raison

décisive de repousser les vues un peu trop simples de Spencer.

La relation de l'organisme avec le milieu ne consiste pas seulement dans la locomotion, mais encore dans la production et la distribution de la chaleur animale. Aucune fonction ne concourt plus directement à l'adaptation des animaux à leur milieu et ne paraît avoir joué un aussi grand rôle dans le passé des espèces.

Or les travaux d'un grand nombre de physiologistes, parmi lesquels MM. Ch. Richet et Frédéricq ont démontré expérimentalement la subordination de cette fonction à l'activité des centres nerveux. Administrez à un animal un anesthésique puissant, tel que le chloral, et vous en abaissez rapidement la température. Une élévation de température sera au contraire l'effet de l'intoxication de l'animal par un poison convulsivant tel que la strychnine ?

Or il est possible, sinon aisé, de démontrer par la méthode comparative, que cette corrélation a dû diriger toute l'évolution des animaux pendant les périodes géologiques.

De la période paléozoïque à la période actuelle les organismes se sont succédé du simple au composé, or la différenciation du système nerveux est le principal résultat de cette complexité croissante.

D'un autre côté, les données de la géographie zoologique et de la paléontologie concourent à nous prouver que l'ascension des formes vivantes a, sauf la seule exception de la période glaciaire, correspondu à un abaissement régulier de la température de la planète : tel est le sens des grandes lois formulées par Pictet.

Considérons maintenant la série animale : nous voyons la physiologie distinguer les animaux à température constante et les animaux à température variable. Or les animaux à température constante étant ceux qui ont paru les derniers, il y aurait lieu de penser que cette distinction a été acquise. Mais cette hypothèse devient une certitude quand on voit le rôle que le système nerveux joue dans la lutte contre le froid.

D'un côté, en activant le fonctionnement des muscles et des glandes, il contribue à la production de la chaleur, si bien que les muscles paralysés sont plus froids que les membres sains ; de l'autre, en présidant au resserrement ou à la dilatation des vaisseaux sanguins, il agit directement sur la distribution de cette chaleur aux différentes parties du corps.

Ces conclusions sont confirmées par deux autres preuves.

La première est que la résistance de l'homme à la température extérieure s'accroît constamment de la naissance à l'âge adulte.

La seconde est que les muscles des animaux engourdis ou en état d'hibernation, ont, d'après les expériences de Legros, les mêmes propriétés que les muscles des animaux à sang froid, propriétés caractérisées surtout par l'extrême lenteur de la réaction [1].

On voit par là que le développement du système nerveux a correspondu à la nécessité imposée aux animaux de s'adapter directement aux variations croissantes de la température, et cette induction devrait à elle seule nous faire préférer la thèse de l'adaptation directe et spontanée à la thèse de l'équilibration directe ou indirecte.

L'étude des rapports entre le système nerveux et les instincts primaires ou secondaires ne vient-elle pas la fortifier à son tour ?

Spencer définit l'instinct : un réflexe composé et héréditaire. Mais depuis la publication des *Principes de biologie*, un disciple de Darwin, merveilleusement propre aux études psychologiques, l'illustre et regretté Romanes est venu montrer qu'il faut distinguer entre les instincts primaires et les instincts secondaires. Ceux-ci ne sont pas autre chose que des habitudes héréditaires formées par l'expérience des animaux supérieurs : de là leur extrême plasticité. Les ins-

---

[1]. P. Bert. *Recherches expérimentales pour servir à l'histoire de la vitalité propre des tissus animaux*, 1866.

tincts primaires sont des façons de réagir, inséparables de la structure de l'animal. La définition de Spencer convient donc à eux seuls.

La base de l'instinct primaire est ainsi la réflexe, c'est-à-dire la manifestation d'une des propriétés élémentaires de la cellule vivante : la contractilité. Soumettons un mollusque très simple chez qui le système nerveux existe à peine, à l'action d'une lumière intense : nous verrons les muscles de cet animal se rétracter violemment. La possibilité du réflexe ne reposait donc pas sur une organisation nerveuse développée ou même définie.

En revanche, si nous consultons la physiologie des réflexes, nous n'avons pas de peine à découvrir comment l'activité des centres nerveux peut faire apparaître les mouvements instinctifs.

Rappelons que les physiologistes constatent chez l'homme et les mammifères cinq lois auxquels les réflexes sont soumis : les lois de l'unilatéralité, de la symétrie, de l'intensité, de l'irradiation et de la généralisation. Les deux dernières ont dans les précédentes leur condition. Elles nous expliquent comment une faible excitation peut déterminer une réaction générale de l'organisme comme par exemple le vol chez l'oiseau, le plongeon chez la grenouille, bref toutes les manifestations défensives. Or l'irradiation et la généralisation d'une action réflexe dépendent de l'opération d'un centre nerveux déjà développé et spécifié, mais puisque l'organe n'a pu naître avant la fonction et sans elle, nous pouvons tirer de là la confirmation d'une de nos conclusions antérieures : la formation des instincts les plus simples prouve que l'adaptation n'est pas une simple équilibration mais une réaction de l'organisme, réaction qui devient supérieure à l'excitation.

L'étude des instincts secondaires pourrait-elle affaiblir cette conclusion ?

L'instinct secondaire est une adaptation intelligente de

l'instinct primaire à de nouvelles conditions d'existence. On n'y trouve pas d'autre origine que l'intelligence de l'animal, c'est-à-dire selon Romanes, l'aptitude de l'individu à tirer parti de son expérience propre, l'intelligence d'un animal ne fait qu'un avec sa mémoire et ses habitudes ; l'instinct secondaire est une mémoire fixée héréditairement.

Comme on le voit, il ne s'agit de rien moins ici que d'expliquer les manifestations les plus remarquables de la vie animale par l'action des représentations sur les mouvements ou de renoncer à en donner une explication.

On pourrait peut-être échapper à cette option si la formation d'un cerveau puissant et volumineux était universellement la condition et l'antécédent des instincts secondaires. Mais l'on voit des instincts secondaires très remarquables apparaître chez des vertébrés inférieurs tels que les oiseaux ou même les poissons (épinoche). Les plus remarquables peut-être de ces instincts, ceux des hyménoptères sociaux se laissent observer chez des animaux que la structure de leurs centres nerveux rattache au type commun des invertébrés.

Ces instincts ne peuvent être expliqués ni par la concurrence vitale entendue au sens étroit, ni par un simple mécanisme héréditaire. Si l'on se refusait à admettre qu'une activité spontanée, fortifiée par la vie en société ait pu en provoquer l'apparition, ne serait-on pas conduit, comme l'entomologiste Fabre, à réhabiliter les conceptions théologiques de saint Thomas et des scolastiques ?

Aussi en présence de ce phénomène voyons-nous un profond physiologiste suisse, Forel, connu par ses études de psychiatre et ses travaux sur les neurones, conclure nettement au pampsychisme de Leibnitz.

« Partout dans l'univers, écrit-il,[1] nous retrouvons les deux lois de l'automatisme ou reproduction cyclique et de la

---

1. *Année psychologique*, 2ᵉ année. *Un aperçu de psychologie comparée*, in fine.

différenciation, variabilité ou plasticité. D'où viennent-elles ? Si nous arrivons un jour à les analyser mieux, nous ne ferons que reculer la limite. Le mystère métaphysique demeurera le même. Ramenées à notre question première, ces considérations nous disent ceci :

« L'instinct social des insectes, en particulier des fourmis, appartient sans aucun doute à la catégorie des automatismes hérités complets, c'est-à-dire n'ayant pas besoin d'être appris par l'individu. Quoique fort complexe et fort gros relativement chez l'ouvrière qui seule a l'instinct social très développé, le cerveau d'une fourmi est une association bien petite de petits neurones. Mais l'automatisme spécialisé exige infiniment moins de neurones que la complexité des activités plastiques qui exige la possibilité d'adaptation à un nombre immense d'activités effectives et non pas seulement potentielles. Donc on peut comprendre que le petit cerveau de la fourmi opère automatiquement des choses que le cerveau humain a souvent peine à apprendre.... Nous avons cité deux extrêmes, l'extrême d'un instinct complexe et l'extrême de la plasticité ou faculté d'adaptation du cerveau humain. Etudions les faits d'un peu plus près et nous trouvons les passages. L'homme a aussi des automatismes hérités plus ou moins complets. Sans parler de l'habileté souvent fort défectueuse du nouveau-né à téter, nous pouvons citer les états affectifs, les appétits sexuels et leur assouvissement, les mouvements de défense et de fuite, le rire et les pleurs comme autant d'automatismes héréditaires bien près d'être complets. »

« Passons aux chiens et aux singes et nous devrons accorder que leur faculté de saisir les volontés de leur maître, d'être dressés et apprivoisés, leurs joies et leurs tristesses, leurs sentiments à l'égard de leurs petits et de leur maître ne permettent pas de douter de leurs facultés plastiques très développées. »

« De plus, il est faux de croire que les animaux inférieurs

n'ont pas d'activité plastique ou adaptative. Une amibe est fort plastique et un leucocyte aussi. Ces simples cellules n'ont guère d'automatisme, » (Forel, *loco citato*, pp. 39 et 40).

La plasticité d'un cerveau est d'après Forel en raison directe du nombre des neurones, mais il faut donc que le neurone ait quelque plasticité. La croissance du système nerveux, sa différenciation graduelle, la constitution de centres de mieux en mieux spécifiés, loin d'attester simplement la constitution d'un état d'équilibre entre l'organisme et le milieu sont les preuves d'un empiétement croissant de l'être vivant sur le monde extérieur.

Nous sommes donc portés à conclure que le système nerveux est un organe de l'adaptation directe et que l'adaptation directe, loin d'être une simple équilibration, suppose une activité spontanée, liée à l'instinct, à la sensibilité et par suite aux formes obscures et simples de la vie consciente.

CHAPITRE VII

LA GENÈSE DU CERVEAU

Si le système nerveux, considéré dans son ensemble et sans distinction de types est l'organe de l'action réflexe et de l'instinct, le cerveau est proprement l'organe de l'activité sensorielle. Dans la série animale comme chez le nouveau-né la formation du cerveau correspond à la différenciation des sens ainsi qu'à la combinaison de leurs données. Si graves que puissent être les maladies cérébrales pour l'humanité civilisée, on ne peut donc mettre en doute que les animaux pourvus d'un cerveau bien développé ne soient mieux adaptés que les autres aux conditions d'une existence compliquée. Etudier la genèse du cerveau, c'est donc apporter à la théorie de l'adaptation la contribution la plus riche.

Sans doute cette tentative peut sembler bien téméraire. La physiologie du cerveau humain passe pour faire le désespoir des physiologistes, tant les faits y sont multiples, fuyants. Néanmoins la méthode génétique appliquée par plusieurs générations de savants a donné des résultats qui, omission faite de certains détails, ont une incontestable valeur. Des témoignages très différents entendus et recueillis isolément ont été trouvés concordants. La pathologie étudiait les dégénérescences qui accompagnent les lésions des différentes parties de l'encéphale [1], l'embryologie de l'homme suivait les différentes phases de l'apparition de

---

1. C'est, on le sait, la méthode de Türk et de Charcot.

l'organe[1], l'anatomie comparait les variations de sa structure depuis les vertébrés acraniens jusqu'aux singes anthropomorphes et à l'homme[2]. Or l'embryologiste retrouvait chez le nouveau-né l'abréviation de la série des phénomènes qu'avait constatés l'anatomiste, et le pathologiste découvrait dans la gamme des dégénérescences le renversement de cette série.
— On peut dire que la science du cerveau est ébauchée et que les grandes lignes en sont nettement dessinées.

Tel que nous l'observons chez les mammifères et surtout chez l'homme, le cerveau est le dernier constitué des grands organes qui permettent à l'animal de s'adapter au milieu où il doit vivre. De l'amphioxus à l'homme, l'encéphale croît sans cesse relativement au reste du corps ; et chez les mammifères, les hémisphères cérébraux croissent relativement au reste de l'encéphale. — Le cerveau réagit de plus en plus sur les fonctions des autres appareils. Non seulement il modère l'activité réflexe de la moelle, mais il réagit sur la circulation du sang, sur la distribution de la chaleur animale etc. Sa nutrition prélève un lourd tribut sur l'ensemble de l'organisme ; en même temps c'est un organe délicat, bien vite surmené et dont les lésions troublent les fonctions les plus éloignées des siennes en apparences. L'acquisition du cerveau n'a donc pas été pour les animaux supérieurs un avantage sans compensation et nous devons en conclure que la constitution de cet organe est indispensable à l'adaptation.

Mais pourquoi en est-il ainsi ? Pourquoi l'animal doit-il faire les frais d'un organe aussi dispendieux et aussi délicat ?

Nous serions-nous trompés en rejetant tout rapport entre la division progressive du travail et la concurrence vitale ? Peut-on expliquer la genèse du cerveau autrement que comme une condition *sine quâ non* de la victoire dans la compétition pour les subsistances ?

---

1. Méthode de Paul Flechsig.
2. Méthode suivie par Charlton Bastian.

Un darwiniste montre sans peine que la conquête des aliments est plus facile à un animal possédant plusieurs appareils sensoriels qu'à celui qui est réduit à l'usage du tact, et que de deux animaux, celui chez qui les sens se complètent et se suppléent, celui qui est capable de raisonnement et de mémoire a l'avantage sur l'être dont les sens fonctionnent isolément. Or, si les sens et l'aptitude à combiner les données sensorielles sont des fonctions utiles dans la lutte pour les subsistances, le cerveau, qui résulte de la réunion et de l'intégration des organes sensoriels, le cerveau a dû se former chez les animaux soumis à la concurrence vitale la plus intense et la transmission héréditaire du cerveau a dû assurer la survie des variétés qui l'avaient acquis.

Bref, la lutte pour la vie a formé la perception sensible; la fonction a fait l'organe, et l'hérédité l'a fixée dans l'organisation. On conçoit qu'une explication aussi lumineuse et aussi simpliste ait pu séduire tous ceux qui contemplent les faits biologiques de très loin, sinon de très haut.

Mais un examen consciencieux des faits ne permet pas de l'adopter.

Nous avons précédemment montré combien il est difficile d'apercevoir un rapport entre la spécification des fonctions et la concurrence vitale. Or ici l'absence, l'impossibilité de la relation causale peut être expressément démontrée.

La loi de la lutte pour la vie a été un emprunt de la zoologie à l'économie politique; le phénomène qu'elle généralise est l'effet d'une disproportion entre la natalité de chaque espèce et ses moyens de subsister. Or l'action que cette cause pourrait exercer sur le fonctionnement de l'organisme animal n'aurait pas une intensité toujours égale. Elle devrait agir sur la plasticité des tissus vivants d'autant plus que la compétition serait plus ardente. Les espèces qui auraient la plus grande natalité seraient les plus soumises à l'action éventuelle de la concurrence ; celles dont la natalité est faible seraient par contre moins contraintes que les autres à spécifier leur organisation pour faire face à la pénurie de l'alimentation.

Mais les espèces les plus simples sont celles qui ont la postérité la plus nombreuse et, selon Spencer, la fécondité décroît avec la complexité de l'organisation. « Si nous ramenons sous le titre d'*Individuation* tous les processus qui complètent et soutiennent la vie de l'individu et sous le titre de *Genèse* ceux qui aident à la formation et au développement de nouveaux individus, nous nous apercevons que l'Individuation et la Genèse sont nécessairement en antagonisme. *Tout progrès qui élève d'un degré l'évolution individuelle a pour conséquence d'abaisser d'un degré la multiplication de l'espèce et vice versa.* Le progrès dans le volume, la complexité ou l'activité suppose une rétrogradation dans la fécondité et tout progrès dans la fécondité suppose une rétrogradation dans le volume, la complexité ou l'activité[1].

Spencer apporte, il est vrai, à cette loi générale une restriction destinée à sauvegarder la loi de sélection naturelle : c'est que « la genèse ne décroît pas tout à fait aussi vite que l'individuation augmente[2]. » Mais nous avons d'autres raisons de penser que Spencer a aperçu la vérité quand il a formulé l'antagonisme de l'Individuation et de la Genèse. Cet antagonisme est conclu de faits bien observés. Un protophyte se reproduit beaucoup plus rapidement qu'une plante; un protozoaire, qu'un métazoaire ; un insecte pond beaucoup plus d'œufs qu'un vertébré ; un poisson en pond beaucoup plus qu'un oiseau. La postérité des rongeurs est beaucoup plus nombreuse que celle des singes et à plus forte raison que celle des races humaines les plus fécondes. Les êtres vivants s'adaptent aux difficultés de l'existence en compliquant leur organisation et en limitant leur fécondité.

Au contraire la réserve apportée par Spencer à cette con-

---

1. *Principes de biologie*, ch. VIII, III. — Howard Collins, § 327 (Paris, F. Alcan).
2. *Ibid.*, § 364.

clusion se tire d'une fausse conception du transformisme, de cette idée que les espèces supérieures remplacent les espèces inférieures. Est-il besoin de rappeler que la variabilité croissante des types végétaux ou animaux n'a nullement pour conséquence la disparition des formes les plus simples ? La comparaison des faunes actuelles aux faunes géologiques condamne absolument une telle interprétation. Les faunes et les flores primitives ont partagé la terre avec les faunes et les fleurs plus jeunes, mais puisque le tigre coexiste avec le crocodile, la faune tertiaire n'a pas fait disparaître la faune secondaire et puisque l'homme coexiste avec l'éléphant, la faune quaternaire n'a pas fait disparaître la faune tertiaire. Partout où vous trouvez le chêne près du sapin et de la fougère, vous avez la preuve que les flores récentes n'ont nullement éliminé la flore de l'époque paléozoïque pas plus que les organismes composés n'avaient éliminé les organismes unicellulaires. Seule la funèbre imagination des darwinistes fait de la nature un ossuaire.

Les organismes complexes sont donc moins soumis que les organismes simples à la loi de la compétition. Par suite comment attribuerait-on à une telle cause l'apparition du cerveau puisque la différenciation du cerveau et de la moelle n'a lieu que chez les vertébrés *craniotes*, animaux d'une structure déjà très compliquée ?

Il y a une relation définie entre l'organisation du cerveau et l'individuation. On peut observer un ganglion céphalique chez les invertébrés. Mais l'on ne peut comparer au cerveau des vertébrés cet organe sans risquer de méconnaître la distinction de l'homologie et de l'analogie sur laquelle repose *toute l'anatomie comparée*. Aussi la décapitation d'un invertébré n'a-t-elle pas la mort pour conséquence. Or on sait que la complexité d'un invertébré est tout autre chose qu'une individuation. C'est tout au plus la prédominance d'un des métamères sur les autres sans que jamais la vie du métamère soit absorbée en totalité par la vie de l'individu. Au contraire, chez les vertébrés, le développement du cerveau correspond à la solidarité des fonctions. Plus le cerveau est développé et différencié, et plus l'ensemble réagit sur le détail.

Allons plus loin : il est permis de penser que l'accroissement du cerveau est une dépense compensée par un affaiblissement de l'activité génésique. A cet égard, il est intéressant de comparer, non seulement les mammifères aux poissons, aux amphibiens et aux reptiles ainsi que les primates aux mammifères inférieurs, mais encore les races humaines les plus élevées en civilisation aux races incultes. Il est impossible d'oublier que si, chez les races noires, le développement intellectuel est très vite arrêté, c'est chez elles qu'on trouve la précocité sexuelle la plus grande. Il semble bien que l'élévation de l'intelligence soit incompatible avec une nubilité prématurée. Le cerveau d'une femme qui est mère à huit ans est sans doute arrêté dans son développement ; or c'est chez la femme que l'on trouve toujours le cerveau moyen de la race.

Les darwinistes conséquents seraient donc amenés à professer que le cerveau n'est qu'indirectement une arme dans la lutte pour l'existence. L'organe central de la perception extérieure se développerait à la suite d'une excitation des sens due, non à une compétition entre individus du même type, mais à une guerre habituelle entre individus d'espèce différente. On pourrait admettre par exemple que la différenciation des sens favorise tour à tour soit l'attaque, soit la fuite et que la formation du cerveau assure ainsi la victoire de certaines variétés sur certaines autres.

Cette interprétation des faits resterait purement hypothétique. Rien absolument n'autorise à penser que les espèces actuelles possèdent en général un cerveau plus puissant que celles dont étaient composées les faunes prédominant à l'âge quaternaire ou tertiaire. Pourquoi attribuer à l'éléphant indien un cerveau mieux différencié qu'au mammouth, au cheval une supériorité cérébrale sur l'hipparion ? Il le faudrait cependant pour que la théorie de la sélection fût vraiment explicative.

Mais cette hypothèse vient positivement échouer sur un écueil inaperçu des darwinistes : l'existence des associations animales.

Les animaux qui possèdent un cerveau relativement différencié sont les plus portés à vivre en société. L'association est un fait exceptionnel chez les invertébrés, un fait commun chez les vertébrés et chez ces derniers, des poissons aux mammifères, il y a un progrès constant de la sociabilité. Rien de moins explicable si le développement du cerveau est en effet de la sélection naturelle. Un animal jeune qui vit en société peut profiter de l'activité sensorielle de ses associés et de l'expérience du chef de l'association. Un animal isolé et qui doit compter sur lui seul pour saisir sa proie ou fuir ses ennemis doit exercer à un plus haut degré l'activité de ses sens. Si la lutte était l'unique condition de l'évolution du cerveau, l'association ne devrait-elle pas amener un arrêt de développement ? Les animaux solitaires ne devraient-ils pas être invariablement pourvus d'un cerveau mieux organisé que celui des animaux sociables ?

L'observation met en lumière le fait contraire. Les cerveaux, et, en général, les encéphales les mieux différenciés se rencontrent plutôt chez les espèces sociables. Tout au moins jamais celles-ci ne présentent au regard la moindre infériorité, ce qui est déjà un indice suffisant, mais voici une preuve véritable : De deux espèces, sociables ou solitaires, celle qui vit de proie est plus soumise à la concurrence que celle qui vit d'un régime végétal. Il faut en effet qu'elle déjoue les ruses de sa proie et en même temps qu'elle triomphe des autres espèces carnassières. Les accipitres parmi les oiseaux, les carnassiers et les sirénidés parmi les mammifères devraient donc avoir un cerveau beaucoup mieux organisé, les uns que les oiseaux granivores et notamment les passereaux, les autres que les primates, etc., mais il n'en est rien. Le cerveau des primates est, sans exception, beaucoup plus riche en circonvolutions que le cerveau des grands félins ; et ceux-ci restent encore inférieurs à un animal herbivore tel que l'éléphant. La complexité de l'instinct est à défaut d'autres indices une preuve suffisante de la supériorité de l'organisation cérébrale ; or, parmi les oiseaux, c'est chez des passereaux et non chez des accipitres que l'on trouve les plus belles manifestations de l'instinct constructeur. Généralement les espèces solitaires se rencontrent parmi les animaux qui vivent de proie. On sait au contraire que la société domestique est développée chez les oiseaux granivores et que les mammifères herbivores forment presque toujours des peuplades plus ou moins nombreuses et bien organisées. La supériorité de l'organisation cérébrale chez les herbivores ne peut donc être attribuée qu'à la vie en société. On en a une confirmation quand on voit un animal carnassier, le chien, acquérir sous l'influence de l'humanité sociable un cerveau aux circonvolutions bien dessinées et les instincts secondaires les plus plastiques.

Il faut donc admettre que la vie en société stimule par elle-même l'activité sensorielle, la mémoire et la combinaison des perceptions. Spencer l'a complètement reconnu en nous montrant qu'une société animale a pour effet de multiplier les sens de chacun par les sens des autres [1]. Plus cette observation est judicieuse, plus elle dément la théorie du darwinisme. Quand le cerveau d'une espèce est bien constitué et mis au service d'appareils sensoriels délicats et solidaires, elle est mieux adaptée aux conditions de son existence, mais les individus qui la composent ne sont pas mieux armés dans la « lutte pour la vie ».

C'est à l'histoire et à la psychologie sociale qu'il appartient

---

1. Spencer. *Justice*, § 8.

de décider si la guerre a concouru au développement de l'intelligence humaine. Il semble toutefois que dès maintenant l'anthropologie donnerait raison à la conclusion que nous venons d'exposer. Les cerveaux les plus volumineux et les mieux organisés ne se rencontrent pas chez les races les plus guerrières. Aucune race ne paraît plus passionnée pour le carnage que celle des Papouas de la Nouvelle-Guinée, aucune race n'a montré dans toute son histoire un plus grand mépris des gens de guerre et une plus grande incapacité militaire que la race chinoise. Or le poids moyen du cerveau chez les Chinois serait, si nous en croyons les évaluations de Charlton Bastian, plutôt supérieur qu'inférieur à celui des rameaux les plus élevés de la race blanche. Au contraire Huxley a pu soutenir que l'observation du poids et de l'organisation du cerveau chez les Papouas oppose un obstacle invincible au dogme de l'unité et de l'invariabilité de l'espèce humaine[1].

Nous avons vu que, d'après Forel, un ganglion nerveux est une association de neurones et remplit d'autant mieux les fonctions de l'adaptation que les neurones associés sont plus nombreux. Il semble bien que cette vue puisse être généralisée. *Le cerveau est l'organe de la symbiose*; c'est par excellence l'organe supplémentaire destiné à subvenir à l'insuffisante plasticité des autres. Il est ainsi en relation avec cette alliance des formes de la vie par laquelle l'activité de l'un est sans cesse substituée à l'activité de l'autre, l'activité de la génération adulte à celle de la génération en voie de croissance, l'activité du père à celle de la mère.

La lutte pour l'existence n'explique pas l'origine des fonctions cérébrales. Mais l'action directe des forces extérieures l'explique-t-elle mieux? Si le cerveau est l'organe de la vie collective, il est d'abord l'organe de la perception extérieure. Les deux fonctions sont donc corrélatives. Il est aisé de le

---

1. Voir l'appendice C. *Le cerveau de la femme et la théorie de la sélection.*

comprendre. La vie collective exige le concours, la combinaison des activités musculaires. Il semble bien que les contractions musculaires ne peuvent être combinées sans le concours des images ni les images sans le concours des concepts. Mais s'il en est ainsi, le cerveau n'est-il pas l'organe de l'adaptation consciente et réciproquement, n'avons-nous pas la preuve que la conscience a joué un rôle dans tous les progrès de l'adaptation auxquels le système nerveux a concouru ?

CHAPITRE VIII

LA GENÈSE DU CERVEAU (*Suite*). — LES FONCTIONS
CÉRÉBRALES ET L'ADAPTATION DIRECTE

Si le développement du cerveau n'est pas l'effet de la sélection naturelle et de la concurrence vitale, nous sommes conduits à penser que l'adaptation résulte d'une réaction spontanée des organismes sur le milieu extérieur et que cette spontanéité est inséparablement liée à une activité consciente. Il est en effet impossible de rendre compte des fonctions cérébrales et de leur spécification si l'adaptation n'est qu'une équilibration, régie par les lois de la mécanique.

Mais attribuer à une activité spontanée et surtout à une activité consciente la genèse des fonctions cérébrales, et avec elle, la direction de la division du travail, c'est mettre en question le concept mécanique de l'évolution universelle. L'unique fonction du cerveau doit être de « *libérer du mouvement*[1] », si l'adaptation est une équilibration des forces organiques et des forces inorganiques, et l'adaptation ne peut pas être autre chose si l'évolution de la vie n'est qu'une concentration de matière et une dissipation de mouvement.

Entre le développement du cerveau et l'activité spécifiée des organes sensoriels, la relation est directe. Il y a là une donnée positive qu'aucun système ne peut écarter ou feindre d'oublier. Mais peut-on la coucher dans le lit de Procuste

---

1. Spencer. *Principes de psychologie*, ch. III. Les fonctions du système nerveux (Paris, F. Alcan).

du mécanisme universel? En d'autres termes, oubliant le coup de quarte de Lange et l'*ignorabimus* de Dubois-Raymond, peut-on, sans renoncer à une étude génétique des organismes, considérer les fonctions sensorielles comme les aspects de fonctions motrices qui seules auraient présidé à l'évolution du cerveau et à l'adaptation qui en est résultée?

L'activité cérébrale est sans doute en relation avec les sensations kinesthétiques qui accompagnent et dirigent la réaction des animaux sur le milieu extérieur: témoin le rapport de la paralysie et de l'anesthésie. On a pu expliquer la perfection relative du cerveau de certains cétacés, les marsouins et les dauphins, par l'intensité et la variété de leur activité motrice[1]. Bien que le savant auquel nous devons cette explication ait nié systématiquement les sensations musculaires, il n'est pas douteux que les sensations kinesthétiques ne forment une partie importante du contenu de la conscience chez les mammifères et les oiseaux. Si donc les sensations de cet ordre pouvaient être considérées comme le fond de toutes les autres, la théorie des mécanistes supporterait encore l'examen. Le mouvement musculaire serait le phénomène objectif; la sensation consciente l'accompagnerait sans ajouter quoi que ce soit à ses effets sur l'organisme. Mais cette explication est révocable en doute. La sensation kinesthétique n'est pas la forme la plus simple des états de conscience, puisque l'on reconnaît l'existence de sensations viscérales; on ne peut non plus sans témérité ne voir dans les données des sens chimiques ou les données du tact, que des sensations kinesthétiques modifiées. L'analyse psychologique, et même la physiologie refuseraient de ratifier une rédaction de ce genre. Sans aucune contraction musculaire, l'excitation de l'épithélium interne ou externe occasionne en nous des sensations gustatives, olfactives ou tactiles.

---

[1]. Ch. Bastian. t. I, p. 245.

Si l'on veut tenir compte de toutes les données objectives du problème, le recours à la méthode génétique est indispensable.

Le cerveau s'est graduellement spécifié dans la série des vertébrés, et les vertébrés ont progressé depuis la fin de la période primaire jusqu'à la période glaciaire.

Entre l'histoire de l'organe qui préside aux formes les plus complexes de l'adaptation et celle des phases géologiques les mieux connues, la relation est donc aussi étroite que visible. Durant les périodes secondaire et tertiaire, la croûte terrestre et son atmosphère ont subi de grandes transformations. Les climats se sont nettement distingués ; les régions polaires sont devenues pour toujours distinctes des régions équatoriales ; les grandes faunes qu'étudie aujourd'hui la géographie zoologique se sont constituées. Des continents ont disparu, mais les continents actuels ont pris la forme que nous leur voyons. Les montagnes se sont élevées tandis que les plateaux ont été dénudés par l'action des eaux, des vents et des poussières. Les glaciers ont pris des dimensions gigantesques, et tandis que les climats maritimes s'opposaient aux climats continentaux, des échanges s'établissaient entre les océans et les régions montagneuses. La vapeur d'eau portée aux montagnes par les vents en revenait métamorphosée en fleuves et en rivières, creusant des vallées profondes et accumulant les alluvions aux deltas. Par là même les conditions de la vie animale et végétale étaient peu à peu changées.

Elles ne l'étaient pas au même degré pour tous les animaux. Les espèces terrestres étaient soumises à des variations beaucoup plus grandes que les espèces aquatiques ; les animaux à des variations plus grandes que les végétaux, et quoiqu'un organisme complexe soit beaucoup plus résistant et moins plastique qu'un organisme simple, les animaux supérieurs ont dû varier plus que les animaux inférieurs.

A la fin de la période primaire il y avait déjà des poissons, des amphibiens, des sauriens; à la fin de la période secondaire les oiseaux et les mammifères avaient déjà fait leur apparition. Or aux périodes suivantes, ce sont surtout les mammifères et les oiseaux dont le type s'est développé. Il est à remarquer que leurs progrès n'ont eu nullement pour effet d'éliminer les types inférieurs tels que les poissons qui étaient bien adaptés aux conditions de leur existence.

Le développement du cerveau exprime donc les variations imposées aux espèces terrestres des vertébrés supérieurs par les transformations de la croûte terrestre, directement par les changements apportés à la distribution de la chaleur, de la lumière, de l'humidité et de la pression atmosphérique, indirectement par la distribution de la vie végétale.

La spécification des fonctions cérébrales correspondait donc alors à la nécessité d'adapter l'organisme à des conditions variables; par exemple à la nécessité de changer souvent d'habitat, de passer, comme beaucoup d'oiseaux, des régions polaires habitées l'été aux régions chaudes, ou, comme beaucoup de mammifères, des vallées ou des forêts inondées aux montagnes, des plateaux et des steppes desséchés l'été aux plaines herbeuses, etc.

L'unique problème est donc de savoir si la perception du monde extérieur a été la condition de cette adaptation, ou si le cerveau n'a joué son rôle qu'en libérant et en dirigeant des mouvements reçus inconsciemment du monde extérieur.

Nous pouvons sur ce point former deux hypothèses. D'après l'une, le développement du cerveau a correspondu à la différenciation des perceptions et à leur combinaison. A un milieu physique à peu près invariable et uniforme auraient correspondu les perceptions simples et indifférenciées des invertébrés et des poissons. A un monde où les combinaisons des agents physiques ne donnent jamais lieu qu'à un équilibre instable, les perceptions bien spécifiées des oiseaux et des mammifères, notamment les perceptions tactiles, visuelles et auditives.

L'hypothèse contraire n'attribue au perfectionnement des états de conscience aucun rôle dans la croissance de l'organe cérébral. Des animaux astreints à s'adapter à un milieu qui leur impose de très fréquents déplacements provoquant des actions réflexes multiples ont dû acquérir un appareil nerveux éminemment complexe; or, pour que les organes internes fussent mis constamment en rapport avec les organes externes, des centres devaient se constituer et se différencier graduellement.

Des deux hypothèses, il faut choisir la plus simple si aucune vérification n'est possible, et il est hors de doute qu'une hypothèse mécanique a sur toute autre l'avantage de la simplicité; mais la règle qui nous prescrit de choisir l'hypothèse simple ne doit être suivie que si la vérification expérimentale est impossible. Il serait contraire à l'esprit de la science de rejeter une explication conforme à l'expérience pour la seule raison qu'elle déroge au mécanisme. Tel est le reproche que l'on peut faire, je ne dis pas à Spencer, mais à ses disciples attardés. Depuis la publication des *Principes de biologie*, l'embryologie et l'anatomie comparée, la première surtout, ont marché à grands pas. Or elles permettent de prononcer, au moins approximativement, sur la vérification des hypothèses que nous venons d'exposer.

Spencer pense que l'encéphale est une simple différenciation de la moelle et que les centres nerveux se forment postérieurement aux nerfs; ils remplissent cette fonction de mettre les organes internes d'accord avec les organes externes, mais l'embryologie ne permet guère de conserver cette explication. « Les observations acquises à la science, nous dit Roule, permettent de poser, comme règle commune à presque tous les animaux, sinon à tous, que les centres nerveux dérivent de l'ectoderme et les nerfs des centres nerveux[1].

La formation embryonnaire est-elle vraiment la récapitu-

---

1. Roule. *Embryologie générale*, ch. VII, § II, p. 207.

lation abrégée des phases de l'organisation dans la série animale? Il faut alors renoncer à l'hypothèse qui voit dans la formation des centres un phénomène secondaire et dérivé, et explique la genèse des nerfs par l'action variée et prolongée des forces externes sur les téguments des animaux.

Le centre précède les nerfs qui le prolongent vers la périphérie ; en d'autres termes, la cellule centrale du neurone précède les fibres cylindraxiles qui s'épanouissent à ses extrémités. N'est-on pas conduit par là à penser que c'est la spontanéité vivante qui fait ainsi apparaître l'organe principal de l'adaptation?

L'école spencérienne tire à vrai dire un argument des rapports de la moelle et de l'encéphale. L'encéphale est une spécification de la moelle, car chez les acraniens il n'y a encore qu'un centre unique, le cordon médullaire. Mais la moelle n'est pas autre chose que l'organe des actions réflexes, des mouvements par lesquels l'animal répond aux excitations provenant du milieu physique et proportionnellement à leur intensité.

Peut-être la doctrine qui destitue la conscience de toute causalité et qui, par suite, nie à fortiori la spontanéité vivante, n'aurait-elle pas été aussi facilement accueillie si les relations fonctionnelles et organiques de l'encéphale et du cerveau avaient été étudiées dans un esprit moins simpliste. Le prestige du génie de Gœthe et de Geoffroy Saint-Hilaire a pour ainsi dire interdit la discussion de vues énoncées au début du siècle, en un temps où la morphologie n'était pas en possession de ses méthodes.

On sait que Gœthe donnait l'ostéologie pour fondement à l'anatomie comparée. De là l'idée de passer inductivement des rapports de la vertèbre au crâne au rapport du ganglion médullaire à l'encéphale. Il suffisait donc de considérer le crâne comme une vertèbre modifiée pour être en droit de conclure que l'encéphale n'est pas autre chose qu'une spécification de la moelle.

Rien n'est plus révocable en doute que toute cette argumentation. L'identité du crâne et de la vertèbre serait-elle établie, il n'en résulterait pas que les fonctions actuellement localisées dans le cerveau dérivassent des fonctions localisées dans la moelle ; la division du travail aurait seulement mis fin à un état d'indétermination. Il resterait à montrer que les mouvements de la moelle sont des réactions purement mécaniques. Si cette démonstration n'était pas faite, il resterait légitime de penser que le centre indifférencié a répondu à une adaptation fonctionnelle où se jouait la spontanéité vivante ; c'est donc à l'utilité croissante de l'activité sensorielle qu'il faut attribuer l'apparition d'un organe spécifié.

Or l'on est d'autant plus porté à raisonner ainsi que l'identité du crâne et de la vertèbre, longtemps présentée comme une merveilleuse découverte de l'anatomie comparée, n'est qu'une hypothèse sans grande vraisemblance. Huxley et Gegenbaur y ont opposé des objections qui paraissent décisives. « Je dois, écrit le dernier, approuver complètement les objections que Huxley soulève contre la *théorie vertébrale* du crâne. Il me semble certain que les divisions qui apparaissent en premier lieu chez les mammifères d'une manière distincte et qu'on désigne comme des segments vertébraux n'ont *absolument rien* de commun avec les vertèbres ; seul le segment occipital peut y être rattaché. L'un des principaux motifs de cette opinion est le fait de la continuité en tous temps du crâne primitif.

Un autre point qui témoigne de l'inexactitude de la théorie est, qu'on a dû, pour l'établir, considérer à la fois comme appartenant à une même vertèbre des os provenant du crâne primitif et de simples os tégumentaires. Ces os tégumentaires (pariétaux, frontaux, etc.) ne sont pas de ceux qui se trouvent en rapports étroits avec le crâne primordial, mais étaient primitivement de simples os dermiques appartenant aux téguments. Une autre objection importante résulte aussi de ce fait que c'est précisément à la base du crâne, que la différenciation en segments est le moins apparente[1]. »

Nous ne mettons pas en doute toutefois que le centre nerveux indifférencié des acraniens se soit chez les Craniotes divisé en deux organes fondamentaux, l'un adapté aux contractions musculaires, l'autre à l'activité sensorielle. Mais pourquoi conclurait-on de là que l'organe primitivement indifférencié était exclusivement un organe de mouvement et que par suite l'encéphale doit être resté exclusivement un organe moteur? Les inductions générales que l'on peut tirer de la morphologie autorisent seulement à penser que des fonctions auxquelles suffisait à l'origine un organe indéterminé se sont peu à peu asservi une partie de cet organe, ont amplifié cette partie et en ont fait enfin un organe nouveau.

Même observée dans son état actuel chez les vertébrés supérieurs, la moelle peut-elle être considérée comme un centre étranger à la vie consciente et dont le rôle serait exclusivement de *libérer* du mouvement? La physiologie des nerfs témoigne expressément contre une telle interprétation et nous autorise à voir dans ce centre nerveux l'organe de l'instinct. Relativement au plaisir et à la douleur, la moelle est plutôt, chez l'homme, un conducteur qu'un centre. Tout au moins les impressions agréables ou douloureuses suivent d'abord la ligne des nerfs rachidiens, et rien ne prouve que la contraction qui répond à une excitation agréable ou douloureuse ne soit pas précédée par la conscience sourde d'un état agréable ou pénible. On sait combien est difficile l'interprétation de l'expérience de Pflüger pour tous ceux qui nient absolument les degrés de la conscience. Sans doute, il n'est pas nécessaire d'accorder à chaque ganglion médullaire une « âme vertébrale », mais il est illégi-

---

1. Gegenbaur. *Anatomie comparée*. Partie spéciale, § 189. — *Le squelette céphalique*.

time de soutenir que la nature de l'action réflexe soit d'être inconsciente. En somme, la clarté de la conscience croît avec l'intensité et la complexité de la réaction, et il est raisonnable d'admettre que la moelle n'est nullement étrangère à la conscience obscure des sensations viscérales, kinesthétiques et même tactiles.

Les psychologues introspectifs de l'école de Maine de Biran ont enseigné, non sans témérité, que la conscience claire est relative à l'intensité de l'effort musculaire, ou, en langage moderne, de la sensation kinesthétique. La méthode comparative n'autorise pas une telle induction, sinon on conclurait que non seulement les oiseaux et certains cétacés, les dauphins et les marsouins, mais encore presque tous les oiseaux, connaissent leur individualité plus clairement que l'homme. En effet, la locomotion est chez ces animaux plus développée que chez l'homme et jamais celui-ci ne pourra rivaliser avec un vautour ou un passereau. Au contraire, la conscience claire est développée proportionnellement à la différenciation et à l'activité des sens externes ainsi qu'à leur combinaison. La conscience du moi correspond sans doute à l'unité de l'expérience, mais elle en implique d'abord la complexité.

S'il y a correspondance entre l'unité de l'expérience sensible et la conscience du moi, et si l'unité de l'expérience correspond elle-même à la diversité des sensations, on peut induire de là que ce n'est pas seulement la conscience vague de l'appétit, la « consciosité », pour employer un terme à la langue de Leibnitz, c'est la conscience claire de l'individualité qui préside aux formes supérieures de l'adaptation. Le cerveau est mieux qu'un centre libéro-moteur : c'est l'organe de l'expérience. Sans cette expérience, le vertébré supérieur ne s'adapte pas au milieu varié et mobile dans lequel il doit vivre. En effet, dans la plasticité de l'instinct les conditions d'existence imposées à ses ancêtres pèsent encore sur lui et entravent le fonctionnement de ses organes ; or, sans l'expérience individuelle l'instinct ne peut être diversifié et adapté à de nouvelles conditions.

En d'autres termes, le développement progressif du cerveau serait selon nous le résultat de l'activité croissante d'un système de fonctions ayant pour origine la différenciation des sens, pour conséquence la modération, et quand il y a lieu, la transformation des instincts impulsifs localisés dans la moelle.

Laissant de côté tous les témoignages que pourrait nous apporter la psychologie comparée, nous ne tiendrons compte que des données et des inductions de l'embryologie.

Les études de Flechsig sur l'évolution du cerveau chez les nouveau-nés ont constaté que les relations entre les organes sensoriels et l'écorce cérébrale s'établissent successivement et dans un ordre invariable[1]. En premier lieu apparaissent les filets, qui sont en rapport avec les racines postérieures de la moelle épinière, et qu'on peut appeler les nerfs des sensations organiques dont sont inséparables les nerfs des sensations tactiles ; plus tard apparaissent les nerfs de l'odorat (trachis olfactorius) ; à leur suite, mais beaucoup plus tard, les nerfs de la vision et enfin les nerfs de l'audition. « La différenciation qu'on remarque ainsi dans le développement des fibres nerveuses permet de formuler les principes fondamentaux suivants relatifs à l'apparition et à la distribution des *centres sensitifs corticaux*, des *sphères sensitives* que présente le cerveau.

« 1° Ces sphères sensitives n'occupent chez l'homme qu'une partie de l'écorce cérébrale, environ le tiers ;

« 2° Leur ensemble ne constitue pas un tout continu ; elles sont, au contraire, séparées les unes des autres par des circonvolutions auxquelles n'aboutissent ni filets sensitifs ni filets moteurs.

---

1. *Les centres cérébraux de l'association*. Leipzig, 1896. Dans la traduction française de L. Lévi publiée sous ce titre : *Etudes sur le cerveau*, chez Vigot frères, éditeurs. Paris, 1898.

« 3° Elles forment quatre centres distincts et d'étendue différente : le plus considérable est celui où aboutissent les nerfs provenant des racines postérieures de la moelle ; le plus petit est le centre de l'odorat[1]. »

Ces données de l'embryologie humaine concordent avec les données de la physiologie comparée exposées au chapitre précédent. Si chez l'homme, selon la formule de Flechsig, « la connaissance du corps précède celle du monde extérieur », nous avons vu les sensations viscérales constituer le fond de la conscience chez les invertébrés et les vertébrés inférieurs. En revanche, l'apparition tardive de la vue et de l'ouïe, postérieurement aux sens chimiques, retrace la tardive évolution des sens qu'on pourrait appeler « esthétiques », la lente spécification de l'œil et de l'oreille dans la série animale et même chez les vertébrés.

Jusqu'ici le cerveau est l'organe de la spécification des sens ; ce n'est pas encore l'organe de l'expérience, car il n'y a pas d'expérience sans l'unification des données sensorielles, sans leur combinaison, leur intégration et leur réintégration, sans la possibilité de traduire chacune dans la langue des autres. Pour que la donnée d'un sens tel que la vue entre dans la trame de l'activité mentale, il faut qu'elle soit interprétée à l'aide de la connaissance immédiate que l'animal a de son corps. On a dit que la vue est un tact anticipé ; on en a dit autant de l'ouïe. Ces formules risquent de rester bien superficielles ; elles ne nous aident pas à comprendre l'immense importance de la pluralité des sens. Car chacun d'eux n'est pas seulement un auxiliaire de l'expérience mais une fonction consciente de la vie. Les sensations viscérales font connaître à l'animal l'état de ses organes internes ; les sensations kinesthétiques et les sensations tactiles le renseignent sur les positions qu'il occupe successivement dans l'espace et les relations de son organisme avec les autres

---

1. Paul Flechsig. *Loco citato*, p. 66.

corps ; les sens chimiques dirigent l'appétit ou excitent l'instinct de conservation à la fuite des dangers : la vision est avant tout un sens dirigé sur les états variables de l'atmosphère, c'est-à-dire du milieu élastique d'où les êtres vivants puisent les éléments chimiques de la vie ; l'audition est le sens dirigé sur la vie sociale ; réduire les sens supérieurs au toucher, ce n'est pas faire œuvre de zoologiste et de psychologue ; c'est tomber déjà dans l'illusion du mécanisme ; c'est appauvrir et mutiler en croyant expliquer.

Mais si l'animal ne peut suppléer par le tact à la vue ou à l'ouïe, il doit néanmoins pouvoir traduire les données de la vue et de l'ouïe dans les données du tact et du sens kinesthétique. C'est à quoi répond primitivement l'unification de l'expérience, laquelle ne peut consister, comme on l'a enseigné parfois, en raisonnements purement inconscients. Il y a donc une fonction que l'on a pu appeler tour à tour association, combinaison, unification, fonction dont la dissolution est le fond des maladies mentales les mieux connues.

Or peut-on douter que cette fonction se soit créé son organe quand on voit chez le nouveau-né les centres d'association se constituer après les centres sensoriels ?

« Déjà au second mois de la vie, de nombreuses fibres pourvues de myéline commencent à devenir visibles, qui partent des centres sensitifs pour se développer dans les parties environnantes et s'y perdre. Elles forment, autour des nerfs sensitifs, ce qu'on appelle avec Meynert des « systèmes d'association ». Ce sont donc des fibres qui unissent entre elles différentes parties de l'écorce cérébrale. Quelque opinion que l'on ait sur leur signification fonctionnelle spéciale, on ne peut leur refuser la propriété d'assurer l'union des éléments nerveux constituant les diverses régions corticales et par là d'établir entre eux une uniformité d'action. A mesure que se développe le nouveau-né, il se forme dans les parties intermédiaires des milliers et des millions de ces fibres d'association qui peu à peu s'accroissent en dehors des sphères sensitives et des régions qui les avoisinent. Plus tard enfin, dans les cellules de ces parties intermédiaires, prennent naissance des fibres, en particulier des fibres à ramifications, qui franchissent les points centraux, vont se terminer, en partie du moins, dans les sphères sensitives situées du côté opposé. Chacune de ces sphères devient ainsi le point de départ d'un nombre infini de systèmes d'association qui rayonnent dans les parties intermédiaires pour se rencontrer enfin dans des circonvolutions des derniers systèmes provenant des systèmes sensitifs. C'est ainsi qu'on voit se réunir des fibres ayant pour origine la sphère de la vision et celle du tact ou bien la sphère de l'audition, celle du tact et celle de la vision, etc., etc.

« ... D'autre part il semble à peine douteux que l'union réciproque des activités spéciales à chaque centre sensitif constitue une fonction intellectuelle plus importante que la formation de chacune des perceptions sensibles. Ce que nous appelons la pensée commence tout d'abord par l'association de l'activité de chacun des organes sensoriels. Il en résulte vraisemblablement déjà que les centres d'association, comparés aux sphères sensitives, acquièrent une signification intellectuelle plus élevée que ces dernières : c'est d'ailleurs ce que l'on constate par l'embryologie, l'anatomie comparée et la pathologie. L'embryologie démontre tout d'abord que les centres d'association, et en particulier leurs cellules ganglionnaires se développent, en partie du moins, longtemps après les centres sensitifs. C'est ce que l'anatomie comparée contrôle ensuite d'une façon absolument évidente. En effet, chez les mammifères des ordres inférieurs, c'est à peine en général si l'on distingue des centres d'association séparés, puisque les hémisphères cérébraux sont essentiellement composés des centres sensitifs. De même, chez les singes inférieurs, les centres d'association n'atteignent qu'un développement peu considérable. Chez d'autres au contraire, les centres sensitifs et les centres d'association occupent à peu près la même étendue. Enfin chez l'homme, les centres d'association atteignent des dimensions qui l'emportent de beaucoup sur celles des centres sensitifs [1].

« La physiologie des organes des sens est le kantisme développé ou rectifié et le système de Kant peut être en quelque sorte regardé comme le programme des découvertes récentes faites sur ce terrain » écrivait Lange [2]. A plus forte raison peut-on dire que l'embryologie cérébrale de Flechsig nous montre la spontanéité rationnelle, l'unité d'aperception se créant son organe. Mais une perspective plus étendue nous est ouverte et nous voyons combien Forel avait raison de conclure de la théorie de neurones ou pampsychisme de Leibnitz. Le cerveau est fait d'un tissu nerveux qui lui-même n'est pour l'embryologie qu'une différenciation du tissu épithélial. Le cerveau naît du feuillet externe du blastoderme lequel lui-même naît de l'œuf par segmentation. Il est impossible aujourd'hui de professer les doctrines de Rostan et de voir dans l'innervation une fonction autonome. La conscience ne peut attendre la formation du neurone pour apparaître. Si elle se montre dans le fonctionnement du cerveau, c'est qu'elle préexistait déjà dans la cellule épithéliale. Il est impossible d'échapper à cette option : ou la conscience est un témoin impuissant, même dans le cerveau de l'homme, ou c'est déjà la conscience qui se manifeste à nous par la contractibilité et l'irritabilité des protozoaires. Accepter cette hypothèse c'est sans doute renoncer à ramener la qualité à la quantité et répudier l'explication mécanique des phénomènes, mais le repousser n'est-ce pas repousser aussi les enseignements les plus clairs que nous apporte la généalogie des organismes ?

1. Flechsig. *Loco citato*, pp. 79 à 83.
2. *Histoire du matérialisme*, t. II, p. 437.

CHAPITRE IX

LA LOI DE RÉGRESSION COMPARÉE A LA LOI D'ADAPTATION

A l'évolution correspond toujours et partout la dissolution ; telle est la conception de l'univers que professe le mécanisme évolutionnaire. Si en effet l'évolution est un développement du dehors au dedans, si elle résulte d'un triage mécanique, si elle s'explique sans aucun principe de spontanéité, inévitablement les combinaisons doivent se dissoudre sous l'empire des conditions physiques qui ont présidé à leur formation.

Inversement, si l'expérience dément cette correspondance entre la dissolution à l'évolution, la conception mécanique du développement universel doit être abandonnée.

Ramener l'évolution complexe à l'évolution simple, ne peut donc se faire sans prouver que le développement organique a pour pendant une dissolution qui en est l'image renversée.

Mais où est cette dissolution des organismes puisque la propriété de l'organisme est de se renouveler et de se reproduire ? C'est ici que nous rencontrons la loi de régression dont l'importance est si grande dans la physiologie et la psychologie contemporaines.

D'après la loi de régression les caractères acquis au cours de l'évolution disparaissent dans l'ordre inverse de leur apparition. Les modifications les plus récentes sont les plus instables. Au contraire, plus tôt a été acquis un caractère organique, plus facilement il résistera aux causes de dissolution.

On considère cette loi comme donnant la clef des phénomènes pathologiques les plus généraux et notamment comme propre à éclairer toute la pathologie cérébrale.

Les évolutionnistes ont, non sans raison, dépensé beaucoup plus d'efforts à l'établir qu'à l'identifier à l'hypothèse de la dissolution universelle. Cependant beaucoup en parlent comme si cette identité ne pouvait pas être un seul instant révoquée en doute. Mais cette façon de raisonner n'appelle-t-elle pas la critique?

Si la loi de régression, loi tout empirique, prouvait que les organismes sont soumis à la loi de dissolution qui, déduite de la mécanique universelle, peut être considérée comme une loi rationnelle, ce serait d'une façon tout indirecte.

En effet si l'on admet *a priori* que les organismes sont soumis à la loi de dissolution, on peut en conclure que les caractères les plus récemment acquis, les moins profondément inscrits dans l'organisme seront les plus instables et les plus exposés à disparaître. En revanche, celui qui n'a pas adhéré *a priori* à la conception mécanique du monde n'a aucune raison d'expliquer ainsi les faits de régression qu'il observe. Il semble même que l'idée de la finalité immanente, si difficilement écartée par la physiologie, lui en procure une explication, nous ne dirons pas plus simple, mais moins hypothétique et plus conforme à l'expérience.

Pour identifier la régression à la dissolution, il faudrait au préalable l'identifier à la mort. Or il semble bien que cette identification ne soit pas possible. La régression, la mort, la dissolution semblent bien être trois phénomènes distincts et que l'on confond faute d'une analyse assez patiente.

La mort est évidemment un phénomène dont on ne peut donner qu'une notion toute relative; elle est la disparition d'un organisme individuel; aussi est-elle d'autant mieux caractérisée que l'organisme a une individualité mieux marquée, c'est-à-dire un système d'organes mieux différenciés. Certains biologistes ont même été jusqu'à penser que la mort définie ne se présente que chez les organismes pourvus d'un système nerveux. La mort doit être soigneusement distinguée de la vie latente que présentent les plantes et les animaux inférieurs[1].

La plante meurt en perdant la vie latente ; elle la perd en se desséchant, sans toujours se décomposer chimiquement. Le bois dont sont faits nos meubles et nos charpentes ne vit plus et pourtant il ne se décompose pas. Inversement la dissolution de l'organisme animal par décomposition chimique n'est pas l'essence de la mort, car en tout temps, chez l'organisme le plus sain et le plus normal, la cellule vivante est un laboratoire de toxines[2]. La destruction de l'organisme par les ptomaïnes est précisément la conséquence de la mort, c'est-à-dire de l'arrêt des fonctions grâce auxquelles ces toxines sont constamment éliminées.

La mort est donc un phénomène purement qualitatif et non mécanique ; la preuve est que l'embaumement peut arrêter la décomposition sans cesser de distinguer vraiment le cadavre du vivant. La momie qui se dessèche ressemble à l'arbre mort qui pourtant ne tombe pas en putréfaction.

Mais d'un autre côté la régression n'est pas une approximation de la mort. La régression et la mort ont une condition commune, c'est-à-dire l'existence de fonctions différenciées. Mais si la différenciation rend seule possible la distinction de la mort et de la vie latente (comme le prouve la comparaison de l'animal supérieur et de la plante), inversement la régression qui frappe les fonctions différenciées restaure en une grande mesure le rôle de la vie latente. Chez le vieillard atteint de démence sénile la régression

---

1. Jules Lefèvre. (*Centralblatt de Wœrischofen*, trad. fr., 3ᵉ année, mars et avril 1897.)

2. Armand Gautier. *Chimie de la cellule vivante* (Masson).

est bien manifeste et cependant la vie, qualitativement réduite, peut être longtemps conservée. Une existence toute végétative dépense moins d'énergie et peut résister longtemps à des causes qui entraîneraient la ruine d'un organisme plus élevé. Le vieillard dément est soustrait à toutes les secousses de l'émotion, à toute fatigue intellectuelle ; s'alimenter devient son unique désir et l'on sait quelle longévité est possible dans ces conditions.

La régression ne proviendra pas de la victoire de la dissolution sur l'évolution et la combinaison, mais elle serait un phénomène biologique *sui generis*, inséparable peut-être du développement organique mais confiné par là-même dans le domaine de la vie.

On a souvent rapproché et éclairé l'une par l'autre les deux notions de la *dégénérescence* et de la régression [1]. En effet, si l'on tient pour accordée la théorie de la descendance, la notion de dégénérescence risque de devenir contradictoire ; car tout progrès organique, tout accroissement de la division du travail, en éloignant l'animal du type primitif serait une *dégénérescence*. Aussi s'est-on efforcé de définir la dégénérescence par le défaut d'adaptation. Dégénérer, c'est cesser d'être adapté au milieu aussi bien que l'étaient les organismes dont on descend ; mais comme l'adaptation de l'organisme au milieu correspond en général au perfectionnement de la division du travail et y trouve sa condition, dégénérer, c'est rétrograder quant à la spécification fonctionnelle. La loi de régression détermine l'ordre dans lequel se fait cette rétrogradation. La régression est donc fonctionnelle avant d'être morphologique. L'organisme le plus différencié est le plus exposé à la régression.

En effet, en biologie, les caractères récemment acquis correspondent aux fonctions récemment différenciées et aux conséquences morphologiques de ces fonctions. Là est sans

---

1. Ribot. *Psychologie des sentiments*. Conclusion (Paris, F. Alcan).

doute le seul critère qui puisse être universellement adopté sans grande erreur. Les propriétés physiologiques des éléments anatomiques sont toujours et partout les mêmes et la disparition de ces propriétés a pour effet la mort. La régression ne peut atteindre ces propriétés qu'en dernier lieu. Par contre, les fonctions qui résultent du rapport entre les propriétés physiologiques générales et les conditions d'existence de l'organisme peuvent, quant à la complexité, être extrêmement variables. Puisque l'adaptation désigne l'ensemble des relations qui s'établissent entre le milieu et l'organisme, c'est en elle qu'est la cause sinon de l'apparition des fonctions nouvelles, au moins de la transformation des fonctions anciennes. Dès lors on comprend que les fonctions les plus récemment différenciées se soient subordonné l'organisation moins complètement que les autres.

Bref la régression ne serait pas une dissolution de l'organisme, mais un dérangement de l'adaptation et par suite un affaiblissement des fonctions supérieures qui y avaient pourvu. En cela, mais en cela seulement, la régression serait identique à la dégénérescence.

Il nous reste à vérifier cette hypothèse par une étude des formes définies de la régression.

Les fonctions les plus tardivement différenciées dans la série animale sont évidemment les fonctions cérébrales comparées aux autres fonctions de relation ; viennent ensuite les fonctions de la vie de relation comparées aux fonctions de génération. Enfin l'étude de la série végétale nous fait assister à une lente différenciation de la génération et de la nutrition, différenciation qui se retrouve, chez les animaux inférieurs, mais déjà compliquée par certains phénomènes de la vie de relation.

La psychiâtrie pour l'espèce humaine, l'étude du parasitisme pour les animaux et les plantes, telles sont les sources d'une véritable théorie des rapports que soutiennent la régression et l'adaptation.

La psychiâtrie a été souvent portée, notamment en Italie, à demander des indications à la théorie de la descendance. En réalité, en éclairant les phénomènes de régression les mieux définis, elle se voit plutôt appelée à prononcer sur le véritable sens de cette théorie. Gardons-nous donc de confondre la psychiâtrie positive avec toute la conjecture qu'un évolutionnisme démesuré a pu y mêler.

Il ne peut être question ici de passer en revue chacune des psychoses ou des névroses ; on sait qu'elles ne forment pas des espèces nettement définies et que de la simple impulsivité anormale à l'épilepsie caractérisée, de l'aphasie à la paralysie générale la plus complète il y a d'innombrables transitions. Partant de l'idée que toute maladie est d'abord un trouble fonctionnel, dû soit à l'excitation anormale de la fonction, soit à son affaiblissement graduel, nous allons considérer successivement les fonctions cérébrales dans leur relation avec les principales psychoses [1]. Krafft-Ebing sera ici notre guide.

On sait qu'il distingue les psychoses en deux classes selon qu'elles ont leur condition seulement dans un trouble fonctionnel du cerveau ou dans une dégénérescence de l'organisme entier. La première classe comprend les *psychonévroses*, la seconde les *dégénérescences psychiques*. Cette distinction a d'abord une valeur pratique : la curabilité de la psychonévrose est beaucoup plus réelle que celle de la dégénérescence ; mais, par là même, ce n'est pas une classification accidentelle ; la régression est beaucoup plus grande dans le second cas que dans le premier [2].

1. Krafft-Ebing. *Traité clinique de psychiâtrie*, 5º édition, 1897, liv. III, p. 341. — *Introduction, classification des psychoses* ; traduction E. Laurent. (Paris, Maloine).

2. « Il y a une différence fondamentale entre la production d'un trouble psychique dans un cerveau bien constitué, sain et fonctionnant d'une manière normale et l'apparition d'une maladie mentale dans un cerveau atteint de tare héréditaire ou défavorablement influencé par une cause quelconque, fonctionnant d'une manière anormale, étant en un mot dans un état d'infériorité. — Ce fait a été déjà apprécié par Morel avec toute

Or la psychiâtrie nous montre dans la psychonévrose et dans la dégénérescence psychique la disparition graduelle de l'adaptation à la vie sociale, puis à la vie animale, enfin à la vie organique.

Les psychonévroses, dont la mélancolie et la manie présentent deux types radicalement opposés, sont visiblement soumises à la loi de régression.

« La terminaison fatale de toutes les psychonévroses qui n'arrivent pas à disparaître est un processus de décomposition progressive de l'existence psychique, un écroulement de la personnalité jusque-là unie au point de vue historique et au point de vue intellectuel. Ce tragique déclin psychique qui précède la fin physique s'accomplit parfois très rapidement, et il est l'expression d'altérations cérébrales graves, comme il en existe notamment dans la folie furieuse ; dans d'autres cas, cette décadence ne se produit que progressivement : ce sont d'abord les fonctions éthiques, ensuite les fonctions intellectuelles, spécialement la mémoire et les opérations de la logique qui deviennent défectueuses, jusqu'à ce que finalement les processus de la perception et tous les mouvements émotifs baissent et que, de l'ancienne existence humaine, il ne reste que l'enveloppe physique avec ses fonctions automatiques et purement végétatives [1]. »

Mais la psychonévrose épargne les processus végétatifs, le sommeil, la nutrition. De plus, les troubles des fonctions sensorielles elles-mêmes sont relégués au second rang. Bref, nous sommes en présence de la disparition de ces formes supérieures de la vie mentale et émotionnelle par

---

l'importance qu'il mérite ; il a été de nouveau relevé par Schüle ; cela nous oblige à séparer bien distinctement et soigneusement les psychoses cérébrales en deux groupes selon qu'il y a présence ou absence d'une tare, facteur si important au point de vue étiologique. On n'a guère besoin de rappeler que ces deux grands groupes ne sont point diamétralement opposés, mais que, comme partout dans la vie organique, il y a aussi entre eux des transitions. » (Trad.)

1. Krafft-Ebing. *Psychiatrie*, liv. III, ch. v, p. 423.

lesquelles l'homme est adapté aux conditions de la vie en société [1].

On aperçoit ainsi la possibilité d'une régression plus profonde atteignant l'organisme tout entier.

Les dégénérescences psychiques comprennent les névroses constitutionnelles et les intoxications chroniques ; on peut y joindre certaines affections cérébrales avec prédominance des symptômes psychiques et même les arrêts de développement psychique (l'idiotie morale et l'idiotie intellectuelle). Les névroses constitutionnelles sont la paranoïa, l'aliénation à base neurasthénique, la folie épileptique, la folie hystérique et la folie hypocondriaque.

Les intoxications chroniques comprennent les psychoses alcooliques et la syphilis cérébrale. Dans tous ces cas, le trouble mental ou émotionnel, dont les conditions anatomiques sont d'ailleurs généralement mal connues, manifeste un affaiblissement profond de l'organisme tout entier [2].

D'après le tableau qu'en fait Krafft-Ebing, ce sont d'abord les conditions de la vie morale qui disparaissent, volonté, réflexion, émotions morales. « Dans la sphère de la volonté, on trouve une grande excitabilité intellectuelle à côté d'un minimum de durée de l'excitation. Il en résulte un enthousiasme qui disparaît vite, une ardeur d'activité qui n'arrive jamais à achever quelque chose. Cette faiblesse et cette inconséquence de la volonté indiquent que le caractère est altéré. Souvent, notamment chez les individus chargés héréditairement et atteints de cette constitution anormale, on trouve en même temps des actes impulsifs ; et, qui plus est, parfois même ces individus se sentent poussés, durant des périodes qui reviennent régulièrement, à répéter les mêmes actes étranges, excentriques et même immoraux, sans que, après les avoir accomplis, ils aient conscience du motif qui les y a décidés. » — « Dans les phases d'exaltation

---

1. Krafft-Ebing, *Psychiatrie*. liv. III, ch. v, p. 423.
2. Krafft-Ebing, *Loco citato*, liv. III. 2º 3ª 4º 5ª 6º parties.

se manifeste une activité ardente avec des désirs, des instincts, des impulsions étranges, parfois même dangereuses; dans les phases dépressives, le malade souffre d'une indécision pénible, d'idées obsédantes qui le poussent au suicide et de la crainte de devenir aliéné. On doit citer comme une anomalie particulière des sentiments, qui caractérise tout un groupe d'états de dégénérescence psychique, l'absence totale ou du moins l'inexcitabilité des sentiments éthiques. Dans le domaine de la conception, c'est une facilité des représentations, une force d'imagination extraordinaire allant jusqu'à produire des hallucinations... La marche de l'association des idées de ces hommes est digne d'attention. Elle paraît entrecoupée ; il y a des sauts brusques sans aucune transition dans la conversation. Penser d'une manière nette et logique, voilà ce qui leur est absolument étranger ».

On peut induire de là que le fonctionnement de l'encéphale et du système nerveux tout entier est anormal, et c'est ce que confirme l'observation. « On note une irradiation extrêmement vive du système nerveux central; elle se produit sous forme de somnolence, sopor, délire, hallucination, etc., à la suite de légères maladies physiques. Dans le trajet des nerfs sensibles il y a une facilité anormale à l'excitabilité et une durée extraordinairement longue de l'émotion et de l'irradiation qui agit sur des territoires nerveux tout à fait éloignés. Dans le domaine sensoriel, il y a tendance à l'hyperesthésie, à côté d'une notation extraordinairement vive des impressions par des sentiments de plaisir et de déplaisir ».

Aux troubles fonctionnels des nerfs et du cerveau se joignent inévitablement des troubles moteurs. « On cite comme symptômes le strabisme, le bégaiement, les contractures et autres troubles de l'innervation des muscles (grimacements, convulsions); puis, comme symptômes d'une tare particulièrement grave, les accidents épileptiques et épileptoïdes ».

Enfin la vie organique est atteinte. « L'instinct génital manque ou apparaît avec une intensité excessive, sous forme

de rut ; ou il se manifeste prématurément ou il apparaît d'une manière perverse, c'est-à-dire que son genre de satisfaction ne vise nullement à la conservation de l'espèce... »
On constate aussi « une grande mortalité, un abaissement de la durée moyenne de la vie, une réaction insolite aux influences atmosphériques, telluriques, alimentaires, une grande élévation et une irrégularité frappante de la courbe de la température, etc., etc...[1] »

Nous n'avons pas prétendu résumer ici toutes les inductions de la psychiatrie. Nous l'avons consultée pour savoir ce qu'est la régression du système des organes et des fonctions les plus récemment différenciés dans la série animale, quand on les considère chez l'être vivant le plus tardivement formé. La psychiatrie répond que la régression cérébrale est une dissolution de fonctions, non une dissolution d'organes, et la preuve est que même après une grave maladie, les fonctions peuvent se reconstituer. La psychiatrie nous apprend en outre que cette dissolution de fonctions fait disparaître les formes supérieures de l'adaptation, c'est-à-dire l'adaptation active qui modifie le milieu au lieu de s'asservir à lui.

La régression fonctionnelle ne saurait être comprise si l'on n'a pas admis préalablement la distinction des phénomènes normaux et des phénomènes morbides. Mais cette distinction n'a pas de sens pour le partisan du mécanisme. La maladie et la fonction normale sont ou doivent être logiquement jugées par lui comme des phénomènes naturels et intelligibles, ayant leurs conditions dans la distribution de la matière et du mouvement. Dans toute combinaison de fonctions et d'organes, il ne voit qu'une résultante ; or, la décomposition des forces est aussi intelligible, aussi inévitable que leur composition, et il n'y a aucune raison de considérer celle-ci comme supérieure à celle-là.

---

1. Krafft-Ebing, *Loco citato.* liv. III, 2º partie, ch. I.

Pour accorder un sens au phénomène de la régression, il faut donc admettre en quelque mesure la finalité : il faut identifier la vie avec la santé, c'est-à-dire avec le fonctionnement de l'organisation dans un milieu auquel elle s'est adaptée en se l'assujettissant.

Mais considérer la régression comme un phénomène purement fonctionnel, n'est-ce pas en rétrécir à dessein la notion ?

Toute modification fonctionnelle entraîne tôt ou tard une modification organique ; c'est là une loi qu'admet la morphologie, et notamment la morphologie évolutionniste. Cette modification peut être soit un développement, souvent même une spécification de l'organe, soit une réduction. C'est même pourquoi une maladie chronique invétérée devient si souvent incurable et pourquoi très souvent les déviations de l'organisme sont héréditaires.

L'observation des dégénérés jette encore une vive lumière sur ce point.

Les fonctions du système nerveux sont les plus facilement troublées ; or le trouble de la fonction a pour conséquence fréquente une réduction de l'organe, par exemple ces disparitions des circonvolutions observées par Charcot[1] chez les hémiplégiques et l'arrêt du développement de l'écorce cérébrale observé part Arndt.

Quand la régression du système nerveux est profonde et durable, il en résulte des modifications de l'organisme entier, et parfois même du squelette. « Si la croissance d'un organe dépend en partie de l'état du système nerveux, écrivait un célèbre aliéniste allemand, nous aurons des irrégularités dès que ce dernier est défectueux[2]. » Avant lui, l'école de Sainte-Anne, Morel, Portal, etc., avait signalé des anomalies très ordinaires dans les crânes des maniaques, des épileptiques, des apoplectiques. Depuis lors, des observations multipliées faites

---

1. Charcot. *Leçons sur la localisation dans les maladies du cerveau.*
2. Krafft-Ebing. *Loco citato*, p. 438.

sur les crânes des aliénés ou des malfaiteurs, ont confirmé ces vues. Aux maladies légères du système nerveux correspondent de légères déviations du crâne ; aux affections graves des déviations profondes du squelette. C'est en ce cas qu'apparaissent chez l'homme de véritables caractères pithécoïdes tels que ceux des races noires les plus basses, les Akkas par exemple. On sait quels sont l'importance et le sens de la microcéphalie, de la plagiocéphalie, de l'oxycéphalie, etc.

Le bassin, le thorax, les épaules, la forme des mains, sont rarement normaux chez les idiots, les imbéciles, les crétins et les épileptiques. Ces conclusions sont d'ailleurs bien d'accord avec la loi de la corrélation des formes et la loi de réduction.

Ces études sont encore peu avancées. Aussi devons-nous chercher ailleurs la connaissance du rapport entre la régression fonctionnelle et la régression morphologique. C'est l'étude du parasitisme qui nous donnera la lumière indispensable.

IV

Le parasitisme n'a pu manquer d'intéresser les zoologistes surtout depuis que le problème de la variabilité des types et de la filiation des formes vivantes a rejeté dans l'ombre tous les autres. On a remarqué en effet que bien souvent une espèce très différente en apparence d'un groupe animal donné peut y être aisément rattachée si l'on tient compte de la réduction que le parasitisme a fait subir à son organisation : tel est le cas des vers plats, des nématodes, des cestodes, des hirudinées chez les vers, des cirrhipèdes chez les arthropodes, etc.

---

1. Naecke. *La valeur des signes de dégénérescence dans l'étude des maladies mentales.* Actes du xi⁰ congrès médical international.

Nous risquerions de nous perdre en considérations générales sans précision scientifique si nous ne considérions pas une classe d'organismes importante dans l'évolution générale et présentant également de nombreux cas de parasitisme. Le sous-règne des vers est, à ce double point de vue, celui qui doit être choisi.

L'embranchement des vers est de tous peut-être celui qui offre le plus d'intérêt au théoricien de la filiation des formes vivantes. Par leurs types supérieurs, en effet, les vers se rattachent aux arthropodes ; par leurs types inférieurs aux protozoaires, aux mollusques, aux vertébrés. C'est là peut-être qu'est le tronc dont le règne animal figure les branches. Enfin si l'on compare les annélides aux vers ronds (némathelminthes) et ceux-ci aux vers plats (plathelminthes), on a devant les yeux une complication régulière de la structure.

Or, des faits dont la connaissance est devenue populaire confirment l'idée d'une correspondance entre la régression fonctionnelle et la réduction des organes.

La larve du parasite peut avoir besoin d'une certaine activité sensorielle pour pénétrer en l'animal aux dépens duquel elle vivra, mais chez le parasite interne l'usage des organes sensoriels n'a plus lieu. Aussi est-ce la réduction des organes de la vue que l'on observe le plus communément.

Même chez les types les plus élevés des vers, la différenciation des organes et des fonctions n'est jamais poussée très loin. Néanmoins, chez les animaux qui vivent à l'état libre, on constate l'apparition d'organes spécialement adaptés à la digestion. Mais chez les vers parasites le canal intestinal ne se forme pas ou disparaît. C'est la règle chez les cestodes, les acanthocéphales, etc.

Toutefois c'est en observant les fonctions et les organes de la reproduction que l'on aperçoit le mieux le rapport entre la régression et le parasitisme.

Chez les vers, la génération sexuelle est un phénomène incomplètement défini ; beaucoup d'espèces sont hermaphrodites, notamment dans la classe des Bryozoaires, dans celle des Turbellascés et des Trémalodes... néanmoins, chez les vers qui puisent leur subsistance dans le milieu extérieur, la génération sexuelle est généralement distincte de la génération *agame* ou asexuelle. Bref ces vers rappellent l'organisation des plantes à fleurs dioïques placées sur le même individu.

Or il n'en est pas ainsi des vers endo-parasites et surtout des cestodes. Chez ceux-ci, il y a régression vers la génération agame. Or, est-ce une simple coïncidence ? Tel n'est pas l'avis de Gegenbaur. Il estime au contraire que la génération alternante est chez les cestodes la conséquence directe du parasitisme. Son argumentation mérite d'être reproduite. « Un embryon vivant libre dans l'eau ou dans le canal intestinal d'un autre organisme devient par son développement aussitôt qu'il est arrivé dans quelque organe, un corps vésiculaire qui peut fournir le point de départ d'états ultérieurs fort divers. Sur la face interne de la vésicule pleine de liquide, il germe une conformation mamelonnée, dans laquelle se forme ce qu'on appelle la tête du tænia. Cette portion peut se retrousser en dehors de sa vésicule, qui se trouve ainsi derrière elle et forme une partie du corps du ver. Cet état représenté par la forme *cysticerque* devient, après la perte de la vésicule, le siège d'un bourgeonnement. La forme cysticerque nous présente encore des points d'attache pour d'autres rapports. Au lieu d'un seul mamelon croissant dans l'intérieur de la vésicule, la paroi de celle-ci peut en produire plusieurs qui se comportent comme les cysticerques, et après leur séparation de la vésicule deviennent autant de tænias. A cette forme (cœnurrus) qu'on peut considérer comme un cystique à têtes multiples, on peut en rattacher encore une autre. Admettons que la vésicule, produisant des bourgeons sur sa face interne, vienne à s'accroître en déposant à son extérieur des couches cuticulaires épaisses de manière à empêcher le retroussement des bourgeons ; que ceux-ci ne se différencient pas seulement comme ceux du cysticerque et du cœnure, mais que, devenus vésiculaires, ils produisent à leur tour de nouveaux bourgeons dans leur intérieur : nous obtiendrons ainsi la forme de l'échinococcus. Celle-ci se partage encore en diverses subdivisions, suivant les rapports des bourgeons de vers naissant sur la vésicule primitive, et leurs transformations en nouvelles cellules (vésicules secondaires).

« Tous ces phénomènes de propagation asexuelle réunis sous la domination de *génération alternante* doivent s'expliquer par le parasitisme, et ils sont d'ailleurs par le mode de leur genèse tout à fait distincts des autres phénomènes de génération alternante. *La reproduction asexuelle, qui s'intercale ici dans la génération sexuelle est donc à regarder comme l'expression d'un état inférieur d'organisation, il est vrai ; mais qui correspond au parasitisme, lequel en fournit la cause déterminante* [1] »

Par tous ces exemples, il est aisé de voir que la régression morphologique est toujours amenée par la régression fonctionnelle. A cet égard, le parasitisme lui-même a ses degrés. Les parasites externes doivent exercer beaucoup plus de fonctions que les parasites internes : la réduction des appareils est toujours moins complète.

Il y a donc quelque rapport entre la dégénérescence et le parasitisme, car la dégénérescence des fonctions est l'explication la plus plausible que l'on puisse donner de certaines déviations des organes et d'autre part la régression morphologique des espèces parasites est visiblement la conséquence d'une dégénérescence fonctionnelle,

La dégénérescence et le parasitisme sont ainsi deux

---

1. Gegenbaur. *Manuel d'anatomie comparée*, p. 254-5.

aspects d'un fait unique, c'est-à-dire la disparition des formes normales de l'adaptation.

On nous objectera sans doute que le parasite est adapté puisqu'il trouve en un autre organisme la condition de sa subsistance. On ira peut-être jusqu'à dire qu'il y a pour lui un avantage à vivre avec une organisation inférieure, puisque l'organisation la plus compliquée est la plus exposée à la maladie. Mais c'est là une appréciation bien superficielle. **En** réalité le parasite est placé dans une dépendance étroite à l'égard de l'être dont il vit ; il lui inflige des maux dont il ressent le contre-coup. Le parasite travaille à la mort de son hôte et à la destruction de ses moyens de subsistance. De plus la régression des fonctions et des formes a toujours un caractère pathologique. Le parasitisme complet serait une cause de souffrance intolérable pour un être qui aurait la claire conscience de lui-même.

Si le parasitisme était la règle des rapports entre les êtres vivants, le développement de la vie serait arrêté par là même à son début. Nous avons une preuve de plus que si la concurrence vitale explique certaines variations de l'organisme elle est incapable de rendre compte de la division du travail physiologique et de la corrélation des formes.

La régression est chose inintelligible dans l'hypothèse de la sélection naturelle puisque le parasitisme est, sans nul doute possible, une conséquence de la concurrence. La régression doit donc être comparée et opposée symétriquement à l'adaptation directe, c'est-à-dire, non à l'équilibre de l'organisme et du milieu, mais à la victoire du premier sur le second. Plus la division du travail a été poussée loin, plus est parfaite la corrélation des organes et des fonctions, et mieux l'être vivant s'adapte à son milieu en se l'appropriant, en assujettissant les corps inorganiques à ses fins. La régression est la disparition des fonctions les plus récemment acquises, c'est-à-dire les mieux différenciées ; elle est donc la destruction des formes les plus parfaites de l'adaptation active.

Vu la corrélation des formes, une fonction ne peut être troublée, un organe ne peut être lésé, sans que toute la vie et toute l'organisation ne s'en ressente. C'est pourquoi la régression est la destruction de l'adaptation par symbiose.

La symbiose est la forme la plus élevée de l'adaptation. Toutes les cellules qui forment un organisme complexe sont solidaires et c'est ainsi qu'elles peuvent former des tissus, des organes, des appareils propres à exécuter des fonctions spéciales et complémentaires les unes des autres. Tous les organismes qui vivent dans un même milieu sont solidaires et ce que les uns conquièrent sur le milieu inorganique est acquis aux autres. C'est pourquoi les fonctions et les organes les plus élevés des animaux supérieurs correspondent à une adaptation au milieu social. Les instincts les plus compliqués des animaux tendent tous à l'industrie ou à une appropriation du milieu physique aux besoins de l'espèce : telle est l'instinct des gîtes, des terriers, des nids, des cabanes, des digues, etc. Or la régression est avant tout une disparition des fonctions qui correspondent à cette adaptation. La psychiatrie suffit à montrer que la folie et, en général, les psychoses font disparaître l'homme social beaucoup plus vite qu'elles ne troublent le fonctionnement de la vie organique. L'idée de la régression n'aurait pas de sens pour celui qui systématiquement repousserait la finalité organique. La régression d'un être vivant ne peut être comparée que très grossièrement à une décomposition de forces : elle est l'inverse de l'adaptation, mais si l'adaptation n'était rien qu'une équilibration, la régression n'aurait pas lieu ou pour mieux dire elle coïnciderait partout et toujours avec la mort.

Ainsi la loi biologique de régression n'est nullement le corollaire d'une loi de dissolution universelle : encore moins en est-elle la preuve. La loi de régression ne fournit au savant aucune prévision scientifique précise. Quand le savant observe un cas de régression, il sait que le terme pourra en être l'extinction de la famille à la quatrième génération, mais il ne peut prévoir ce terme avec certitude car peut-être aussi les fonctions troublées se restaureront-elles dans un assez bref délai. Tel n'est jamais le cas d'un phénomène mécanique, car ici l'union du calcul et de l'expérience autorise des prévisions relativement exactes.

CONCLUSION

La formule abstraite d'une loi générale d'évolution ne rend pas compte du passage de l'inorganique à l'organique, du mouvement à la vie. L'hypothèse évolutionniste ne tire ici aucune espèce de confirmation de la seule méthode qu'elle puisse légitimement mettre en usage : la méthode génétique. L'évolutionniste déduit de la chimie la possibilité d'une *generatio æquivoca* des organismes les plus simples, des éléments primaires de la cellule, mais la géologie ne peut apporter à cette thèse la moindre confirmation.

Il reste sans doute permis à l'évolutionniste de recourir à un argument probable déduit du principe de continuité. S'il est prouvé qu'une simple complication mécanique, une différenciation de l'homogène a produit successivement la série entière des phénomènes inorganiques et qu'une complication analogue des formes de la matière vivante a produit plus tard la série entière des phénomènes organiques, il est invraisemblable que le principe de continuité ait été transgressé au moment où les phénomènes inorganiques les plus compliqués ont fait place aux phénomènes organiques les plus simples.

L'argumentation tire ici sa force d'une concordance générale et approximative entre l'expérience et le principe de continuité. La possibilité même d'une exception est dès lors tenue pour non avenue ; ou plutôt, celui qui met en doute la valeur absolue du principe de continuité est en quelque sorte sommé de fournir la preuve du démenti que l'expérience y opposerait.

La philosophie critique des sciences n'a jamais manqué de protester contre cette façon de systématiser l'expérience [1]. L'évolutionniste en effet passe purement et simplement sous silence les antinomies kantiennes. Sa méthode consiste à demander à la philosophie mathématique de combler les lacunes de l'expérience : à cette condition seulement une explication mécanique universelle est possible. Mais peut-on, sans violer la logique, s'appuyer à la fois sur le mécanisme universel et sur le principe de continuité ?

La notion de la continuité implique la négation de l'atomisme car introduire dans la mécanique universelle la notion de l'atome, c'est nier la divisibilité indéfinie de la matière. On pourrait faire de l'atome un centre de force, sans éluder la difficulté. Le monde matériel ne sera plus que le produit du conflit de forces discontinues et indépendantes, conflit dont le théâtre sera pour la conscience du sujet un espace homogène purement idéal. Mais l'hypothèse de l'atomisme n'est-elle pas l'assise la plus solide que l'on puisse donner à l'explication mécanique du monde ? [2].

Niez l'atomisme, et vous devez introduire dans l'univers une finalité imminente pour rendre compte de la perpétuité des combinaisons et des systèmes [3]. Mais alors le mécanisme n'est plus une loi absolue, un principe constitutif de l'expérience (car autre chose l'explication d'un phénomène par la série de ses antécédents, autre chose la réduction de tous les phénomènes à des mouvements et à des grandeurs.) Si le mécanisme universel ne se laisse plus déduire des propriétés éternelles des éléments des corps, ce n'est plus qu'une hypothèse commode, mais toujours justiciable de l'expérience.

En revanche si vous postulez l'atomisme, vous mettez à la

---

1. Liard. *La science positive et la métaphysique*, ch. x, p. 170 (Paris, F. Alcan).
2. Lange. *Histoire du matérialisme*, t. II, 2º partie.
3. Lachelier. *Fondement de l'induction* (Paris, F. Alcan).

racine de la cosmologie la négation même du principe de continuité. Dès lors, comment ce principe pourrait-il être invoqué contre les données contraires de l'expérience ou même être appelé à suppléer au silence de la science expérimentale ? L'idée de la continuité est en contradiction avec les conceptions fondamentales du pur mécanisme ; l'atomisme interdit l'application du principe de continuité à l'interprétation de la nature. La conséquence est que l'évolutionniste ne peut faire œuvre de savant et de philosophe positif quand il essaie de nier l'hiatus que la science empirique reconnaît exister entre les phénomènes biologiques les plus simples et les phénomènes inorganiques les plus compliqués.

Accordons, cependant, au principe de continuité le sens et la valeur d'un principe *heuristique*, dont les conséquences peuvent être avouées quand l'expérience les confirme. L'évolutionisme mécanique est-il admis à soutenir que les transformations des organismes sont explicables par les mêmes lois que les transformations du monde inorganique ? Si la loi d'évolution universelle rendait compte du passage de la granulation protoplasmique à l'organisme humain, on pourrait en déduire que le passage du monde inorganique à la vie est *probablement* l'effet de causes mécaniques. Mais nous avons montré combien les données de l'expérience sont loin de confirmer une telle déduction.

Bien loin que les lois empiriques qui président à la transformation des organismes autorisent à nier la spontanéité vitale et la finalité immanente, on peut dire avec plus de raison que la spontanéité et la finalité sont les deux postulats du transformisme.

Les lois empiriques du transformisme sont les lois de l'embryologie, de la paléontologie, de l'anatomie comparée auxquelles nous ajouterons celles de la physiologie. Ces lois sont des généralisations de l'expérience directe et de l'histoire ; elles n'ont qu'une valeur approchée ; la probabilité qui s'y attache équivaut cependant à la certitude vu leur convergence et vu l'impossibilité d'alléguer des faits bien établis qui les démentent.

Pour réduire ces lois à l'unité, il faut former le concept de l'adaptation ; or, bien loin de préparer la réduction de l'organisme au mécanisme, le concept de l'adaption implique, sinon la finalité pure et simple, au moins la notion d'une force vitale irréductible aux forces cosmiques inférieures.

Si l'on ne veut pas confondre grossièrement les effets de l'adaptation avec leurs causes il faut, selon un éminent embryologiste contemporain, reconnaître l'existence d'une force adaptative.

Mais, il est évident que cette expression commode ne peut servir à désigner une force comparable à celles qui agissent dans le monde inorganique, un simple aspect de l'énergie cosmique, un équivalent mécanique de la pesanteur, de la chaleur, de l'électricité, de la lumière, etc. L'appareil organique transforme ces forces cosmiques, mais il n'en produit ni n'en crée ; c'est là une conclusion générale de toute la physiologie, et les conclusions de la physiologie, science expérimentale, s'imposent à la morphologie, science d'observation.

L'expression de *force adaptative* est donc vicieuse si elle ne désigne pas la spontanéité vivante qui est, non le pouvoir de créer ou de détruire de la force, mais celui de transformer des forces cosmiques, de l'énergie chimique notamment, et de la subordonner à des fins.

Reconnaître l'existence d'une force adaptative sans laquelle les phénomènes de l'adaptation restent inexpliqués, c'est reconnaître que l'organisme, élémentaire ou composé, réagit sur le milieu physique et en une certaine mesure, s'asservit les forces qui le composent. Il ne suffit pas ici de parler de la plasticité de la matière vivante. Ce terme de plasticité ne désigne pas un concept mais une image. Si nous l'interprétons à la lettre, nous avons devant les yeux la représentation d'un morceau d'argile façonné par les doigts du statuaire. Parler de la plasticité, c'est donc user d'un terme équivoque désignant pour les uns l'inertie de la matière, pour les autres la spontanéité de l'organisme vivant.

Or, ni la cellule vivante, ni même la granulation protoplasmique ne sont *inertes* au sens que la mécanique pure attache à ce mot. On peut bien tenter, comme certains physiologistes, de leur attribuer l'inertie, mais à la condition de considérer l'inertie comme le terme extrême de l'affaiblissement de la spontanéité et de passer ensuite à la limite en négligeant une spontanéité évanescente.

Or, la méthode des limites ne peut être confondue avec la méthode génétique ou historico-évolutive. Nous avons montré combien cette confusion est nuisible à l'intelligibilité du système évolutionniste et combien elle est scientifiquement illégitime. Sans doute si l'on veut interpréter et généraliser les résultats de l'étude génétique des processus, on peut faire un usage mesuré et critique de la méthode des limites, mais à une condition, c'est qu'en dépassant l'expérience, on ne se mette pas en contradiction avec elle. Par exemple, il est permis de concevoir l'organite cellulaire composé d'organites moindres; ceux-ci d'éléments plus petits encore, mais il n'est pas légitime de conclure que la spontanéité des éléments protoplasmiques soit nulle, quoique dérobée à nos moyens d'investigation.

Notre effort a tendu à montrer que l'idée de la spontanéité (ainsi que celle de la finalité) est indispensable pour rendre compte des deux grandes données de la morphogenèse, la *généalogie*, l'*ontogénie* et plus encore de leur correspondance. Otez l'idée de la spontanéité vitale et vous ne pouvez comprendre comment le conflit de l'organisme et du milieu physique a fait surgir, d'âge en âge, des fonctions nouvelles toujours mieux localisées dans des organes distincts. Otez l'idée de la finalité, vous ne concevez pas comment l'embryon se pousse des organes qui lui sont présentement inutiles et qui doivent servir des fonctions encore absentes, comment la larve se dépouille d'organes adaptés à son genre présent d'existence pour revêtir une forme nouvelle vouée à une existence souvent plus difficile et plus précaire. Otez la spontanéité et la finalité, et il devient impossible d'expliquer comment a pu s'établir la correspondance entre l'évolution de l'œuf et la transformation de la série animale dans le cours des âges géologiques, d'expliquer ce fait capital, la substitution des embryogénies condensées ou fœtales aux embryons dilatés ou larvaires. — La parité de l'ontogénie et de la phylogénie est la clef de l'évolution organique, mais c'est en même temps la négation la plus énergique du mécanisme vital. Il a fallu commettre une véritable *ignoratio elenchi* pour donner une telle loi comme une confirmation du système qui fait surgir les organismes de la simple complication des mécanismes.

Pourquoi donc ce sophisme a-t-il été commis par des esprits auxquels on ne peut refuser, non seulement les aptitudes logiques les plus remarquables, mais même le génie? C'est que l'on ne peut reconnaître la spontanéité vivante sans accorder en même temps aux organismes une finalité immanente, c'est qu'il est également impossible de séparer radicalement la finalité et la conscience et de concevoir une finalité totalement inconsciente. Celui qui reconnaît la spontanéité vivante est conduit à une conception de la nature qui ne sépare jamais la conscience, nous ne disons pas du mouvement, mais du phénomène, de la tendance et de la causalité. Mais la conscience échappe à la mesure ; les relations des phénomènes ne sont donc pas essentiellement des rapports mesurables et par suite les mathématiques ne contiennent pas, *a priori*, les prémisses d'une cosmologie rationnelle. Il faut renoncer à fonder une mathématique universelle et à satisfaire ce grand besoin de l'esprit humain, le substitut de l'unité à la diversité des phénomènes, par cette opération relativement simple qui est de ramener, par abstraction, la qualité à la quantité, l'hétérogénéité des phénomènes à l'homogénéité de l'espace et du nombre.

Le problème de la philosophie biologique n'est donc qu'un aspect du problème cosmologique général. On nie la spontanéité vitale pour ne pas être conduit à affirmer que, loin d'être un épiphénomène, la conscience est le fond même des phénomènes, le lien des parties de l'univers, la condition de sa diversité et de son unité.

Cependant l'application fidèle et correcte de la méthode évolutive suffit encore ici à déjouer l'esprit de système.

Si parmi les adeptes du transformisme on distingue entre les philosophes et les purs biologistes, on est frappé de voir combien ceux-ci sont moins prompts que ceux-là à nier la spontanéité vivante. Darwin lui-même, le chef de celle des écoles transformistes qui rejette le plus radicalement la téléologie, Darwin accorde que la spontanéité est tout au moins une donnée de l'observation.

« Il reste, écrit-il, un grand nombre de variations qu'on peut nommer provisoirement spontanées, car notre ignorance est si grande qu'elles nous paraissent surgir sans cause apparente. On peut prouver toutefois que les variations de ce genre, qu'elles consistent soit en légères différences individuelles, soit en déviations brusques et considérables de la conformation, dépendent beaucoup plus de la constitution de l'organisme que de la nature des conditions auxquelles il a été exposé[1] ».

Si les variations successives se laissent ramener à une loi d'adaptation, directe ou indirecte, elles résultent de la formation spontanée de fonctions qui se spécifient et se localisent dans des parties distinctes de l'organisme : en ce sens la fonction, qui manifeste la vie, crée l'organe. Le transformisme ne peut faire un pas en avant sans s'appuyer sur cet axiome qu'aucune expérience ne dément.

---

1. *Descent of Man*. Traduction française, Ire partie, ch. II, p. 43.

Or il est un appareil organique dont l'évolution peut être entièrement connue, si obscurcie qu'elle soit par l'extrême complexité des faits, c'est l'évolution du système nerveux. La fonction du système nerveux n'est pas seulement de mettre, mécaniquement en quelque sorte, les parties de l'organisme complexe en relation les unes avec les autres : c'est encore de mettre l'organisme entier en relation avec le monde extérieur. La masse et l'énergie du système nerveux total croissent *pari passu* avec le développement de l'encéphale. Mais le volume et l'activité de l'encéphale sont proportionnels à la spécification et au développement des nerfs sensoriels, proposition confirmée par l'ontogénie humaine comme par la phylogénie. Or les fonctions des nerf sensoriels et les fonctions de l'encéphale sont normalement accompagnées de conscience si la conscience est autre chose qu'une sorte de miracle, une aperception subjective sans degrés et sans antécédents.

L'évolutionniste est donc obligé ou de reconnaître que la conscience est partout et toujours inséparable de l'évolution d'un appareil qui réagit sur l'organisation animale tout entière ou d'être infidèle à sa méthode.

Donc si l'on ne veut pas abandonner l'idée de l'unité de plan et créer un nouvel hiatus entre la plante et l'animal, entre le vertébré et l'invertébré, il faut admettre que les fonctions qui président à la création de l'encéphale sont à l'état latent dans les organismes inférieurs. Après avoir admis la spontanéité vivante et la finalité organique immanente, il faut faire un second pas; il faut reconnaître que la conscience et la spontanéité sont deux aspects inséparables d'une même réalité. L'un est l'aspect naturel et objectif, l'autre l'aspect formel et subjectif.

Le dualisme qui affirme la possibilité d'une conscience en quelque sorte désincorporée et le mécanisme qui professe que les corps organisés sont étrangers à toute spontanéité et à toute finalité succombent donc l'un et l'autre devant le témoignage de la méthode génétique, mais le dualisme et le mécanisme sont deux conséquences nécessaires d'une même conception de la science et de la méthode, conception qui unifie la diversité des phénomènes en ramenant la qualité à la quantité, l'hétérogène à l'homogène.

DEUXIÈME PARTIE
LE PROBLÈME PSYCHOLOGIQUE ET SOCIOLOGIQUE

PREMIÈRE SECTION
L'HISTOIRE ET LA SOCIOLOGIE

CHAPITRE PREMIER
LES RAPPORTS DE L'INSTINCT ET DE LA CONSCIENCE RÉFLÉCHIE

L'étude de l'adaptation nous conduit à considérer l'intelligence animale, l'aptitude de l'être vivant à tirer parti de son expérience, comme une condition de l'existence des organismes les plus élevés. Cette intelligence reste toujours à vrai dire une fonction de la vie. Les zoologistes, tels que Romanes, nous montrent que ses opérations ne sont jamais totalement isolées de celles de l'instinct et l'instinct a son fondement dans les tendances, les besoins inhérents à la vie organique.

L'instinct n'est pas au sens absolu du mot l'inconscient, car l'étude comparative des animaux nous montre qu'il ne peut remplir sa fonction sans devenir plus plastique et plus complexe et qu'il ne peut se compliquer sans s'asservir aux images conscientes. Mais la forme instinctive de la *consciosité* (pour faire un emprunt nécessaire à la langue de Leibnitz) est toujours obscure et diffuse. Devons-nous donc considérer la formation de la conscience claire qui se manifeste chez la personne humaine soit comme un phénomène insignifiant dans le devenir du monde, soit une dissolution accidentelle et morbide de la conscience instinctive ?

La psychologie traditionnelle, qui prétend être à la fois individuelle et générale, c'est-à-dire tirer des lois de la simple inspection interne ou externe de l'individualité humaine, ne peut résoudre un tel problème.

En effet le psychologue constate une activité inconsciente à côté de l'activité consciente. On a même pu distinguer récemment[1] un inconscient statique, le savoir organisé et un inconscient dynamique, l'état latent de l'activité. Mais si nous proposons au pur psychologue ce problème : la conscience réfléchie du moi est-elle une dissolution de l'activité inconsciente ou au contraire le résultat d'un développement, on le voit ou reconnaître prudemment son incompétence ou donner des réponses contradictoires. Tour à tour en effet les psychologues nous montrent que le moi est une synthèse qui va s'enrichissant avec l'expérience de l'individu et de l'espèce (Paulhan) et il nous présente la conscience réfléchie comme un rétrécissement, une concentration laissant en dehors d'elle une partie de la vie psychique dans l'ombre (Pierre Janet).

L'étude de l'individualité ne donne pas de solution à ce problème capital, peut-être parce que l'existence individuelle est une abstraction : la vie consciente de la personne, son activité émotionnelle et intellectuelle implique toujours un milieu social et la complexité de ce milieu correspond en général à l'intensité de la vie individuelle. Peut-être en replaçant l'individu dans le milieu social trouverons-nous la solution qui nous fuit.

L'adaptation implique, comme nous l'avons vu, la *symbiose* et la forme le plus définie de la symbiose est la société animale, dont la société humaine n'est au premier abord qu'une variété et un prolongement.

---

[1]. Ribot. *Essai sur l'imagination créatrice*. Appendice A (Paris, F. Alcan).

Dès lors deux hypothèses sont également possibles :

1° La civilisation correspond à l'activité des sociétés et elle la mesure. Elle résulte de leur adaptation à des conditions d'existence toujours plus élevées et plus complexes. Or le développement de la civilisation suppose de la part des hommes un progrès de la pensée abstraite et de l'activité réfléchie. Dans l'humanité l'adaptation aux conditions de l'existence sociale s'achève donc par la prééminence croissante de la réflexion sur l'instinct [1].

2° Mais l'on peut soutenir aussi que la société humaine n'est qu'un épanouissement de la société animale et obéit aux mêmes lois (Espinas). Or la société animale est composée d'êtres chez qui l'intelligence n'est qu'un modificateur de l'instinct (Romanes). A l'origine elle est composée exclusivement d'êtres instinctifs et elle est l'agent de la perpétuité de l'espèce. Or en est-il autrement dans l'humanité? La forme inférieure de la société c'est la foule, dont la société définie émerge par un lent progrès dû à la division du travail. Mais jamais les sociétés les plus civilisées ne se distinguent totalement des foules, dont la vie est inconsciente au moins en grande partie ; car elles obéissent aux tendances héréditaires accumulées dans la race. Par la foule, l'instinct reprendrait la prépondérance sur la réflexion [2].

L'expérimentation ne peut prononcer entre les deux hypothèses : l'appel à l'histoire est le seul recours de l'esprit scientifique.

La psychologie éclairée par l'histoire est donc aussi appelée à juger de la valeur du système évolutioniste tout entier.

Pour le mécanisme évolutionnaire en effet, la conscience n'est qu'un épiphénomène. L'action de la conscience sur la vie est chose inintelligible. A mesure que les formes de la vie se compliquent, l'inertie de la conscience doit devenir tou-

---

1. Bagehot. *Lois scientifiques du développement des nations*, V (Paris, F. Alcan).
2. Gustave Le Bon. *Psychologie des foules*. Passim (Paris, F. Alcan).

jours plus manifeste. L'activité individuelle peut paraître, à un observateur prévenu, influencée par des sentiments, des idées, des jugements ; mais si l'on replace l'individu dans le milieu social, l'action des facteurs inconscients sur l'homme doit devenir indubitable.

C'est ainsi que le système évolutionniste est logiquement une théorie de l'inconscient dans l'histoire des sociétés humaines. La thèse d'une activité morale inconsciente en devrait être la conclusion inévitable.

Si donc l'histoire appliquée à l'étude des problèmes psychologiques nous montre la conscience réfléchie étendant sans cesse sa sphère aux dépens de l'activité instinctive et des facteurs inconscients, aucune preuve ne sera plus forte contre la validité de l'évolutionnisme universel.

CHAPITRE II

L'ACCIDENT HISTORIQUE ET SON ÉLIMINATION

Longtemps l'histoire des sociétés humaines a été considérée comme le domaine même de l'accident et comme l'antithèse de la science. Produit d'une volonté libre, l'événement historique était par définition soustrait à toute loi et chercher à l'expliquer, c'était n'en pas comprendre la nature. Il était permis seulement de le décrire. L'histoire était réputée œuvre d'art ; le passé des peuples n'était pas à proprement parler un objet de connaissance, mais une sorte d'excitant de l'imagination créatrice. L'unique problème, c'était de projeter dans une imagination plastique les scènes de la vie telles qu'elles avaient pu vraisemblablement s'accomplir. Le plus parfait historien était celui qui savait, comme Ulysse, verser le sang vivifiant aux foules mortes. Résurrection ! divination ! telle était la formule. A Michelet et Carlyle eux-mêmes, il faut dès lors préférer Walter Scott, à Walter Scott, Shakespeare. Tous les récits d'un Thucydide ou d'un Salluste sont froids et arides à côté de ces drames qu'égaie le rire de Falstaff, où les Hotspur détrônent les Richard et où Glocester entend les ombres de ses victimes lui crier : Désespère et meurs !

Ce sont les modernes luttes religieuses qui ont conduit à mettre en doute cette conception de l'histoire. Dès le xviie siècle a surgi la *Critique biblique*. Le métaphysicien géomètre le moins porté à faire entrer l'accident dans sa conception des choses et des hommes, a appelé la philologie au secours de la critique. La même plume qui écrivit l'*Ethique* rédigea une grammaire hébraïque et le *Traité theologico-politique*. Dès lors, il y a eu deux écoles historiques distinctes : l'une est restée vouée à la narration, et les révolutions modernes lui ont offert une ample matière. L'autre a négligé les actes des hommes pour les œuvres durables, les langues, les arts, les législations ; l'archéologie a complété la philologie ; les fouilles de la géologie ont ouvert à l'archéologie l'immense carrière des époques préhistoriques. La régularité, la complexité croissante, le développement lent et anonyme ont étouffé les caprices de la liberté d'indifférence. L'histoire de la civilisation a surgi en face du drame et du roman historiques.

Dans cette lutte entre les deux conceptions de l'histoire, la science devait vaincre l'art. Le prestige des grandes œuvres de l'imagination historique, les narrations alertes d'un Voltaire, les splendides romans d'un Michelet ne pouvaient tenir en échec les exigences de l'esprit critique. La critique historique réclame un objet. Si l'histoire est œuvre d'art et d'imagination, la critique ne vaut pas la peine qu'elle coûte. La légende est plus belle que le récit authentique : nous aimons suivre des yeux la flèche de Tell et entendre le chant de mort des naufragés du Vengeur. A quoi bon détruire les créations plastiques de l'imagination populaire si l'histoire doit seulement rivaliser avec elle? La critique ne veut livrer ses travaux qu'à une histoire explicative.

Il était inévitable qu'on traversât une phase de transition. La distinction faite par le grand historien de la civilisation en France entre les causes fatales et les causes libres marque le moment où l'esprit de la philologie pénétrait assez dans l'histoire pour que le domaine de l'accident y parût négligeable mais où cependant la conscience morale, encore inquiète, craignait qu'une science historique véritable ne mît sur le même plan le bien et le mal et n'obscurcît la notion de la responsabilité.

Mais cette transaction entre l'affirmation de la science historique et sa négation n'était pas durable. Déjà le père de la philosophie critique et le théoricien inflexible de l'impératif catégorique avait montré que l'entendement revendique légitimement l'étude des manifestations de la volonté humaine dans la durée et les soumet au principe de causalité [1].

Kant indiquait aussi l'auxiliaire tout-puissant de l'historien aux prises avec l'inexplicabilité apparente des faits accidentels : nous voulons parler de la statistique morale. Cette science, à laquelle Quételet donnait dès 1835 sa forme définitive [2], montrait, non seulement que la liberté morale contribue plus à l'ordre social qu'à l'irrégularité des séries d'événements, mais encore que les actes volontaires de l'individu entrent toujours comme facteurs dans une grande activité collective dont les diverses parties sont en corrélation, en sorte que, connaissant le rapport des illettrés à la population totale, on peut se faire une idée de la criminalité [3]. Dès lors l'historien était affranchi de la crainte de

---

1. « Quelques divergences qui puissent exister dans nos opinions sur la liberté de la volonté, considérée au point de vue métaphysique, il est évident que les manifestations de cette volonté, c'est-à-dire les actions humaines, sont tout aussi bien soumises à l'empire des lois universelles de la nature que les autres phénomènes physiques quels qu'ils soient. C'est le rôle de l'histoire de raconter ces manifestations, et leurs causes dussent-elles rester toujours secrètes comme elles le sont aujourd'hui. Nous savons que l'histoire, simplement en se plaçant à distance et en contemplant l'action de la volonté humaine sur une large échelle, tend à dérouler devant nos yeux un courant régulier de direction uniforme dans la grande succession des événements; de sorte que la même suite de faits qui, pris séparément et individuellement auraient paru se produire d'une manière confuse, incohérente et sans lois, quand on les considère dans leur enchaînement en tant qu'actions, non pas d'êtres indépendants, mais de l'espèce humaine, manifeste infailliblement un développement sûr et continu, bien que très lent, de certaines grandes prédispositions de notre nature. » (Idee zu einer allgemeiner Geschichte in welbürgerlicher Absicht), 1784. Extrait de la citation faite par Robert Flint d'après la traduction anglaise de Thomas de Quincey. *La Philosophie de l'histoire en Allemagne*. Traduit par Ludovic Carrau (Paris, F. Alcan, 1878).

2. Quételet. *Physique sociale*, liv. IV.

3. Nous disons de sa nature et non de son intensité.

mettre la morale sociale en péril en faisant œuvre de science.

Le problème de l'accident se posait désormais en termes nouveaux et différents et il intéressait, peut-être davantage encore, la constitution même de l'histoire.

Peut-on ôter à l'individu, sinon abstraitement, la création des courants historiques pour l'attribuer aux sociétés ? Les sociétés ne sont-elles pas des combinaisons de pensées et d'activités appartenant en dernière analyse à des personnes ? L'opposition apparente de la société et de l'individu ne se ramène-t-elle pas, de l'avis des statisticiens tels que Quételet, à l'opposition de l'homme moyen et de ce que l'on pourrait appeler l'homme caractéristique ou original ? D'un autre côté, si l'action de l'homme moyen rend compte de ce qu'il y a de stable et d'uniforme en chaque société humaine, les transformations, les progrès ne doivent-ils pas être attribués aux individus capables d'invention et d'originalité ?

L'action capricieuse et arbitraire de la volonté a été chassée par la philologie et la statistique morale. Soit. Mais l'accident historique ne reparaît-il pas sous une autre forme, le rôle des hommes de génie et des hommes de caractère ?

Si l'homme moyen était l'unique agent de l'histoire, il n'y aurait absolument dans la vie de l'humanité qu'un principe de changement : l'accroissement du nombre des êtres impersonnels et anonymes. La densité croissante de la population serait la seule cause qui pût être assignée au progrès. Dès lors la démographie et la statistique morale remplaceraient entièrement l'histoire.

Il n'en est pas ainsi. La médiocrité reste toujours égale à elle-même. Au contraire, l'ethnologie paraît justifier le mot du dictateur romain : *Humanum paucis vivit genus*. La destinée différente de deux races dépendrait du petit nombre de personnalités supérieures que l'une d'elles pourrait enfanter (Gustave Le Bon). Supprimons les inventeurs et les initiateurs (et l'ordre moral a ses initiateurs) et nous avons supprimé peut-être l'objet de l'histoire.

Voici donc en quels termes le problème se formule. L'action exercée sur la marche de l'humanité ou, si l'on préfère un terme plus exact, sur la vie des sociétés, par l'imagination créatrice, par l'activité rationnelle et critique, enfin, par la réaction des caractères personnels, est-elle, par définition, accidentelle, et réduira-t-elle l'historien à ne décrire que des accidents ?

La réponse sera affirmative si l'on tient pour accordé que la science est l'étude de « rapports nécessaires dérivant de la nature des choses », en d'autres mots si l'on professe le mécanisme universel. Le savant pourra encore tenter de faire une science sociale, mais il tâchera de n'y retenir que des rapports simples entre masses et grandeurs en chassant toutes les données purement qualitatives. Tel est le point de vue des démographes et des purs économistes.

Mais il n'en sera pas ainsi si l'on écarte comme une fiction métaphysique l'idée de la nécessité, et si l'on reconnaît le véritable caractère des lois extraites de l'expérience. Ce sont des relations constantes, mais contingentes, car l'existence des phénomènes qu'elles lient pourrait sans contradiction ne pas être.

Dès lors la situation de l'historien ne diffère qu'en degré de celle du savant expérimental. L'action du génie ou de l'imagination créatrice, celle de l'activité rationnelle, celle des caractères personnels est sans doute contingente, mais contingente aussi est la vie organisée. La physiologie ignore comment les êtres vivants ont pu apparaître ; elle en recherche néanmoins les lois des fonctions. Pourquoi l'historien ne rechercherait-il pas les lois imposées à l'action des personnes dans le milieu social ?

Ces lois ne peuvent-elles pas être des tendances ou des luttes de tendances ?

L'action de l'homme de génie sur la moyenne humaine n'est pas inconditionnelle. Entre les uns et les autres, il faut qu'il y ait quelques similitudes. L'excès d'originalité est une cause d'impuissance. Wiclef et Savonarole avaient sans doute autant de génie que Luther, mais Wiclef ne transforma pas l'Angleterre comme Luther l'Allemagne, et Savonarole fut brûlé par les Florentins. Vico exposait au début du xviii° siècle les méthodes et les grandes idées directrices de la sociologie moderne, mais son œuvre prématurée ne fut qu'une prophétie obscure. Georges Podébrad formulait vers le milieu du xv° siècle les grands desiderata du droit des gens moderne, mais un pauvre roi de Bohême, demi-hérétique et contesté ne pouvait être écouté de l'Europe d'alors. Danton indiquait à la démocratie française les principales conditions de son existence et de son développement, mais en 1793 son réalisme ne pouvait être qu'odieux et suspect.

Le grand homme n'agit que sur des multitudes déjà préparées à le comprendre. Ce n'est pas un bolide qui tombe d'un monde étranger.

L'action des hommes de caractères, surtout s'ils exercent le pouvoir, présente une difficulté plus grande, mais non pas insoluble.

Les historiens étudient surtout les phases critiques de la vie des sociétés et c'est dans les âges de crises que grandit le rôle des caractères personnels. Par exemple si Louis XV, Robespierre, Bonaparte et Guizot avaient eu chacun un caractère différent, nul doute que le passage de la monarchie à la démocratie eût pu être, au grand profit de la moralité publique, plus pacifique et plus régulier.

Mais si la grandeur de la responsabilité encourue par les individus éclate, en conclurait-on que l'accident annule la loi et que par exemple, de 1715 à 1848, le cours de l'histoire en France ait été entièrement indéterminé ? Ce serait oublier la profonde affinité des personnalités prépondérantes et de leur milieu. En 1715 la monarchie française était depuis plus d'un demi-siècle un absolutisme presque aussi illimité que celui des états orientaux. Était-il surprenant de voir sur le trône de France un sultan indifférent à tout sauf aux plaisirs du harem ? En 1792 la démocratie était sans aucune expérience politique ; elle saisissait le pouvoir dans des conditions désespérées et voyait le monde civilisé coalisé contre elle. Qu'elle ne prêtât pas l'oreille à l'homme qui lui attribuait une souveraineté absolue et mettait au service de l'envie et de la haine ses soupçons violemment surexcités, c'est ce qu'il eût été bien difficile d'espérer. — Dans la lutte pour le pouvoir en 1799, les chefs d'armée les plus pénétrés du sentiment de la probité civique ne devaient-ils pas être conduits à s'effacer et à laisser le champ libre à celui qui avait au plus haut degré le tempérament du condottiere ? — Enfin, puisqu'une bourgeoisie sans grandes vues d'avenir était, en 1830, seule apte à prendre le pouvoir, doit-on être surpris qu'elle en ait confié l'exercice à l'homme le mieux fait pour lui imposer par l'ascendant du caractère et du talent ?

L'action des forces conscientes, des individualités puissantes n'est donc ni désordonnée ni capricieuse. Les grands hommes introduisent dans les mouvements humains un certain coefficient d'intelligence qui les distingue des phénomènes physiques et organiques. Mais rien ne prouve qu'ils créent les idées et les sentiments sur lesquels leur action s'appuie. Leur rôle n'est peut-être que de les amener à la pleine lumière de la conscience, de les justifier par le raisonnement ou d'en tirer, à l'aide d'une puissante opération de l'imagination créatrice, une vision de l'avenir.

Il n'y a pas d'accident historique dans l'histoire des langues, dans l'histoire des sciences, de la philosophie et des arts, car en ces domaines, il est visible que le rôle du grand homme a toujours été préparé de longue date. Il n'y a pas davantage d'accident dans l'histoire des religions et du droit, car nulle part la fantaisie individuelle n'est plus impuissante. Le prophète est toujours l'homme qui dit le verbe attendu ; le législateur est celui qui sait découvrir et non inventer les règles susceptibles d'être obéies et de pacifier les intérêts en lutte. Si l'on croit apercevoir des accidents dans l'histoire politique, c'est que le devenir politique est le lit commun où se déversent plusieurs courants. Mais ces courants obéissent chacun à des lois et comment de leur confluent accidentel pourrait-il jaillir ?

L'accident semble inévitable dans l'histoire politique parce que nulle part les qualités du vouloir ne semblent plus importantes. L'homme d'État réussit, semble-t-il, grâce à la promptitude de ses résolutions et à sa ténacité dans l'exécution des desseins qu'il a arrêtés. Or ce sont là des qualités morales au plus haut point subjectives. On en conclut donc que l'histoire politique est ce que la font les qualités très inégales des hommes d'État entre les mains desquels tombe le pouvoir. Mais on oublie deux grands faits.

Le premier est que le succès des plans de l'homme d'État dépend de sa connaissance du milieu dans lequel il agit, de son aptitude à analyser une situation. Il y a deux types d'hommes politiques, les subjectifs tels que Philippe II, Saint-Just, Jules de Polignac, Napoléon III ; les objectifs tels que Richelieu, Frédéric II, Washington, Cavour, Bismarck, Adolphe Thiers. Ces derniers réussissent presque toujours ; l'insuccès des premiers est la règle[1].

Une seconde donnée est que la partie personnelle et accidentelle de l'œuvre d'un homme d'État est d'ordinaire détruite par un homme d'État rival qui lui succède. Telle est la règle dans les gouvernements d'opinion. Or cette réduction se fait toujours avec le concours du milieu, avec l'appui de l'opinion. Preuve que l'œuvre sociale prévaut toujours en somme sur l'œuvre individuelle.

---

1. On pourrait aller jusqu'à dire que la classification des hommes d'État doit se faire selon une énergie de caractère croissante et une subjectivité décroissante. Mais la seconde condition est plus importante que la première. En vieillissant, l'homme d'État perd en énergie mais il gagne en objectivité : témoin Bismarck. Or, c'est dans l'âge mûr que l'homme d'État réalise son œuvre.

L'action exercée par les hommes d'État sur la société est d'ailleurs une sorte d'expérience que l'histoire scientifique peut mettre à profit. L'historien est en présence de plans et d'intentions qui le plus souvent ont échoué ; il peut les comparer à ceux qui, bien rarement, ont rencontré le succès. Il verra à quel point la volonté subjective est impuissante, à quel point l'action de l'homme d'État est peu accidentelle, à quel point il est l'agent conscient de forces sociales qui cherchent leur issue. La vague porte la barque dans le port ou la brise sur l'écueil, selon que le pilote connaît bien le passage ou l'ignore. L'homme d'État est porté au sommet de la gloire ou ignominieusement brisé selon qu'il a bien ou mal compris l'orientation des événements. Auguste Comte aimait à citer le double échec de Joseph II et de Napoléon ; le premier avait voulu imposer aux populations de l'Autriche des progrès pour lesquels elles n'étaient pas mûres ; le second avait voulu faire rétrograder la politique moderne vers le moyen âge et l'antiquité en rendant la prééminence sociale à l'activité guerrière [1]. L'un et l'autre, malgré leur puissance, avaient misérablement échoué, car l'unique résultat durable du blocus continental fut de stimuler l'industrie sur le continent et quant à la gauche imitation de l'empire carolingien, elle n'eut pour effet que d'associer l'Europe occidentale aux destinées de la France révolutionnaire.

La contingence existe dans les phénomènes humains qu'étudie l'historien, mais elle existe aussi dans la nature. Les phénomènes sont contingents ; les lois que formulent les sciences expérimentales sont contingentes. Pourquoi l'historien serait-il le seul pour qui persisterait la vieille confusion de la contingence et de l'accident ?

Mais si l'histoire n'est pas la description stérile de l'accidentel, a-t-elle un autre objet que l'activité inconsciente de l'humanité ?

1. Saint-Simon. *Catéchisme des industriels* (3ᵉ cahier).

CHAPITRE III

QUEL EST L'OBJET DE LA MÉTHODE HISTORIQUE LA CRITIQUE HISTORIQUE ET LA PSYCHOLOGIE SOCIALE

L'histoire est par définition l'application même de la méthode génétique à la constitution de l'humanité. Le domaine des sciences historiques ne pouvait manquer d'être revendiqué par la doctrine évolutionniste. On peut même dire que sans la *philosophie de l'histoire* l'évolutionnisme n'aurait pas vu le jour. Spencer a tiré sa philosophie synthétique d'une combinaison de l'idéalisme hégélien, de l'agnosticisme de Hamilton et du positivisme anglais, mais l'élément dominant de la combinaison a été l'hégélianisme. Sans l'œuvre préalable des écoles hégéliennes, notamment des hégéliens de la gauche, la philosophie de Spencer n'aurait pas rencontré si aisément un accueil favorable. Or sans la philosophie de l'histoire de Herder et de ses successeurs, jamais le système de l'idéalisme objectif n'aurait pu être échafaudé ; jamais un pont n'aurait pu être jeté entre les lois de la pensée et celles de la nature ; jamais l'identité du sujet et de l'objet n'aurait pu être présentée comme une thèse plausible. Relisons d'ailleurs les *Idées sur la philosophie de l'histoire de l'humanité*, nous y retrouverons la conception générale de l'univers qui plus tard a reçu le nom de doctrine de l'évolution.

La philosophie de l'histoire a reçu le tribut de beaucoup d'hommes de génie et il n'est aucune étude qui à l'heure actuelle paraisse plus discréditée. Parmi ces auteurs on cite des théologiens tels que Bossuet et Bunsen, des philosophes tels que Vico, des poètes tels que Lessing et Schiller, des métaphysiciens tels que Kant, Hegel, Schelling, Krause, des mathématiciens tels que Condorcet et Comte, des psychologues tels que Lotze et Lazarus : aucun n'a su lui imposer une méthode ni en tirer quelque loi incontestée.

Cependant depuis que la philosophie de l'histoire est tombée dans un complet discrédit, l'idée que l'activité sociale de l'humanité forme un processus susceptible d'être étudié scientifiquement a conquis l'adhésion d'un nombre croissant d'intelligences cultivées. La sociologie a recueilli l'héritage de la philosophie de l'histoire.

La critique de l'idée d'évolution ne serait pas complète si nous nous abstenions d'étudier les conditions de l'échec de l'une et du succès de l'autre. Peut-être verrons-nous une fois de plus se manifester l'opposition de la méthode génétique et de la méthode évolutionniste.

I

Qu'est-ce que la philosophie de l'histoire? C'est d'abord la constitution hypothétique d'une histoire universelle. C'est en outre un essai de réduction et d'explication de cette histoire. En procédant ainsi, l'historien philosophe ne fait pas autre chose qu'appliquer à son objet les méthodes générales de la science. La possibilité et la légitimité de sa démarche ne sauraient donc être niées, non plus que leur utilité. Ni l'éducation, ni la politique ne peuvent se priver de la connaissance du passé de l'humanité ; mais pour être utile, cette connaissance ne peut rester spéciale et dispersée ; elle doit être classée, analysée et systématisée. Telle est précisément la tâche qu'assume l'historien philosophe.

Le succès dépend donc exclusivement de la façon dont il

conçoit l'histoire universelle et dont il la réduit à quelque grand fait.

Or les philosophes historiens ont porté à l'abus le plus extrême l'idée même de l'histoire universelle, c'est-à-dire cette idée que toute l'humanité peut être considérée comme un seul peuple qui se développe dans le temps et dans l'espace. Pour faire coïncider cette hypothèse, légitime à certains égards, avec l'individualité des nations, la plupart d'entre eux n'ont trouvé que l'analogie de l'humanité et de l'organisme en voie de croissance. Dès lors chaque peuple devenait un organe de l'humanité ; il cessait d'être étudié pour lui-même ; un seul moment de sa vie intéressait la philosophie de l'histoire, celui où il avait exercé une influence sur l'ensemble, sur le grand organisme ; il l'intéressait proportionnellement à la nature et au degré de cette influence. C'était donc sacrifier l'analyse à la synthèse et par suite transgresser les conditions élémentaires de l'investigation scientifique.

La philosophie devait réduire l'histoire universelle à quelques grands faits dominateurs. Or ces auteurs conçurent cette réduction de façon à aggraver les conséquences du vice initial. L'esprit scientifique aurait interdit de négliger un aspect même grossier de la vie de l'humanité. Cette condition ne fut pas respectée. On partit de l'idée très légitime que l'esprit peut construire une explication des faits, d'autant plus qu'ils sont plus complexes, mais on oublia qu'il doit ensuite vérifier son hypothèse et non l'imposer à l'expérience. Au lieu de cela que vit-on ? Métaphysiciens, théologiens, positivistes même essayant d'imposer leurs systèmes à l'histoire et conduits par là à ne retenir que les faits concordants avec le système.

Ne cherchons pas ailleurs la cause de l'aspect fantastique de ces constructions où l'esprit allemand a fait preuve de ses principaux défauts et dont la plupart portent d'audacieux défis à la critique historique.

Rare est le théoricien de l'histoire universelle qui, comme Auguste Comte, retient trois faits généraux, la croyance, la guerre, le travail ; rare encore celui qui comme Condorcet en retient deux, la culture intellectuelle et la conscience du droit. Il ne veut d'ordinaire en considérer qu'un seul. Ce fait dominateur est-il la religion? l'historien philosophe ne tiendra aucun compte de l'activité économique ? Est-ce la production? la religion sera passée sous silence ou considérée comme un aspect des relations de travail et d'échange.

Les théoriciens de l'histoire universelle peuvent être approximativement répartis en trois classes.

La première et la plus nombreuse comprend ceux qui ne retiennent des faits que l'activité intellectuelle et surtout la croyance religieuse qui en est socialement la meilleure expression. On y distinguera quatre subdivisions. — Le groupe catholique (Bossuet, Frédéric Schlegel et Buchez) ; le groupe protestant ou simplement chrétien (Schelling et Bunsen) ; le groupe théiste ou panthéiste (Lessing, Herder, Hegel, Conrad Hermann, Buckle) ; le groupe positiviste (Comte, Littré, Laffitte, Bagehot).

La seconde classe comprendra les philosophes qui ont mis le problème du droit au-dessus de tous les autres ; tels sont Vico l'adversaire du droit naturel et Condorcet qui est le champion et montre l'égalité des droits marchant du même pas que la connaissance exacte des phénomènes. Kant peut être classé dans ce groupe.

Enfin une troisième classe comprendra ceux que réduisent l'histoire humaine au développement de la production et de l'échange. Il est à peine besoin de citer les noms de Marx et d'Engels. Mais Le Play, si bien établie que soit sa réputation d'économiste religieux, doit être compté dans ce groupe. Diviser l'histoire de l'humanité en trois âges, l'âge des productions spontanées, l'âge des machines, l'âge de la houille et de l'électricité, ce n'est pas s'enfoncer moins loin dans le matérialisme économique que le fameux auteur du *Capital*.

Donc les uns ne voient l'humanité que dans les temples, les autres ne la voient que dans les assemblées législatives et les prétoires, les autres enfin ne veulent la voir qu'à l'atelier et au marché. Aux vices d'une synthèse arbitraire la philosophie de l'histoire a donc associé ceux d'une analyse insuffisante, parfois plus arbitaire encore.

En résulte-t-il que l'esprit humain doive renoncer à l'ambition de connaître l'histoire universelle? Autant dire qu'Aristote et Linné ayant classé les animaux d'une façon imparfaite il fallait, après eux, renoncer à toute taxonomie. L'idée d'une histoire universelle ne peut être bannie de l'esprit humain. Mais la méthode des métaphysiciens peut en être radicalement exclue.

Les métaphysiciens ont imposé à l'histoire universelle la recherche exclusive des causes finales; étudier l'histoire d'un peuple c'est, selon eux, chercher la place de ce peuple dans la vie universelle de l'humanité ; ce n'est point chercher le concours que la civilisation universelle a pu apporter à la vie propre de ce peuple. Le métaphysicien affirme que chaque peuple doit avoir une mission à remplir et, sa mission remplie le condamne à disparaître. Mais chaque peuple a-t-il eu ainsi une œuvre à accomplir au profit de l'espèce? Beaucoup de peuples n'ont-ils pas mis la culture humaine à profit pour se développer et prospérer sans que leur activité eût jamais le caractère du sacrifice? L'évidence oblige à le reconnaître mais un si faible obstacle n'arrête pas l'historien métaphysicien : il exclut ces peuples de l'histoire universelle, dût-il, comme Hegel, réduire à peu près cette dernière à l'étude de trois nations, la juive, la grecque et l'allemande. Il est superflu de démontrer que cette téléologie ôte toute objectivité à la philosophie de l'histoire.

Le remède ne consistera pas à interdire à l'histoire universelle la recherche des causes finales qu'on ne saurait bannir de la physiologie elle-même. Mais l'histoire universelle pour mériter son nom et être autre chose qu'un roman sans couleurs doit se soumettre à deux conditions : la première est de faire précéder la synthèse de l'analyse, la seconde est de mieux distinguer le souci de la connaissance historique du souci de la vérité morale et religieuse.

Les plus perspicaces des historiens philosophes, Krause par exemple ou même Condorcet et Schiller, ont très bien aperçu l'utilité d'une histoire universelle pour une philosophie générale de l'action, pour une théorie synthétique du droit et de l'éducation. Mais la plupart de ceux qui ont traité de la philosophie de l'histoire n'ont pas eu une conscience claire des conditions du problème. L'histoire universelle ne peut être mise au service d'une philosophie pratique que si elle est d'abord élaborée méthodiquement et sans aucun souci d'application. A cette seule condition on évitera la prostitution de la science et de la philosophie abaissées si souvent en Allemagne au rôle d'instrument de l'orgueil et des prétentions d'un peuple.

L'histoire universelle devait donc être une science avant d'être une philosophie de la religion, de l'art, du droit, de la morale ou de l'éducation.

II

Mais à quelle condition l'histoire universelle pouvait-elle devenir une science ?

Dès le milieu du siècle, nous voyons la philosophie de l'histoire faire place peu à peu à deux sortes d'études.

L'une est une science concrète, l'ethnologie ; l'autre consiste en une histoire universelle abstraite, divisée en grandes séries, histoire du droit, histoire des religions, histoire de la culture sociale qui se décompose elle-même en histoire de l'art, des sciences et de la philosophie.

Appuyée sur la démographie et sur une forme propre de la psychologie : la psychologie des peuples que ses fondateurs les disciples de Herbart, Lazarus Steinthal, Bastian, eussent dû nommer plutôt psychologie des langues, l'ethnologie considère chaque peuple comme un tout vivant qui crée peu à peu sa langue, sa littérature, ses coutumes, impose sa forme d'activité à la production et à la consommation et transforme constamment par intussusception, les emprunts qu'il peut faire à la civilisation des autres peuples. — Grâce aux géologues, l'ethnologie a vu son horizon s'étendre et comprendre jusqu'aux âges préhistoriques les plus lointains. — A l'ethnologie, science issue du rationalisme allemand s'est ajouté la palethnologie, science française, anglaise et américaine.

L'ethnologie conduisait ses auteurs à comparer au point de vue du développement politique les branches inférieures de l'humanité aux branches supérieures, la tribu sauvage à l'État, la Confédération barbare à la Cité et à la Nation. Telle est l'œuvre de Waitz, de Lubbock, de Lewis-Morgan, de Masqueray, de Lyall. Bref, elle devait en venir avec Gumplowicz, à considérer la nation au point de vue génétique, comme un produit de la lutte des races, pacifiée par l'état et la culture sociale.

Mais l'ethnologie restait une étude toute concrète si elle ne s'aidait pas de ces travaux historiques qui s'exécutaient en même temps sur l'histoire du droit, des religions, des sciences, des arts et de l'industrie. Au-dessus de l'ethnologie descriptive on concevait la possibilité d'une science synthétique qu'Auguste Comte avait baptisée d'un nom barbare, mais destinée dans toutes les langues à une fortune inouïe : la sociologie.

Toutefois la sociologie ne pouvait se constituer sans donner lieu à un grand problème philosophique. Devait-elle, pour atteindre l'objectivité, faire abstraction de la conscience et se donner pour objet une réalité extérieure, un grand corps composé, supérieur en complexité à celui qu'étudie le biologiste ?

Son fondateur la classait, sous le nom de physique sociale, parmi les branches de la physique[1]. C'était une des deux grandes sections de la science des corps organisés. En même temps Auguste Comte condamnait toute psychologie comme une fallacieuse survivance de la métaphysique. Néanmoins il assignait à la science nouvelle une méthode propre, la méthode de filiation historique, et il montrait fortement que la critique des témoignages peut donner la même certitude que l'observation directe ou l'expérimentation.

Or la critique historique étudie des œuvres de l'esprit. Était-il possible de l'interroger scientifiquement au nom d'une hypothèse telle que celle de l'organisme social?

III

La notion de l'organisme social a pris deux formes bien distinctes, venues des extrémités opposées de l'horizon. L'une est une application de la téléologie aux faits sociaux ; elle inspire les travaux de Krause sur la philosophie de l'histoire et la philosophie du droit ainsi que ceux de ses continuateurs allemands et espagnols, Ahrens, Bluntschli, Robert Mohl, Sanz del Rio, Giner, Posada : c'est la doctrine de l'organisme moral ; issue de l'idéalisme elle ne voit dans la nature qu'un symbole de l'esprit. — Tout autre est la thèse de la sociologie biologique. C'est une hypothèse sur la continuité des phénomènes sociaux et organiques. L'ambition de ses auteurs est d'étendre aux faits sociaux les lois de la biologie. Encore est-ce trop peu dire. Les lois de la physiologie expérimentales ne sont pas celles qu'appliquerait la déduction sociologique : on préférerait celles de la zoologie générale, telle que Darwin et Hœckel l'ont fondée : ce sont les lois de la division du travail, de l'adaptation au milieu, et de la concurrence vitale. Le darwinisme social modifie le darwinisme

---

1. *Cours de philosophie positive*, 2ᵉ leçon.

zoologique seulement en ce qu'il admet une concurrence interne, entre classes, à côté de la concurrence externe, ou lutte des peuples.

Or pour rendre vraisemblable cette extension de la zoologie générale il faut, au préalable, avoir réduit la notion de la société à celle de l'organisme.

On peut tenter cette réduction de deux façons, l'une directe, l'autre indirecte. La première consiste à définir les sociétés comme des organismes complexes soumis aux lois générales de la biologie, ou pour mieux dire, aux lois de la zoologie générale ; c'est la méthode de Lilienfeld, de Novicow et de leur disciple français M. Worms. La seconde méthode, beaucoup plus savante à notre avis, consiste à rapprocher la société humaine de la société animale et à expliquer l'individualité composée des animaux supérieurs et le corps social par les même lois d'intégration et de différenciation. C'est la méthode de M. Espinas et, malgré certaines équivoques et une grave lacune, c'est au fond celle de Spencer.

La théorie qui ne voit dans les sociétés que des organismes complexes a été l'objet de vives critiques. La plus décisive est à notre avis celle du géographe allemand Ratzel. Car il a mieux fait que de noter les points faibles de la théorie ; il a découvert la cause génératrice d'où en procède l'illusion. L'État prend l'aspect d'un organisme parce que l'être politique, la population s'enracine dans le sol par le travail et convertit les différentes parties du territoire en organes de défense et de production. Mais considéré isolément du sol, l'État perd aussitôt tous les caractères extérieurs qui permettaient de l'assimiler à un organisme : on y voit une personne morale composée elle-même de personnes réelles dont chacune, à la différence des cellules d'un organisme, gagne en droit et en autonomie à mesure que l'État remplit mieux ses fonctions [1].

A vrai dire, les bio-sociologistes pourraient répondre que

1. Ratzel. *Der Staat und sein Boden geographisch betrachtet*. Leipzig, Hirzel.

l'État n'est jamais séparé du sol que par abstraction et que l'union de la population et du territoire forme, de l'aveu même de Ratzel, un tout vivant et organisé. Nous devons donc chercher, non pas si l'État présente quelque unité organique, mais si cette unité est telle que les lois de la physiologie et de la morphologie puissent rendre compte des liens sociaux et politiques.

Or deux grands faits conduisent le sociologue à écarter comme illusoire un tel procédé d'explication. La société a des organes, mais ces organes ne se décomposent pas en éléments anatomiques. — La reproduction et la mort sont chez les sociétés l'opposé de ce qu'elles sont chez les êtres organisés notamment chez les organismes complexes.

Il est facile de distinguer dans une nation un certain nombre d'appareils, sinon d'organes, sans lesquels l'existence et la durée de l'État ne seraient pas possibles. Spencer distingue un appareil de soutien, qui est la production industrielle et agricole, un appareil circulatoire, comprenant le commerce et les transports, un appareil de relation répondant à l'armée et la diplomatie, etc. C'est avec une confusion visible qu'il donne de telles naïvetés pour des observations scientifiques. Il ne désire nullement en effet pousser plus loin l'analogie des sociétés et des individus organisés. Aussi ne cherche-t-il point à décomposer les appareils et les organes en tissus. Mais l'hypothèse de la bio-sociologie comportait cette recherche et c'est là que les difficultés l'attendaient.

La question est en effet de savoir si les organes sociaux fonctionnent en vertu des propriétés de leurs éléments histologiques.

Si leur fonctionnement, en effet, était dû à des désirs et à des croyances individuelles, aux idées de devoir, de droit et d'intérêt, l'explication des faits sociaux par des lois biologiques devrait être sinon abandonnée, au moins entièrement réformée.

Richard. — L'évolution.

Peut-on distinguer et définir des tissus sociaux. Plus hardi que Spencer, Schœffle n'a point reculé devant cette tâche. de même que dans l'organisme animal il y a dans l'organisme social *six tissus*, ni plus ni moins. Au tissu osseux répond le système territorial, localités, routes, édifices. Au tissu épithélial répondent les institutions qui protègent la sécurité, le patrimoine, l'ordre moral et matériel ; au tissu vasculaire, les institutions économiques, production et commerce qui servent à l'échange des matériaux ; au tissu nerveux, les institutions qui assurent la direction spirituelle ; au tissu connectif, la parenté et la race. Il est difficile, on le voit, de grouper sous le même nom des choses plus différentes. Une classification qui comprend à la fois le territoire, la race, le commerce, les institutions éducatives et celles qui protègent le patrimoine ainsi que la sécurité extérieure, est faite en violation des exigences logiques les plus élémentaires. D'ailleurs a-t-on fait faire un pas à la réduction des faits sociaux aux lois physiologiques? Nullement. Les propriétés du sol devraient être étudiées par la géographie, celles de la race par l'anthropologie, celles des institutions spirituelles par la psychologie, etc.

La bio-sociologie pourrait cependant résoudre cette difficulté à la condition d'isoler la cellule sociale, d'en définir les propriétés et d'y rattacher analytiquement celles des tissus sociaux. Schœffle se refuse à identifier la personnalité pensante et la cellule sociale, et c'est dans la famille qu'il voit l'équivalent de l'organisme. Si nous comprenons bien sa pensée, nous devrons admettre que, de même que le tissu osseux, épithélial, vasculaire, nerveux, connectif a pour éléments des cellules plus ou moins variables, de même le système territorial et la viabilité, les institutions protectrices du patrimoine et de la sécurité extérieure, les institutions spirituelles et éducatives, etc., ont pour éléments sinon des familles, au moins des sentiments domestiques. On voit combien la thèse est aisément réduite à l'absurde. La vérité est que la bio-sociologie trouve ici une pierre d'achoppement qu'elle ne peut écarter. Les sociétés ne sont des organismes que si elles ont des tissus ; elles ne sont des organismes complexes que si elles ont des tissus aussi différenciés que les plantes ou les animaux supérieurs. Ces tissus eux-mêmes doivent se décomposer en cellules qui seront ou des individus ou des familles. Si la cellule sociale est l'individu, les lois des faits sociaux doivent êtres déduites de la psychologie et non de la biologie. Si la cellule est la famille, toutes les manifestations ou conditions sociales qui ne se laissent pas décomposer en familles, ou ne sortent pas de la vie domestique ne sont pas des tissus sociaux. Les races sont donc les seuls tissus sociaux. Une société complexe est un agrégat de races hétérogènes, plus ou moins harmonisées. Mais de toute façon l'organisation d'une société ne ressemble pas à celle d'un animal et n'obéit pas aux mêmes lois.

La famille rend possible la reproduction de l'état comme la cellule la reproduction de l'organisme. Mais le problème de la génération sociale est-il résolu par là ? Une société est définie un *organisme complexe*. Elle doit se reproduire autrement que les micro-organismes. Elle doit engendrer, non pas seulement des individus ou des familles, mais des sociétés semblables à elle-même. Problème singulièrement embarrassant pour la bio-sociologie. Ses adhérents n'ont pas été jusqu'à vouloir découvrir des rapprochements sexuels entre sociétés différentes. Nous avons jusqu'ici échappé à une distinction des sociétés mâles et des sociétés femelles. Et cependant l'organisme social serait-il privé d'une fonction sans laquelle la vie organique ne se conçoit pas ?

Il faudrait donc admettre — ou que la société réunit en elle les deux sexes, comme il arrive à la plupart des végétaux supérieurs — ou qu'elle se reproduit par une génération agame. La seconde hypothèse s'accorde mal avec la définition d'un organisme complexe ; puisque la fonction essentielle s'y accomplirait comme chez les organes les plus simples. Cependant on n'a pas le choix. Si la société se reproduit, c'est par colonisation, c'est-à-dire par bourgeonnement.

Pour que le rapprochement du bourgeonnement et de la colonisation fût admissible, il faudrait que la colonisation humaine ait toujours été ce qu'elle était chez les Grecs à l'origine, c'est-à-dire la fondation d'un nouvel état autonome. Or la colonisation, chez les peuples civilisés, est devenue une simple extension de l'État fondateur [1]. Plus la société gagne en complexité et en organisation, moins elle se reproduit à la façon d'un organisme supérieur.

Si l'organisme social ne se renouvelle pas par voies de génération, comment se perpétue-t-il? En d'autres termes comment échappe-t-il à la mort? La mort est chez les organismes d'autant mieux définie qu'ils ont une individualité plus distincte, une organisation plus complexe. La mort d'un animal est mieux caractérisée que celle d'une plante. La théorie qui assimile l'État à un organisme complexe doit donc définir la *mort sociale*. Peut-elle y réussir?

Chez les animaux la mort est caractérisée par une série de phénomènes chimiques définis, par la formation des ptomaïnes, etc. Là où ces phénomènes manquent, le diagnostic de la mort est mal aisé; on risque de le confondre avec la vie *latente*, avec une métamorphose, etc. On peut bien montrer des sociétés qui se sont métamorphosées, dénationalisées, qui vivent d'une vie latente, mais il serait impossible de montrer une société qui soit morte au sens précis du mot. Car l'extermination d'une peuplade ou la destruction d'un gouvernement n'est pas la mort d'une société.

Sous doute l'on peut parler métaphoriquement de la mort d'un État, si l'on entend par là un système d'administration et de juridiction. L'État formé par l'empire romain serait mort quand, à la suite des invasions barbares, un chef hérule

---

[1]. Seeley. *L'expansion de l'Angleterre*, lect. III (Armand Colin).

renvoya la couronne impériale à Constantinople. L'État monarchique français serait mort quand la Convention proclama la République. Mais regardons les faits de plus près. Nous ne pouvons dire si la vie de l'État défunt ne subsiste pas sous une forme latente. Le droit romain, les dignités romaines, la fiscalité romaine survivent en grande partie dans les monarchies barbares formées par les Wisigoths les Ostrogoths, les Francs. Les conceptions directrices de l'État monarchique survivent dans l'organisation républicaine. Un grand État se démembre (comme l'empire colonial des Espagnols en Amérique) : chacun de ses membres forme aussitôt un État reproduisant le type de l'ancien. Plusieurs petits États se réunissent en un seul : chacun des États confédérés conservera longtemps sa vie propre dans la confédération. Maine a montré que la constitution anglaise survit dans la constitution fédérale de l'Union américaine et M. Boutmy de son côté a prouvé à quel point l'ancienne colonie, l'*État* membre de la fédération est encore vivant au milieu de l'Union.

Les sociétés ne meurent pas plus que les langues. Une langue pourrait mourir quand il lui arrive, comme au latin, au sanscrit, au grec, à l'hébreu, à l'esclavon, à l'arabe littéral de cesser d'être l'instrument des conversations vulgaires ; mais le plus souvent elle reste ou la langue d'un genre littéraire, comme les anciens dialectes grecs, ou la langue d'une église ou celle d'une corporation savante.

Donc les États ont des organes si on considère la connexion de la population et du territoire, mais ces organes ne se laissent pas décomposer en tissus sociaux et en cellules sociales. Si les États se reproduisent, c'est par bourgeonnement et scissiparité, à la façon des végétaux ou animaux les plus simples ; les états ne meurent pas d'une mort définie, et ils peuvent vivre d'une vie latente.

L'assimilation complète des sociétés aux organismes résulte d'une confusion assez grossière entre l'état territorial formé par les peuples civilisés et la horde communiste des sauvages. La horde communiste présente une certaine analogie avec un groupe de cellules ; elle est composée de parents qui obéissent aux mêmes tendances héréditaires ; chacun sent aussi fortement l'homogénéité du groupe que son individualité propre. En revanche elle est généralement errante, ou si l'on préfère, elle adhère très faiblement à son territoire. Elle n'en transforme pas les propriétés et les ressources en organes de sa vie et de sa perpétuité. L'état civilisé est tout au contraire composé de personnes autonomes, *sui juris*, jouissant de la pleine capacité de posséder et de contracter en leur nom propre. En revanche la nation adhère fortement au sol. Elle transforme les rivières, les passages, les plaines, les plateaux, les vallées, les montagnes, en agents, en organes de la coopération économique qui s'établit entre ses parties. La société perd le caractère organique en revêtant le caractère moral et juridique ; mais ce caractère organique, l'art humain le transfère au sol en quelque sorte. De là l'illusion des bio-sociologistes. Ils oublient les rapports de droit et de réciprocité et croient voir entre les hommes des rapports de solidarité organique qui existent seulement entre le travail et le sol.

Toutefois il s'agit pour nous moins de savoir si les sociétés sont littéralement des organismes complexes que si leur développement obéit aux mêmes lois que l'évolution organique et en est le simple prolongement. Par conséquent nous devons chercher si l'unification des deux processus ne pourrait pas être faite à l'aide d'un troisième terme, la société animale.

C'est ce qu'a tenté de faire, dans une œuvre célèbre, M. Espinas. Cet éminent esprit est loin de professer un évolutionnisme unilatéral. Néanmoins il y fait parfois des concessions excessives et qui ont pu amener certains lecteurs à se méprendre sur le véritable sens de sa thèse. Il est donc bien entendu que nous critiquons moins la théorie de

M. Espinas qu'une argumentation à laquelle il a lui-même apporté les réserves nécessaires.

Au lieu de ramener la société à l'organisme complexe, Espinas tire de l'anatomie comparée cette conclusion que le membre individuel des espèces animales, supérieures aux protozoaires, est une *société de nutrition*. En d'autres termes, les cellules agrégées en tissus, en organes, en appareils dont il est composé, sont associées comme pour tirer plus aisément du milieu extérieur, la division du travail ardent, les matériaux chimiques sans lesquels la vie ne peut être renouvelée.

Or l'état, en germe dans les peuplades animales, formées généralement par les mammifères, est une société de relation fondée sur le concours mutuel des organes de la perception et de la représentation. La durée de cette société implique l'existence d'une société plus élémentaire, la société de reproduction, qui, à la différence de la précédente, implique une réelle continuité organique.

Cette société de reproduction, ou famille, se décompose à son tour, non pas en individualités pures, mais en sociétés de nutrition ou blastodèmes.

Le mouvement de la vie est compris entre deux termes, deux individualités extrêmes, d'un côté la cellule qui peut vivre isolée chez certains protozoaires, et de l'autre l'État national. La psychologie et la sociologie se correspondent. Toutes deux se développent sur une même base, la biologie.

En apparence le caractère social est mieux imprimé sur le polypier, la synascidie, la méduse; le caractère individuel mieux imprimé sur l'organisme du vertébré. Mais intercalons entre ces deux termes les formes de passage, l'organisation du ver, les premiers stades de la vie embryonnaire chez les mammifères, et le caractère social devra être bien visible. Le ver est un individu composé d'autres individus dont chacun peut à la rigueur vivre d'une vie indépendante ; ce type de structure se retrouve chez les vertébrés acraniens et dans la vie embryonnaire des craniotes.

Mais l'évolution sociale est-elle réduite par là à l'évolution biologique ? Évidemment non. On n'arrive à une identification apparente qu'en sacrifiant la clarté des notions scientifiques, en confondant l'évolution morphologique et l'évolution fonctionnelle. L'évolution morphologique fait succéder à une faible intégration des tissus et des organes, une intégration plus parfaite, d'où résulte en dernier lieu l'organisme du vertébré. Le progrès fonctionnel rend l'individu vivant de moins en moins capable d'exécuter à lui seul les grandes fonctions de la vie ; il est capable de renouveler ses éléments anatomiques par la nutrition, incapable de reproduire son type, aussi incapable de faire à lui seul par un travail équilibre aux causes physiques de destruction. De là, la génération sexuée et la société de reproduction, la division du travail et la société de relation.

Ainsi, loin de se répéter, l'évolution morphologique et l'évolution fonctionnelle s'opposent. Les fonctions de la société de relation ne peuvent être exécutées que par des individus séparés. Le lien social n'est pas ici la continuité organique, c'est l'unité des sentiments et l'accord des représentations.

M. Espinas reconnaît expressément cette vérité. Il est même disposé à voir dans la conscience une condition de l'unité des sociétés de reproduction. Il reconnaît la présence de la conscience jusque dans l'art avec lequel sont disposées les concrétions dont s'enveloppent certains vers. La distinction de deux processus, l'un morphologique, l'autre social, n'aurait donc de valeur qu'au point de vue tout relatif de l'analyse scientifique. La synthèse philosophique restaurerait la continuité et reconnaîtrait l'existence d'une conscience sociale, concentrée dans un cas, diffuse dans l'autre.

Cette solution, dont nous ne nions point la commodité, nous semble être plus verbale que réelle. Diffusion, concentration, ces métaphores ont-elles un sens explicite quand nous les attribuons à la conscience ? Une société humaine nous semble avoir une conscience très claire de certaines croyances et de certains desseins, de certains sentiments, de certains intérêts : un État a conscience de l'intérêt qu'il a à conserver son territoire, à ne pas être décomposé par les factions, à ne pas laisser atteindre sa race par la dégénérescence. Mais la conscience que chacun de ses citoyens a de son moi, de son expérience, de ses intérêts propres, n'est pas une conscience diffuse de la vie sociale : c'est une conscience personnelle très claire, bien souvent en opposition avec la conscience des fins sociales, laquelle, traduite en obligations légales, est très claire aussi. En revanche, je ne vois pas en quoi un ornithorynque ou un crocodile aurait de son individualité une conscience plus claire que l'État français de la sienne.

Du problème des relations de la société et de l'organisme nous voyons donc la critique tirer un problème tout autre : le problème des rapports de la conscience et de la société. La sociologie est une psychologie sociale ou n'est rien.

IV

L'hypothèse de l'organisme complexe écartée, on voit qu'il ne peut être question de chercher l'évolution dans l'histoire, en d'autres termes la continuité des organismes *concrets* et des organismes *discrets*. L'histoire n'est plus qu'une méthode dont le vrai nom est la critique des témoignages. Cette méthode est une science, la psychologie sociale, science encore bien confuse et dont nous devons critiquer sommairement le concept.

La psychologie sociale ne doit pas être identifiée avec la psychologie ethnographique[1], la psychologie des races et des nations, science qu'ont tenté de constituer, en Allemagne,

---

1. Voir la Critique de Glumplowicz. *Allgemeine. Staatsrecht* Cap. IV, V, VI (Innsbruck Wagner, 1897).

certains disciples de Herbart, Lazarus, Steinthal, Waitz, Gerland et surtout Adolphe Bastian[2], qui en France peut se réclamer du nom de l'auteur de l'*histoire de la littérature anglaise*. La psychologie des races est une théorie de l'inconscient en psychologie. La psychologie des nations est une science concrète et descriptive qui doit faire appel à la psychologie sociale pour devenir explicative : il faut en effet qu'elle rende compte de la formation des nations et qu'elle fasse une théorie de l'état et de la culture sociale. Les travaux de Gumplowicz correspondent à la marche de l'ethnologie vers la psychologie.

La psychologie sociale part d'un fait d'observation : c'est que les produits de l'activité d'un groupe humain, langage, industrie, arts, mœurs, coutumes, législation, ou, pour mieux dire, les connaissances communes et leurs symboles, les croyances et les règles de l'action commune, entrent dans le contenu de la conscience individuelle et la modifient. De là plusieurs problèmes bien définis ; il faut savoir si c'est la vie affective, si c'est l'imagination, la pensée abstraite ou enfin le caractère et l'activité volontaire qui sont modifiés. Si toute l'activité consciente est affectée par l'activité sociale, il faut savoir en quelle mesure l'est chacune de ses fonctions. Il faut savoir si l'association modifie ses membres en stimulant leur activité, en leur proposant un but commun, comme fait une armée en campagne, une société commerciale, une association religieuse, ou en réglant leur conduite comme font la famille et l'État. Il faut savoir si l'intensité de l'action exercée par le groupe sur ses membres dépend du nombre de ceux-ci ou de la permanence de l'association, ou enfin si ces deux causes concourent et se renforcent. Il faut savoir si les associations ont la même durée et la même puissance, selon qu'elles s'assujettisent ou non une partie du monde extérieur et objectivent leurs liens dans la possession et la

---

2. *Allgemeine Grundzuge der Ethnologie* (Berlin. Reimer 1884).

jouissance d'un territoire ou d'une richesse. Il faut savoir enfin quelle est la limite de leur action sur l'individualité et si le sentiment du moi, la réflexion, le raisonnement ne leur opposent pas une limite normalement infranchissable.

La psychologie sociale en effet n'est pas tout entière comprise dans la psychologie collective; l'étude des hordes et des foules; celle des sectes et des partis; celle des corporations et des églises; celle des familles, des sociétés locales et des États, permettent sans doute d'étudier comment la conscience de l'individu est pénétrée d'éléments sociaux et comment son activité et ses habitudes sont pliées aux règles issues des habitudes collectives; mais ce lien social, fait d'autorité et d'obéissance, n'est pas le seul qui soit concevable. Il repose toujours sur l'assimilation de l'individu au groupe, laquelle commence avec l'enfance et va croissant jusqu'à la vieillesse extrême. Or on peut concevoir et observer un lien tout autre, lien résultant de la différence des unités sociales et de leur pénétration réciproque. La division du travail social est le résultat de cette pénétration et de cette différence; mais elle peut masquer un fait psycho-social de la plus haute importance; l'aptitude des hommes à faire une activité et une pensée unique en combinant des aptitudes mentales avec des types de mémoire, d'imagination, de caractère entièrement différents, en sorte que les sociétés les plus fortes sont celles qui laissent la plus libre carrière à l'épanouissement de l'individualité consciente.

Bref, la psychologie sociale doit résoudre deux problèmes qui se complètent :

1° Quelles sont les conditions de la durée et de l'intensité du lien qui fait l'unité d'un groupe, abstraction faite de la diversité des unités composantes? C'est le problème de la psychologie collective.

2° Quelles sont les conditions de la pénétration réciproque des esprits, de la combinaison des activités différentes? C'est la psychologie inter-personnelle ou inter-mentale.

V

Il paraît bien évident que cette psychologie sociale ne peut se constituer sans le concours de la critique historique et que les travaux des philologues ont seuls permis d'en concevoir l'idée. En effet, elle est la forme abstraite de la psychologie ethnique qui elle-même était une première synthèse des données de la philologie et de l'archéologie.

Mais la méthode des sciences sociales a donné lieu à d'amples controverses depuis la publication du *Cours de philosophie positive* de Comte et du *Système de logique inductive et déductive* de Mill. Il nous faut donc montrer patiemment pourquoi la méthode historique est à notre avis celle du psycho-sociologue.

Écartons d'abord l'idée d'une psychologie sociale déductive. Rien de plus vain que les disputes des logiciens formalistes sur la limite réciproque des domaines de l'induction et de la déduction. Induction et déduction sont des moments historiques et rien de plus. Hormis peut-être la mathématique, toute science est déductive à la phase de l'exposition didactique, inductive à la phase de formation.

On peut classer les méthodes, soit au point de vue de l'administration des preuves, soit au point de vue de l'investigation des faits et de la position des problèmes. Certaines sciences demandent leurs preuves à l'inspection de concepts purs, soit rationnels, soit élaborés par l'abstraction; d'autres les demandent à la perception, à la constatation des phénomènes. C'est pourquoi le procédé inductif prédomine toujours chez celle-ci. Le raisonnement déductif n'en est pas banni mais appelle une vérification expérimentale directe ou indirecte.

Une classification beaucoup plus profonde considérerait : 1° le rapport de l'analyse à la synthèse dans les opérations constitutives de la science; 2° la nature de la synthèse. Moins l'objet étudié est complexe et plus le procédé analytique prédomine. Nous distinguons des méthodes à caractère analytique (en première ligne celle de l'algébriste, en deuxième ligne celle du géomètre) et des méthodes où l'analyse n'est qu'un procédé préparatoire.

Plus grand est le rôle attribué à la synthèse, et plus petite est la part faite à la déduction. Or la part de la synthèse croît avec la complexité des phénomènes. Il y a là une sorte de paradoxe logique, nous le savons, puisque synthèse et déduction sont pour beaucoup d'esprits des termes équivalents, mais ce paradoxe est bien fondé.

La synthèse par déduction est celle du géomètre, mais, comme l'a fortement montré Duhamel, elle suppose l'emploi préalable d'une certaine forme de l'analyse, la réduction. Une déduction est une réduction parcourue par l'esprit en sens inverse. Réduction et déduction supposent l'une et l'autre un procédé commun : la substitution des quantités équivalentes.

Ce type d'analyse et de synthèse n'a pas de place en dehors des sciences de la quantité pure. Les sciences qui étudient des processus réels appliquent l'analyse par décomposition ou dissolution, analyse du chimiste, de l'anatomiste, du psychologue, du linguiste. Plus le processus est complexe, moins l'analyse rend compte de sa formation, car la combinaison des éléments et leur pénétration réciproque sont entièrement laissées de côté et par suite demeurent mystérieuses.

Ici la synthèse est donc inductive ou n'est pas.

Bref, il y a deux sortes de synthèses, la synthèse par construction rationnelle et la synthèse expérimentale directe ou indirecte. La première est celle du géomètre, la seconde est celle du chimiste et de l'embryologiste. La différence entre les procédés de ces deux savants consiste en ceci seulement que le chimiste fait une synthèse artificielle, tandis que l'embryologiste remplace une expérimentation impossible par une série d'observations qu'il compare et contrôle les unes par les autres. Or Claude Bernard a suffisamment montré que deux observations actives qui se complètent équivalent pleinement à une expérience[1].

Par suite, il est aisé d'établir que la psychologie sociale ne peut être déductive, au sens rigoureux du mot.

1° Elle ne tire pas ses preuves de concepts rationnels, mais de faits bien constatés. Si donc elle fait usage du raisonnement, elle doit en soumettre la conclusion à une vérification empirique. Or qu'appelle-t-on induction sinon un raisonnement vérifié par les faits et dont la majeure est l'axiome de causalité?

2° La psychologie sociale ne peut être une science purement analytique. L'étude de la dissolution des liens sociaux y est précieuse, mais insuffisante. L'étude du sourd-né, de l'idiot, du dégénéré, de l'aphasique, du fou moral, la psychiatrie en un mot, est une introduction nécessaire. Mais les confuses hypothèses sociologiques que l'école dite de l'anthropologie criminelle a tirées de la psychiatrie, montre assez combien s'égare l'étude analytique de la dissolution des liens sociaux si la connaissance de leur genèse ne l'éclaire pas.

3° En psychologie sociale la synthèse prévaut sur l'analyse plus qu'en toute autre science. Cette synthèse doit-elle être constructive ou génétique?

La question est là tout entière.

La synthèse constructive peut donner quelques résultats. M. Paulhan, par exemple, non sans succès, étend aux groupes humains les deux grandes lois qui lui paraissent rendre compte de la personnalité, la loi d'association systématique et la loi d'inhibition. Tel est aussi le point de départ de Giddings : la loi de l'association des idées, transformée, doit rendre compte des liens sociaux. Ces constructions aident

---

1. C. Bernard. *Introduction à la Médecine expérimentale*. Livre I.

à poser le problème, mais le caractère conjectural des solutions qu'elles apportent, n'échappe à personne.

La synthèse en psychologie sociale sera donc expérimentale, c'est-à-dire génétique, puisqu'il ne peut être question d'une expérimentation artificielle.

Ce sera par suite une méthode identique à celle de l'embryologie. Mais cette étude implique la comparaison d'états sociaux, les uns développés régulièrement, les autres arrêtés à un moment de leur développement, d'autres enfin positivement avortés.

Or cette étude ne peut être que l'histoire complétée et étendue par la palethnologie.

Pour constituer une sociologie génétique en laissant de côté les études historiques (c'est-à-dire l'archéologie et la philologie), il faudrait pouvoir procéder, comme font l'embryologie et l'anatomie comparée, en comparant des phénomènes actuels. Nous pouvons, sans sortir de la phase contemporaine, recueillir et classer un grand nombre de données psycho-sociales sur la foule, le public, l'association, la corporation, la classe, la société locale, l'État. Nous pouvons même allier ici la monographie descriptive et la statistique [1]. Nous pouvons réduire, comme l'a fait M. Tarde, ces différents phénomènes collectifs à un élément primitif commun, la relation intermentale réciproque, et ramener enfin celle-ci à la relation unilatérale dont la suggestion offre le type.

Mais en procédant ainsi nous n'avons pas fait une *synthèse génétique*. Sans doute nous pouvons montrer que les liens sociaux stables, qui rendent durable une corporation, une famille, une société locale, une église, un état, présentent une profonde analogie avec les liens sociaux instables que l'observateur découvre en observant la foule, le public ou l'association. Mais nous ne prouvons pas que le lien corporatif, local, religieux, politique, résulte de la consolidation

[1]. Mémoire de Kiœr au Congrès international de statistique de Saint-Pétersbourg (1897).

des liens instables qui dépendaient de simples relations intermentales.

Encore pour constituer cette psychologie intermentale et collective, est-il nécessaire de mettre en œuvre des documents linguistiques, littéraires, criminologiques, statistiques, qui pour être probants doivent être soumis à une critique. On fera donc à l'histoire une part quelconque dans la recherche. Dès lors ne serait-il pas étrange de laisser sans solution les problèmes les plus intéressants pour ne pas lui faire une part plus grande ?

La psychologie ethnographique peut être mise à contribution par la psychologie collective avec l'espoir que le problème de la filiation sociologique sera ainsi résolu sans recours à l'histoire. L'ethnographie peut décrire minutieusement la horde, le clan, la tribu, l'État. Le psycho-sociologue pourra dès lors comparer la horde à la foule, la tribu à la société locale, et nous montrer enfin qu'entre le lien social instable que nous offre une foule et le lien qui unit entre eux d'une façon durable les membres de l'Etat et les soumet à une discipline, la nature humaine offre de nombreuses formes de passage.

Nous ne voulons pas mettre en doute la valeur du concours que la psychologie ethnographique peut apporter à la psychologie collective. Mais sans le concours de l'archéologie et de la philologie, l'idée d'un rapport de filiation entre la horde des Eskimaux et des Kamtschadales et l'État de l'Europe occidentale moderne reste une hypothèse assez fragile.

En effet on peut toujours juger vraisemblable que le passage de l'état préhistorique à la civilisation, ou comme disent les Allemands, de la communauté formée par les hommes de la nature (Naturvœlker) aux sociétés formées par les hommes de la culture (Culturvœlker) a été conditionnée par une dissolution radicale des formes primitives du lien social.

L'on ne peut répondre à cette objection qu'en mettant en lumière les nombreux vestiges, les *survivances* laissées par les croyances, les mœurs, les institutions des hommes de l'âge préhistorique dans le langage, les usages, la religion, le droit, la morale des peuples civilisés. Mais qui ne voit qu'ici l'archéologie et la philologie sont nécessairement appelées à témoigner ?

Une étude comparative du langage, des mœurs, de la religion et du droit ne peut ni négliger les faits actuels ni les consulter exclusivement. Pour comparer le sanscrit aux langues européennes, il a fallu reconstituer tout le processus des langues de l'Inde, du grec et des langues germaniques et latines. Pour comparer le droit romain, le droit germanique et le droit hindou, il a fallu faire l'histoire de chacun d'eux. A plus forte raison pour voir combien les croyances mythiques des sauvages ont laissé de traces dans les cultes des peuples civilisés d'Orient et d'Occident a-t-il fallu soumettre la mythologie comparée tout entière aux investigations des philologues et des archéologues.

Une psychologie sociale ne peut donc être génétique sans être comparative ou comparative sans être historique. Nous puisons toujours dans la vie contemporaine l'expérience immédiate des liens sociaux et de leurs relations avec la vie mentale et la vie émotionnelle. Cette expérience nous apprend aussi que la discipline sociale ne naît que de liens consolidés dont les facteurs agissent très inégalement sur les différents types d'association. En ce sens la psychologie sociale est une science d'observation. Mais qu'est-ce que l'histoire, sinon une observation indirecte ?

« Au fond, toutes les sciences raisonnent de même et visent au même but. Toutes veulent arriver à la connaissance de la loi des phénomènes de manière à pouvoir prévoir, faire varier ou maîtriser ces phénomènes. L'investigateur cherche et conclut : il comprend l'observateur et l'expérimentateur ; il poursuit la découverte d'idées nouvelles en même temps qu'il cherche des faits pour en tirer une conclusion ou une expérience propre à contrôler d'autres idées.

C'est ainsi que l'expérimentateur doit être en même temps bon observateur et que dans la méthode expérimentale l'expérience et l'observation marchent toujours de front.

« On pourrait encore distinguer et séparer dans l'expérimentateur celui qui prémédite et institue l'expérience de celui qui en réalise l'exécution et constate les résultats. Dans le premier cas c'est l'esprit de l'inventeur scientifique qui agit ; dans le deuxième ce sont les sens qui observent et constatent. La preuve de ce que j'avance nous est fournie de la manière la plus frappante par l'exemple de François Huber. Ce grand naturaliste, quoique aveugle, nous a laissé d'admirables expériences qu'il concevait et faisait exécuter par son domestique qui n'avait pour sa part aucune idée scientifique. Huber était donc l'esprit directeur qui instituait l'expérience, mais il était obligé d'emprunter les sens d'un autre[1]. »

Cette dualité qui est l'exception dans les sciences de la nature, est la règle dans la science sociale. Entre l'investigateur et les faits sensibles, une série d'intermédiaires est interposée. Mais les conditions de l'investigation expérimentale n'en sont pas modifiées.

1. Claude Bernard. *Introduction à l'étude de la Médecine expérimentale*. Livre I.

DEUXIÈME SECTION

LES TRANSFORMATIONS DU LIEN SOCIAL

CHAPITRE IV

L'INCONSCIENT DANS LA PSYCHOLOGIE SOCIALE

La psychologie sociale a un objet défini, l'étude des liens sociaux et des facteurs qui concourent soit à les former, soit à les dissoudre. Ces liens ont un élément commun défini par la psychologie pure ; c'est l'unisson psychologique ; c'est le renforcement de tous les états de conscience, tendances, émotions, hallucinations, jugements, volitions, qui sont communs simultanément à un grand nombre d'hommes.

Mais les liens sociaux présentent des variations considérables. Ils diffèrent d'une espèce ou d'une race sensible et intelligente à une autre à quatre points de vue.

1° Quant à la quantité, selon qu'ils prévalent dans un petit groupe de quelques individus ou dans une agglomération humaine comptant ses membres par millions.

2° Quant à la qualité, c'est-à-dire selon la complexité des idées et des émotions excitées et le degré de conscience qui accompagne l'état collectif ainsi créé.

3° Quant à l'intensité, qui est mesurée par l'étendue et l'autorité des règles de conduite fondées sur les liens sociaux.

4° Quant à la durée. Autre chose en effet, le lien social résultant de l'émotion collective qui met en branle durant quelques jours une grande foule humaine, autre chose la communauté de principes, d'habitudes, d'intérêts qui pendant plusieurs siècles unit les générations successives d'une même nation.

Ce sont ces variations qui rendent nécessaire le concours de la méthode historique.

Mais ici comme ailleurs dans toutes les sciences semblables, plus qu'ailleurs peut-être, la fécondité de la méthode dépend de la valeur de l'hypothèse mise en œuvre.

Les historiens du droit comme de la religion, ont constaté que les liens sociaux varient avec l'activité de l'esprit humain.

Mais ce fait est susceptible de deux interprétations opposées.

Les uns penseront que l'activité mentale dissout certains liens sociaux et en fait surgir d'autres ; selon eux quoi qu'il y ait sans cesse action réciproque de l'esprit et de la société l'un sur l'autre, la société est l'effet, l'état mental des éléments est la cause.

Les autres jugent au contraire que l'activité mentale consciente a dans la vie en société sa condition permanente et que les variations de la pensée humaine sont les reflets de la formation, de la consolidation ou de la dissolution des liens sociaux.

Le problème de la psychologie sociale se trouve ainsi rattaché à la philosophie générale.

La psychologie sociale a-t-elle pour objet une manifestation de l'inconscient ? En d'autres termes les liens sociaux qu'elle doit classer et étudier génétiquement ne peuvent-ils se former et se consolider que sous l'influence des facteurs échappant à la conscience claire ou même à toute conscience?

La solution affirmative suppose établie une thèse très en faveur dans la sociologie allemande et récemment soutenue par un des plus brillants continuateurs de Bastian et Wundt, Vierkandt[1]. L'activité rationnelle réfléchie serait bien le res-

---

[1]. *Naturvœlker und Culturvœlker Ein Bertrag zur Socialpsychologie.* Leipzig. Duncker et Humblot 1896. — M. Lapie en a donné une analyse assez étendue dans l'*Année sociologique*, 1897. 1re année, p. 288.

sort de la civilisation. Par là même la civilisation s'opposerait à l'instinct. Or c'est l'instinct qui unit les hommes. La réflexion les divise, en affaiblissant les motifs communs d'action. Aussi la civilisation est-elle un phénomène exceptionnel dans la vie des races humaines. L'homme est un animal social mais non un animal civilisé.

Tout en rejetant une conclusion aussi paradoxale, l'évolutionnisme professe le fond même de cette théorie. La raison étant inséparable de la réflexion, si la conscience réfléchie est un dissolvant des liens sociaux, ceux-ci doivent être attribués à une activité inconsciente. Mais par là même ils sont attribués à l'activité instinctive. L'inconscience n'est qu'un caractère négatif. Derrière cette négation, il faut placer un phénomène réel, une tendance. Le besoin instinctif est la seule réalité que l'observation permette de découvrir.

Mais l'instinct n'est bien défini que chez l'animal. Pour expliquer les liens sociaux par une activité inconsciente, il a donc fallu s'appuyer sur l'hypothèse évolutionniste.

Sans doute la sociologie de l'inconscient est née à un moment où le naturalisme était peu en faveur et où l'on appelait au contraire l'histoire et la tradition pour témoigner contre l'esprit révolutionnaire inspiré par la philosophie rationnelle du droit. Savigny et son disciple Puchta ont précédé Spencer et les anthropologistes dont nous venons de rappeler les conclusions. Mais la psychologie comparée a forcé l'historisme allemand ainsi que le traditionnalisme français à tirer de leurs prémisses tout ce qu'elles contenaient[1]. La conscience nationale historique de Savigny, l'activité sociale inconsciente à laquelle Puchta attribue la création du droit, des coutumes et des mœurs sont des êtres de raison si on ne les identifie pas avec l'instinct collectif qui préside à l'organisation et à la vie des sociétés animales.

Dès lors quel est le rapport de la civilisation, de la

---

1. Voir sur ce point l'historique de la sociologie, placé en tête de la deuxième édition des *Sociétés animales* de M. Espinas.

science, de la critique et même de l'art au lien social et à la discipline sociale ?

Deux réponses seulement sont possibles : ou l'activité réfléchie est un produit de la vie en société ou la raison ainsi que la civilisation rationnelle est un dissolvant du lien social.

L'évolutionnisme a d'abord accepté la première solution qui a reçu deux formules différentes, l'une en Angleterre, l'autre en France. Par réaction, l'anthropologie allemande tend à faire prévaloir la seconde.

Au risque de paraître excéder le cadre de cette étude, nous devrons examiner les fondements des unes et des autres. Notre intention n'est pas de passer en revue toutes les doctrines sociologiques. Cependant le problème de l'instinct et de l'inconscient touche de si près à la philosophie générale que nous ne pouvons passer sous silence l'étude des grands phénomènes que nous montrent la raison et l'instinct inextricablement combinés dans la vie de l'humanité.

CHAPITRE V

L'INCONSCIENT DANS LA SOCIOLOGIE ÉVOLUTIONNISTE

HYPOTHÈSE DE LA SOCIÉTÉ MILITAIRE

La doctrine que professe l'école évolutionniste sur la formation des sociétés est trop connue pour que nous ayons besoin de l'exposer longuement. Nous ne l'étudierons qu'au point de vue des rapports de l'activité instinctive ou inconsciente et de l'activité rationnelle. Elle contient en effet toute une solution du problème qui nous occupe.

Ainsi considérée on peut la ramener à quatre propositions.

1° Les idées ne dirigent point la marche des sociétés. Aucune conscience, aucune raison, aucune finalité intelligente n'a présidé soit à la formation des agrégations humaines, soit à leurs transformations. Néanmoins tout s'est passé *comme si* les événements sociaux obéissaient à un plan car les sociétés ont obéi à une loi de développement analogue à celle qui a dirigé l'évolution des organismes, elles ont passé du simple au complexe, de l'indéfini au défini, de la coopération contrainte à la coopération volontaire.

2° Les hommes qui ont fondé les premières agrégations humaines n'étaient pas des êtres raisonnables et vraiment sociables. Leurs rêves formaient le contenu de leurs croyances sur l'univers et la vie. Chez eux l'instinct et la raison n'étaient pas choses distinctes. Il ne pouvaient pas s'adapter volontairement et consciemment à ces conditions de leur existence, c'est-à-dire pratiquer, sauf par exception et temporairement, la coopération volontaire. — Leur postérité actuelle en est devenue partiellement et approximativement capable. L'humanité actuelle, au moins en certaines branches, conçoit la justice et pratique la coopération contractuelle. La nature humaine a donc été transformée au cours de la vie sociale.

3° C'est la guerre qui a formé les sociétés composées et en a consolidé héréditairement l'organisation. Les premières sociétés définies ont été des sociétés guerrières, des armées à l'état de repos. L'industrialisme limita ensuite peu à peu le militarisme, qui prévaut encore presque universellement et opère des retours offensifs. Les souffrances de la guerre, dont le despotisme domestique, politique et religieux a causé les plus vives, ont accompagné la civilisation, c'est-à-dire l'accumulation et l'organisation de l'expérience humaine. L'homme a dû subir toutes les conséquences sociales de sa nature et de sa conduite. C'est ainsi qu'il a acquis une expérience plus riche et pu vivre une vie affranchie plus élevée. Ces caractères acquis deviennent héréditaires et c'est l'unique mode efficace du perfectionnement des sociétés.

4° La guerre est sortie elle-même du désir d'être craint qui a inspiré à l'homme primitif l'amour des trophées. (Principes de sociologie, § 2, III, 4° p. § 2,59). De la crainte des vivants, le sentiment religieux aidant, est sortie la crainte des morts. Le gouvernement temporel, issu de la crainte des vivants et le gouvernement spirituel issu de la crainte des morts ont été de nouvelles causes de guerre ; car ils ne pouvaient croître que par la guerre.

On voit que si tel est le tableau fidèle du développement social, la raison peut être considérée comme une simple spécification ou complication de l'instinct. La complication de l'instinct est elle-même le résultat et non la cause d'une complication de la conduite (Data of Ethic's, § 5 à 56) en rapport avec les conditions de l'existence. Mais c'est la lutte organisée socialement qui a ainsi compliqué la conduite.

Toute cette théorie tirée d'ailleurs du saint-simonisme et de Diderot[1] s'écroule s'il est prouvé : 1° que les sociétés primitives ne sont pas nécessairement des sociétés militaires ; 2° que la guerre est un phénomène psycho-social, un effet et non une cause.

Ce n'est pas à une vague observation des sauvages, c'est à l'histoire de la civilisation et à une ethnologie positive qu'il faut demander la vérification de l'hypothèse des sociétés militaires. Nulle part on ne trouve des populations plus disciplinées, plus obéissantes à l'autorité traditionnelle que celles de la Chine moderne. On sait combien il est difficile au gouvernement chinois de tirer de ses quatre cents millions de sujets une armée capable de tenir tête aux expéditions européennes ou japonaises. On sait aussi combien est grand parmi les Chinois de toutes les classes le mépris des armes et des fonctions militaires. S'il suffisait de n'avoir aucune qualité militaire pour être apte à la liberté civile et politique, le Chinois devrait enlever à l'Anglo-Saxon la palme de la démocratie libérale. Entre la Chine moderne et l'Egypte ancienne, les ressemblances sont grandes : ce sont les mêmes vertus domestiques, la même religion des ancêtres, le même goût de l'agriculture, les mêmes aptitudes esthétiques, presque le même système d'écriture, le même traditionnalisme, la même adoration du pouvoir. C'est aussi la même incapacité militaire. Sans doute, en Egypte, le *Nouvel empire* a eu des conquérants qui en ont étendu les frontières du Soudan à la Perse. Mais cette énergie militaire ne s'est déployée qu'à la suite de la conquête des Hycsos et contre des populations nomades ou mal organisées, très semblables à ces Hiong-Nou, à ces Thou-Kiou ou Turcs que les Chinois soumettaient sous les dynasties des Han et des Thang. L'histoire de l'Ancien et du Moyen Empire égyptien est le tableau d'une société aussi peu guerrière que possible. Et si l'on remonte plus haut encore

---

1. *Principes de la politique des souverains.*

l'autorité, avant Ména, appartient, non à des guerriers, mais à des rois-prêtres, c'est-à-dire à des interprètes de la tradition religieuse.

Il faut donc penser que la société dite militaire ne modifie le caractère de ses membres qu'indirectement, par l'intermédiaire de la discipline religieuse. La conséquence est qu'il faut, ou repousser la sociologie de Spencer ou adopter ses hypothèses sur l'origine des Cultes.

On sait que Spencer discerne dans les religions deux éléments, un élément permanent, la conscience du Mystère ou la croyance à un Inconnaissable qui enveloppe de toute part la sphère de la science, et un élément variable dont l'étude appartient à la sociologie. Cette distinction faite, Spencer croit pouvoir prouver que l'adoration des morts et surtout des morts illustres, a été la forme primitive de la religion et du culte. Considérant ensuite que la cérémonie religieuse est identique au cérémonial de l'étiquette et de la politesse, il en conclut que les hommes n'en ont pu révérer les dieux, c'est-à-dire les esprits des morts, autrement que les vaincus révèrent les vainqueurs dont ils veulent obtenir la clémence.

La religion traditionnelle serait donc née de la guerre et réciproquement, ce serait en vue de fortifier la discipline militaire que les sacerdoces se seraient formés et auraient étendu leur action.

Cette hypothèse sur les religions est révocable en doute. Il est fort douteux que le culte des morts soit le germe dont toutes les religions sont sorties. Mais, accepterait-on cette antériorité de l'animisme sur le totémisme et le naturisme, il n'en résulterait pas que la discipline religieuse fût une simple conséquence de la discipline militaire. Spencer met sans doute en relief deux vérités importantes ; la première est que, dans les primitives religions, la crainte de l'invisible était l'élément affectif prépondérant ; la seconde est que la crainte des Morts ou des autres dieux était facilement exprimée par les mêmes symboles que la crainte des vivants et surtout la crainte des ennemis[1]. Ces vérités intéressent la psychologie des émotions. Mais il s'agit de savoir si le culte des morts et les autres formes primitives de la religion ont entretenu dans la société les dispositions guerrières et l'esprit militaire. Or l'observation sociologique directe permet ici de prononcer. Le culte des morts est encore pratiqué (et sincèrement pratiqué) par plusieurs centaines de millions d'hommes dans l'Hindoustan, l'Indo-Chine, la Chine et le Japon. D'après un observateur français contemporain, le Chinois se ruine en cérémonies funéraires et on peut prévoir le jour où le sol de la Chine serait tout entier recouvert de tombeaux. Il en est de même des Hindous; faire un héritage, c'est dans l'Inde moderne comme dans l'ancienne Rome, assumer l'obligation de célébrer des cérémonies onéreuses[1]. Or il suffit de comparer les aptitudes guerrières des populations hindoues et surtout des populations chinoises à celles des sociétés dites industrielles, pour prononcer.

Cette équivoque sociologique en suppose une autre, plus grave encore. L'art militaire est un art comme les autres et une manifestation de l'imagination créatrice comparable aux arts industriels sinon aux beaux-arts[2]. Spencer y voit toujours l'équivalent des dispositions guerrières. Or n'est-ce pas là une double erreur, psychologique autant qu'historique? L'art militaire est en progrès dans l'humanité, comme l'avait constaté Bagehot[3]. Quand une population asservie, avilie, foulée aux pieds commence à gagner en noblesse morale et en intelligence, elle devient plus militaire. C'est par exemple l'histoire du paysan français dont la Révolution a fait un soldat alors que la Monarchie absolue avait bien longtemps été incapable d'en tirer un milicien. Or quel est l'instrument de ce progrès? L'art militaire, c'est-à-dire une tech-

1. Maine. *Early law and customs*. Cap. III et IV (trad. fr. Thorin).
2. Ribot. *Essai sur l'imagination créatrice*. IIIe partie, chap. VI.
3. *Lois scientifiques du développement des nations*. Livre V (trad. fr Paris, F. Alcan).

nique qui s'apprend et que des instructeurs peuvent communiquer à la jeunesse entière d'une population en quelques années, peut-être en quelques mois.

L'art militaire est l'art de se défendre en mettant à profit les leçons de la coopération industrielle et les leçons des sciences. Loin que la discipline militaire ait préparé et rendu possible la coopération industrielle, c'est l'habitude d'exécuter en collaboration de grands travaux industriels qui a rendu possible la formation militaire. Un stratégiste moderne ne pourrait tirer aucun parti des hordes indiennes de l'Amérique du Nord, si braves pourtant et si endurantes, tandis qu'il formera une excellente armée en quelques mois avec les ouvriers d'une nation industrielle. La tactique et la stratégie des tribus sauvages sont en rapport avec leur industrie qui est la chasse. Mais à mesure que les hommes ont mieux su construire les murailles, creuser les fossés, forger les métaux, utiliser la force des gaz, ils ont perfectionné leur technique militaire.

L'esprit militaire est devenu l'inverse de l'héroïsme. Aucun corps d'officiers ne garderait dans son sein un militaire aussi indiscipliné que l'Achille de l'Iliade; et cependant Achille est le symbole le plus parfait du guerrier barbare. Si Spencer dédaignait moins la littérature ancienne, il aurait pu illustrer sa peinture de l'homme primitif en complétant chacun des traits par un vers de l'Iliade. Achille est l'incarnation parfaite de l'impulsivité, de la férocité, de la crédulité et de la générosité inconsciente du guerrier sauvage. Mais a-t-il quelque notion élémentaire de la discipline ?

Les sociétés qui donnent leur soin à l'art militaire et qui en inculquent la connaissance à leurs membres ne sont pas nécessairement composées de caractères guerriers. Cette constatation nous conduit à examiner une question insuffisamment résolue par Spencer : D'où vient la guerre ? Les origines en sont-elles explicables par la psychologie individuelle ou par la psychologie sociale ?

Spencer répond que la guerre est la conséquence d'une adaptation imparfaite de la nature humaine à la vie sociale, à la coopération volontaire. L'homme est guerrier parce que l'animalité, d'où il tire son origine, survit encore en lui. Il y a des instincts dominateurs qui l'ont porté à se faire craindre des autres animaux et de ses semblables pour les dominer et les asservir. De là la passion des trophées chez les sauvages. La recherche des trophées suffit à expliquer la guerre entre les tribus primitives.

Cette explication est peu satisfaisante. Les populations sauvages sont généralement guerrières et elles *attestent* leur supériorité en élevant des trophées, mais pourquoi sont-elles guerrières? Le fait est que toutes ne le sont pas et que Spencer l'a explicitement reconnu. On expliquerait volontiers les penchants guerriers par la difficulté de subsister, mais l'observation ethnographique n'autorise pas une telle solution. On sait en effet combien est malaisée l'existence des populations arctiques, telles que les Eskimaux, les Tchouktchis, etc., et combien au contraire sont abondantes les productions spontanées du sol dans l'Afrique et l'Amérique équatoriales, dans la Nouvelle Guinée et la Mélanésie. Or, si l'on trouve des populations guerrières et cannibales, c'est précisément là où il est facile de subsister, tandis que les Eskimaux, adonnés à la pêche d'où ils tirent leur nourriture, se sont laissé enlever bien des territoires par les Peaux-Rouges qui vivaient dans des conditions meilleures, sur des terres giboyeuses et aisées à cultiver.

Il faut donc négliger ces conjectures et considérer la guerre comme un fait social. Déjà l'observation du monde animal y conduit. Les luttes des espèces les unes contre les autres ne peuvent être comparées à des guerres. Les individus de même espèce et de même race se battent pour la possession des femelles, mais Darwin a montré combien ces combats ont peu de gravité réelle[1]. — Nous trouvons cependant la

---

1. *Descent of Man.*, ch. XVII.

guerre chez les animaux, la guerre organisée, préparée de longue date et devenue une véritable fonction : Nous voulons parler des fourmis guerrières — notamment des *Ecitonées* et aussi des termites[1] — Or c'est précisément là où la vie sociale a le plus d'intensité que l'aptitude à organiser la guerre fait son apparition. Pourquoi en serait-il autrement chez les hommes ?

La guerre exalte le moi collectif en l'opposant à un non-moi. Mais si elle correspond à cette exaltation, n'en procède t-elle pas ?

L'étude des guerres civiles ne doit pas être négligée ici. Une guerre civile est le choc de deux partis, de deux sectes ou de deux foules, bref de deux agrégations humaines où la conscience de l'individu est comme absorbée dans la conscience collective ; or les partis qui engagent le plus facilement la lutte sont les plus sectaires, ceux où la notion du but commun obsède le plus la pensée de leurs membres. Les partis deviennent capables de substituer la discussion pacifique à la lutte violente, quand ils deviennent capables de comprendre les idées des adversaires, quand leur foi dans leur idéal n'est plus entière, quand le cercle de leurs idées s'est élargi. Telle a été, par exemple, l'histoire des partis dans l'Angleterre moderne depuis les luttes des Cavaliers et des Têtes-rondes, et l'histoire de l'Angleterre s'est en partie répétée en France depuis la guerre de la Vendée.

Bref, une secte a une idée démesurée, folle de son rôle social ; du délire ambitieux résulte un délire de la persécution en présence des résistances que le milieu social lui oppose et le délire persécuteur, homicide, en est la conséquence.

Des guerres civiles aux guerres entre les peuples, l'induction est aisée. *Toutes les causes qui mettent aux prises les sectes et les partis mettent plus facilement encore aux prises*

---

1. Romanes. *Intelligence des animaux*, t. I, p. 107, sq. (tr. fr. F. Alcan).

les peuples. En effet toutes les guerres civiles dont on a pu étudier le mécanisme sont réductibles à deux types : les luttes sociales, les luttes religieuses. Les temps modernes nous montrent partout les guerres nationales compliquées de guerres civiles; s'il n'en est pas ainsi, au même degré, dans l'antiquité, c'est que chaque église est nationale ou tribale. Mais c'est pour la satisfaction d'un dieu que l'on combat.

La guerre est un fait social; c'est une manifestation de la colère collective. Elle intéresse directement la psychologie sociale mais elle lui pose un problème défini au lieu de lui fournir les éléments d'une solution générale comme l'a jugé l'école évolutionniste. Spencer a amalgamé dans un système ingénieux les vues du saint-simonisme et celle du darwinisme, mais il n'a nullement réussi à prouver que l'activité intellectuelle soit restée étrangère à la formation des sociétés complexes, et telle était pourtant sa thèse fondamentale. Il devait en effet démontrer que les lois inconscientes de l'adaptation ont tout dirigé en formant d'abord des communautés guerrières qui imposaient à leurs membres l'habitude de coopérer et plus tard des communautés industrielles qui se rapprochaient du type de la coopération volontaire. Or l'examen sociologique enseigne qu'il a pris l'effet pour la cause en attribuant à la discipline guerrière la force des liens sociaux. Ces liens procèdent au contraire d'un unisson psychologique dont les tendances guerrières sont les conséquences.

Si nous comparons entre elles les études que les ethnographes, les psychologues et les historiens ont pu faire de la guerre et de ses causes, nous arrivons à une conclusion commune; *c'est qu'en tous les temps un groupe humain est d'autant plus belliqueux que la conscience individuelle y est plus étouffée par les états de conscience collectifs*. Si la guerre a plus sévi dans les premières phases de la civilisation que dans ses phases récentes, il faut admettre une relation entre la faiblesse générale de la culture et l'intensité des états de conscience collectifs. La civilisation détourne l'homme de la guerre, non pas en l'habituant à la coopération (car l'habitude de coopérer fait les armées hardies et puissantes), mais en exerçant et en fortifiant les fonctions de la conscience individuelle. Qu'en conclure sinon que les communautés humaines ont été d'autant plus exposées à ressentir les passions guerrières qu'elles ont été plus instinctives? Si la préparation à la guerre a tenu une place toujours moindre dans l'activité totale des sociétés civilisées, nous avons la preuve que ces sociétés sont devenues plus rationnelles et que l'instinct a reculé devant la raison. Mais la psychologie évolutionniste ne peut aucunement nous rendre compte d'une telle transformation car elle affirme l'identité fondamentale de l'instinct et de la raison.

CHAPITRE VI

LA SOCIALITÉ ET LA GENÈSE DE L'ÊTRE RAISONNABLE

Si le développement de l'intelligence, si le passage de la sensation au concept et au raisonnement n'est pas la conséquence de la sélection naturelle modifiée et fortifiée par la vie en société, ne faut-il pas en revanche l'attribuer à l'action directe de la société sur ses membres ? L'évolution de la société ne fait-elle pas apparaître un gouvernement spirituel dont l'activité a pour effet de créer les connaissances sans lesquelles la société complexe ne pourrait accomplir ses fonctions ? Bref, la raison, selon une formule retentissante, n'est-elle pas fille de la cité ?

Cette thèse est une des plus importantes de la philosophie contemporaine, mais elle existait à l'état de germe depuis longtemps. C'est une de ces idées que le positivisme a empruntées à la tradition du moyen âge[1]. Elle revient à dire que la raison est collective avant d'être individuelle, et que si la société pense, connaît, nie et affirme dans l'individu, en revanche, la personne isolée ne peut s'affranchir de l'*idiotie* et dépasser la sphère d'une activité purement organique.

La question posée à la science et à la critique n'est rien moins que de savoir si la raison personnelle est autre

---

[1]. L'intermédiaire a été l'école traditionnaliste, dont Lamennais, jusqu'à sa rupture avec Rome, a été le véritable chef. L'*Essai sur l'indifférence* est la source d'une partie des propositions de la sociologie contemporaine.

chose qu'un épiphénomène dont toute la réalité serait une activité purement sociale. L'activité rationnelle n'étant consciente que chez l'individu, il s'agit encore une fois de savoir si la conscience n'est pas une pure illusion et si le travail d'où procèdent les idées et les sentiments n'est pas l'œuvre d'une collectivité inconsciente. Or, comme la conscience réfléchie est la grande caractéristique de la raison, l'attribut qui la distingue de l'instinct, nous cherchons encore une fois si la raison, objectivement considérée, ne serait pas une simple transformation de l'instinct sous l'empire des conditions sociales.

Le point de départ des philosophes et des sociologues dont nous devons maintenant critiquer l'hypothèse est la nécessité de scinder la psychologie en deux sciences. D'après M. de Roberty l'unité traditionnelle de cette science est toute factice. La psychologie est d'un côté l'étude des sensations, de l'autre l'étude des idées. La science des sensations est la psycho-physique ; c'est une branche de la physiologie et c'est seulement dans les laboratoires qu'elle peut donner des résultats. La science des idées est la psychologie concrète, elle doit être une histoire des idées, une étude de leur genèse et de leurs transformations ; elle doit donc se garder de considérer la conscience individuelle comme l'unique champ d'observation, car chaque idée, cosmologique ou morale, est l'œuvre de l'humanité entière. La psychologie concrète est donc une science sociale ; elle doit reposer sur la psychologie sociale, l'étude du lien qui réunit toutes les consciences dans une seule, la conscience de l'humanité [1].

Bref, on part d'une donnée incontestable, la correspondance entre le développement mental de l'individu et le degré de la culture sociale ; on cherche (rien n'est plus légitime) à tirer de cette corrélation un rapport de causalité,

---

1. Cf. de Roberty. — *La recherche de l'unité.* — *La sociologie.* — *La philosophie du siècle.* — *La Morale.* — *Le Bien et le Mal* (Paris, F. Alcan.)

mais l'on conclut que l'intelligence individuelle est passive, automatique, et que la cause du progrès mental doit être cherchée exclusivement dans l'activité collective. C'est ainsi que la formule : la raison, fille de la cité, est en partie dépouillée de son invraisemblance apparente.

Or l'histoire et la psychologie sociale peuvent-elles vraiment donner leur suffrage à une pareille thèse ? Ce suffrage escompté n'est-il pas sollicité par des procédés captieux à l'excès ? Le concours incontestable que le milieu social donne à l'essor de la raison individuelle n'est-il pas abusivement transformé en un rapport de filiation et de causalité ? C'est ce que nous nous proposons d'établir, à l'aide de deux sortes de preuves, des preuves d'ordre général tirées de l'évolution de l'intelligence et des preuves d'ordre spécial tirées du rapport du langage à la pensée.

La réunion d'êtres instinctifs en société, la division de leurs travaux, la combinaison de leurs efforts suffirait, d'après la thèse examinée, à faire apparaître la raison, au moins chez une élite. Mais les sociétés humaines ne sont pas les seules qu'il nous soit permis d'observer. A tous les degrés de l'échelle animale, l'on trouve des espèces sociables ; on en trouve chez les insectes, chez les oiseaux, chez les mammifères (pour ne citer que des animaux pourvus d'un système nerveux assez développé pour rendre possible un instinct défini). Or nulle part la vie en société ne suffit à transformer ces êtres instinctifs en êtres raisonnables.

Laissons parler Romanes, un évolutionniste qui a su réunir tant de preuves de l'intelligence des animaux. Il nous montre qu'il n'existe qu'un seul critère permettant de reconnaître si l'animal agit par instinct ou obéit à son intelligence. C'est le rôle de l'expérience individuelle. Il en résulte que dans la société animale les manifestations les plus compliquées, les plus savantes de l'activité, par exemple l'aptitude des castors à construire collectivement des digues à niveau variable, doivent être plutôt attribuées à l'instinct.

A cette règle, il n'existe qu'une exception : nous voulons parler de l'intelligence des vieux animaux qui dans les peuplades formées par les mammifères, remplissent l'office de chefs et de guides. Une fonction sociale, la relation avec le monde extérieur, leur est déléguée. L'exercice de cette fonction met à contribution, non l'instinct qui n'est pas plus développé chez eux que chez les animaux les plus jeunes, mais l'intelligence, ou si l'on préfère, la mémoire et l'aptitude à combiner les images, les récepts en raisonnements rudimentaires et implicites. Or évidemment cet exemple se retourne contre la thèse que nous critiquons.

Le vieux chef d'une bande d'éléphants, de chevaux, de buffles ou de cynocéphales ne doit pas sa supériorité intellectuelle à l'influence exercée sur lui par la peuplade : il la doit à une expérience individuelle qu'il a acquise indépendamment de cette influence, et c'est la peuplade qui lui doit de pouvoir obéir à une lumière plus sûre que l'instinct collectif.

La horde animale se subordonne à une intelligence individuelle et ainsi son salut est assuré ; on peut donc en conclure que s'il se forme une association dont tous les membres soient capables de former individuellement des concepts, le salut public sera mieux assuré encore, mais à coup sûr l'intelligence individuelle ne sera pour personne un présent de la société.

Oublions les animaux et observons l'histoire des hommes. Si la raison individuelle est simplement la mise en œuvre des connaissances accumulées et organisées par l'expérience collective, l'histoire des idées doit nous montrer partout et toujours l'harmonie des croyances collectives et des idées personnelles. Les luttes d'idées doivent être de simples accidents d'origine pathologique ; elles ne doivent pas être durables, car une croyance individuelle détachée de la croyance collective sera comparable à une plante déracinée.

Or que nous présente l'histoire des idées sinon un état

permanent de lutte entre l'activité rationnelle et la tradition collective? Cet état de lutte, l'histoire de la philosophie, de la théologie et de la science le met en évidence à chaque page. Mais l'histoire des littératures, des beaux arts et des industries est loin de l'ignorer. Là aussi il y a conflit entre la tradition et l'innovation, entre le préjugé et la critique. Or la multitude est au service de la tradition et du préjugé, tandis que l'invention est créée et soutenue par des intelligences individuelles.

Les luttes d'idées n'ont pas eu chez tous les peuples et dans tous les temps la même intensité, mais elles ont été ardentes là surtout où l'activité rationnelle a fait sentir sa présence dans l'état social aux dépens de l'instinct. Chez les populations sauvages les désaccords entre la conviction collective et la conviction personnelle sont rares si jamais ils se présentent; la raison du chef obtient partout l'obéissance habituelle et quasi instinctive de la horde, mais entre les créations de la raison et celles de l'instinct la différence est encore peu appréciable. Pour être suivi par l'assemblée populaire ou obéi passivement par la troupe, il faut que le chef s'abstienne de lui imposer une croyance nouvelle et compliquée. Au contraire dès que l'activité rationnelle se manifeste dans l'art, la connaissance ou la croyance, il y a aussitôt lutte entre les idées et les convictions. C'est même de là que naît la littérature véritable, j'entends celle qui est plus qu'une simple « mythologie ossifiée » et qui interprète les grandes crises de l'âme humaine.

L'histoire d'une idée, et surtout d'une idée morale, est toujours le tableau des luttes soutenues contre la tradition ou la conscience vulgaire par ceux qui l'ont les premiers conçue et définie. L'idée n'a d'abord que l'appui d'une école ou d'une secte avant de conquérir graduellement celle de la société et de devenir un des facteurs de sa culture. Sans les sectaires, c'est-à-dire sans les esprits qui sont capables d'être attentifs à une idée abstraite, d'en être obsédés et possédés, l'humanité resterait asservie à des traditions fondées toutes sur un sens commun à base d'images sensorielles, sur un faisceau d'habitudes mentales, d'associations externes à peine supérieures à l'instinct. Mais sans ratifier le jugement défavorable que suscite chez le vulgaire et les faibles d'esprit le seul mot de sectaire, nous pouvons reconnaître que la secte résulte d'un démembrement, d'une scission qui s'opère au sein de la conscience commune.

C'est ainsi que se forment les sectes non seulement religieuses et politiques, mais morales, philosophiques, scientifiques, littéraires, artistiques ; toutes ont pour noyau une idée, mais cette idée a d'abord été conçue par un esprit, un maître, un prophète autour duquel se sont agrégés des admirateurs capables de le comprendre et de sympathiser avec lui. Si les idées nouvelles finissent par faire partie du régime mental de la société et entrer dans les éléments de son éducation, c'est parce que ces sectes usent en quelque sorte l'hostilité souvent furieuse que la communauté leur a témoignée à l'origine. On parle parfois avec emphase du sens commun, même entre philosophes, mais en vérité à quoi se réduisent ses données ? Faites le catalogue des idées que transmet en quelques mois à l'enfant la plus modeste des écoles de village et faites le compte de ce qui est dû soit aux sectes philosophiques de la Grèce, soit aux sectes du xviie et du xviiie siècle !

Cependant ce trésor d'idées ne pourrait être communiqué ni à un idiot ni même à un imbécile. Il faut que l'esprit de l'enfant auquel l'école transmet les idées élaborées au cours des siècles et l'esprit de ceux qui les ont conçues et peu à peu définies obéissent à des lois identiques. L'enfant ne trouverait pas de lui-même toutes les conceptions cosmologiques et morales que les maîtres lui communiquent, mais la pédagogie a mis hors de doute que sans un certain travail spontané qui s'opère chez l'enfant, tous les efforts des maîtres sont inutiles. Bref, l'enseignement abrège un travail de formation qui est potentiel, latent en chaque intelligence. Le sociologue qui déclare la raison « fille de la cité » fait donc abstraction de toute différence entre le potentiel et l'actuel. La vie en société, la spécification des occupations, et l'action combinée de l'homme sur les choses ne font que faciliter un passage spontané de la raison latente à la raison actuelle, passage qui, chez les hommes de génie, a pu s'effectuer sans aucun secours.

Plus une société est civilisée, mieux elle a assuré la canalisation et la distribution de la culture, plus elle généralise l'épanouissement de la raison chez l'individu ; de là peut-être la décroissance de l'inégalité entre les hommes. Mais la raison reste au plus haut point individuelle. La preuve la meilleure est que la personne raisonnable revendique âprement ses droits de critique, sa liberté de jugement et d'appréciation, son droit à l'erreur même contre les exigences les plus légitimes de l'autorité sociale. La personne raisonnable réagit sur le milieu social par là même qu'elle examine quelque peu ses conceptions et ses croyances et qu'elle pose quelque condition à son assentiment. Par quelle opération miraculeuse la « cité » a-t-elle pu former des intelligences qui deviennent aussi réfractaires à son autorité ?

Nous avons à vrai dire oublié le grand argument de nos adversaires, la théorie des rapports du langage et de la pensée.

L'idée, nous dira-t-on, se distingue de l'image, ou pour mieux dire le *concept* se distingue du *récept* par l'opération, le concours du *mot*. Le concept est une image verbale qui sert de noyau à une enveloppe de récepts ou d'images génériques. La psychologie expérimentale et la psychiatrie ont mis en pleine lumière le sens profond et mystérieux de la formule platonicienne : la pensée est un monologue intérieur. Penser c'est analyser et classer le contenu de la conscience, c'est-à-dire l'ensemble des images sensibles accumulées dans la mémoire ; c'est faire passer un savoir potentiel à l'état actuel. Cette élaboration est impossible sans le langage intérieur. Le langage est l'œuvre de la société ; donc la pensée réfléchie de l'individu a dans l'activité de la société sa condition.

On le voit, si l'on n'admettait pas que la pensée est la conséquence du langage, on ne considérerait point la raison individuelle comme une simple variété de l'instinct collectif.

Il nous semble que l'un confond ici deux faits bien distincts : l'usage du langage et la condition de son apparition. L'usage du langage tend à subordonner l'activité mentale de l'individu à celle de la société ; la première doit en quelque sorte ou renoncer au secours de la langue ou se régler sur la seconde. Le langage est une tradition ; il n'y a aucune relation nécessaire entre un mot et le sens qu'un groupe d'hommes attache à ce mot : c'est l'habitude sociale qui seule en décide. C'est pourquoi le langage introduit l'automatisme au centre de la pensée individuelle, et il n'en pourrait être autrement. Le langage intérieur n'est qu'un prolongement, un écho affaibli du langage audible.

Or qu'est-ce que parler ? C'est mettre en jeu simultanément deux systèmes d'organes, c'est associer deux fonctions, la phonation et l'audition. Mais ces deux systèmes d'organes ne peuvent fonctionner symétriquement que sous la loi de l'automatisme aussi longtemps que l'habitude d'ajuster automatiquement les fonctions de l'oreille aux fonctions du larynx et de la langue n'est pas formée chez l'enfant, son langage est celui d'un aphasique comme l'a surabondamment démontré Preyer [1].

Mais mieux cette vérité est établie, plus on est certain qu'il y a dans la pensée abstraite et réfléchie autre chose qu'une juxtaposition d'images verbales. Si la pensée était d'origine sociale, elle serait un pur psittacisme, car penser

---

1. Preyer. *L'âme de l'enfant*. Passim. (Paris, F. Alcan, trad. fr.).

ne serait autre chose qu'accueillir des mots et les répéter, tacitement où à haute voix en écholalie[1]. C'est la condition des cataleptiques.

L'étude historique des relations de la pensée et du langage nous montre au contraire l'activité mentale, la pensée réfléchie, s'emparant d'un mécanisme social et le transformant en instrument au risque parfois de le briser. Penser n'est pas parler intérieurement, c'est suppléer à l'insuffisance, aux équivoques, aux obscurités de la langue ; c'est s'affranchir de l'automatisme inséparable de la langue ; c'est recréer par un effort souvent douloureux, la langue à son service et par suite, c'est très souvent imposer les créations linguistiques individuelles à l'usage de la société.

La société crée la langue, mais pour agir collectivement, non pour penser. On pourrait reprendre au profit de la psychologie sociale l'aphorisme de Talleyrand : un groupe d'hommes se donne une langue pour cacher aux autres hommes sa pensée. Or, la pensée n'est ici qu'une intention, un plan de conduite que chacun des individus devra réaliser pour sa part. L'humanité parle des milliers de langues qui ne peuvent être rattachées à un type primitif ou même à un petit nombre de types primitifs. Au sein de chaque nature il se forme des idiomes professionnels inintelligibles pour quiconque est étranger à la corporation. Les associations de malfaiteurs créent les argots qui leur permettent à la fois de combiner et de cacher leurs projets[2]. La langue est donc un système de signes nés d'un double besoin de concert et de défense, et c'est pourquoi une langue universelle est peut-être irréalisable.

Or ce système de signes entièrement subordonnés aux fins de l'action, la pensée s'empare et travaille à le subordonner à ses fins.

---

1. Pierre Janet. *L'automatisme psychologique*, ch. I. (Paris, F. Alcan).
2. Niceforo. *Il gergo nei normali, nei degenerati e nei criminali*. Introduzione (Turin, Bocca 1897).

La plasticité et l'automatisme sont partout côte à côte, mais dans la vie des langues plus visiblement que partout ailleurs. Si l'automatisme était l'unique loi du langage, il n'y aurait ni style individuel, ni renouvellement dialectal. Une langue rigide, dont les formes, le vocabulaire, la syntaxe seraient arrêtés une fois pour toutes, pèserait sur la série des générations d'un peuple sans que jamais une expression nouvelle, un tour nouveau devint possible. C'est bien ainsi que l'on comprend souvent la correction grammaticale et la fidélité à l'usage, car le traditionnalisme linguistique est peut-être le plus intolérant de tous. Mais il y a un jeu spontané de l'esprit qui rend cette cristallisation impossible. L'écrivain se fait sa langue; il ploie les règles grammaticales aux besoins de ses raisonnements et de son imagination. Il fait dans le vocabulaire un choix libre. Une pensée originale vient se poser sur les mots et en transformer le sens. De son côté la vie populaire agit : elle abrège les formes, elle élude les règles; elle introduit des termes nouveaux; le vocabulaire professionnel se verse dans le vocabulaire général : les règles formelles des dialectes locaux sont substituées aux règles de la vieille grammaire. Il n'est pas jusqu'à l'argot auquel des emprunts ne soient faits et peu à peu la physionomie d'une langue est entièrement transformée.

Il est à remarquer que toutes les grandes transformations de la pensée accélèrent ces métamorphoses du langage. Les linguistes ont noté l'extrême fixité de l'arabe qui ne s'est guère transformé depuis la rédaction du Koran. L'arabe est une langue vécue, mais à peine une langue vivante; langue sacrée de l'Islam, expression d'un dogme immuable, il trouve dans une foi populaire traditionnelle une garantie contre les altérations[1]. Au contraire la décomposition de la langue latine classique a été accélérée par la

---

[1]. Hovelaque. *Linguistique*. Chap. v. A. § 5, I (Reinwald).

chute de l'empire romain préparée elle-même par le christianisme, et malgré la Renaissance l'immense travail de la pensée populaire que suscita la Réforme a élevé partout les langues nationales à la dignité de langues littéraires. Les idiomes qui ne servaient qu'à des récits ou à des poésies populaires servirent dès lors à la discussion et à l'élucidation des idées.

La philosophie du langage est donc bien loin de ratifier la thèse dont nous discutons les titres ; et cependant quelle étude paraissait plus propre à la confirmer que l'étude psychologique du rapport entre le langage et la pensée ?

L'opposition de la logique individuelle et de la croyance collective a été fortement montrée par M. Tarde. Au premier abord il semblerait qu'il y ait un abîme entre l'idée qui inspire la *Logique sociale* et la pensée maîtresse de la *Cité moderne*. Néanmoins pour qui y regarde de plus près, les deux œuvres sont comme deux sources qui puiseraient leurs eaux dans un même glacier avant de se séparer pour se jeter dans deux mers opposées. Le réservoir commun, c'est la doctrine de Comte, ou peut-être une doctrine antérieure à Comte lui-même, une théorie d'après laquelle la certitude ne naît dans la pensée individuelle qu'après s'être formée dans la pensée collective. Puisque penser c'est aspirer à la certitude, il en résulte que la thèse contenue dans l'œuvre maîtresse de M. Tarde n'est pas au fond bien différente de celle que nous venons d'examiner.

La grande valeur de l'œuvre, jointe à la gloire de l'auteur, nous fait une obligation de l'examiner en elle-même sans nous contenter d'une réfutation implicite.

M. Tarde divise la psychologie sociale en trois sciences ; la sociologie générale, la téléologie sociale, la logique sociale. La sociologie générale étudie les faits sociaux simples, c'est-à-dire les relations d'autorité ou de réciprocité qui s'établissent soit entre individus, soit entre un individu et un groupe d'hommes. Elle recherche les faits psychologiques résultant de ces relations et les ramène à un seul, l'imitation, c'est-à-dire à une suggestion soit unilatérale, soit réciproque.

La sociologie générale est par là même une sociologie élémentaire ; elle ne peut à elle seule rendre compte de la complexité des faits sociaux ; il faut la compléter par deux sciences, la téléologie sociale et la logique sociale. En effet, la sociologie générale, étude de l'imitation, n'a pour ainsi dire devant elle que la mémoire sociale. Mais la mémoire n'est le tout ni du moi individuel, ni du moi collectif. La vie comprend en outre le désir et la croyance. Le désir sera l'objet de la téléologie, science qui embrassera l'activité humaine proprement dite, l'unité des mœurs, des institutions, des industries et des arts, puisque tout cet ordre de faits procède du désir ou du besoin. La plupart des sociologues, surtout s'ils ont été à l'école de la science économique, n'assignent pas un autre objet à leur science. Et cependant les liens sociaux durables ne reposent pas sur le désir. L'harmonie des intérêts n'existe et n'est exprimée par la force et la stabilité des institutions que là où les croyances sont elles-mêmes en harmonie. Il faut donc faire une science de la croyance sociale.

Or cette science est la logique, mais la logique embrassant la totalité de son domaine. En effet quel est l'objet de la logique sinon la croyance ? Quelle est la fin d'un raisonnement sinon de fortifier une croyance, de la *majorer* ? pour emprunter à l'auteur un terme qu'il affectionne. Mais s'il en est ainsi, il doit exister une logique *sociale* à côté de la logique individuelle. En effet, l'expérience nous montre que la croyance d'un homme à une proposition, peut être affaiblie de deux façons, soit parce que cette proposition est démentie par une autre croyance subjective, soit parce que l'esprit individuel A qui la professe, rencontre le démenti de B. Une contradiction interne ou une opposition externe produisent psychologiquement les mêmes effets. Il faut donc conclure que la majoration de la croyance peut avoir deux causes : ou bien elle résulte de l'harmonie des représentations chez le même individu, de l'élimination des contradictions internes, ou bien elle procède du conformisme, de l'élimination des contradicteurs dans la société. La logique sociale étudiera le second cas. Elle cherchera à quelle condition l'unité des croyances se constitue et persiste au sein d'un groupe humain.

Demander à l'auteur s'il a d'emblée réussi à constituer la logique sociale serait un procédé de discussion peu loyal, car une science ne saurait être l'œuvre d'une seule génération, à plus forte raison l'œuvre d'un seul homme. Mais nous sommes en droit de critiquer le concept de la science nouvelle, et de chercher si elle ne fait pas double emploi avec d'autres études, par exemple avec la sociologie élémentaire, la téléologie sociale, la logique individuelle ou la psychologie comparée. Faire cette critique n'est pas perdre de vue le problème initial. Il s'agit toujours de savoir si la raison individuelle n'est pas une modalité ou même un démembrement de la raison collective, et en dernière analyse, une variété de l'instinct. Selon nous, l'auteur tient constamment pour accordé ce qui est en question, l'existence d'un esprit polycéphale, ou d'un esprit social unique pensant dans un nombre indéfini de cerveaux. Il n'apporte pas de preuves directes en faveur de cette hypothèse et tous les raisonnements qu'il expose avec une merveilleuse subtilité, prouvent seulement que la croyance individuelle peut être selon les âges et les degrés de la culture sociale influencée plus ou moins, soit par l'imitation, soit par l'activité collective. En d'autres termes, si nous adoptons la division de la sociologie que l'auteur préconise, nous n'apercevons aucune raison de juxtaposer une logique sociale soit à la sociologie élémentaire, soit à la téléologie.

Si l'auteur s'était borné à comparer l'élimination des dissidents au travail de synthèse qui s'opère dans une intelligence individuelle normale, sa théorie tomberait au-dessous de la discussion. Socrate travaille à purifier sa pensée des contradictions qui l'obscurcissent. Pour rassurer la race des Anytus, les Athéniens condamnent Socrate à mourir. Il y aurait là deux procédés différents pour majorer les croyances, l'œuvre de deux logiques différentes et c'est la logique des héliastes qui seule serait sociale! Mais M. Tarde fait œuvre de philosophie et nous ne lui ferons pas le tort de penser que sa logique sociale soit simplement une explication historique de la persécution.

Il s'attache au contraire à nous montrer que l'unité des croyances ne peut avoir qu'un fondement, l'amour, et que l'amour des hommes les uns pour les autres ne peut avoir pour origine que l'amour d'un commun idéal de vérité et de beauté, de beauté surtout. De là même la mission sublime qu'il assigne à l'art. L'art seul peut nous socialiser complètement en mettant nos sensations elles-mêmes en harmonie.

C'est pourquoi nous n'hésitons pas à juger la logique sociale entièrement inutile, vu que les conditions de l'unité des croyances résident soit dans la tradition et l'habitude, étudiée par la sociologie élémentaire, soit dans le sentiment et l'action étudiés par la téléologie sociale.

L'unité des croyances dans une société n'est pas un mystère puisque le travail des intelligences obéit chez tous aux mêmes lois logiques et psychologiques. Mais les intelligences ne sont pas toutes également actives; toutes n'ont pas à leur disposition un matériel d'expériences également riche. Enfin la pathologie mentale ne doit pas être oubliée. Il en résulte des divergences inévitables, qui au regard de la raison moyenne sont des erreurs.

Mais dans les sociétés même les plus respectueuses de la pensée individuelle, les divergences sont contenues par d'autres causes que l'identité des lois logiques et psychologiques. Ces causes sont d'abord les habitudes d'esprit formées dès l'enfance sous l'influence des générations plus âgées ; vient ensuite l'unité des fins poursuivies par la société. La volonté réagit profondément sur la croyance ; or, dans une société régulière, chaque volonté doit en fait composer plus ou moins avec les autres. Elle doit juger que les fins exclues par l'activité sociale sont pratiquement des fins impossibles à réaliser. De là tant de croyances identiques inculquées aux membres de la société par l'art, l'industrie, la guerre, le droit privé et publié, la procédure, etc. Il suffit de lire attentivement le livre de M. Tarde pour s'en convaincre.

Bref, l'unité des croyances accroît la certitude individuelle en rendant le doute plus difficile ; cette unité des croyances s'observe toujours à quelque degré dans une société régulière, si l'on fait abstraction des crises qui accompagnent les grandes transformations. Mais cette unité s'explique par trois causes, l'identité des lois logiques et psychologiques, l'influence des traditions, l'influence de l'activité sociale sur la volonté individuelle qui réagit elle-même sur la croyance.

M. Tarde veut-il nous convaincre de la nécessité d'admettre une logique sociale ? Nous le voyons exposer une thèse à peu près identique à celle de la *Cité moderne* et dérivée comme elle du comtisme. « L'homme est un être social greffé sur un être vital ». Cet être social peut seul avoir des idées générales.

Ce passage est trop important pour que nous omettions de le citer tout entier.

« Il y a toujours à tenir compte, si l'on veut expliquer une généralisation quelconque *de la communication sociale des croyances ;* et je m'étonne qu'on ait cru pouvoir, par les seules ressources de la psychologie, sans faire appel aux phénomènes sociologiques, tenter cette explication. Y a-t-il des idées générales dans l'esprit de l'enfant qui ne parle pas encore ? En tout cas, y en aurait-il sans une prédisposition héréditaire due à l'usage de la parole chez ses parents et ses aïeux ? C'est fort improbable. Sans doute la mémoire visuelle, auditive, tactile, renferme les traces des sensations passées, traces qui sont des signes pour nous — pour nous seuls avant que ces signes aient été à leur tour signifiés, et singulièrement éclaircis par des mots, — j'ajoute même que ces signes-là, au moment où ils se représentent, ont lieu d'intéresser grandement l'animal, car ils lui permettent de *classer* jusqu'à un certain point la sensation qui les réveille, et par une sorte d'action réflexe assimilable de très loin à un raisonnement, de prévoir la reproduction prochaine d'une sensation accompagnée de plaisir ou de peine. Mais ce vague *classement* doit rester indéfiniment inconscient et incomplet et les signes, images, pseudo-genres dont les sensations sont les pseudo-espèces, ne sauraient apparaître comme genres véritables, indépendamment de leurs espèces discernées elles aussi comme telles, ni être classées à leur tour dans des genres supérieurs. Pourquoi ? Parce que, tant que l'esprit ne songe pas à communiquer ses images intérieures, il lui est inutile de prêter attention à elles isolément en l'absence de leurs sensations, et parce que, si par hasard il s'y arrêtait, il ne trouverait pas dans sa mémoire sensitive les genres supérieurs dont il s'agit, les images d'images, les signes de signes, que les mots d'une langue peuvent seuls lui fournir, et à défaut desquels ces marques sensitives ne sauraient s'organiser le moins du monde. Dans un esprit formé, c'est-à-dire qui parle, une sensation se rattache à l'image (semblable ou différente) qu'elle évoque, de la même manière que cette image elle-même se rattache à son nom, qu'elle évoque aussi et de la même manière que ce nom se rattache à un nom plus général par lequel on le définit. L'image visuelle ou tactile de mon *couteau* est en quelque sorte le mot dont le contact ou la vie de mon couteau est le sens ou l'un des sens, de même que cette image est le sens ou l'un des sens du mot *couteau* et de même que le mot couteau est le sens ou l'un des sens du mot *outil*. Le rapport de la sensation à l'image s'est modelé à la longue sur celui de l'image ou mot. Ainsi c'est le besoin de communiquer à d'autres esprits ses propres images, besoin créé et servi, développé et satisfait parallèlement par le langage au cours de ses progrès, qui a seul permis à ces images de se préciser d'abord, d'apparaître comme elles distinctement par une sorte de généralisation embryonnaire, puis de se généraliser en idées susceptibles d'apparaître elles-mêmes comme telles, sous la forme indispensable des mots de la langue. *Et quand devenu de la sorte tout verbal, l'esprit est par conséquent devenu tout social par son habitude de penser à l'usage ou à l'adresse d'autres esprits*, eux-mêmes orientés vers d'autres, il est clair que le jugement universel ne saurait jamais se limiter à exprimer des expériences ou des analyses personnelles, jointes aux prévisions personnelles suggérées par ces expériences ou ces analyses, mais qu'il doit inévitablement, essentiellement, comprendre l'idée, implicite ou explicite, des expériences ou des analyses d'autrui ou des prévisions d'autrui[1]. »

On ne peut refuser son admiration à la subtilité de cette analyse. Mais l'esprit hésite à se rendre à une argumentation si ingénieuse. M. Tarde explique le simple par l'obscur ; ou plutôt il confond une condition secondaire de la généralisation avec une condition primaire. L'habitude et la volonté de rendre nos états de conscience présents et intelligibles à la conscience d'autrui a pu faciliter toujours la généralisation aux races humaines. Mais ce n'est là qu'une condition secondaire. La condition primaire résidait dans une activité purement individuelle. Penser par idées générales, ce n'est pas parler, même intérieurement, ce n'est pas prendre conscience d'une image verbale. C'est évoquer, du fond de la conscience, à l'aide d'un symbole ou d'une image verbale

---

1. *Logique sociale.* 1re édit. 1re partie, ch. 1, p. 29 et 30. (Paris, F. Alcan).

une série d'expériences préalablement classées et dissociées de toutes les autres. M. Tarde s'appuie sur une théorie de la dissociation, théorie implicitement énoncée en quelques lignes, mais qu'aucun psychologue ne ratifierait, croyons-nous. « Le besoin de communiquer à d'autres esprits ses propres images, besoin créé et servi par le langage, a seul permis aux images de se préciser et d'apparaître distinctement ». Le travail de la dissociation, dont les lois sont d'ailleurs mal connues, est, comme l'attention et la réflexion, avec lesquelles peut-être elle se confond, au plus haut point individuel. Tous les sociologues accordent que la conscience sociale est extrêmement diffuse si on la compare à la conscience concentrée de l'individu.

L'automatisme psychologique, le psittacisme, la passivité de l'esprit, du caractère et de la conscience, voilà autant de faits d'observation, mais ces faits, on ne les constate que chez un type humain qu'un vieux système de gouvernement spirituel et d'éducation a endormi, embaumé et même pétrifié. Si la mort sociale est quelque part, elle est là.

La logique sociale repose donc sur l'hypothèse dont nous croyons avoir démontré toute la faiblesse. Si l'homme recevait toutes ses idées de la nation dont il parle la langue, si même la possibilité de penser lui était donnée avec la « communication sociale », les luttes intellectuelles auraient sans doute été épargnées à l'humanité non moins qu'aux ruches et aux fourmilières. Or non seulement on ne peut les négliger, mais M. Tarde constate que la logique individuelle, l'ensemble des conditions de l'unité des croyances personnelles, a sans cesse prévalu sur la logique sociale, c'est-à-dire sur les conditions de l'uniformité des croyances collectives. Cette seconde thèse, qui fait à notre avis le mérite de son livre, et pour laquelle il fait merveilleusement témoigner l'histoire spéciale de la religion, du droit, de l'art, est totalement incompatible avec la première.

L'instinct est collectif, la raison est individuelle; c'est là une donnée inébranlable de la psychologie. L'histoire de la civilisation et de la discipline sociale reflète la prédominance de la connaissance réfléchie sur la connaissance instinctive et le développement de la conscience individuelle aux dépens de la conscience collective. Voilà la donnée inébranlable de la science sociale. Rien ne prouve que, du jour où il y a eu des hommes, la raison et l'instinct collectif n'aient pas coexisté. Cependant il est certain que l'homme n'a pas été formé d'un seul jet et que la nature humaine s'est manifestée constamment et de plus en plus, que sa vie s'est confondue avec sa culture et que la culture a consisté pour elle à se dégager du limon de l'animalité. Les manifestations de l'instinct ont donc précédé celles de la raison dans la vie sociale de l'humanité [1]. Or dans l'instinct, si la spontanéité et l'automatisme s'entremêlent d'une façon inextricable selon la remarque de Forel, néanmoins c'est l'automatisme qui prévaut surtout quand l'instinct prend la forme collective. L'ascension de la raison a donc correspondu à un affaiblissement de l'automatisme, bien loin que la socialité ait produit la rationalité. Ceux qui méconnaissent le vrai sens de cette relation obéissent à leur insu à la vieille erreur qui porte si souvent savants et philosophes à transformer un rapport de succession en un rapport d'identité.

Nous devons laisser en dehors de cette étude purement psychologique les problèmes qui ont divisé et divisent encore les théoriciens de la connaissance, mais il nous est impossible de ne pas faire une remarque qui rentre directement dans le sujet que nous traitons.

Si l'instinct précède chronologiquement la raison, et si cependant la raison, consciente, réfléchie, individuelle, n'est pas un simple produit de l'activité sociale, on voit combien se trompait cette vieille psychologie qui travaillait à identifier la connaissance rationnelle avec l'innéité des concepts.

1. Kant. *Muthmasslicher Anfang der Menschengeschichte*, Hartenstein t. IV.

Le concept rationnel ne peut être inné, précisément parce qu'il n'est pas une création instinctive. La *spontanéité des concepts*, pour parler comme Kant, voilà la définition de la raison. La psychologie sociale confirme entièrement la philosophie critique, déjà confirmée par la physiologie des sens (Lange). Nul concept abstrait n'est inné et on peut toujours en retracer la genèse (Ribot), mais tout concept suppose un travail intérieur de l'esprit. De même nulle synthèse n'est entièrement à priori, en ce sens qu'elle serait nécessaire et indépendante de l'expérience (Boutroux), mais la loi de synthèse est la condition même de l'expérience humaine, de l'intégration et de la réintégration psychologique.

Il nous reste à chercher ce que devient le lien social quand l'activité rationnelle prévaut sur l'instinct et l'automatisme mental qui en dérive.

CHAPITRE VII

LES DONNÉES CONCRÈTES DE LA PSYCHOLOGIE SOCIALE

Il n'est pas, semble-t-il, en sociologie de notion plus discréditée que celle de la société rationnelle. L'observateur voit l'état social naître chez les animaux les plus asservis à l'instinct. L'archéologie, la linguistique et l'histoire voient également les sociétés humaines partir d'une organisation que l'usage de la langue distingue seul des peuplades animales les plus élevées. Ces sociétés se différencient ensuite et présentent plusieurs types inégalement développés, mais la comparaison ethnographique semble attester que des facteurs physiques et économiques ont concouru au développement des sociétés supérieures non moins que la raison et la volonté.

Cependant l'observation montre aussi que les liens sociaux ne sont pas les mêmes chez les êtres raisonnables et chez les êtres instinctifs. Chez ceux-ci ils agrègent fortement les individus en très petites communautés ; ceux-là forment des associations très étendues, assez étendues pour embrasser graduellement la plus grande partie de l'espèce humaine ; en revanche elles laissent une sphère assez grande au jeu de la pensée et de la liberté individuelles.

Si à la notion concrète et réaliste de la société, telle que l'école positiviste l'a entendue, nous substituons la notion abstraite et nominaliste du *lien social*, nous pouvons distinguer un lien social rationnel et un lien social instinctif.

Le lien social rationnel ne sera pas seulement celui-ci qui

unira des êtres raisonnables ; ce sera le lien dont la raison sera un facteur, au moins négatif et indirect.

Toutefois le lien social rationnel a pour antécédent historique un lien social instinctif qui est la condition de sa genèse. L'activité consciente de l'homme n'a pu tirer le premier du second que laborieusement ; elle a dû obéir à certaines conditions restrictives. La société rationnelle ne peut exister que par approximation.

Néanmoins et malgré ces réserves, en substituant l'idée d'*approximation graduelle* à l'idée d'évolution, nous paraîtrons à beaucoup porter un véritable défi à la sociologie génétique. Le sociologue objectif veut être certain qu'il fait œuvre de savant[1] ; il est hanté de la crainte de voir ses travaux confondus avec ceux du métaphysicien. Il pense n'avoir jamais trop exorcisé l'explication par les causes finales. De là une triple tendance à dépouiller l'homme au profit du monde extérieur, l'activité personnelle au profit du milieu social, le présent au profit du passé. On réussit ainsi à constituer un mécanisme sociologique qui dans l'explication des faits sociaux fait aussi petite que possible la part des idées et des volitions.

Mais pour y réussir pleinement il faudrait encore annuler la raison au profit de l'instinct, ne voir dans l'art et l'activité rationnelle que des modifications superficielles de l'activité constructive. Tel est, nous l'avons vu, le dernier mot de l'évolutionnisme. Mais on ne peut y adhérer sans avoir préalablement récusé toute psychologie.

Une sociologie sans fondement psychologique ne peut être qu'une section de la biologie, l'étude biologique de la symbiose, la bio-sociologie. Nous avons vu qu'un tel concept ne soutient pas l'examen de la critique.

Dès lors l'idée d'une approximation graduelle de la société

---

1. L'expression très forte de ce souci se rencontre dans les *Règles de la méthode sociologique* de M. Durkheim, notamment au chapitre II (Paris, F. Alcan).

rationnelle dans l'histoire ne sera plus un objet de dédain. La psychologie sociale y verra même un concept indispensable non seulement à l'application pratique des vérités sociologiques, mais même à l'interprétation scientifique des données historiques et ethnographiques.

Ces données sont au nombre de cinq.

La première est l'existence de petites communautés instinctives parmi les races humaines restées incultes.

La seconde est celle de la survivance d'un état préhistorique dans les sociétés complexes et arrivées à la phase de la culture. La troisième est celle des crises et des révolutions qui accompagnent la transformation de la discipline sociale dans les sociétés les plus compliquées.

Viennent enfin deux notions sinon deux faits fréquemment allégués par les évolutionnistes à l'appui de la conception bio-sociologique : l'arrêt de développement et la régression sociale.

Nous devons donc étudier, *au double point de vue de l'évolution et de l'approximation graduelle*, ces problèmes de la communauté instinctive, de la survivance, de la révolution, de l'arrêt du développement et de la régression.

Cette étude n'est possible que si la méthode génétique a déjà été appliquée aux faits sociaux et a déjà donné des résultats. Le sociologue qui n'aurait pas déjà cherché à rattacher les formes supérieures de la discipline sociale aux formes inférieures ignorerait s'il y a eu dans la vie de l'humanité des communautés instinctives et si elles ont laissé des survivances en des types sociaux plus élevés.

Inversement l'usage habituel de la méthode génétique ne doit pas amener le sociologue à opposer une fin de non-recevoir à la recherche qui nous occupe. La méthode génétique, c'est-à-dire la méthode qui classe les types sociaux et en cherche la filiation ne doit pas se proposer de subordonner la psychologie sociale aux doctrines du naturalisme. Le type social n'est pas un type biologique dont la nature aurait accru la complexité. C'est une forme du lien social et de la discipline qui en résulte. Or professer *à priori* que la sociologie ne peut concevoir une discipline sociale rationnelle, ce n'est pas appliquer vraiment l'esprit de la méthode génétique : c'est en préjuger gratuitement les résultats.

Les partisans de la méthode génétique, Steinmetz notamment, nous semblent s'être montrés soucieux à l'excès de subordonner la méthode de filiation historique à la classification naturelle des sociétés et se sont montrés infidèles aux meilleures leçons que puisse nous donner la biologie transformiste. La classification naturelle n'est qu'une construction subjective si elle n'exprime pas une généalogie. C'est donc la filiation qui est l'essentiel, la classification, l'accessoire. La psychologie sociale appuyée sur la philologie et l'archéologie n'a ainsi rien à envier aux sciences biologiques. Il n'est pas de recherche à laquelle la méthode génétique s'applique aussi exactement. Ne craignons donc pas d'être ici autre chose que des plagiaires de la biologie.

CHAPITRE VIII

LES COMMUNAUTÉS INSTINCTIVES

L'histoire, complétée par l'ethnologie et la palethnolgie, nous montre la société humaine émergeant, non pas d'un état d'isolement, mais d'un état social identique à celui des peuplades animales et dû aux mêmes conditions, la nécessité d'agir sur le monde extérieur et celle d'assurer une protection efficace à la jeune génération.

On peut ramener à un petit nombre les caractères de cette communauté dont les Eskimaux dans les régions polaires et les Veddas, dans les forêts de Ceylan, ont conservé le type[1].

En premier lieu elle obéit inconsciemment à la loi de la symbiose. Les conditions de l'existence font disparaître tous les individus réfractaires à la vie sociale. L'espèce est, de génération en génération, composée d'individus plus dociles aux exigences de la vie collective et plus asssouplis à la discipline qu'elle impose.

De ce premier caractère en dérive un second. Dans ces petites peuplades humaines, le lien social qui tient les membres assemblés et les soumet, comme il arrive aux Eskimaux, à une autorité d'autant plus obéie qu'elle n'est

---

1. Sur les Eskimaux voir Tenicheff : *L'activité de l'homme*, traduit du russe par l'auteur. (1 vol. in-4°, Paris, Cornely 1898). — La IV° partie, la plus importante, est une étude très documentée sur les Eskimaux. — La psychologie des Weddas de Ceylan et leur morale instinctive a été mise en lumière par Samson-Himmelstjerna qui en a montré l'importance. *Die Sittlichkeitslehre als Naturlehre,* Duncker et Humblot. Leipzig, 1894.

incarnée dans aucune volonté personnelle ou collégiale, est l'effet exclusif d'un instinct collectif. Ne confondons pas cet instinct avec les sentiments sociaux qui dans les sociétés supérieures amènent les hommes à s'aimer. Cet instinct a un effet tout autre : c'est d'amener les membres de la peuplade à agir avec unanimité et sans que le motif de l'un soit distinct du motif de l'autre. La horde ne connaît que les différences des sexes et des générations. Elles se ramènent à peu de choses, car la jeune génération règle inconsciemment sa conduite sur celle de la génération adulte. L'imitation est donc la première manifestation de l'instinct collectif : la tradition en sera une seconde manifestation dérivée de la première.

On aperçoit dès lors un troisième caractère, nettement subordonné aux deux précédents. L'individu est soumis aux fins de la communauté comme la communauté est inconsciemment soumise aux fins de l'espèce ou de la race. Chez les populations des régions polaires, qui doivent ressembler aux races contemporaines de la période glaciaire, les vieillards impotents sont mis à mort comme les faux bourdons dans la ruche ; il leur arrive d'implorer cette mort et de la devancer. En revanche quand la famine presse les associations de familles eskimaudes dans leurs longues maisons d'hiver, c'est aux enfants que sont distribués les derniers débris des faibles provisions conservées. La conservation de la race est le devoir qui domine tout.

Cette communauté n'est pas inerte comme nos idées sur l'initiative individuelle pourrait nous le faire penser. Mais l'activité, souvent très ingénieuse, qu'elle déploie, est toujours une réaction opposée aux phénomènes physiques qui ont surexcité les besoins et les instincts : d'où la chasse collective, prélude de la guerre, l'édification collective des habitations, etc.

Sommes-nous toutefois en présence d'une finalité tout instinctive ? La réponse affirmative n'est pas acceptée facilelement. Une œuvre qui fait autorité encore en matière de psychologie sociale contient des objections très fortes à l'induction que nous venons de faire. Nous ne pouvons ni les passer sous silence, ni feindre de les ignorer.

On sait que Wundt place l'origine des liens sociaux dans les mœurs, mais qu'il oppose les mœurs à l'instinct comme d'ailleurs au droit et à la moralité. L'être capable d'obéir à des mœurs, c'est-à-dire à des règles traditionnelles d'activité, a déjà un caractère qui met la contingence dans sa conduite. L'instinct est une puissance qui s'impose irrésistiblement à la conduite de l'animal ; au contraire, l'homme peut toujours se soustraire à la pression des mœurs[1]. Les mœurs procèdent toujours de croyances ; il n'est pas une des règles qu'elles imposent à laquelle la recherche génétique ne puisse trouver une origine religieuse et même rituelle[2].

Cependant Wundt reconnaît en maint passage que dans la vie collective des populations primitives, des « hommes de la nature » (naturmenschen), les instincts et les mœurs présentent de profondes analogies, mais il paraît craindre qu'en pressant cette analogie à l'excès, le psychologue n'en vienne à oublier la finalité propre aux faits sociaux. La finalité de l'instinct est directe, mais inconsciente ; la finalité dans les sociétés humaines est consciente, mais indirecte. Les mœurs, dont sortent les institutions juridiques et la moralité sont soumises à la loi de l'hétérogénie des fins. Oublier cette loi, c'est être entraîné à expliquer toutes les règles de la conduite sociale par l'utilité directe qu'elles ont acquise, par leurs effets lentement produits, non par leurs antécédents historiques : c'est donc se contenter d'une téléologie superficielle et renoncer à toute explication génétique[3].

---

1. Wundt. *Ethik*, Ire partie ch. III, 1 *a* (Stuttgard. F. Enke).
2. *Ibid.*, ch. II et III en totalité.
3. « Beide (Menschen und Thiere) verdanken ihre individuellen wie socialen Lebensgewohnheiten zum allergrössten Thiere der Erbschaft

On voit quelle est pour nous la gravité de l'objection. La méthode génétique paraît témoigner en quelque sorte contre ses propres conditions.

Wundt professe qu'il y a un abîme (Kluft) entre l'homme et l'animal. Non seulement l'expression mais l'idée même est inadmissible. Autant nous repoussons un évolutionnisme unilatéral qui tire les lois sociologiques d'une comparaison rapide entre les polypiers et l'individualité consciente de l'homme, autant nous pensons qu'il faut admettre, avec Kant, que l'humanité raisonnable a été greffée sur un être instinctif. C'est dans les lois logiques de l'entendement et dans l'essence du caractère que réside la différence entre l'homme et la bête ; mais on n'aperçoit ni l'une ni l'autre chez le jeune enfant. Les sociétés humaines se montrent, dans l'histoire, bien distinctes des communautés animales, mais la possibilité du développement historique n'a pas été donnée à tous ni dès l'origine. Si quelque Micromégas tombé d'un astre n'avait eu à observer que des Fuégiens, des Mincopi ou des Weddas, vraisemblablement il n'aurait pas opposé l'homme à l'animal dans les mêmes termes que Wundt.

C'est l'illustre psychologue qui nous donne lui-même le droit de mettre en doute la réalité de cet abîme quand il

---

früherer Geschlechter. Aber beim Thiere ist diese Erbschaft ganz und gar niedergelegt in den *physischen Nachwirkungen*, welche die generelle Entwicklung in der Organisation zurückliess; beim Menschen est sie, zu einem grossen Theile wenigstens, zugleich in der Form *bewusster Ueberlieferung* erhalten geblieben. Indem so der Mensch allein des Zusammenhangs mit der Vorzeit inne wird, gewinnt bei ihm jene Stetigkeit des Bewusstseins, welche beim Thiere meist nur die nachsten Momente mit einander verknüpft, immer aber auf das individuelle Leben beschrankt bleit, eine Ausdehnung, die schon auf der niedersten Stufe mindestens die Tradition mehrerer Geschlechter umfasst, bis sie sich auf der hochsten über die Schranken der einzelnen Volksgemeinschaft hinaus zur Idee einer zusammerhangenden Entwicklung der gesammten Menschheit erhebt. Diese geistige Verbindung der Menschen mit der Vorgangenheit, welche zugleich der Blick auf die Zukunft in entsprechenden Masse über das individuelle Leben hinausführt, drückt nun vor allem der menschlichen Gesellschaft ihr eigenthümliches Gepräge auf. » (*Ethik*. Iʳᵉ partie. chapitre III. § I. p. 107).

nous montre la formation des mœurs soumise à la loi des trois stades. Le premier stade n'est pas consécutif, mais antérieur à l'influence des représentations religieuses ; ce sont des tendances sociales d'une nature très bornée qui forment alors la véritable assise des mœurs. L'erreur de Wundt est peut-être de se représenter l'égoïsme comme affectant fortement la conduite. La psychologie des communautés les plus incultes nous montre au contraire chez leurs membres l'extrême faiblesse du « sentiment du moi [1] ».

La difficulté serait de bien définir le premier stade des mœurs, et il faut convenir que la pensée de Wundt n'est pas formulée bien clairement. Au premier stade, correspondant aux phases préhistoriques, les mœurs se dégageraient lentement de l'égoïsme parce que les représentations religieuses ajouteraient leur force à celle des instincts sociaux, mais déjà au second stade les motifs sociaux et les motifs religieux seraient distincts. Il faut donc admettre que le premier stade comprend en réalité deux périodes ; dans la première la religiosité s'éveille à peine et les instincts sociaux (sociale Triebe) agissent seuls ; dans la seconde la discipline sociale est pourvue d'une sanction religieuse. C'est précisément cette première phase que Tenicheff aperçoit chez les Eskimaux, et Samson Himmelstjerna, analysant la relation des frères Sarrasin, chez les Weddas de Ceylan.

1. Die Entwicklung der sittlichen Anschauungen zerfällt, wo immer sie uns in zureichender Vollständigkeit gegeben ist, in *drei Stadien*, deren charakteristische Merkmale hauptsächlich durch das wechselseitige verhältniss der verschiedenen neben einander herlaufenden Einzelentwicklungen bestimmt werden. Die Anfänge des sittlichen Lebens sind überall von höchst gleichartiger, Beschaffenheit : die socialen Triebe sind hier von beschränkter Natur, durch ein rohes selbstgefühl überwuchert, und in Folge dessen werden hauptsächlich äussere Vorzüge als Tugenden geschätzt die dem Träger selbst und seinen Genossen nützlich sind. Dieser Zustand fast noch gänzlich schlummernder sittlicher Regungen wird zumeist durch den Einfluss *religiöser* Vortellungen und durch die wechselwirkungen überwunden, in welche die religiosen Gefühle mit den socialen Trieben treten. Es beginnt damit das zweite Stadium in dem zugleich, den unterschieden religioser un socialen Bedingungen entsprechend eine waschsende Differenzierung der Lebensauschanung eintritt. (*Ethik*, Ire partie, ch. iv, 3, *b*.)

Wundt n'a guère étudié l'influence morale des mythes que chez les Grecs et les autres Indo-Européens. Peut-être en a-t-il ainsi exagéré l'importance. Lang et à sa suite d'autres mythologues plus immédiatement contemporains ont montré fortement dans les mythes des Grecs, des Égyptiens, des Hindous, les survivances des mythes des sauvages les plus grossiers[1]. Attribuerons-nous donc aux sauvages les mœurs déjà réglées des cités grecques primitives ? Ce serait aussi difficile que d'attribuer à l'influence des sorciers Angekoks l'inspiration des œuvres collectives exécutées par les Eskimaux.

Il existe donc, à l'origine des sociétés humaines, une communauté instinctive. Elle est l'œuvre de tendances communes à l'homme et à l'animal et qui tendent à faire prédominer la symbiose sur l'antagonisme et le parasitisme. Ces tendances qui portent l'animal et l'homme à la vie collective ne disparaissent jamais, mais l'activité mentale se les assujettit graduellement chez l'homme et elles ne tendent plus à leurs fins directement. Il y faut l'art et une discipline sociale constamment compliquée. Chez les animaux, au contraire, elles restent directrices et s'assujettissent l'intelligence. Aussi les mœurs, au sens strict, sont-elles propres à l'homme, et d'elles seules peuvent naître le droit et la moralité. Mais les mœurs ne doivent pas être opposées aux grands instincts collectifs d'où elles tirent leur genèse. A mesure que la finalité rationnelle prévaut sur la finalité instinctive, les mœurs elles-mêmes s'effacent devant le droit et la moralité réfléchie et il n'en subsiste plus que des survivances, tout à fait analogues à celles qui rattachent notre civilisation à des communautés préhistoriques, plutôt inférieures que supérieures à celles que forment encore aujourd'hui les Eskimaux et les Weddas.

1. Lang. *Mythes, cultes et religions*, passim (trad. Marillier, Paris, F. Alcan).

CHAPITRE IX

LES SURVIVANCES ET LA PSYCHOLOGIE SOCIALE

L'histoire et l'ethnographie comparée nous montrent que les sociétés d'un type inférieur ne disparaissent pas sans laisser des vestiges de leur existence dans les institutions des sociétés des types supérieurs, dans les usages, les croyances, la discipline. Ces vestiges ont reçu le nom de survivances. En étudier le sens et la portée intéresse le critique philosophe autant que le sociologue spécial. Attestent-elles en effet la persistance des liens instinctifs dans les sociétés civilisées ? Prouvent-elles au contraire que l'activité rationnelle a pu transformer les relations humaines sans dissoudre la discipline sociale ? Telle est la question qui s'impose à notre examen.

Une institution ou une coutume mérite le nom de survivance toutes les fois qu'elle n'a plus de racines dans les idées, les croyances, les besoins, les préjugés mêmes des hommes d'un temps et que l'habitude de respecter le passé la soutient seule. Pour reprendre un exemple déjà cité par Fustel de Coulanges[1], on expliquerait vainement par une disposition générale de la nature humaine l'institution de la noblesse qui est encore dans plusieurs états de l'Europe représentée par des assemblées politiques spéciales. La nobility de l'Angleterre est en contradiction avec toutes les aspirations démocratiques de la société britannique : nous

---

1. *Cité antique*, liv. II, ch. x.

voulons dire que si le passé social n'avait pas laissé derrière lui une classe de familles investies du privilège de fournir héréditairement les membres d'une assemblée législative et judiciaire, jamais les Anglais d'aujourd'hui ne trouveraient un motif suffisant de le leur conférer. Ce privilège n'est respecté en effet que dans la mesure où ses détenteurs ne contrarient pas l'intérêt général.

Le terme de survivance est vague et nous l'adoptons faute d'un terme meilleur. On s'en sert pour désigner des faits assez distincts. A notre avis, la survivance se reconnaît à deux caractères : le premier est qu'elle est reçue telle quelle du passé social sans être rattachée à aucune cause finale, le second est qu'elle ne dépend pas de l'hérédité physiologique. Bref elle atteste l'action automatique des morts sur les vivants mais sans aucun mécanisme physiologique.

Ceci posé, les survivances connues peuvent être réparties en deux classes, les survivances concrètes et les survivances symboliques. Par exemple la noblesse est une survivance concrète, la salutation est une survivance symbolique. Sans doute les survivances concrètes tendent à n'être plus que des survivances symboliques. En France, la noblesse n'est plus qu'un titre et une particule modifiant la physionomie du nom patronymique ; les préjugés matrimoniaux qui lui ont maintenu longtemps le caractère de survivance concrète se sont en grande partie effacés sous la pression des besoins économiques. En Angleterre, la noblesse donne encore le droit de siéger héréditairement à la chambre des Lords.

Les survivances symboliques sont certainement les plus nombreuses : nous y comprendrions : 1° les survivances rituelles ; 2° les survivances cérémonielles ; 3° les survivances linguistiques. Les survivances rituelles (par exemple le baptême chrétien visiblement hérité du bain essénien, les ablutions musulmanes, le pèlerinage de la Mecque) sont des éléments intégrants de la vie des sociétés religieuses. Le baptême dont les épîtres de Paul et de Pierre parlent avec un si frappant détachement était cependant le lien qui rattachait le christianisme naissant à l'essénisme et à la prédication de Jean[1]. Sans le pèlerinage de le Mecque, Mohammed ne se serait pas concilié les tribus arabes. La survivance rituelle, confondue à tort par Spencer avec le cérémonial civil, est une survivance quasi concrète. — Au contraire les survivances cérémonielles et surtout les survivances linguistiques rattachent notre existence actuelle à celle des communautés préhistoriques les plus lointaines.

Néanmoins l'étude des survivances concrètes dont la formation peut être observée en pleine phase historique, peut seule nous aider à percer le mystère des survivances symboliques. Aussi y avons-nous fait la place la plus large.

Les survivances concrètes se rencontrent dans la vie de l'État, dans la vie économique et dans la vie domestique. La féodalité, l'état romain, la cité antique elle-même ont laissé des traces visibles dans le droit public de l'Europe moderne.

Nous venons de citer l'exemple de la *nobility* anglaise. La notion française de la souveraineté est encore celle de l'Imperium et de la Potestas romains.

L'ordre économique présente des survivances déjà mieux définies. Les villages des régions montagneuses de l'Europe, les petites îles éloignées des grandes voies du commerce maritime, archipels danois, écossais, anglo-normands, bretons, la Corse, la Sardaigne, la Sicile présentent des vestiges indéniables d'un passé historique ou protohistorique détruit partout ailleurs. Mais c'est surtout l'organisation domestique qui abonde en survivances. Deux écoles se sont vouées à les recueillir dans des intentions bien

---

1. Pierre. III, 27 ; 1. Cor. I, 16, 17 ; Actes XIX.

différentes : l'école de Le Play et de Tourneville et l'école dite de la Sociologie ethnographique[1] : elles ont montré avec quelle ténacité, en dépit des réformes législatives, les populations rurales conservent certaines formes d'associations domestiques qui avant de succomber aux transformations des mœurs et des idées avaient régi l'humanité civilisée presque sans exception. L'Europe orientale et *a fortiori* l'Asie en contiennent plus que l'Occident, mais elles ne sont pas rares en Occident et même en France.

Une loi empirique, véritable corollaire de la grande loi de connexité qui régit les rapports de coexistence entre les faits sociaux est que les survivances politiques, juridiques, religieuses et économiques sont d'autant plus nombreuses, et plus importantes que l'ordre domestique ancien a été mieux conservé. C'est en ce sens seulement que la fameuse loi de Maine, le passage du statut au contrat peut être admise. L'ancien droit était un droit domestique subordonnant radicalement les garanties de la personne individuelle à celle de la personne collective constituée par la parenté. La disparition de l'ancien droit est donc en proportion de la disparition de l'ancien type domestique. C'est en cela que l'Europe occidentale diffère de l'Europe orientale et celle-ci de l'Extrême-Orient. En Russie nous retrouvons un droit pénal qui punit de peines criminelles l'hétérodoxie, un régime corporatif comme au moyen âge, un système de répartition des terres comme chez les anciens Germains ; mais nous retrouvons aussi dans la Russie rurale un droit coutumier qui consacre une autorité patriarcale quasi illimitée. Cette autorité domestique est en contradiction avec les croyances religieuses que professe le paysan russe, mais si le sociologue s'avance de quelques degrés en Asie, il arrive au milieu de populations où le culte des ancêtres est célébré comme il pouvait l'être dans l'ancienne Sparte ou dans l'an-

---

1. Fondée par Lewis-Morgan.

cienne Rome. Or à côté des autels domestiques, il trouve un système de droit pénal de procédure, de propriété foncière, d'autorité religieuse et politique qui rappelle beaucoup plus l'ancienne Egypte que l'Europe moderne.

Nous pouvons maintenant caractériser les survivances, en considérant non plus seulement la connexité des faits sociaux, mais encore la filiation des *états sociaux*.

Les survivances attestent la persistance partielle et relative d'un état social où les formes d'autorité et d'activité n'étaient encore bien distinctes ni dans les faits ni dans la pensée, où l'autorité politique était absorbée dans l'autorité religieuse, où les relations économiques étaient encore confondues avec les relations domestiques, ou enfin les liens de parenté reposaient sur une communauté de sentiments et de croyances. Mais là est la moindre induction que l'on puisse tirer de leur étude.

L'effet de toutes les survivances morales, juridiques, économiques est de diminuer la sphère de la responsabilité individuelle au profit de l'autorité d'une petite communauté et de sa responsabilité collective. *Il n'y a pas d'exception connue à cette règle.* Observons les vestiges de la communauté de village dans la Suisse alpestre ou en Russie : nous trouvons cette institution évanescente en opposition avec la notion moderne de la propriété foncière individuelle. Les partisans les plus timides de l'emploi de la méthode comparative dans l'histoire du droit admettront que cette forme sociale reproduit les traités principaux d'une communauté villageoise beaucoup mieux définie qui est encore vivante dans beaucoup de régions de l'Hindoustan, de l'Indo-Chine et de Java. En vain on a voulu y voir le spécimen d'une association fondée sur le droit de l'individu à la terre libre. Les communautés obéissent à une coutume qui ne connaît pas de droit individuel, mais seulement les droits du souverain politique, les droits de la commune rurale et les droits des familles. L'étude des survivances prouve donc au sociologue la persistance partielle d'un état social, beaucoup mieux qualifié par le terme de communauté (Gemeinschaft) que par celui de société (Gesellschaft) car l'activité sociale est alors toute collective. La synonymie de ces deux termes, qui serait aujourd'hui si fautive, est alors exacte. Les fins de l'individu, sont rigoureusement subordonnées à celles de la petite collectivité.

Mais pouvons-nous en conclure que cet état social soit la survivance d'une organisation tout instinctive. Sans doute la psychologie comparée et la psychogenèse, pourraient seules établir ces deux propositions : 1° la vie affective devance en l'homme la vie intellectuelle ; 2° l'instinct est le fond de la vie affective, propositions sans lesquelles on ne pourrait réfuter les objections de celui qui de bonne foi doute d'une phase instinctive du développement social de l'humanité. Mais ces deux propositions sont hautement vraisemblables. Quand la régression frappe les caractères humains qui distinguent le mieux l'adulte du nouveau-né, elle accroît dans la conduite l'empire de la vie affective et diminue celui de l'activité intellectuelle, et si elle se poursuit, elle détruit les formes conscientes du sentiment au profit de ses formes impulsives et subconscientes. L'observation des foules a conduit à la même conclusion ; elle a montré des impulsions subconscientes faisant éruption inopinément et bouleversant parfois la couche des idées claires et des sentiments délicats et complexes. Mais une impulsion subconsciente n'est-elle pas la manifestation d'un instinct ?

Pour admettre la possibilité d'une vie instinctive des communautés humaines, il ne serait point nécessaire d'en concevoir les membres sur le type des fourmis, des abeilles ou même des castors. Romanes a montré jusqu'à l'évidence la coexistence de l'instinct et de l'intelligence empirique chez les animaux supérieurs.

Toutes les fois que les individus d'une race ou d'une espèce font usage de leurs sens dans des conditions telles que leur activité diffère de celle des membres les plus jeunes de l'espèce, leurs actes doivent être attribués à l'intelligence et non à l'instinct. Il ne peut donc être question de mettre en doute l'existence de l'intelligence chez les membres des communautés humaines les plus barbares et les plus simples. On leur accordera même une intelligence plus élevée, puisqu'ils sont aptes au langage. Mais la coexistence de l'instinct et de l'intelligence étant admise, la question est de savoir lequel de ces deux facteurs a pu prédominer dans la vie collective.

Ici l'étude des survivances fournit la réponse. Elle nous montre des communautés très peu étendues mais où la fin individuelle est entièrement subordonnée à la fin collective. Mais ces communautés elles-mêmes, de quel phénomène fondamental dépendent-elles ? *De l'unité mentale des générations successives.* En effet, si un même lien social tient enchaînés les hommes d'un même temps, c'est qu'ils sont tous réunis par les mêmes liens sociaux, par leur égale soumission aux hommes du passé ; c'est qu'ils pratiquent le culte des morts, culte qui fonde la famille patriarcale et a lui-même pour conséquence la subordination du groupe aux exigences de la vie ou de la perpétuité de l'espèce.

L'expérience et l'activité de l'individu sont donc inconsciemment subordonnées à l'expérience et aux habitudes de l'espèce, ou pour mieux dire, aux habitudes de la race. N'est-ce pas dire que l'intelligence travaille comme un auxiliaire modeste et de rang inférieur à la réalisation des fins poursuivies instinctivement par la communauté ?

C'est pourquoi les véritables survivances sont, dans une société civilisée, d'autant plus rares que la connaissance rationnelle est plus élaborée, que l'activité mentale réfléchie a mieux distingué les formes d'autorité et mieux délimité la sphère de l'autorité et celle de la liberté individuelle. Là où la Souveraineté temporelle, l'autorité religieuse, le pouvoir paternel et la propriété sont devenus des notions claires e irréductibles et non pas seulement dans l'esprit de l'élite, les véritables survivances seront aussi rares que nous le constatons en France. Ce seront en général de purs symboles. C'est pourquoi si l'on a quelque chance de les rencontrer, c'est parmi les populations rurales et non dans les villes, car ces populations obéissent beaucoup plus à la tradition et tiennent un compte moindre des idées réfléchies.

Ces survivances véritables ne devront pas être confondues avec ces transactions temporaires qui se concluent entre la société rationnelle en voie de formation et les traditions encore vivantes. Ce sont là des survivances apparentes. L'histoire du droit écrit en est le principal témoin. Elles remplissent le droit constitutionnel, le droit pénal, la procédure civile et même le droit privé. Le droit germanique christianisé, qui enfanta tant de codes au moyen âge, depuis la *Loi salique* jusqu'au *Miroir de Souabe* était en ce sens une survivance, autant qu'une législation écrite, satisfaisant le besoin de juridiction définie, peut recevoir un tel nom. Le droit canonique, qui combine les habitudes de l'analyse juridique avec la tendance à confondre les règles juridiques et l'idéal religieux rentre dans la même classe. Ne pourrait-on y faire rentrer à certains égards le droit romain lui-même ainsi que le droit constitutionnel de l'Angleterre ? Le premier n'a-t-il pas cristallisé certaines coutumes des sociétés aryennes les plus barbares, et à l'origine de l'autre ne trouve-t-on pas une singulière combinaison d'institutions germaniques et féodales ?

Réciproquement, plus l'élaboration de la connaissance abstraite ou rationnelle a été retardée ou interrompue, et plus les survivances de la communauté instinctive pèsent sur l'activité sociale. L'Asie et l'Europe orientale offrent ici un champ d'exploration précieux à l'observateur, et l'étude en est beaucoup plus intéressante pour le sociologue que celle des communautés sauvages ou barbares.

En Extrême-Orient, l'activité rationnelle s'est manifestée

de bien des façons : par l'invention et la propagation de l'écriture, la spéculation théologique et métaphysique, par la subtilité des études grammaticales, par la jurisprudence et la morale elles-mêmes : Néanmoins la libre critique est toujours restée inconnue et presque jamais la science n'a été cultivée avec désintéressement. Enfin les aristocraties sacerdotales ont parfois opposé un obstacle direct et invincible.

Aussi pouvons-nous remarquer que la survivance est partout d'autant plus mêlée à la vie commune que l'État a eu plus de difficulté à se dégager de la tribu et de la communauté de village et a moins réalisé ses deux grandes fins, le droit et la culture populaire. Il n'est pas nécessaire pour le constater d'analyser minutieusement toutes les données de l'ethnographie. Il n'est pas besoin de sortir de l'humanité civilisée.

L'Indonésie, l'Hindoustan, la Chine, l'Asie et l'Afrique musulmanes, l'Europe slave avec son prolongement sibérien forment cinq degrés d'une échelle qui monte vers le type de la civilisation moderne.

Si l'on descend cette échelle au lieu de la monter, l'on voit peu à peu l'État céder plus d'attributions à la communauté villageoise, à la tribu, au clan, voire à la horde. La Russie est une transaction entre l'empire romain-bysantin dont elle est historiquement l'héritière et la société asiatique. L'État, si puissant vu de loin, y cède en réalité une partie de ses attributions législatives et judiciaires au village, qui, au nom de la coutume, exerce une véritable souveraineté sur ses membres. Dans les steppes septentrionales, et même en Europe, errent, sous l'autorité nominale de l'empire, des tribus qui, comme les Vogoules, ont encore la constitution de la horde et vivent sous le règne de l'instinct collectif.

L'Asie et l'Afrique musulmanes, diffèrent à certains égards profondément de l'Asie brahmanique, bouddhique et confucienne. L'Islam a fait table rase du culte des morts, des dieux de la nature, et enfin de la hiérarchie sacerdotale. Mais l'Islam a conservé dans le Coran l'unité de la loi civile et de la loi religieuse. Or le droit sacré des musulmans est la codification des coutumes arabes antéislamiques. Il consacre la survivance d'un état social moins avancé que celui des populations agricoles de la Syrie, de l'Asie Mineure, de la Perse et de l'Extrême-Orient. Il n'a donc pu exercer aucune influence sur le progrès des institutions sociales. Aussi le droit des Iraniens en matière de poursuite criminelle est à bien des égards identiques à celui des sujets de l'empire achéménide. L'Empire ottoman, où l'État est constitué peut-être plus fortement que chez les autres peuples musulmans, doit laisser, même en Anatolie et en Syrie, des tribus de Turkmènes, de Kurdes et de Bedouins et des sectes de Yezidis, de Druses, d'Ansariehs, de Nestoriens, vivre hors du droit de l'État sous l'autorité de leurs coutumes. — Dans l'Afrique du Nord, le village Kabyle avait jusqu'à la conquête française conservé sous un vernis musulman la pleine autonomie de ces coutumes et l'on sait que le gouvernement français a donné force de loi aux Kanouns berbers.

En Chine et en Indo-Chine, sous un bouddhisme superficiel fleurissent encore le culte des ancêtres et les institutions domestiques qui en dérivent. Inutile de rappeler longuement un fait aussi notable et aussi connu. Mais il a une contrepartie bien mise en lumière par l'auteur de la *Cité chinoise*. C'est le peu d'importance réelle de l'autorité impériale ou royale en ces états. Nous ignorons si, comme le soutient M. Eugène Simon, le code pénal chinois n'est jamais appliqué qu'aux individus rejetés exclus de la communauté domestique. Mais beaucoup d'études faites depuis ont prouvé qu'en regard de la famille et du village, jouissant l'une et l'autre d'une autonomie absolue, en regard même des corporations de marchands et d'artisans, la hiérarchie administrative a peu d'importance. Encore respecte-t-on en elle, moins la souveraineté impériale que l'Académie des Han-lin, sorte de conclave confucianiste, dépositaire de la tradition et du pouvoir spirituel.

Nous exceptons bien entendu le Thibet et la Mongolie et ne considérons que la Chine propre et la Mandchourie. Les fonctionnaires français, notamment Ory dans la *Commune annamite*, ont montré l'État annamite plus faible encore devant le village que l'État chinois lui-même. Ici l'État ne connaît pas l'individu qui n'a ni droits ni devoirs envers lui. Mais dans la commune, petite démocratie apparente, c'est l'autorité attachée à l'exemple et aux paroles du vieillard qui décide de tous les points [1].

Quant à l'Inde et à l'Indonésie, qui sont rattachées l'une à l'autre par un lien historique que l'archéologie met toujours mieux en évidence, elles ont reçu l'État de la conquête étrangère, musulmane, puis européenne. La caste dans la vallée du Gange, le village communautaire dans le Pendjab, dans le Bengale, à Java; le clan dans le Radjpoutana, la horde dans les forêts du Bérar, de Ceylan, des Andaman, et de mainte île de la Sonde ont conservé toujours l'autorité législative, judiciaire, morale sur l'individu [2]. La communauté préhistorique n'est plus une survivance : elle est la réalité sociale elle-même. Elle coexiste avec un état intellectuel et un ensemble de conceptions morales qu'avoueraient Achille et les Grecs de l'âge héroïque.

Dans l'Europe occidentale, la survivance de la communauté préhistorique est partout, mais à l'état symbolique. Les usages de la politesse, les rites de certaines églises la mêlent seule à la vie sociale. L'État a depuis longtemps organisé la vie juridique en dehors d'elle et c'est à l'État, affirmant fortement ses attributions sans tenir compte d'un niais individualisme que la personnalité raisonnable doit la la liberté de s'épanouir. Mais dans les divers types sociaux qui constituent ce que faute d'un terme meilleur nous nom-

---

1. Ory. *La commune annamite au Tonkin*. (Paris, Challamel) 1894.
2. Alfred Lyall. *Asiatic studies* (traduction française. Thorin).

mons l'Orient, l'État a toujours vu, et même en Russie, son développement juridique arrêté par la résistance de la communauté villageoise et de la tribu, ces héritières de la communauté instinctive. L'Etat est à la communauté ce que l'activité rationnelle est à l'instinct chez l'individu[1].

1. Cette vérité a été aperçue par Ludwig Stein (*Die sociale Frage una Lichte der Philosophie*. Stuttgard. Enke 1897. Trad. française, Paris, F. Alcan. Elle fait l'originalité de son livre. Mais il n'en avait pas donné une démonstration sociologique véritable et ne l'avait pas rattachée à la psychologie sociale.

CHAPITRE X

LES RÉVOLUTIONS ET LES LIENS SOCIAUX

Si l'étude des survivances a été l'œuvre de la psychologie ethnographique, les révolutions ont été étudiées par les philosophes et par les historiens les plus classiques. Le critique n'a, semble-t-il, qu'à choisir entre les théories explicatives des révolutions. On connaît celle d'Aristote et celle de Platon préparées l'une et l'autre par l'histoire de Thucydide. Or on les retrouve, à peine transformées, dans les hypothèses qui se disputent l'adhésion des sociologues contemporains ; nous voulons parler de l'hypothèse de Jhering qui ramène les révolutions au phénomène de la lutte pour le droit et l'hypothèse du combat économique des classes adoptées par Marx. Mais si les sociologues et les philosophes se sont préoccupés d'assigner aux révolutions leurs causes, ils ont moins cherché à les définir. C'est pourquoi sans doute leurs explications restent provisoires.

Il semble implicitement admis par tous que les révolutions sont des destructions d'autorité. Cependant aucune des grandes révolutions occidentales que nous pouvons étudier historiquement n'a laissé derrière elle un état d'anarchie.

Ni les révolutions qui instituèrent dans les cités grecques et italiennes l'isonómie entre les patriciens et les plébéiens, ni celles qui dans les communes du moyen âge élevèrent les serfs citadins à la dignité de bourgeois et les firent participer au droit commun de la féodalité, ni les révolutions religieuses et politiques issues du protestantisme qui établirent dans l'Église l'égalité du pasteur et du laïque et associèrent dans l'État les sujets au gouvernement, ni la Révolution française et celles qui à sa suite introduisirent la démocratie civile et politique en Occident n'ont réellement détruit l'autorité. La révolution serait donc autre chose que la dissolution du pouvoir.

Si nous soumettons à une analyse les données historiques, nous distinguerons deux types de révolutions, celles qui opèrent une substitution d'autorité et celles qui amènent la disparition d'une forme caduque de l'autorité. Les révolutions politiques et religieuses de l'Angleterre offriraient le type des premières et il y faudrait rattacher la révolution américaine et la révolution française de 1830. La Réforme luthérienne et calviniste et les révolutions politiques de la France et des autres états catholiques depuis 1789 rentreraient dans la seconde catégorie.

Mais cette distinction est toute relative ; elle ne peut satisfaire que ceux qui se contentent de l'apparence. En réalité les révolutions politiques et religieuses du Continent et de l'Amérique du Sud ont été, comme celles de l'Angleterre et de l'Amérique du Nord des substitutions d'autorité mais plus profondes et moins aisément acceptées. Si dans l'ordre religieux la révolution anglicane a substitué l'autorité de l'épiscopat et du parlement anglais à celle du pape et des conciles, la révolution luthérienne, calviniste, zwinglienne a substitué l'autorité de l'Écriture à celle du sacerdoce. Dans l'ordre politique, la France en 1789 a vu l'autorité des États généraux se substituer à celle du roi, en 1848 celle du suffrage universel à celle du cens électoral. En Italie ce fut l'autorité du gouvernement piémontais que les mouvements populaires substituèrent à celle du Pape, de l'Autriche ou des dynaties locales ; dans l'Amérique du Sud ce fut celle des chefs militaires qui remplaça celle du roi d'Espagne.

Toute révolution se présente donc à l'historien comme un transfert d'autorité. Telle en est la vraie définition.

Mais ce transfert peut s'opérer de deux façons bien différentes. Ou bien une force sociale définie, à laquelle le droit existant dénie le caractère d'autorité dirigeante sans lui interdire d'exister, renverse les autorités nominales et se substitue à elles ; ou bien une conscience populaire latente s'affirme et se définit, après le renversement d'une autorité traditionnelle et s'empare de l'autorité religieuse et politique.

Il est évident que la crise révolutionnaire est beaucoup plus violente et durable dans le second cas que dans le premier.

Il serait intéressant d'étudier ces deux types de révolutions dans l'ordre religieux et dans l'ordre politique. Contentons-nous de quelques faits bien acquis à la critique historique.

Dans les générations qui précédèrent la mort de Jésus et la ruine du temple de Jérusalem, la synagogue devenait peu à peu le centre de la vie religieuse des croyants messianites[1]. Des sectes entières, comme les Esséniens, s'abstenaient de sacrifier au Temple. Seule l'aristocratie sadducéenne continuait à voir dans le Temple le centre vrai de la vie religieuse. La révolution religieuse, la « bonne nouvelle » prêchée par Jésus, la substitution du culte en esprit et vérité au culte rituel, consistait à déplacer radicalement l'axe de la vie religieuse, à remplacer le Temple par le Corps des croyants. L'Église chrétienne primitive est une synagogue et sans la synagogue l'Évangile n'aurait pu être annoncé.

Au x⁰ siècle la corporation, le collège d'artisans, la ghilde, l'association des marchands, bref l'association des petites gens des villes, déjà si forte sous l'empire romain s'était reconstituée dans toute l'Europe. Elle n'avait pas de caractère juridique, encore moins d'autorité législative ou politique. L'insuffisance des garanties données à la population laborieuse l'amena, dans les villes, à poser son existence et son droit en face de la féodalité ecclésiastique et militaire.

---

1. Albert Réville. *Jésus de Nazareth*, t. I.

La révolution bourgeoise [1] l'institution de la commune jurée, fédération des ghildes ou de corps de métiers, fut la conséquence de l'affirmation de cette force sociale nouvelle.

Au xviiiᵉ siècle, les États généraux, qui, au cours de l'histoire de France avaient joué en plusieurs circonstances critiques le rôle d'une véritable représentation nationale n'étaient plus qu'un souvenir. Cependant à titre de souvenir ils faisaient partie de la conscience publique. Les parlements se considéraient comme les dépositaires de leur droit de contrôle et de remontrance. Les historiens tels que François Hotman, les philosophes politiques tels que Montesquieu en rappelaient le rôle et en montraient la place dans la constitution historique de l'État. Le conflit violent qui durant tout le xviiiᵉ siècle met aux prises la couronne et la magistrature et indirectement l'ultramontanisme et le gallicanisme rend ce souvenir de plus en plus vivant. L'idée nouvelle de la souveraineté populaire vient lui donner une plus grande intensité et quand les embarras financiers obligent la couronne à faire appel aux divers ordres de l'État, les États généraux ou du moins une de leurs chambres sont devenus une puissance sociale. Dès que la couronne engage la lutte, cette puissance, prenant nettement conscience d'elle-même, se substitue peu à peu à toutes les autres [2].

Dans beaucoup d'autres cas il n'y avait pour remplacer une autorité renversée, d'autre pouvoir qu'une conscience collective diffuse : ce phénomène est le plus directement intéressant pour la psychologie sociale.

C'est surtout dans l'ordre religieux que nous l'observons. La réforme luthérienne et calviniste en est la grande manifestation. Tous ceux qui ne l'ont pas étudiée en s'appliquant sur les yeux les verres colorés du catholicisme et du positi-

---

1. Nous prenons ici ce mot au sens propre et historique. C'est commettre un anachronisme et un non-sens sociologique que de l'appliquer à une révolution agraire comme celle de 1789.
2. Koch. *Beiträge zur Geschichte der Politischen Ideen*, II ter Theil Gaertner, Berlin 1896, t. III, Fischbacher 1885.

visme (deux dénominations d'un même esprit collectif) savent qu'elle était depuis longtemps en voie de formation [1]. On peut dire que du jour où la conscience chrétienne en Italie aspira à l'Évangile éternel, où Waldo lut les extraits des évangiles aux pauvres de Lyon assemblés autour de lui, la négation de l'autorité sacerdotale sur la conscience morale et religieuse commença à séduire des esprits. La littérature vaudoise, depuis le poème de la *Noble Leçon* jusqu'aux écrits modernes suffit à rattacher les premiers protestants aux mystiques du xiiie siècle [2]. On peut même dire que Wiclef, Jean Hüss, Savonarole, Jean Wessel, n'avaient pas moins que Luther, Zwingli, Farel et Calvin les dons qui font l'apôtre et le réformateur. Cependant ils échouèrent. De l'étonnante épopée hussite rien ne sortit sinon la petite église des frères Moraves tandis que la défaite de Mühlberg n'empêcha pas les Luthériens de séparer de Rome l'Europe du Nord. C'est que ni les Hussites ni Savonarole n'osèrent placer l'autorité religieuse dans la conscience éclairée par la Bible tandis que Luther, Zwingli et leurs émules français le firent hardiment ; c'est que les Précurseurs de la Réforme ne sentaient pas cette conscience religieuse à la fois libre et cependant populaire suffisamment formée autour d'eux. Leur recours était — sauf la mémorable exception de Wiclef — d'en appeler au concile ou au pape mieux informé. Leur conception de la théologie et de la foi les asservissaient encore à l'autorité sacerdotale. Mais si nous comparons ainsi les Précurseurs aux Réformateurs nous sommes autorisés à conclure que la grande révolution religieuse du xvie siècle fut au plus haut point un transfert d'autorité. La preuve est que le christianisme a aujourd'hui beaucoup plus d'action sur la

---

1. Gebhart. *L'Italie mystique*, notamment ch. i et v; Hachette 1890. — F. Rocquain. *La cour de Rome*, Thorin, 1895. — Chastel. *Histoire du christianisme* ; Montet. *La Noble Leçon*, texte et traduction, Fischbacher 1888.

2. Montet, éditeur et traducteur de la *Noble Leçon*, distingue trois phases dans la littérature vaudoise, la phase catholique, la phase hussitique et la phase protestante.

vie des peuples qui ont accepté cette nouvelle autorité que sur ceux qui sont restés fidèles à l'ancienne.

Par là, l'étude des révolutions nous aide à comprendre la véritable nature de l'autorité : elle n'est jamais intégrée dans un homme, un collège de magistrats, une corporation, une classe : elle réside toujours dans la disposition secrète de l'homme moyen à donner son assentiment à toute discipline extérieure capable de maintenir les liens sociaux par lesquels il sent sa vie et conditionnée.

Si nous avons bien analysé les données de l'histoire des révolutions, nous pouvons révoquer en doute la théorie qui y voit la preuve d'une dissolution graduelle des sentiments sociaux ou, comme disait Comte, d'une insurrection de l'esprit contre le cœur. Si la révolution est un échec au règne du cœur, c'est-à-dire au sentiment social, il faut penser que les forces sociales auxquelles l'autorité est transférée révolutionnairement se sont formées sans le concours des tendances sociales de l'homme ou malgré elles ; il faudrait admettre aussi que les autorités détruites dérivaient seules du sentiment social. Or ces autorités, qu'elles fussent politiques ou qu'elles fussent religieuses, étaient toujours nées dans des cercles sociaux plus étroits que ceux qui apparaissent à la suite des révolutions. Nous ne dirons donc pas que ces deux hypothèses soient fausses à priori, mais bien que l'histoire ne leur apporte pas les preuves proportionnelles à leur invraisemblance.

Sans doute la psychologie sociale, en observant la succession des révolutions, voit succomber, peu à peu, les grands facteurs humains de l'obéissance, le traditionalisme, le conformisme religieux, le loyalisme politique. La conduite des ancêtres cesse d'être le type du bien, l'étalon du vrai. Le nombre des contempteurs de la tradition va croissant peu à peu et c'est ainsi que disparaît l'autorité de la coutume remplacée graduellement par des institutions positives adaptées à l'intérêt de la majorité.

Avec le tradionalisme juridique, économique, littéraire, le conformisme religieux est mis en péril. Quand les titres de la tradition à la confiance commune ont été mis en doute, l'âge du rationalisme religieux commence et la critique se fait de plus en plus pressante, rétrécissant sans cesse au profit de la conscience individuelle le domaine de la foi collective. Seule la religiosité individuelle peut désormais justifier les croyances et les mystiques préparent à leur insu l'œuvre des raisonneurs.

Enfin le loyalisme politique, quoique servi par la force militaire, ne peut survivre. On voit le client se détacher du patron, le vassal du suzerain. On juge intolérable le poids de liens que jadis allégeait l'amour. L'esprit monarchique surnage encore. Mais le prestige de la couronne s'efface peu à peu et arrive à grands pas l'âge des rois en exil ou des rois fainéants qui préfèrent vivre, sans gouverner, d'une liste civile, aumône dorée dont on rémunère leur fonction oisive et décorative. Bref l'humanité entre dans l'âge de la discussion et il faut à un Européen beaucoup d'efforts intellectuels pour comprendre l'âme orientale. On subit l'autorité comme un mal nécessaire mais on se défie des chefs politiques et on ne les aime plus, sinon pour leurs services immédiats.

Donc la révolution est un transfert plutôt qu'une destruction d'autorité. En même temps la succession des révolutions est inséparable d'une transformation des intelligences et des sentiments qui a pour effet l'affaiblissement, le relâchement, parfois la disparition des grands mobiles collectifs qui faisaient accepter l'autorité aux hommes des sociétés primitives. Il y a là une obscurité que nous ne pourrions pas dissiper sans chercher quelles peuvent être les causes profondes des révolutions.

Les deux explications entre lesquelles la sociologie contemporaine nous offre le choix sont la théorie du combat économique des classes (Marx) et celle du combat pour le droit (Jhering). L'une comme l'autre peut alléguer de nombreux faits bien établis en sa faveur. Il est certain que les quatre séries de révolutions qui s'offrent au regard des historiens et forment les principaux objets de leurs études, révolutions plébéiennes des cités antiques, révolutions communales du moyen âge, révolutions religieuses et politiques issues de la Réforme, révolutions qui en France et dans l'Italie, en Autriche et dans l'Amérique du Sud ont renversé l'absolutisme politique et religieux, ont été des *combats pour le droit* civil, pénal et constitutionnel. Il est certain aussi qu'elles ont mis des classes aux prises. Toutefois l'hypothèse de Jhering nous semble à la fois beaucoup mieux appuyée sur les faits que celle de Marx et beaucoup plus large car elle n'oblige pas à rattacher artificiellement les crises religieuses aux luttes économiques.

D'ailleurs ces deux hypothèses sont loin d'être incompatibles et Gumplowicz dans son livre sur le *Droit public universel* nous semble en avoir fait une bonne synthèse[1]. Les classes en lutte sont le plus souvent des peuples ou des clans superposés par la conquête. Mais la lutte économique n'est jamais une lutte pour le bien-être, c'est la lutte pour l'isonomie civile ou politique. La preuve est qu'une classe économiquement misérable, une classe que la misère économique, physiologique, morale, condamne à rester totalement inculte, n'engage jamais contre la classe rivale la lutte avec succès. Les serfs des campagnes étaient au moyen âge beaucoup plus durement traités que les serfs des villes. Mais ceux-ci devinrent capables de concevoir un idéal juridique défini et réussirent à fonder révolutionnairement les communes. Les serfs ruraux ne surent faire que des jacqueries sans lendemain qui en Angleterre comme en France, en Allemagne comme en Hongrie ne montrèrent rien que leur faiblesse. Même leurs essais de communes rurales fédérées échouèrent en dehors des vallées alpestres (Cantons fores-

---

1. Ludwig. Gumplowicz. *Allgemeines Staatsrecht*, Erstes Buch. — Innsbruck, Wagner 1897.

tiers, Grisons, Appenzell)[1]. Comme l'a montré fortement Antoine Menger, la conscience de la misère n'a jamais fait surgir un changement fécond qu'autant qu'elle a été éclairée et guidée par la conscience du droit[2].

Or si la répartition des fruits du travail, si le droit économique est une des grandes applications de la conscience du droit, ce n'est pas la seule. La procédure civile et criminelle, les garanties de la responsabilité pénale, les garanties accordées par le droit constitutionnel à l'ensemble des citoyens contre l'empiètement du gouvernement n'ont pas moins d'importance et ont été autant de buts assignés aux révolutions.

La conscience du droit émergeant de la conscience sociale instinctive, voilà donc la cause profonde des révolutions[3].

Mais la conscience du droit est-elle, comme l'a enseigné la sociologie comtiste, une insurrection de l'esprit contre le cœur et la conséquence d'une dissolution des sentiments sociaux?

Même rapprochée de l'histoire des révolutions, l'histoire du droit ne peut donner ici une réponse suffisante. Il faut élargir le problème et traiter, comme l'a fait succinctement, mais en quelques pages lumineuses, M. Th. Ribot, de la genèse et du développement des sentiments moraux sans les séparer jamais totalement des autres émotions supérieures qui les pénètrent et s'associent à eux dans la conscience sociale comme dans la conscience individuelle[4].

Consultons donc l'histoire des religions et des littératures, plus féconde ici que celle des institutions : nous y distin-

1. Voir Luchaire. *La commune collective du Laonnais, Les communes françaises*, liv. I, Hachette 1890.

2. Antoine Menger. *Le droit au produit intégral*, chap. IX, trad. française, Giard et Brière 1900.

3. Vadalà-Papale. *Il processo dinamico della legge* (Estraffo dallo Spedalieri), Rome 1893. (Cf. Gaston Richard). *L'origine de l'idée du droit*, Thorin, 1892.

4. Th. Ribot. *Psychologie des sentiments*, IIe partie, ch. VIII (Paris, F. Alcan).

guons trois moments, trois phases dans la vie morale des sociétés qui ont cessé d'être instinctives. C'est d'abord l'élaboration des sentiments moraux ; c'est ensuite leur pénétration dans le sentiment religieux et le sentiment esthétique ; enfin en dernier lieu apparaît la notion consciente de la société rationnelle ; elle devient pour l'individu un motif de vivre et d'agir.

Les sentiments moraux émergent des sentiments sociaux qui eux-mêmes ont pour forme primitive la sympathie ou pour mieux dire la tendance aux émotions tendres modifiées par la loi de l'unisson psychologique. Les sentiments sociaux prennent deux grandes formes, les uns rattachant l'individu à une société domestique qui va se rétrécissant, les autres l'unissent à la vie de cercles qui s'élargissent, l'état, la corporation, la société religieuse. Mais l'action de ces sentiments sur la conscience ne donnerait lieu qu'à un état *pré-moral* si certaines notions n'en modifiaient l'effet. On sait combien le sentiment de la solidarité domestique porte l'homme à la vengeance, combien le sentiment patriotique peut être intolérant, combien le sentiment confessionnel rend haineux les foules et les individus. Ce sont les idées de droit, de justice distributive, d'égalité, de charité, de dignité personnelle qui contribuent à les épurer. Ces idées n'agissent d'ailleurs que socialement et dans la mesure où elles inspirent aux hommes des jugements sur la conduite d'autrui. L'agrandissement des cercles sociaux favorise leur action et la destruction des petits cercles politiques hâte leur progrès comme le prouvent l'histoire de l'empire macédonien, celle de l'empire romain et celle de l'état français moderne. La formation de l'élite stoïcienne, préparée par toute une élaboration antérieure, la formation des principes de la révolution française, voilà la conclusion historique de ces phases.

2° Mais la religion oppose en général une résistance à cette transformation de l'unisson psychologique et la raison en est facile à concevoir : le sentiment religieux est, au moins chez les enfants et les primitifs, éminemment traditionaliste ; il associe la personnalité de l'individu, non au cercle de ses contemporains, mais à la série de ses ancêtres et c'est pourquoi une révolution religieuse est le plus souvent nécessaire pour que les sentiments éthico-sociaux deviennent féconds. De là sont résultées les religions éthiques que l'on peut classer, selon un traditionalisme décroissant[1]. Laissons de côté les conceptions de ces différentes religions : toutes tendent à la synthèse de deux ordres d'émotions qui chez l'homme primitif n'ont à peu près rien de commun. Sur une stèle de Khorsabad un roi d'Assyrie Assourbanipal se vante d'avoir exterminé des peuples et écorché vifs des captifs et il ajoute : « J'ai réjoui le cœur des grands dieux mes seigneurs. » On peut dire que, chez tous les peuples primitifs, la religiosité, émotion contagieuse au plus haut point, très propre à certains égards à favoriser l'unisson psychologique, est un obstacle redoutable opposé à l'expansion des sentiments moraux.

La fusion du sentiment religieux et du sentiment moral a rendu celui-ci contagieux, expansif comme la religion elle-même. On a vu naître de grandes sociétés morales, comprenant chacune une multitude de cités, de confédérations, d'empires. Cette extension des cercles sociaux a réagi sur la sensibilité humaine elle-même.

Un autre grand phénomène, c'est la subordination du sentiment esthétique au sentiment religieux éthique. Dans l'Inde bouddhique[2] et dans l'Europe du moyen âge la religion fournit à l'art autre chose qu'un thème. Le sentiment esthétique se pénètre de cette couleur religieuse qui en fait comme le reflet du monde invisible dans la sensibilité humaine :

---

1. Sur les religions éthiques et leur rôle dans la genèse de la morale, voir Wundt, *Ethik*, Ire partie, ch. II, 2 *d*.

2. C'est surtout dans les deux colonies indiennes, le pays Khmer et Java, que l'on s'en rend compte.

témoins la cathédrale gothique et la *Divine Comédie*. L'œuvre d'art doit sa valeur à son sens symbolique. Transformé ainsi, le sentiment esthétique devient un lien de plus entre les cœurs.

3° Mais les religions éthiques conservaient une cosmologie trop voisine de celle des mythes. La réflexion s'attaque à cette cosmologie et peu à peu la discrédite. Au miracle, à la théophanie elle substitue la loi. Le sentiment religieux ne subsiste plus que sous deux formes, ou la confiance optimiste en un principe spirituel de l'ordre et du perfectionnement universels, ou le sentiment pessimiste de l'imperfection des créatures. Ou Leibnitz ou Pascal. — Mais sous quelque forme qu'elle se révèle, la religiosité tend de nouveau à se séparer du sentiment moral. Ou bien, en effet, la morale élimine de la vie religieuse tout ce qui survivait de l'ancienne religiosité ; c'est le cas du protestantisme ; ou bien le mysticisme tend à condamner comme profanes les soucis de la morale sociale. Depuis le quinzième siècle, cette grande révolution se poursuit en Europe, souvent sans que ses acteurs s'en rendent très bien compte.

Le sentiment moral souffrirait de ce divorce s'il ne trouvait pas un nouvel excitant dans la notion consciente de la société rationnelle. Cette dernière phase commence en Europe à la fin du seizième siècle, et à certains égards La Boétie en est le héraut. Néanmoins c'est surtout de la publication des différentes œuvres de Grotius qu'il faut la faire dater. Le droit naturel est une expression équivoque et impropre désignant une idée féconde, celle d'une société dont la raison est l'arbitre. Grotius et ses successeurs ont été de médiocres sociologues ; le même reproche peut être fait aux contractualistes, mais si ces philosophes ont mal connu les origines des sociétés, ils ont bien vu en quel sens elles allaient se développer. Ils ont défini l'œuvre à accomplir savoir : la réduction de la contrainte pénale au minimum, l'éducation rationnelle de tous les esprits et de toutes les consciences, l'égalité des personnes et des droits dans la division du travail. Ils ont vu également les obstacles opposés par la réalité historique à l'expansion de la société rationnelle, la guerre et l'asservissement des producteurs. S'ils ont laissé aux générations futures le soin de trouver des armes assez puissantes pour vaincre ces obstacles, ils ont accompli l'œuvre morale urgente : ils ont traduit les inquiétudes communes et formulé les espérances de l'élite morale. Les persécutions ne leur ont pas été plus épargnées qu'aux grands fondateurs des religions éthiques mais la persécution a été le meilleur agent de la diffusion de leurs idées.

En effet le sentiment moral a ses initiateurs ou plutôt, comme l'ont montré les psychologues contemporains, Wundt et Ribot, il y a une invention dans l'ordre moral comme dans l'ordre esthétique et intellectuel[1]. Un écrivain allemand qui a consacré ses travaux aux origines de la conscience morale, Rée, reconnaît, à côté des influences ethniques et sociales, une vertu propre à l'action des moralistes. Mais si le moraliste reflétait seulement la conscience de la moyenne humaine, comment son influence historique serait-elle possible?

L'histoire des révolutions qui ont accompagné le développement du droit et la formation du type social de l'Occi-

---

1. Ribot. *Psychologie des sentiments*, IIe partie, ch. VIII. — Cf. Wundt. Zunächst allerdings schöpft das individuelle Bewusstsein ganz und gar aus dem Schatz der ihm von aussen zugeführten, ihm mit seiner Umgebung gemeinsamen Ideen. Aber allmählich verarbeitet es diese selbstandig, und es entwickeln sich in ihm Willensimpulse, die zwar in der allgemeinen Willensrichtung vorgebildet, nicht zureichend zusammengefasst sind, um als actuelle kräfte wirksam zu werden. Hier kommt nun dem Individualwillen die Eigenschaft energischer und sebstbewusster Concentration auf bestimmten Ziele zu statten... Hier aut beruht die ungeheure Bedentung der führenden Geister. In jedem Einzelbewustsein spiegelt sich in irgend einer Weise das Gesammt bewusstsein an dem es theile nimmt, aber zumeist einseitig und durch vorurtheile beschränkt... Führende Geister sind aber die, die sich der treibeuden Kräfte des öffentli chen Geister Klarer als Andere bewusst werden, die diese Kräfte in sich gesammelt und so sich bafähgt haben aus einem Vermogen deren Richtung zu bestimmen oder zu verändern, so weit dies innerhalb der Grenzen der allgemeinen Willensrichtungen geschehen Kann (*Ethik*, III, ch. I, 2 e.

dent n'est donc pas le tableau d'une longue insurrection de l'esprit contre le cœur. La victoire de la finalité rationnelle sur la finalité instinctive n'est pas la dissolution graduelle des liens sociaux et la psychologie sociale ne peut ratifier ni les jugements de Comte ni ceux de Vierkandt. Si leur opinion a pu être soutenue c'est que, faute d'une analyse suffisante, on a confondu le plus souvent l'altruisme avec l'égoïsme collectif.

Dans la société animale, on ne peut en effet les distinguer. La finalité instinctive sert aveuglément l'égoïsme du groupe et de l'espèce. Réunis en troupes par l'instinct grégaire, les animaux sacrifient impitoyablement l'individu à la sécurité du troupeau. On sait que Darwin en a donné des exemples frappants[1]. Il en est de même dans les hordes sauvages, les familles, les cités, les religions primitives. Le droit, le bonheur, la conscience de l'individu n'y comptent pas devant ce qu'on appelle l'intérêt commun, c'est-à-dire les fins temporaires ou permanentes du groupe. On célèbre le dévouement, mais c'est en vue de provoquer des sacrifices qui prouvent l'égoïsme absolu de la communauté qui les accepte.

Au contraire l'action graduelle de la raison sur la conscience collective fait apparaître une morale sociale qui accorde toujours une valeur plus grande à l'individu. A l'antithèse du devoir et du droit succède la notion de leur harmonie.

C'est en ce sens que l'histoire des révolutions exprime le progrès de la conscience du droit. Ce n'est pas une insurrection de l'esprit contre le cœur qui est mise sous nos yeux, mais une insurrection de la conscience morale rationnelle contre l'égoïsme collectif.

Sans doute la raison ne peut détruire complètement l'égoïsme collectif puisqu'il persiste dans nos sociétés sous le nom de raison d'état et qu'il détermine encore de violentes

---

1. Voir *Descent of Man*, traduction française, Ire partie, ch. IV.

régressions. Mais la réflexion de l'homme raisonnable, en s'appliquant à tous les mobiles qui rendaient l'égoïsme collectif vénérable à l'homme des anciennes civilisations, le fait apparaître dans sa laide nudité. La raison met l'égoïsme collectif en péril parce qu'elle dissout peu à peu le traditionnalisme ou la vénération irréfléchie des ancêtres, le conformisme religieux et le loyalisme politique. Dès lors la morale sociale est tout autre chose que la suggestion d'un sacrifice absolu et permanent de l'individu à la communauté.

La morale sociale rationnelle énonce entre l'individu et la société un rapport de finalité réciproque. L'individu a dans la société sa fin parce qu'en elle seulement sa destinée complète peut s'accomplir ; en elle et non dans la poursuite de ses fins propres il peut trouver l'exercice de toutes ses tendances latentes. Mais la société n'a pas sa fin en elle-même ; elle n'a point pour fin non plus la conservation ou le développement physique de l'espèce. La fin est le développement et le perfectionnement de l'individu. C'est pourquoi elle est responsable envers l'individu, responsabilité qui n'est pas une fiction mais qui oblige tous solidairement envers tous et chacun envers tous. Les règles primitives du droit étaient exclusivement des règles d'autorité pliant les fins de l'individu pour les soumettre aux fins collectives. Le droit rationnel au contraire n'affirme la souveraineté que pour garantir les biens juridiques de la personne. Mais regardons-y bien ! Nous y voyons une finalité réciproque qui harmonise et solidarise les fins personnelles et les fins sociales au point qu'elles deviennent indiscernables et que la faiblesse de l'état et de la loi amène bien vite l'oppression de l'individu.

C'est précisément la complexité de cette finalité réciproque qui nous prouve qu'elle est rationnelle. L'instinct ne tend qu'à des fins simples qui sont en somme les fins de l'espèce ; il y sacrifie tout. Les compromis savants que le droit historique attribue si facilement à une activité inconsciente sont l'œuvre de la raison transformée en habitude.

Mais le droit n'a qu'une existence formelle. La morale sociale n'est elle-même qu'une règle idéale de l'activité. Quelque lien profond remplace le lien qui associe les parties de la communauté instinctive. L'histoire de la civilisation nous le fait-elle découvrir ?

CHAPITRE XI

LA FORMATION DES LIENS SOCIAUX SOUS L'INFLUENCE DE L'ACTIVITÉ MENTALE. — L'ART ET LA DIVISION DU TRAVAIL

L'histoire des révolutions traverse en quelque sorte l'histoire de la civilisation, sans la recouvrir ou la cacher. L'histoire de l'art est la branche la mieux définie de l'histoire des civilisations, car elle s'appuie sur une étude dont les investigations peuvent s'étendre jusqu'aux communautés préhistoriques, l'archéologie.

L'art lui-même est une manifestation de l'activité humaine que la psychologie comparée a souvent rapprochée de l'instinct. Comparer l'histoire de l'art à l'histoire des révolutions est une méthode qui permettra à la psychologie sociale de décider si à la dissolution de l'instinct par l'activité rationnelle n'a pas correspondu l'apparition d'une forme nouvelle et supérieure de l'activité sociale.

Ici plus qu'ailleurs, si l'on ne veut pas être dupe des illusions qui si souvent ont séduit et égaré les auteurs de l'histoire universelle, il faut remonter du présent au passé. Nous n'avons d'ailleurs pas à craindre d'être contraints de nous arrêter trop tôt puisque l'archéologie atteint les plus anciennes civilisations et même les communautés qui ont existé avant toute histoire.

La civilisation occidentale moderne est la première qui soit donnée à l'observation. Elle est caractérisée depuis la

Renaissance et la Réforme par l'union de la science critique et méthodique à l'industrie divisée et subdivisée. En revanche si les techniques industrielles sont toutes subordonnées aux résultats généraux des méthodes scientifiques, les beaux arts et les industries forment deux provinces distinctes de l'activité humaine. L'*artisan* a disparu de plus en plus pour faire place à l'artiste et à l'ouvrier.

Cette civilisation moderne n'a fait que développer les éléments de progrès contenus dans l'ancienne civilisation gréco-romaine. En Ionie, plus tard à Athènes, plus encore à Alexandrie et dans l'empire romain, l'histoire voit la science et la philosophie s'ébaucher pour donner une direction à l'activité technique dont la spécification commence à être la loi.

Cette civilisation est tout entière propre à l'Occident. Avant la civilisation moderne, l'historien constate la longue période de la civilisation médiévale. La nature des croyances directrices, la prépondérance du sacerdoce dans toutes les formes de l'activité intellectuelle a permis de la comparer aux civilisations orientales. Le fait est qu'entre l'Inde, la Chine, l'Orient musulman, l'Occident catholique, il n'y a alors d'autres différences que celles qui résultent des dogmes. Partout la religion éthique, servie par un pouvoir spirituel plus ou moins organisé et distinct de l'État, est le ressort unique de l'activité collective. Avec l'ancienne Égypte, le moyen âge catholique offre peut-être le spécimen le plus parfait d'une civilisation sacerdotale.

Le caractère de cette civilisation est double ; c'est la séparation du savoir et de l'activité productive et c'est l'union étroite de la théologie, de la philosophie, de la poésie et des beaux-arts. Au contraire l'industrie tout entière, enfermée dans une organisation domestique ou corporative, obéit à l'empirisme et a pour règle l'imitation des ancêtres.

Si la civilisation gréco-romaine n'est que le premier moment de la civilisation occidentale moderne, puisque l'art tend déjà à s'y subdiviser (puisque de la poésie sort la philosophie, de l'art oratoire la rhétorique, puis la logique et qu'enfin de la philosophie sort la science), le type de culture auquel il convient de rattacher le moyen âge occidental, c'est la civilisation des anciens peuples orientaux. Nous n'y verrons pas, comme Vierkandt, une demi-civilisation, mais bien la forme de culture la plus répandue. C'est elle en effet que nous retrouvons presque intacte dans la Chine, l'Indo-Chine et l'Indonésie moderne; c'est elle que l'Islam a recouverte plutôt que détruite dans l'Iran et dans l'Inde. Elle s'y distingue de la culture grecque par l'absence de science et l'Inde exceptée, par l'absence de philosophie. Mais les deux caractères fondamentaux de la culture y sont réunis. En premier lieu, les beaux-arts et les techniques y forment un ensemble, un tout organique, subordonné, nous ne dirons pas à une pensée directrice, mais bien à une grande tendance collective, inconsciente dans la masse, mais consciente dans les sacerdoces de l'Égypte, de l'Iran, de l'Inde et dans cette sorte de sacerdoce civil que les lettrés confucianistes ont formé en Chine. Le second caractère c'est l'existence d'une éducation publique fortement organisée et qui, en Chine tout au moins, a eu des théoriciens non sans profondeur. La civilisation orientale est autre chose qu'un moyen de conquérir les subsistances par une exploitation empirique de la nature ; c'est une constitution réfléchie de la tradition ; c'est une organisation de la mémoire humaine ; elle repose toute entière sur l'usage de l'*écriture* et le lien social y a pour expression définie le *Livre sacré*.

Aussi cette civilisation en suppose-t-elle une autre plus simple dont le Pérou et le Mexique précolombiens ont présenté aux archéologues les formes les plus élevées, dont le palethnographe étudie les premières ébauches et dont les explorateurs de l'Afrique ont trouvé les formes moyennes, notamment à Djenné, au Soudan, et dans les petits États formés par les Sandehs[1]. A cette phase l'homme n'écrit pas mais il sait déjà peindre, dessiner ; il a déjà ses corporations d'aèdes ou de griots qui racontent les légendes des héros et récitent les formules magiques ; il sait cultiver le sol, forger les métaux, cuire la brique et la poterie, tailler la pierre, fortifier les bourgades : c'est, si l'on veut, l'âge de la pré-civilisation. Elle peut d'ailleurs, au point de vue moral et juridique, coïncider avec la plus entière barbarie, nous voulons dire la plus entière indifférence au droit personnel et avec le plus rude égoïsme collectif.

Si l'on met de côté les caractères distinctifs de la civilisation moderne qui seule a été caractérisée par une influence étendue et durable de la science et de la critique, l'on reconnaîtra que le développement de l'art fait l'unité de l'histoire de la civilisation. Il est inutile de dire que nous n'avons pas en vue les beaux arts seuls mais encore les différentes techniques, technique industrielle, agricole, commerciale, technique médicale, technique militaire et même technique judiciaire.

Une histoire qui n'est peut-être pas encore achevée, mais dont l'archéologie et la philologie ont réuni les matériaux, constate deux grands faits généraux. Le premier est que les techniques ont été sans cesse spécifiées et perfectionnées (car si la statuaire a été portée à sa perfection par les Grecs, il n'en a pas été de même de l'architecture, de la peinture et de la musique, sans parler, est-il besoin de le dire, de la technique industrielle et médicale). Nous observons aussi, quoique surtout dans les temps modernes que les techniques ont réagi les unes sur les autres ; ainsi la médecine légale perfectionne la procédure et la procédure civile en matière de conventions a seule rendu possible le crédit, c'est-à-dire le grand agent du progrès de la technique commerciale.

Ainsi entre l'âge des révolutions religieuses, civiles, poli-

---

1. Sur les Sandehs, voir de Preville : *Les Sociétés africaines*, ch. v, et Ratzel : *Der Staat und Sein Boden*, Leipzig, Hirzel.

tiques et l'âge des communautés instinctives, l'histoire de la civilisation nous montre le développement régulier de l'art, c'est-à-dire d'une forme d'activité à laquelle le raisonnement réfléchi peut s'appliquer, non pour la détruire, mais pour l'orienter sûrement vers ses fins.

La psychologie sociale ne peut négliger l'étude d'une donnée aussi importante. Elle doit, au contraire, la peser soigneusement avant de rien conclure sur les rapports de l'instinct et du lien social.

En effet l'histoire du développement de l'art coïncide avec une donnée générale de la sociologie comparée, donnée dont les évolutionnistes ont tiré leur principal argument pour absorber la sociologie dans la biologie : nous voulons parler de la division du travail.

Il est inutile de parler longuement d'un sujet aussi rebattu. Nous voudrions seulement montrer que la division du travail est dans les sociétés tout autre chose que le phénomène morphologique auquel on a, par métaphore, appliqué le même terme. Nous ne sommes pas ici en présence d'organes qui exécutent inconsciemment des fonctions solidaires, mais d'agents personnels qui poursuivent avec réflexion des fins en partie individuelles, en partie collectives, en partie générales. Ces fins se contredisent pour autant qu'elles correspondent à des désirs individuels ; elles ne s'accordent que si elles deviennent des moyens les unes pour les autres ; or cette réciprocité des fins et des moyens correspond à l'unité profonde, à la solidarité des arts et des connaissances.

En d'autres termes le travail, en tant qu'effort, est toujours une opération individuelle qui doit être comprise par une intelligence personnelle, exécutée par une volonté personnelle sentant sa volonté accrue et définie par là même. Plus les travaux sont spécifiés, subdivisés, plus l'individu conçoit et s'attribue le pouvoir d'arrêter l'activité commune et plus le sentiment de la solidarité est chez lui en péril.

C'est pourquoi les premiers théoriciens de la division du travail ont si facilement conclu au règne des intérêts individuels tandis que les premiers socialistes ont conclu à l'indivision des travaux.

Si la division du travail est sociale, c'est qu'elle est la répartition d'un groupe d'arts, solidaires et complémentaires au point de constituer un art unique, entre des agents dont chacun réalise une des fins partielles de l'art en s'efforçant d'y adapter ses aptitudes propres.

Ainsi entendue la division du travail n'est rien moins qu'une loi *mécanique* ou même *organique;* c'est un *fait téléologique* ou *psychologique* qui est soumis à des lois que nous ramènerons à trois : la loi d'*individuation;* la loi de *localisation;* la loi de *répercussion.* Ce sont ces deux dernières lois que l'on a d'ordinaire citées pour faire cadrer une notion toute juridique, morale et religieuse, la *solidarité* avec l'hypothèse de l'organisme social. La localisation et la répercussion donnent à la division du travail l'aspect d'un phénomène naturel en paraissant le soustraire à l'empire de la raison ; mais c'est la loi d'individuation, loi contingente au plus haut degré qui caractérise toujours mieux la division du travail et en fait un agent de progrès[1].

En effet, l'individualité du caractère est par là même réconciliée avec l'activité collective parce que cette activité doit désormais mettre en œuvre les variétés psychologiques qu'une activité uniforme refoulait.

La division du travail social ne rapproche pas seulement des intérêts, ainsi que l'ont cru les économistes ; elle ne crée pas davantage un organisme complexe comme l'enseignent les sociologues naturalistes ; elle fait mieux ; elle fond en une personnalité composée, en une grande et durable synthèse d'états de conscience les personnalités diverses qui concourent à la tâche commune[1]. — Chaque

---

[1]. Voir sur l'individuation et la localisation dans la division du travail l'appendice F.

personnalité peut avoir psychologiquement sa note propre. Au point de vue de la mémoire, les unités sociales peuvent offrir le type visuel, auditif, moteur, affectif ; au point de vue de l'imagination, celle du type mécanique ou commercial peut compléter l'imagination du mystique, du mathématicien, l'imagination plastique ou diffluente ; les caractères peuvent appartenir au type sensitif, apathique ou actif. Ces différences, loin de nuire à l'harmonie totale, en font la condition. La société met à contribution dans les œuvres de la pensée, l'esprit de l'abstracteur, du réaliste, de l'imaginatif ; dans la vie courante elle tempère la personnalité absorbante des grands actifs par celle des apathiques ; elle supplée à la sécheresse des uns et des autres par l'extrême émotivité des sensitifs. C'est ainsi qu'une œuvre indéfiniment variée peut s'accomplir et que la nature humaine, ondoyante et diverse, réfractaire à toute direction simpliste sait, en annihilant les efforts du despotisme temporel ou spirituel, réaliser l'unité mieux que ne pourrait jamais le faire la volonté personnelle la mieux obéie[1].

Cependant il est visible que cette unité n'est pas tout extérieure. Ce n'est pas celle que l'on peut trouver dans les rouages d'un mécanisme même très complexe. Ce n'est pas l'unité d'une horloge. Les consciences se pénètrent ; sans former sans doute une conscience collective dont les conditions physiologiques n'apparaissent pas, elles s'agrègent comme les parcelles de la limaille de fer aimantée. Cependant chacune de ces consciences a un noyau irréductible, l'indéfectible sentiment du moi, le besoin jamais amorti de se sentir soi et de s'affirmer. L'amour mutuel est un haut idéal, bien rarement réalisé et à la place duquel l'observation aiguë d'un Hobbes ou même d'un Smith voit partout la lutte pour la supériorité. Là où l'amour n'est point la simple résignation à l'effacement, mais est agissant et fécond,

---

[1]. Nous sommes sur ce point entièrement d'accord avec M. Durkheim, mais pour des raisons d'ordre psychologique.

croyons-nous que l'individu a su former un cercle dont il est ou croit être le centre.

Le lien social n'est donc pas, dans la division du travail, conditionné par l'abnégation du moi. Et cependant il existe, sans quoi la lutte sournoise entre l'acheteur et le vendeur nous présenterait le spécimen parfait des rapports sociaux rationnels.

Le lien social, sous-jacent à la division du travail, à la pénétration réciproque des esprits, implique le concours de la volonté réfléchie, du caractère individuel.

Nous sommes donc ramenés à notre problème initial. Quel rapport le développement de l'art soutient-il avec la dissolution de l'instinct ?

Si l'on tenait pour accordé que l'association perd tout ce que la personnalité gagne, on conclurait que la civilisation relâche toujours plus le lien social. Les œuvres des civilisations issues des communautés primitives font une part très faible à la pensée individuelle. On y trouve moins le génie que la fidélité à la tradition. Dans les œuvres de l'art égyptien, de l'art khmer et indo-javanais, de l'art chinois, plus encore en celles de l'art péruvien, mexicain, yucatèque, on voit la manifestation d'une incontestable génialité collective, nulle part la marque d'un génie individuel. Mais le critique qui étudie les œuvres de l'art européen contemporain est frappé de la faiblesse de l'inspiration sociale et du rôle démesuré de la fantaisie individuelle. Ainsi l'on trouve d'un côté des œuvres corporatives où rien n'atteste la direction d'une imagination personnelle, de l'autre des œuvres strictement individuelles où la collaboration secrète de l'auteur et du goût public est peu visible. L'émancipation du génie est donc le fruit et le signe des grandes transformations sociales accomplies dans le passé. Ne peut-on en conclure que la limite de la civilisation, c'est la disparition de tout motif d'activité sociale et que si de tels motifs reparaissent, c'est par réaction contre les tendances inhérentes à la civilisation et à la société rationnelle ?

La question est de savoir si la civilisation n'est pas la substitution de l'art à l'instinct. La confirmation qu'une histoire sommaire et superficielle de l'art apporterait à la théorie pessimiste, une étude plus approfondie des rapports de l'art et des liens sociaux peut l'apporter en faveur d'une conclusion plus conforme au sens commun.

L'art est le nom générique donné à toutes les formes que prend l'activité humaine quand une finalité réfléchie la conduit. Aussi à côté des arts plastiques, poétiques, musicaux et décoratifs, faut-il placer toutes les techniques. Ces arts ont tous un trait commun : ils s'apprennent et fortifient des tendances ou dispositions préexistantes : qu'une seule de ces classes d'arts reçoive un perfectionnement notable, la civilisation d'un peuple progresse tout entière par contrecoup. Qu'un seul art tombe en oubli, et la civilisation recule ou tout au moins subit un arrêt.

Or l'art ainsi entendu procède toujours d'instincts. La psychologie ne reconnaît plus aujourd'hui l'existence d'un instinct créateur unique mais derrière toute créature animale ou humaine, elle retrouve un besoin instinctif qui a réclamé une satisfaction chez les animaux, la création instinctive confine à l'art dès que l'intelligence est éveillée.

Telles sont les constructions des castors et notamment leurs digues, pour ne citer que l'exemple le plus connu et le plus probant. On ne peut guère mettre en doute que les œuvres des races préhistoriques, à l'âge paléolithique, n'aient eu ce caractère instinctif. Or il est aisé de voir que les œuvres de ce genre ne peuvent guère se développer et satisfaire à des besoins plus compliqués sans se transformer et requérir une activité plus consciente. En effet, elles ne peuvent s'adapter à des fins nouvelles sans obtenir le concours de l'intelligence, laquelle met en œuvre l'expérience individuelle. Mais déjà chez l'animal, l'intelligence met en péril l'unité et la stabilité de l'instinct. La création instinctive fournit à l'activité intelligente un premier modèle, mais ce modèle est jugé imparfait et subit les modifications exigées par les besoins nouveaux qu'il faut contenter. C'est ainsi que l'art utile fait son apparition. Sans l'instinct il ne serait jamais né, car la connaissance empirique, asservie alors à la constatation du réel, n'aurait pas reçu l'impulsion qui l'organise. Mais sans la raison, l'instinct, soumis à la loi d'adaptation héréditaire, aurait presque invariablement répété un premier spécimen.

On sait que chez les animaux l'intelligence empirique coexiste longtemps avec les instincts et que c'est avec la spécification de ceux-ci que coïncide le progrès de l'intelligence. On voit tour à tour apparaître l'instinct maternel, l'instinct constructeur, l'instinct d'imitation qui très souvent se confond avec l'instinct grégaire. Or il est à remarquer que, soit chez l'animal solitaire, soit plus souvent chez l'animal social, chacun de ces instincts poursuit des fins qui ne peuvent guère être atteintes sans le concours de l'intelligence. Là est la vraie « forme de passage » entre l'instinct et l'art[1].

Considérons par exemple l'instinct constructeur qui, de tous les instincts animaux, est le moins éloigné de l'art humain. Les manifestations les plus remarquables en sont fournies par des animaux qui forment des communautés, les castors. D'après les observations de Morgan et d'Agassiz ils savent construire, intelligemment plutôt qu'inconsciemment, des digues dont le type varie avec l'intensité du courant et qu'une surveillance constante modifie d'après le niveau des eaux ; ils construisent de longs canaux qui leur permettent de transporter par eau, sans fatigue et sans danger, les branchages et les écorces dont ils font leur nourriture. Bref, ils exécutent de véritables travaux d'ingénieurs et, l'homme excepté, aucun être ne modifie à ce degré le monde extérieur. C'est la civilisation industrielle

---

1. Romanes. *L'Intelligence des animaux*, t. II. chap. XII, XIII, XIV, (Paris. F. Alcan).

qui est ici à l'état d'ébauche. Cependant, par la structure et le régime, le castor est apparenté à un ordre de mammifères, les rongeurs, dont l'intelligence est peu élevée, bien inférieure à celle du chat, de l'éléphant et du singe. On ne saurait attribuer aux castors, comme à ces derniers animaux, une intelligence naturelle des *mécanismes.* Cependant on les trouve aptes à exécuter en collaboration des travaux que l'on n'obtiendrait jamais des animaux naturellement mécaniciens. L'explication de cette énigme n'est pas impossible à trouver. Tous les rongeurs, auxquels le castor est apparenté, sont des animaux fouisseurs. L'instinct de fouir les conduit à creuser des galeries dont l'utilité est variée, car elles servent de refuges contre l'ennemi, d'asiles contre le froid, de magasins, etc. On peut donc dire que l'intelligence empirique, simple combinaison d'images à l'origine, n'a d'abord d'autre rôle que de développer les conséquences implicites d'un instinct primaire, dérivant de la structure même de l'animal. Trois phénomènes sont ainsi inséparables, le besoin (s'alimenter ou se préserver ainsi que ses jeunes), l'action instinctive (fouir, construire un terrier pour se dérober à l'ennemi ou cacher ses aliments) l'intelligence empirique, combinaison d'images d'abord peu distinctes de la mémoire. Mais le troisième phénomène est seul susceptible de progrès. Le castor n'a pas au fond d'autres besoins que ses congénères, le campagnol, le hamster, le mulot, la souris, et c'est toujours l'instinct qui pose la fin à atteindre. Mais si l'intelligence concourt, de génération en génération, à l'invention des moyens, l'instinct se transformera en art.

Les idées encore régnantes sur le génie se disposent mal à l'acceptation de cette genèse. Nous voulons le plus souvent placer l'homme de génie sur un piédestal qui l'élève bien au-dessus de la foule des hommes moyens ; ce n'est pas un homme, c'est un surhumain. La haine de l'égalité va si loin qu'on verra en lui un fou ou un criminel plutôt qu'un homme normal supérieur aux autres seulement en degré.

A plus forte raison n'accordera-t-on pas qu'il y ait analogie profonde entre le génie créateur des grands hommes et l'instinct des animaux. Un autre préjugé en contradiction avec le premier, mais tout aussi fort, est que, l'inspiration géniale succombant à la pensée abstraite, le génie ne peut rien devoir à la réflexion.

Ni la psychologie comparée et génétique, ni la psychologie sociale ne peuvent souscrire à ces préjugés. Le génie est le nom obscur et impropre de l'aptitude à l'invention. Les formes de l'invention s'équivalent et requièrent toutes l'imagination créatrice. Si l'imagination qui s'ébauche dans le rêve se fixe dans les créations des beaux-arts, elle ne s'objective entièrement que dans les créations de l'industrie, du commerce ou même de l'art politique[1]. Créateur, tout homme l'est en quelque mesure; l'homme de génie l'est plus que les autres, en ce sens qu'il passe plus facilement du rêve ou de l'ébauche à la création fixée ou objectivée. Mais toute la philologie, toute l'archéologie, toute l'histoire littéraire et politique témoignent dans le même sens : la création du génie n'est jamais un fait accidentel et isolé. Ce qui est arrivé à terme dans l'imagination de l'homme de génie s'ébauchait, s'agitait au moins confusément dans la conscience de l'homme moyen.

L'homme de génie unit deux caractères qui au premier abord paraissent s'exclure : il est plus instinctif que l'homme moyen et il est à un plus haut degré capable de dissociation et de réflexion.

Il n'y pas d'invention sans la conscience profonde d'un besoin non satisfait et sans une activité latente que fait la synthèse des moyens propres à y donner satisfaction. Or ce sont là deux grands caractères communs à l'imagination créatice et à l'instinct[2].

1. Ribot. *Essai sur l'imagination créatrice*, IIIe partie tout entière, surtout la conclusion (Paris, F. Alcan).
2. Ribot. *Essai sur l'imagination créatrice*, Ire partie, ch. II, IIe partie, ch. I.

Les psychologues ont abandonné l'hypothèse d'un instinct créateur qui rendrait compte des créations de l'industrie animale ; ils abandonnent aussi, quoique plus lentement, l'idée que le jeu de l'animal et de l'enfant serait une dépense d'énergie surabondante. Dans les créations instinctives ils voient aujourd'hui, non la satisfaction d'un seul instinct, mais celle d'une pluralité de tendances qui irritées et mécontentes s'expriment à la conscience par des besoins[1]. Dans le jeu, ils tendent à voir la manifestation spontanée d'un instinct qui doit se développer avant d'assurer la conservation de l'individu ou de l'espèce[1] ?

Ces inductions, j'allais dire ces conclusions, projettent une vive lumière sur la psychologie du génie.

L'activité créatrice à laquelle l'art doit sa naissance a sa racine dans les tendances qui sont elles-mêmes de véritables instincts, car la plupart, sinon toutes, sont communes à l'homme et à l'animal, agissent sur la connaissance et l'activité sans avoir besoin d'être acquises et sont, soit pour l'individu, soit pour l'espèce de véritables conditions d'existence et de développement[2].

La finalité de la tendance se manifeste par un véritable jeu. Les arts plastiques sont nés spontanément dans des milieux sociaux qui n'en pouvaient retirer la moindre utilité. Les hommes qui habitaient les grottes de la Madeleine pendant la période glaciaire étaient astreints à des conditions d'existence fort rudes, de nature, semble-t-il, à les condamner à la poursuite de l'utilité immédiate. Cependant ces hommes dessinaient et sculptaient ; ils représentaient fidèlement le mammouth, le renne, le lion des cavernes, bref toute la faune avec laquelle ils étaient en lutte. Qui nieroit, en présence de ces documents, les plus vénérables peut-être et les plus précieux que le passé nous ait légués, que la tendance

---

1. Qui dans les jeux d'un jeune chat se refusera voir l'ébauche d'une chasse ou le simulacre de la conquête d'une proie ?
2. Ribot. *Psychologie des sentiments*, IIe partie. Introduction.

esthétique se soit fait jour chez eux par un jeu entièrement spontané et qu'ils aient dessiné comme l'oiseau chante?

Cependant s'il y a une véritable génialité dans les œuvres des hommes de la pierre taillée, on n'y trouve pas le génie dans toute sa plénitude. La marque de l'individualité, la réaction personnelle y fait défaut. De même l'aède sénégalais ou soudanais, le griot, demi-poète, demi-sorcier, n'est pas un personnage méprisable car nous pouvons voir en lui l'humble précurseur des grands aèdes auxquels l'humanité doit la poésie épique[1]. Combien cependant il est loin du plus modeste trouvère, ou même du conteur arabe? L'art plastique, la poésie épique, comme la technique industrielle suit donc le développement des facultés mentales. La réflexion ne l'aurait pas fait surgir. Mais sans la réflexion la tendance créatrice retombe sous la direction de l'automatisme mental, sous les lois de l'association des images, interne ou externe. Il n'y a pas d'imagination créatrice sans dissociation[2]. Or la réflexion, simple application de l'attention à la vie mentale interne, n'est que la forme la plus élevée de la dissociation.

Nous sommes ramenés à notre comparaison première entre l'histoire des révolutions et l'histoire des civilisations. La révolution est toujours un résultat de la réflexion appliquée aux motifs d'obéissance présentés par la tradition, c'est-à-dire par un automatisme mental collectif et organisé. Mais c'est aussi la réflexion qui mûrit les fruits de l'art et l'art est une transformation de l'instinct enfin subordonné à l'intelligence. La révolution et le développement de l'art sont donc les deux aspects d'une transformation de la finalité sociale qui, d'inconsciente et impulsive, devient rationnelle et réfléchie. L'effet de cette transformation est un allège-

---

1. Hovelacque. *Les nègres de l'Afrique sus-équatoriale* (Sénégambie. Soudan, Guinée, Haut-Nil), dans la Bibliothèque anthropologique, Paris, Vigot, 1889.

2. Ribot. *Essai sur l'imagination créatrice*, Ire partie, ch. I.

ment de la discipline sociale qui cesse d'être la négation des fins individuelles les plus hautes. Mais il ne faut pas y voir un affaiblissement des liens sociaux. Chacun sera lié désormais à la société parce que ses fins propres seront des moyens pour l'accomplissement des fins communes à tous et parce que l'accomplissement des fins sociales est le moyen sans lequel ses fins véritables, j'entends sa conservation et son développement rationnel, ne pourront être atteintes. On peut si l'on veut désigner cette finalité réciproque du nom de *coopération volontaire* ou de *solidarité organique*[1], mais l'on ne saurait en rendre compte par les lois mécaniques de la division du travail. La cause profonde en est la transformation de l'être instinctif en agent raisonnable.

1. On sait que l'une de ces expressions est préférée par M. Spencer, l'autre par M. Durkheim.

CHAPITRE XII

LA NOTION DE L'ARRÊT DE DÉVELOPPEMENT EN PSYCHOLOGIE SOCIALE

La formation d'une société civilisée est, comme l'a remarqué Vierkandt, un phénomène exceptionnel dans l'histoire de l'humanité. La plupart des races humaines sont restées aux stades de la sauvagerie et de la barbarie. Parmi celles qui en sont sorties, la majorité, les peuples de l'Ancien-Orient, ceux de l'Inde et de l'Extrême-Orient moderne, les Arabes et les peuples du moyen âge ne sont arrivés qu'à la demi-civilisation. Seuls les Grecs et les Romains dans l'antiquité et les peuples de l'Europe depuis le quinzième siècle se sont élevés jusqu'à la civilisation proprement dite c'est-à-dire un état social où l'activité réfléchie efface entièrement l'activité instinctive.

Vierkandt tire de cette observation cette conclusion paradoxale et prématurée que l'homme instinctif est seul propre à la vie en société et que la civilisation est une dissolution des conditions de la vie collective. Mais si l'on constate que les sociétés civilisées se sont formées dans des milieux fort différents de ceux où a persisté l'organisation sociale des communautés sauvages, et que l'œuvre des demi-civilisés a préparé celle des civilisés, l'on est plutôt conduit à penser que le développement spontané des sociétés civilisées a subi des arrêts qu'elle n'a pu vaincre que tardivement et exceptionnellement.

1. Vierkandt. *Naturvælker und Culturvælker. Ein Beitrag zur Socialpsychologie*, Leipzig. Duncker et Humblot, 1896, 1 vol. in-8°.

La comparaison ethnographique des sauvages aux demi-civilisés montre que les facteurs de l'arrêt de développement ont d'abord été extérieurs : Le civilisé a en général grand'peine à conquérir les milieux physiques habités par les communautés incultes et bien souvent sa propre culture y rétrograde (Boers, Gauchos, etc.)[1]. La comparaison historique, des demi-civilisés aux civilisés prouve aussi que l'arrêt du développement peut avoir un facteur ou plusieurs facteurs d'ordre psychologique dépendant surtout de la nature émotionnelle et intellectuelle de l'homme. En effet la civilisation rationnelle la mieux assise fleurit aujourd'hui dans l'Europe du Nord, milieu géographique qui a été longtemps l'habitat de la barbarie.

Mais la notion même de l'arrêt de développement est des plus obscures. Il semble, au premier abord, qu'on ne puisse l'adopter sans donner gain de cause aux vues sociologiques de l'évolutionnisme car la loi de l'adaptation aux conditions de l'existence et notamment aux milieux extérieurs semble seule pouvoir l'éclairer. Ne faudrait-il pas dès lors admettre que les sociétés ne sont que des organismes d'une complexité supérieure mais soumis néanmoins à toutes les lois de la biologie?

Une critique de cette notion est donc nécessaire. Pour qu'elle ne soit pas vaine, elle doit être précédée d'un examen des faits généraux qu'elle a résumés.

Nous avons dit que l'ethnographie comparée met en lumière l'existence d'un facteur physique de l'arrêt de développement tandis que l'histoire nous révèle l'action d'un ou plusieurs facteurs psychologiques. Quelle est la nature et la puissance relative de leur action?

Il est certain que tous les milieux géographiques ne sont pas également propres à l'habitation humaine, à la division du travail, à l'organisation de l'État. Dans les temps

---

1. Sur cette difficulté de l'adaptation, voir Bertillon résumé par Topinard (*Anthropologie*, et Corre, *Ethnologie criminelle* (Reinwald).

modernes, l'Amérique du Nord a été transformée par les colons européens beaucoup plus facilement que l'Amérique du sud. La situation de la première, entre l'Europe civilisée et l'Extrême-Orient favorisait cet essor, mais le climat, l'orientation des grands fleuves, l'existence d'une sorte de grande mer d'eau douce au centre du continent, tout favorisait dans le Nord le travail et l'échange. — Dans l'Ancien continent, un seul regard jeté sur l'orographie et l'hydrographie des trois parties qui le composent expliquent pourquoi la majorité des populations africaines est restée étrangère à la civilisation. L'Europe était prédestinée à être le foyer de la civilisation maritime, l'Asie celle des grandes civilisations fluviales. Mais en Afrique, la région inférieure du Nil exceptée, ni la civilisation maritime, ni la civilisation fluviale n'étaient possibles. Les côtes sont trop peu découpées pour la première ; et le régime des cataractes auquel les fleuves africains sont soumis en fait des obstacles aux relations humaines, tandis qu'en Asie ils sont des liens et des chemins qui marchent. Mais remarquons-le : les facteurs géographiques considérés abstraitement et isolés de l'activé humaine expliqueraient seulement pourquoi une civilisation s'est éveillée plutôt dans un milieu que dans un autre. La géographie nous aide à comprendre pourquoi la civilisation a marché des grandes vallées asiatiques aux mers européennes et en Europe de la Méditerrannée à l'Atlantique, bref pourquoi elle a obéi à ce que Léon Metchnikoff a appelé la loi des trois milieux [1]. Elle ne nous explique pas pourquoi la civilisation est si difficilement acceptée par certaines populations barbares tandis que d'autres se l'assimilent si vite et la portent ensuite plus loin que les initiateurs.

Ici il faut tenir compte d'une double action du monde extérieur exercée l'une sur le travail de l'homme, l'autre sur

---

[1]. Metchnikoff. *La civilisation et les grands fleuves historiques*. (Hachette, 1889). L'auteur distingue dans la civilisation : 1º une phase potamique, 2º une phase méditerranéenne, 3º une phase océanique.

son imagination. Un peuple accueille d'autant plus facilement une civilisation supérieure qu'il avait dû au milieu physique l'habitude, sinon du travail régulier, au moins de l'effort. Ainsi les riverains de la Baltique, si sauvages encore au x⁰ siècle, ont été rapidement transformés. Au contraire, les populations qui habitent un territoire où, selon le mot de Bastian, la nature dresse la table sont à peu près *inéducables*. Bref, c'est surtout la fécondité du sol en productions spontanées, en végétaux et en animaux qui a été le plus grand obstacle à la civilisation. Témoins l'Afrique et l'Amérique équatoriales, la Nouvelle-Guinée, etc. [1]

Les forces naturelles exercent aussi une action bien réelle sur l'imagination humaine. On connaît la thèse de Buckle expliquant la supériorité critique et scientifique de l'Europe sur l'Inde, par la faible action qu'une nature relativement banale et médiocre a exercée sur l'imagination des Européens. Wundt estime au contraire que l'influence du monde sensible sur l'imagination et le sentiment esthétique correspond à un haut degré de civilisation [2]. Quoi qu'il en en soit la réflexion et la pensée abstraite ont tempéré l'imagination créatrice plus facilement chez les Occidentaux que chez les Hindous, ces méridionaux de l'Orient. L'Inde, comme le fait observer M. Ribot, est la terre promise de l'imagination diffluente, de l'imagination numérique à laquelle nous ajouterons l'imagination mystique. C'est pourquoi, bien qu'elle ait égalé la Grèce pour la subtilité logique et l'Allemagne pour la fécondité métaphysique, elle n'a jamais fondé la science ni accueilli l'esprit scientifique. Or il est bien difficile de penser que la sobriété de l'imagination occidentale et la fécondité exubérante de l'imagination indienne soient sans rapport avec les milieux géographiques. Les arts plastiques des Hindous, des Khmers, des Indo-Javanais,

---

1. Ad. Bastian. *Allgemeine Grundzüge der Ethnologie*, I. — Cf. Wundt. *Ethik* I, ch. IV, 1. *a.*
2. Wundt. *Ibid.*, ch. IV, 1. *b.*

contrastent avec ceux de la Grèce comme le Mahabhârata avec l'Iliade, comme le Gange avec l'Ilissus, l'Himalaya avec le Pinde, comme les bois d'oliviers de l'Attique avec les forêts impénétrables où s'enlacent les tiges et les racines de l'arbre de Banians.

Le milieu géographique arrête donc le développement social soit en rendant inutiles le travail et la discipline volontaires qui en résulte, soit en stimulant l'imagination au détriment des facultés critiques. Par suite c'est dans l'homme même que doivent être cherchés les véritables facteurs de l'arrêt de développement et nous devons abandonner l'ethnographie pour l'histoire.

La distinction faite par Vierkandt entre les demi-civilisés et les civilisés véritables n'a sans doute qu'une valeur bien relative. Elle correspond en effet à la distinction de l'Occident et de l'Orient, or l'on sait combien la civilisation occidentale s'est distinguée tardivement de celle des peuples orientaux[2]. D'ailleurs Vierkandt classe les peuples occidentaux du moyen âge parmi les demi-civilisés et tout prouve que le moyen âge a laissé dans nos croyances, notre droit domestique et public, notre goût, notre éducation des survivances étendues et profondes. Cependant la distinction du demi-civilisé et du véritable « Culturmensch » est commode ici. Quand nous comparons à la Grèce l'ancienne Egypte, la Phénicie, la Chaldée, ou à l'Europe moderne le moyen âge et les peuples en qui le moyen âge a le plus longtemps survécu, les Polonais et les Espagnols par exemple, il nous devient possible de découvrir les causes psychologiques des arrêts de développement.

Nous les distinguerons en facteurs primaires et en facteurs secondaires.

Les premiers sont d'ordre purement psychologique : ils

---

1. Ribot. *Essai sur l'imagination créatrice*, pp. 169, 173 *sq*.
2. Voir sur ce point Léon Cahun. *Introduction à l'histoire de l'Asie*.

agissent sur la conscience individuelle comme sur la conscience sociale.

Les facteurs secondaires se développent dans l'association elle-même et réagissent ensuite sur son activité ainsi que sur l'éducation de ses nouveaux membres.

Les facteurs psychologiques primaires de l'arrêt de développement nous paraissent devoir être ramenés à deux : la suggestibilité et la tendance du sentiment sympathique à se transformer en égoïsme collectif.

Les facteurs secondaires ou proprement sociologiques sont la guerre et l'action des lois économiques.

On sait que l'école évolutionniste anglaise a ramené tous les obstacles que rencontre le développement de la civilisation occidentale à un seul, la persistance de l'esprit militaire hérité des civilisations primitives. La guerre aurait été un agent du progrès à l'âge préhistorique ou protohistorique ; par une métamorphose inexplicable, après avoir déterminé la formation des sociétés supérieures, elle en aurait arrêté plus tard le développement. Pour la vaincre, Spencer compte sur la concurrence économique.

Mais des sociologues mieux informés viennent montrer que les guerres modernes procèdent de plus en plus des luttes d'intérêts et du dérèglement des forces économiques [1]. D'ailleurs, que sont, pour l'école évolutionniste anglaise, la guerre et la concurrence commerciale sinon deux formes jumelles de la lutte pour la vie ? Si donc l'une d'elles est une cause d'arrêt, la conception darwiniste du progrès devrait tout entière être mise en doute.

Nous concluons de ces difficultés que la guerre et la concurrence ne détermineraient pas l'arrêt du développement social si elles n'étaient pas les conséquences de facteurs psychologiques plus profonds et qui agissent tantôt par leur intermédiaire, tantôt directement.

---

1. Voir surtout Achille Loria, *Les bases économiques de la constitution sociale*, traduction française. (Paris, F. Alcan).

La guerre et la concurrence ont pu être considérées avec raison comme des agents indirects, la première du progrès politique, la seconde du progrès économique. Il n'est pas nécessaire de remonter à un âge préhistorique pour en découvrir des preuves. Depuis le xvie siècle jusqu'au xixe, la guerre a constamment donné l'avantage aux nations qui avaient su organiser chez eux le crédit et l'éducation scientifiques. Les victoires de l'Europe protestante sur l'Europe catholique dans la lutte pour la possession des mers et du Nouveau Monde, les victoires de la démocratie française sur l'Europe monarchique, celles du Piémont sur l'Italie méridionale, en sont les preuves.

La guerre a ainsi contribué à éliminer constamment au cours de l'histoire moderne les vieilles formes politiques héritées du moyen âge, l'aristocratie polonaise, le saint empire romain, l'absolutisme espagnol et autrichien, l'empire ottoman, le pouvoir temporel des papes, la monarchie bourbonienne, etc. De même sans la concurrence économique, on ne voit pas comment auraient pu disparaître les restes du régime corporatif municipal, ceux de la vieille économie rurale fondée sur le servage, ou encore le régime colonial esclavagiste. C'est l'expérience de ces effets de la lutte, bien plus que le témoignage de la paléontologie ou de la palethnographie qui a rendu l'opinion favorable d'abord à l'optimisme des économistes libéraux, puis aux vues plus générales du darwinisme. « *Justitia in bello succumbere nequit* », écrivait déjà Dante dans le *de Monarchiá*.

Toutefois les mêmes évolutionnistes qui avaient célébré le concours de la lutte au progrès politique et économique ont montré facilement que la guerre détermine un arrêt de développement des sociétés supérieures. On connaît l'*Individu contre l'Etat* de Spencer. C'est qu'ici le problème moral est substitué au problème politique.

Considère-t-on la discipline politique comme un bien ? la guerre est un agent du progrès, car elle a contraint les hommes à l'accepter. Juge-t-on au contraire que le bien c'est l'autonomie de la conscience, la dignité du caractère, l'obligation contractuelle librement acceptée? Le militarisme qui substitue à cette discipline volontaire un régime de coopération forcée devient un obstacle au progrès. Cependant la guerre n'est pas toujours une épreuve mauvaise pour le caractère et la conscience. Même en détournant les hommes du souci du bien-être, elle les habitue à se créer des biens supérieurs. On s'est demandé parfois non sans angoisse ce que deviendrait la conscience humaine si la poursuite de la richesse remplaçait définitivement l'amour de la gloire et si le spectacle des rois de l'acier et du pétrole séduisait un jour l'imagination des foules plus que le souvenir des héros et des grands capitaines.

Cependant Spencer a fort bien démontré que la guerre arrête le développement de la morale sociale, non pas en nous dissuadant de poursuivre le bien-être et en nous faisant accepter l'ordre politique, mais bien en nous habituant à voir avec indifférence la personne humaine sacrifiée aux fins collectives[1]. L'état de guerre nous ramène violemment à cette forme de l'altruisme qui prévaut dans les communautés animales et où le dévouement exigible de l'individu aux fins communes est une condition absolue de l'existence sociale. Elle nous empêche donc d'atteindre cet altruisme supérieur qui oblige la communauté à traiter l'individu, ses droits, sa culture comme des fins.

Bref, la guerre est une leçon permanente d'égoïsme collectif et même redevenu pacifique, l'État guerrier conserve des maximes qui l'autorisent à mépriser publiquement le droit individuel.

Mais le même raisonnement peut être appliqué à la concurrence commerciale. Si nous nous attachons exclusivement aux problèmes de la production et de l'échange, l'optimisme

---

[1]. Notamment dans l'*Individu contre l'État*, Post-scriptum. (Paris, F. Alcan),

des économistes anglais et français est justifié. La concurrence a été un incomparable agent du progrès. Tout change si nous posons le problème moral. Alors nous ne pouvons nier que le régime de l'absolue concurrence sous lequel vit présentement le monde civilisé, rend impossible, inapplicable, non seulement la charité mais l'équité, mais la morale domestique, mais la morale individuelle. Scindant la société en deux moitiés dont l'une vit de revenus sans grand travail, pendant que l'autre est vouée à des alternatives de surmenage et de chômage, elle condamne les travailleurs à l'envie haineuse et dispose les jouisseurs à considérer la misère comme une loi inéluctable avec une froide insensibilité. Obligeant l'industrie à chercher des débouchés à tout prix, elle fait de la tromperie sur la qualité la règle de la production, de la fraude, la règle du commerce, de l'escroquerie, la règle du crédit. Elle fait pis : habituant les hommes à l'idée que tout est à vendre, elle encourage la prostitution plutôt que le mariage, l'exploitation de l'enfant plutôt que l'éducation. Enfin, rendant odieuse à tous les faibles d'esprit une vie si mal défendue contre les risques, elle propage l'alcoolisme chez les hommes incultes et le suicide chez les hommes cultivés. Bref ce qu'est la guerre à la morale sociale publique, la concurrence économique l'est à la morale personnelle et à la morale sociale privée.

Il est certain cependant que la concurrence peut habituer les hommes à l'effort, à la prévoyance, à la conscience de la responsabilité. La volonté personnelle est placée plus haut dans l'estime commune là où la concurrence est laissée libre que là où elle est empiriquement comprimée. L'aspect brillant a même longtemps ébloui les yeux au point de les rendre aveugles aux aspects repoussants du dérèglement économique, aspects que sans les enquêtes de la statistique morale et de la psychiatrie nous ne connaîtrions pas encore. La concurrence ne serait en somme que la mise en pratique de la liberté des contrats si elle n'était pas dénaturée par le dérèglement des forces, dans la consommation comme dans la production. Or ce dérèglement est avant tout l'œuvre de la mode qui n'est elle-même que l'instabilité des besoins artificiels. La concurrence ne produirait pas ses effets ruineux dans une société où les besoins seraient stables et pourraient être prévus par les producteurs. C'est donc à la mode, comme l'a montré M. Tarde, qu'il faut imputer les effets immoraux de la concurrence. Or la mode, c'est l'imitation, c'est-à-dire un effet de la suggestibilité [1].

L'égoïsme collectif et la suggestibilité, tels sont donc les deux grands facteurs de l'arrêt du développement social.

L'égoïsme collectif semble être, des deux, le plus efficace et le plus redoutable. Nous pensons cependant qu'il le cède à la suggestibilité, car il a en elle la condition de sa formation.

L'égoïsme collectif, dont l'esprit de parti et l'esprit de classe, parfois aussi l'esprit de famille, l'esprit confessionnel, l'esprit national nous offrent les spécimens, repose sur une aliénation inconsciente de la volonté individuelle ; il ne se forme pas si l'individu n'oublie pas ses propres fins et ne leur substitue les fins collectives. Mais comment cette aliénation est-elle obtenue? L'étude des églises, des armées, des corporations est fort instructive à cet égard. Littéralement l'esprit collectif pénètre dans la conscience individuelle, l'obsède et y étouffe le sentiment du moi. Or comment se fait cette pénétration ? Invoquer l'habitude, l'action exercée sur l'adolescence et l'enfance, c'est rester sur le seuil de la question. Si la conscience de l'enfant est particulièrement pénétrable à l'influence de l'esprit collectif, c'est parce que l'imagination de l'enfant est à un très haut degré suggestible. Mais beaucoup d'hommes restent enfants toute leur vie à cet égard. C'est donc la docilité des individus à la suggestion qui fait le fondement de l'esprit collectif. Aussi la volonté collective

---

[1]. Tarde. *La criminalité et les phénomènes économiques.* (Archives d'anthropologie criminelle, t. XVI, n° 96. — *La criminalité comparée* (passim). — *Les lois de l'imitation*, ch. III et VII, *La Psychologie économique* n'avait pas encore paru quand cet ouvrage a été écrit.

agit-elle toujours sur l'individu, non par des idées, mais par des symboles. L'armée a le drapeau et l'uniforme qui symbolisent non pas seulement son existence totale, mais celle de l'arme, du corps, du régiment qui ont précédé le soldat d'aujourd'hui et encadreront encore bien des générations après lui. L'Église, au moins celle qui prétend absorber la conscience individuelle, a les rites et les cérémonies. Aussi d'instinct ceux qui veulent renverser la discipline militaire discréditeront-ils le culte du drapeau et l'on voit l'Église qui veut concilier son existence sociale avec le respect du libre examen personnel réduire au minimum les rites et les cérémonies extérieures.

La suggestibilité de l'imagination humaine, tel est donc le véritable, le grand facteur de l'arrêt du développement. Comme Malebranche l'avait montré en quelques lignes d'une admirable précision [1], comme M. Tarde l'a abondamment prouvé, de la suggestibilité procède l'imitation des ancêtres [2]. De là *le règne des morts sur les vivants* dans lequel Comte voyait, non sans raison, le lien social à l'état statique (bien qu'il commît la grave erreur d'en faire le fondement de l'ordre progressif) [3]. Cet impérieux gouvernement des morts, qui règle l'activité des vivants depuis le régime alimentaire jusqu'aux méthodes de l'enseignement, depuis la façon de combattre jusqu'à celle de juger les procès, ce gouvernement a fait les civilisations immobiles de l'Inde et de la Chine. Il a mis l'Idéal dans le passé de l'Humanité ; il a paralysé la raison au profit de la Mémoire. De l'art progressif par excellence, l'éducation, il a fait l'art d'immobiliser les intelligences et les consciences dans l'étude des mêmes livres et la répétition des mêmes formules. Il a créé des habitudes solidaires affermies par l'hérédité et replacé ainsi l'humanité sous l'action d'un équivalent de l'instinct.

1. *Recherches de la vérité*, livre II, 3e partie.
2. Tarde. *Les lois de l'imitation*, chapitres III et VII (Paris, F. Alcan).
3. Comte. *Politique positive*. — Pierre Laffitte. *La Morale positive*.

Il est donc acquis à la psychologie sociale et confirmé par l'histoire que l'humanité n'aurait pu se développer sans une réforme de l'entendement, sans une réaction systématique contre l'adhésion passive aux symboles de la foi collective, effet de la suggestibilité. Pas de progrès sans le doute et la critique ! voilà le grand fait qu'il faut opposer aux théoriciens de l'évolution sociale inconsciente[1]. L'invention spontanée, l'œuvre du génie individuel ou collectif reste sans doute l'agent initial du progrès. Mais au regard du traditionnalisme l'invention personnelle serait un crime, une œuvre diabolique, un sortilège. Il en était ainsi au moyen-âge; il en est ainsi d'après Lyall au milieu des populations de l'Inde centrale[2]. Si cette prévention a été peu à peu vaincue, c'est qu'en occident, depuis les plus anciens philosophes grecs, une critique négative s'est impitoyablement exercée sur les objets de la croyance traditionnelle.

La philologie appliquée à l'histoire des idées nous enseigne que lorsque l'activité rationnelle commence à s'isoler de l'imagination, elle agit d'abord comme cause de doute, comme conscience de l'erreur cosmologique et plus tard de l'erreur morale[3]. Dès lors apparaît, au moins chez une élite, le souci de la preuve; par suite la méthode, la science et enfin la philosophie critique[5]. La science a peu à peu réagi sur l'art et éclairé l'invention. Vouloir suivre ce progrès dans le détail serait vouloir résumer l'histoire de la philosophie et de la religion en Occident.

Il suffit à notre objet de faire remarquer qu'il y a eu, au sens précis du terme, différenciation et progrès dans la croyance sociale. Jusque-là les trois grandes formes de la

1. Bagehot. *Lois scientifiques du développement des nations*, livre IV⁰ (Paris, F. Alcan).
2. Voir l'appendice G. *La discussion judiciaire et le progrès du droit.*
3. *Asiatic Studies*, ch. 1ᵉʳ et IV, Traduction française, Thorin.
4. Zeller. *Histoire de la philosophie des Grecs*, traduction Boutroux. Introduction du traducteur, t. I.
5. Victor Brochard. *Les sceptiques grecs.* (Paris, F. Alcan).

croyance, la foi, l'opinion et la science étaient confondues dans la croyance collective, c'est-à-dire dans l'adhésion du sentiment commun au mythe et à la légende où l'on cherchait à la fois l'explication du réel et l'expression de l'idéal. A dater de la révolution qui marque le point de départ de la philosophie, la science se distingue de l'opinion et de la foi. La science repose dès lors sur l'application d'un critère rationnel réfléchi et partant individuel. L'opinion et la foi, encore unies inséparablement, restent des états collectifs : elles reposent soit sur l'impossibilité psychologique de douter, soit sur la volonté de ne pas douter : Or l'on sait que dès lors la science est le levier du progrès et que les états collectifs sont la grande pierre d'achoppement à une véritable éducation scientifique de l'esprit humain.

L'histoire des croyances religieuses confirme entièrement l'histoire de la science et de la logique. Au début, dans l'âge du mythe et de la légende, la religion, identique à la croyance collective, est tout à la fois science du réel, foi à l'idéal, opinion sur la conduite humaine. En Occident tout au moins, à dater des philosophes grecs et des savants d'Alexandrie, la science se sépare de la croyance collective. L'effort de la théologie médiévale pour l'absorber de nouveau ne réussit qu'à en compliquer l'enseignement au profit d'un corps de théologiens, car la science grecque n'a été incorporée au dogme chrétien que pour la fragilité de celui-ci. Désormais la religion s'identifie de plus en plus avec la foi. C'est le christianisme qui par la bouche de l'apôtre Paul proclame cette grande révolution.

Mais la foi est-elle une croyance individuelle ou une croyance collective ? Voilà la question désormais posée à la conscience et à la raison humaine. Au moyen âge prévaut la solution collectiviste : d'où le catholicisme romain. Mais avec la Réforme, la possibilité d'une solution contraire apparaît. La chrétienté réformée a encore des églises, mais elles n'expriment pas une foi collective faisant réellement autorité pour la conscience individuelle ; ce sont des réunions libres, des associations spirituelles de consciences dont chacune a sa vie intérieure, sa note propre et qui, dans l'union, cherchent seulement à manifester un altruisme respectueux de l'individualité [1].

Les effets moraux de la Réforme n'ont pu se manifester que dans la suite des siècles. Constatons que c'est à dater de ce moment que la méthode a acquis peu à peu tout son empire sur l'esprit humain [2]. On conçoit mal Descartes et Bacon précédant Luther ou l'autorité philosophique d'Aristote renversée avant celle de la théologie infaillibiliste et de la papauté. La science agit trop faiblement sur le sentiment et l'imagination humaine pour mettre fin à elle seule à l'autorité de la croyance collective, pour prévaloir contre la puissance d'illusion qu'elle renferme [3].

Bref à sa maturité l'esprit humain progresse moins par l'invention, par l'activité de l'imagination créatrice que par la conscience de l'erreur, cosmologique, religieuse et morale. La logique est alors son véritable instrument et le grand obstacle qui arrête le développement c'est non la logique sociale mais les lois psychologiques de la croyance collective car elles interdisent toute conscience de l'erreur.

La croyance collective ne peut en effet être convaincue d'erreur par le groupe qui la professe et dont elle est le lien. La notion de l'erreur et le doute qui en résulte ne peuvent surgir que dans la conscience individuelle. Tout groupe, foule, église, parti, secte, nation, qui affirme son unité dans une croyance collective est infaillible *pour lui-même*. La

---

1. Ce point a été bien mis en lumière par Édouard Laboulaye : *La liberté religieuse*, p. 98 et suivantes (2ᵉ édition 1859, Charpentier).

2. La clairvoyance d'un adversaire l'a bien aperçu. Nous voulons parler du jugement de Joseph de Maistre sur Bacon.

3. La science n'a produit ses effets éducatifs que chez les populations touchées par la Réforme. La France ne fait pas exception car depuis l'Edit de Nantes jusqu'à 1850 le catholicisme, modifié par le gallicanisme janséniste, y a toujours eu une allure distincte du catholicisme espagnol, et italien.

prétention à l'infaillibilité est ici en rapport avec la perfection de l'organisation. Aussi est-elle surtout le fait de la hiérarchie sacerdotale.

Si le doute est à la racine de la recherche expérimentale, si la conscience de l'erreur est la condition du souci de la preuve scientifique et le ressort des recherches positives, on voit donc où réside le véritable facteur de l'arrêt du développement social. Il ne faut le chercher nulle part ailleurs que dans cette suggestibilité qui fait de l'homme un automate intellectuel, le rend imitateur des ancêtres et l'enserre dans les « chaînes d'or » de la tradition.

III. Les arrêts du développement social ne sont donc pas les effets d'une adaptation à des milieux qui imposeraient à un type social une forme inférieure de l'existence. On ne peut concevoir que de deux façons ces adaptations à un milieu défavorable au progrès : ou bien l'on a en vue l'adaptation d'un groupe humain à un milieu géographique déterminé, ou l'on pense à un milieu social auquel les institutions, les règles d'action sont tenues de s'adapter comme des organismes à un milieu physique.

Dans le premier cas l'idée d'adaptation a un sens clair, mais les faits sociaux n'obéissent pas à la loi qu'elle énonce ; dans le second, l'idée est équivoque et n'est introduite dans la discussion que pour les besoins de la cause.

Nous pensons que la notion du milieu social doit être admise mais à une condition, c'est que l'adaptation au milieu social ne soit pas considérée comme l'effet d'une loi biologique, sinon il y aurait tautologie. C'est en effet la vie en société qui donne naissance à un milieu mental, moral, économique auquel l'activité de l'individu est tenue de se conformer sous peine de subir des sanctions directes ou indirectes. Mais ce milieu social est essentiellement historique : il résulte à la fois de l'action du passé sur le présent et de la réaction de l'activité des hommes du présent sur les traditions héritées du passé. Mais si l'on peut parler de l'adaptation d'une institution au milieu historique, on ne peut sans logomachie parler de l'adaptation de la société elle-même à ce milieu [1].

La doctrine évolutionniste ne peut donc pas rendre compte des obstacles opposés au développement social. Dans les explications qu'elle apporte, les facteurs de l'arrêt de développement sont perpétuellement confondus avec les facteurs mêmes du lien social. L'action du milieu, l'unisson psychologique, la guerre, le travail en coopération et l'échange sont considérés tour à tour, selon la race et le moment, comme des causes de la croissance sociale et des obstacles à son fonctionnement progressif. De telles explications portent de véritables défis à l'esprit scientifique et la critique philosophique y aperçoit les conséquences inévitables de cette décevante idée de la métamorphose continue que l'esprit scientifique a dû préalablement exorciser ailleurs avant de pouvoir poser clairement les problèmes.

Mais si l'idée d'évolution est écartée, l'idée de l'approximation graduelle doit lui être substituée, sans quoi la succession historique des faits sociaux ne serait plus qu'une donnée empirique. L'analyse de l'arrêt de développement nous montre d'ailleurs à quel point l'idée d'approximation graduelle y est correspondante.

L'arrêt de développement n'est en effet qu'un obstacle opposé au perfectionnement des institutions qui constituent le discipline sociale et des liens sur lesquels ces institutions reposent. Or l'obstacle n'est jamais un fatum invincible. Il est en effet ou externe et de nature géographique ou interne et de nature psychologique. L'activité humaine a raison

1. Certains sociologues, Loria entre autres, distinguent entre le milieu économique et la discipline sociale. L'une ne serait jamais que la conséquence de l'autre. Or le milieu économique dépendrait lui-même de la nature et de l'étendue des terres arables. Cette hypothèse est spécieuse et fragile car elle conduit l'auteur à conclure que la discipline sociale, c'est-à-dire les mœurs, le droit, la religion, le gouvernement est tout entière inventée pour garantir la sécurité des propriétaires, anachronisme suggéré à l'auteur par le spectacle de l'hypocrisie contemporaine.

des obstacles que lui suscite un milieu physique en conquérant un milieu plus étendu. C'est ainsi, que selon la vue ingénieuse de Metchnikoff, à l'âge des civilisations fluviales ou asiatiques, a succédé l'âge des civilisations maritimes et à l'âge de la civilisation méditerranéenne ou gréco-romaine l'âge de la civilisation océanique ou moderne. Le milieu n'agit sur la civilisation qu'en décourageant l'homme ou en encourageant soit l'inertie du vouloir, soit l'indiscipline de l'imagination.

L'obstacle physique se ramène donc à l'obstacle psychologique qui est à la fois émotionnel et intellectuel. Le perfectionnement des sociétés humaines est arrêté à la fois par l'égoïsme collectif et par la suggestibilité des individus et des foules. Mais les sentiments sympathiques ne donneraient pas lieu à des formes collectives de l'égoïsme si l'imagination populaire n'était pas au plus haut point suggestible, si les foules ne pensaient pas par symboles et si l'individu ne recevait pas ses symboles tout faits de la tradition. Il en résulte que le progrès social a pour effet la substitution de l'altruisme rationnel à l'égoïsme collectif, en sorte que les membres de la société se reconnaissent collectivement obligés envers le droit individuel. On a vu que cette transformation de l'altruisme n'est possible que si l'activité rationnelle a entièrement modifié les croyances dont l'automatisme mental avait été le fondement et la suggestion la condition.

Le développement social est donc qualitatif; c'est un perfectionnement. Ce perfectionnement ne peut être que graduel et approximatif car il consiste à vaincre des obstacles qui ne sont pas seulement extérieurs mais intérieurs à l'homme. Le progrès est donc la réalisation approximative d'un homme collectif raisonnable, et par suite l'approximation d'une société rationnelle.

Définir le progrès comme l'approximation d'une société-limite où la volonté collective ne sera plus que l'harmonie et le concours des volontés raisonnables, donner à ce progrès pour condition la lutte contre les facteurs externes et internes de l'arrêt de développement, ce n'est pas revenir aux conceptions discréditées de l'ancienne politique rationaliste. C'est en retenir seulement la vérité partielle qui y avait conquis l'adhésion des esprits. Cette part de vérité c'est que le lien social n'est pas dissous par l'activité rationnelle, mais qu'il est ramené à sa véritable fin qui est de garantir l'existence, le développement et la culture de l'être pensant. Nous professons avec les écoles naturalistes et historiques que la société ne saurait jamais être construite à priori par la raison et imposée aux faits par un acte de la volonté. Nous affirmons contre elle que la raison, loin de dissoudre l'altruisme, le dégage de l'égoïsme collectif et donne aux hommes de nouveaux motifs de vivre en société en leur découvrant de nouvelles fins, les fins morales, c'est-à-dire avant tout les fins humaines[1]. Une conception scientifique de la société rationnelle y fait d'ailleurs entrer la notion de sa genèse, qui est la communauté instinctive, la notion des obstacles qu'elle rencontre dans la nature humaine toujours ramenée sous les jougs des forces inconscientes dès que la volonté faiblit en elle, la notion de la persistance et de la survivance des œuvres créées par les tendances instinctives, le langage, la religion rituelle, le droit vindicatif, le gouvernement de l'égoïsme collectif. Mais la science sociale devenue conquérante, comme ses sœurs les sciences de la nature, joint à ces notions positives celle d'un art social ou plutôt d'un groupe d'arts sociaux permettant d'approcher la limite que la raison nous propose comme fin. Tels seraient l'art de l'éducation et l'art de la coopération si aisément associables l'un à l'autre. La psychologie sociale réconcilie ainsi en les distinguant la méthode génétique et la méthode des limites dont l'évolutionnisme confondait sans cesse l'usage et le domaine.

---

1. Cf. Wundt. *Ethik*. III, Cap. II.

CHAPITRE XIII

LA LOI DE RÉGRESSION EN PSYCHOLOGIE SOCIALE

Nous n'aurions pas épuisé la question posée à la psychologie sociale par l'histoire de la civilisation, des mœurs et du droit si nous nous abstenions d'examiner le problème de la régression. Ailleurs nous avons montré à quel point l'étude critique de la loi de régression intéresse la discussion de l'évolutionnisme universel. En sociologie la question devient beaucoup plus complexe encore qu'en biologie puisqu'à certains égards le progrès paraît accompagné de la dissolution des liens sociaux instinctifs.

Toutefois si nous ne sommes pas complètement trompés au cours de la discussion qui vient de prendre fin, si nous avons réussi à prouver que l'activité rationnelle, loin de dissoudre les créations sociales de l'instinct les parachève, le problème se trouve déjà simplifié. Nous devons seulement chercher si la loi de régression s'applique aux sociétés et si elle peut être considérée comme un aspect d'une loi de dissolution universelle.

On peut dire que le problème de la régression sociale a été posé bien avant qu'il fût question d'évolution et de régression biologique. On le trouve examiné dans la première grande œuvre que la philosophie de l'histoire ait produite dans les temps modernes ; nous voulons parler de la *Scienza nuova*[1].

---

1. Rappelons que le *Ricorso delle cose humane* ne figure pas dans la première édition des *Princips d'una scienza nuova* qui contient cependant l'essentiel des vues de l'auteur sur l'histoire universelle. Il l'a ajouté à la 1re partie de l'édition de 1744.

On sait quelle solution Vico donne au problème. La théorie du *ricorso* a été adoptée sans grande critique par la plupart de ceux qui ont spéculé sur l'histoire universelle. On la retrouverait soit dans la théorie saint-simonienne qui énonce une loi d'alternance des époques critiques et organiques ; on la retrouverait plus encore dans la prévision de Karl Marx relative à un retour de la civilisation moderne vers le communisme des hordes sauvages.

Or si l'on a beaucoup discuté sur le sens, la portée et la validité de la théorie de Vico, si l'on a beaucoup écrit pour ou contre la possibilité des ricorsi, l'on a moins songé à étudier les régressions que nous offrent l'histoire et l'ethnographie. Cependant cette étude serait un prélude indispensable à la discussion de la théorie [1].

Les travaux sociologiques contemporains peuvent nous apprendre quelque chose sur ce point.

Nous croyons nécessaire de distinguer entre les régressions simples et les régressions compliquées de survivances car ces dernières seules ont pu donner lieu de croire à un retour de l'humanité civilisée aux types sociaux primitifs.

C'est une question trop négligée par les sociologues que de savoir si une régression n'a pas pour résultat final d'offrir à une institution ou à une croyance survivante au milieu dans lequel elle puisse se conserver et prendre un nouveau développement. Toutefois nous croyons devoir admettre provisoirement au moins la possibilité de mouvements sociaux régressifs temporaires dont le résultat n'est pas la résurrection d'un type primitif.

Rappelons que la loi de régression détermine l'ordre invariable dans lequel se fait la disparition des résultats acquis au cours d'un développement. Il y a régression au sens précis du mot quand le progrès disparaît dans l'ordre inverse de l'acquisition. Ainsi entendue la régression est un phéno-

---

1. Notons cependant la critique avisée de M. de Greef. *Le transformisme social*, II° partie (Paris, F. Alcan).

mène très général que l'histoire a bien souvent l'occasion de constater. D'après un examen sommaire confirmé par l'histoire de l'Europe occidentale depuis la fin du moyen âge, la régression sociale se produit dans l'ordre suivant : 1° droit public (droit constitutionnel, puis droit pénal) ; 2° droit privé (droit contractuel, droit de propriété, droit domestique) ; 3° culture intellectuelle en allant des classes laborieuses aux classes aisées, des classes rurales aux classes urbaines ; 4° organisation économique, en allant du crédit à l'échange, de l'échange à la production industrielle et de celle-ci à la production agricole ; 5° sentiments sociaux, en allant des plus généraux aux plus spéciaux. Ces phénomènes se laissent observer presque uniformément dans les grandes régressions qui depuis le xvi° siècle ont éprouvé deux fois la France (guerre de Cent ans et guerres de religion), l'Allemagne (guerre de Trente ans), l'Espagne et l'Italie (régime inquisitorial).

Si graves qu'elles aient pu être, si éclatant démenti qu'elles aient infligé à la théorie optimiste du progrès continu, ces régressions ont été passagères. Même dans l'Espagne et l'Italie méridionale où les effets de la régression ont été plus durables, aggravés par le milieu physique, un type social inférieur n'a pas reparu. En France, en Allemagne les tendances progressives violemment comprimées ont repris leur empire à dater du xvi° siècle. Les régressions ont laissé des traces dans les mœurs, dans la criminalité, mais elles n'ont pas affecté gravement le type social.

Les régressions mêlées de survivances se présentent à l'observation : 1° des historiens de l'Europe au moyen âge, notamment du iv° au x° siècle ; 2° des historiens de l'Afrique du Nord, de l'Asie Occidentale et de l'Inde depuis la grande époque des conquêtes arabes, turques et mongoles. Peut-être faut-il y joindre les sociétés hispano-américaines depuis la guerre de l'Indépendance.

Dans ces trois cas nous voyons des populations barbares

se mêler à la vie et aux luttes de populations parvenues précédemment à une culture et à un état social très supérieur. Il en résulte qu'une discipline sociale qui dans l'ensemble de l'humanité n'était qu'une survivance du passé est réintroduite dans la vie d'une société organisée auparavant sur un type beaucoup plus élevé. Citons-en plusieurs exemples remarquables. Dans l'Anatolie contemporaine errent depuis le xe siècle de l'ère chrétienne des hordes de bergers turkmènes qu'aucun gouvernement n'a pu amener à l'état sédentaire. L'ancienne Assyrie, l'ancienne Chaldée sont livrées à des pasteurs kurdes ou bédouins. Or aucun document historique ne laisse à penser qu'il en fût ainsi au temps des rois de Lydie ou des Sars ninivites. Les Langobards avaient réintroduit l'institution de la *composition* en matière d'homicide dans le nord de l'Italie alors que depuis longtemps l'autorité romaine y avait établi un système régulier de juridiction pénale.

Il est très probable que l'Inde, au moment où les Anglais l'arrachèrent au brigandage des Afghans, des Mahrates et des Pindaris, présentait le spectacle d'un ordre social fort inférieur à celui que nous laissent entrevoir les inscriptions boudhiques contemporaines de Tchandragupta et de Piyadâsi. Les clans barbares de l'Inde centrale mêlés à des tribus d'origine étrangère et à des hordes aborigènes avaient émergé et vivaient en parasites au détriment des artisans et des cultivateurs[1]. L'Afrique du Nord, telle que la trouva la conquête française, partagée entre la milice turque de l'Odjak, les petites républiques municipales des montagnards berbers et les tribus arabes qui erraient dans le Tell et sur les plateaux ne rappelait guère les splendeurs de l'Afrique romaine dont l'archéologie contemporaine reconstitue l'intense civilisation. — Dans tous ces cas la régression n'est rien que l'occasion offerte à l'épanouissement des états sociaux qui ont précédé

---

[1]. Voir sur ce point Lyall. *Asiatic Studies*, ch. vii et viii traduction française (Thorin éditeur).

la civilisation véritable, des états sociaux où il y a discipline sociale sans culture.

Or c'est dans cette classe de régressions qu'il faut faire rentrer le seul grand fait que Vico ait pu citer à l'appui de sa théorie des *ricorsi*. Nous voulons parler de l'analogie que le philosophe italien constate entre la société féodale à ses débuts et la société grecque des temps héroïques. L'auteur de la *Scienza nuova* signale la réapparition du duel judiciaire, des ordalies ainsi qu'une nouvelle absorption de la société civile par la société religieuse. Ce n'est pas assez pour être en droit d'affirmer la nécessité d'un retour périodique des sociétés humaines à leur stade initial d'organisation et de culture. La réintégration des institutions de l'âge héroïque dans la société gréco-romaine qui les avait dépassées depuis si longtemps n'était rien moins qu'un phénomène spontané puisque ces institutions et l'état intellectuel qui y correspondaient étaient réintroduits dans le monde civilisé par des conquérants barbares qui n'en avaient jamais connu d'autres. A vrai dire les premiers siècles du moyen âge nous présentent un phénomène qui n'a rien d'exceptionnel. L'Égypte ancienne après l'invasion des Hycsos avait subi la même épreuve que le monde romain; la même catastrophe s'est renouvelée dans l'Afrique du nord au xie siècle avec l'invasion des Hillal et des Soleïm, tribus nomades dévastatrices venues du désert arabe. La Perse Syrie, l'Anatolie devinrent vers le même temps la proie des hordes turques. Enfin l'Inde fut du xe au xviiie siècle le champ d'exercice des armées turques, afghanes, mongoles descendues de l'Asie centrale. Le problème posé, mais non résolu par Vico n'est autre que la possibilité de cette répétition des retours offensifs des sociétés barbares. La seule valeur de l'hypothèse des ricorsi est qu'elle élimine radicalement l'illusion d'un progrès rectiligne des sociétés humaines sous l'action de la culture intellectuelle. Si un tel progrès était possible, l'on comprend fort bien que l'initiative des mesures civilisatrices dût appartenir à quelques peuples naturellement privilégiés sur lesquels retarderaient d'autres peuples, mais l'on ne comprendrait pas que les grands cataclysmes de la civilisation pussent se produire. Car l'attrait de la culture intellectuelle et esthétique, de l'ordre juridique et de la prospérité matérielle sur les âmes barbares est la règle.

Le barbare a rarement la haine de la civilisation. C'est ce qu'a établi une enquête historique sur les rapports des anciens Turcs avec les Chinois, des Germains avec Rome. On a donc été amené à conclure que les sociétés barbares n'empiètent sur le domaine des sociétés civilisées qu'aux âges où se produit parmi celles-ci une sorte de fléchissement. On sait comment Fustel de Coulanges a expliqué et l'invasion barbare et la transformation civile et politique qui y a fait suite. D'après lui il y aurait eu infiltration et non conquête. La société romaine aurait en quelque sorte introduit les barbares chez elle pour assurer le recrutement de ses armées et pour combler le vide de sa population. L'influence des mœurs et des conceptions barbares aurait grandi lentement à mesure que l'organisation de l'état romain fléchissait sous les coups que lui portait une nouvelle organisation du domaine rural et du patronage aristocratique et par l'effet de la diffusion des conceptions morales du christianisme qui rendaient égaux le barbare et le romain[1]. L'invasion germanique serait non la cause mais l'effet d'un progrès moral et économique coïncidant avec une régression politique ; plus tard, réagissant sur sa cause, elle aurait accéléré la régression.

Cet élargissement de la sphère laissée à la vie barbare à la suite d'une crise intérieure de l'État n'a rien d'invraisemblable car elle paraît s'être répétée presque de nos jours dans l'Amérique espagnole. Dans un remarquable ouvrage consacré récemment à la *Genèse du crime au Mexique* une

---

1. Fustel de Coulanges, *Les institutions politiques de l'Ancienne France*, notamment l'*Alleu et le domaine rural*. — *Les origines du système féodal*.

double régression de la société coloniale hispano-américaine vers la barbarie indienne est bien mise en lumière[1]. D'un côté les tribus restées sauvages étendent leur territoire au détriment des anciens colons ; de l'autre la férocité des anciens Aztèques se réveille et la moralité conjugale péniblement acquise fait place au dérèglement sexuel de l'ancien clan indien. Or cette régression vers la sauvagerie n'est pas due à ce que les Indiens deviennent subitement plus forts ou que les Colons se sentent pris d'une recrudescence de haine pour la culture et la discipline sociale introduites par les Espagnols. Elle est consécutive à une crise révolutionnaire qui pendant cinquante ans fait disparaître successivement toutes les formes de la discipline sociale qui avait cimenté l'union des deux parties de la société coloniale, autorité politique et administrative, autorité religieuse, discipline militaire.

Ces régressions dont profitent les populations barbares, qui parfois même élargissent le champ du nomadisme, comme dans la Perse, l'Anatolie et l'Afrique du Nord ou celui de la pure sauvagerie comme dans l'Amérique espagnole sont donc les conséquences indirectes de crises intérieures affectant la discipline sociale des peuples civilisés. Le problème toutefois n'est pas résolu. Il est seulement précisé. Les crises internes seraient-elles dues à un retour spontané que la société rationnelle en voie de devenir exécuterait vers la communauté instinctive ? Là est pour la psychologie sociale la question capitale.

Sans préjuger des travaux ultérieurs de la psychologie comparée, nous croyons pouvoir, en nous appuyant sur l'étude d'un seul grand fait, y donner une solution franchement négative.

Le plus saillant des progrès que les sociétés cultivées ont effectué a consisté dans la distinction du lien social et du lien religieux. A mesure que la société a été moins instinc-

---

1. Julio Guerrero. *Genesis del Crimen en Mexico*. Livr. III, IV et V. Paris-Mexico, Vaux, Ch. Bouret, 1901.

tive et plus rationnelle, la religion a été plus intérieure et moins coercitive. En d'autres termes la conscience religieuse a été plus personnelle et moins collective. Comme l'a montré M. Emile Durkheim, ce progrès est clairement écrit dans l'histoire même du droit pénal.

Il en résulte que si la régression spontanée consistait dans un retour vers la finalité instinctive des communautés primitives, elle devrait avoir pour symptôme une crise religieuse consistant en une confusion nouvelle du lien social et du lien religieux, en une absorption de la conscience religieuse individuelle dans la conscience collective. Les faits historiques ne nous montrent rien de semblable.

Une donnée historique peut être érigée en loi : *Toutes les grandes régressions connues ont accompagné ou suivi une transformation religieuse*. Ceci est aussi vrai des régressions simples que des régressions accompagnées de survivances. L'invasion germanique a suivi la transformation de l'empire romain en état chrétien et a été favorisée par les luttes du catholicisme et de l'arianisme. Les invasions arabes, turques, mongoles dans l'Afrique du Nord, la Syrie, l'Anatolie, la Perse et l'Inde ont été les conséquences de l'expansion de l'Islam. La régression de l'État français au xvie siècle, celle de l'Espagne et de l'Allemagne au xviie a procédé directement des luttes religieuses issues de la Réforme. D'autre part si la Révolution française est vraiment une religion, la religion de la dignité humaine, la régression des sociétés sud-américaines est due au conflit brusquement engagé entre cette religion et le catholicisme romain qui jusque-là avait été l'âme de la société coloniale.

Mais les régressions politiques et morales consécutives aux crises religieuses sont-elles elles-mêmes des régressions religieuses?

Nous ne le pensons pas. En de telles matières il faut se préserver des jugements sommaires et des appréciations unilatérales.

Nous admettons volontiers, qu'au prix de convulsions longues et terribles, la société hispano-américaine réalisait un progrès, au moins négatif, en s'affranchissant du régime colonial politique, économique et théocratique qui avait pesé sur elle. Nous admettons, quelles que soient nos préférences religieuses, que la Réforme a imprimé aux esprits et aux consciences une secousse dont la science, la critique, la morale, le droit ont tiré avantage même chez les peuples qui sont restés fidèles à l'Église romaine. Nous accordons tous, que le christianisme, en élargissant la formule de l'altruisme, en substituant un seul gouvernement providentiel à la multitude des divinités poliades ou régionales, a dilaté les intelligences et les cœurs et préparé une meilleure délimitation du domaine politique et du domaine religieux. Pourquoi donc refuserions-nous de reconnaître que l'Islam, en introduisant la morale et la théologie du Koran chez nombre de peuplades restées polythéistes ou fétichistes, en substituant un livre à l'influence de sacerdoces étroits ou intolérants, voire de simples sorciers, a réalisé un progrès comparable sinon égal ?

Bien loin que nous soyons ici en présence de régressions religieuses, nous ne voyons pas comment la substitution de sociétés quasi rationnelles aux communautés instinctives aurait été possible sans ces révolutions religieuses. Sans doute si la tolérance était l'unique étalon du progrès moral, l'avènement des religions monothéistes devrait être jugé comme il l'a été par le voltairianisme superficiel du xviiie siècle. Mais selon le mot de Carlyle, l'homme n'est pas uniquement au monde pour « tolérer ». Le monothéisme a enseigné aux hommes l'attachement passionné à des convictions personnelles. Il lui a fallu autre chose qu'une soumission extérieure à des rites collectifs. Le Dieu jaloux du juif, du chrétien, du musulman a exigé la conscience ; il l'a voulue tout entière. Par là même il l'a remplie d'un sentiment profond qui ne l'a pas seulement ennoblie, mais révélée à elle-même. L'individu en effet a été opposé à la race, au clan, à la famille, à la nation. A la patrie et à la religion ont correspondu des idées et des sentiments distincts.

Dans les temps modernes le mouvement s'est accéléré, gagnant en force. La valeur de la conscience personnelle date, on peut le dire, de la Réforme qui a conçu le salut comme dépendant exclusivement de la foi individuelle. Or il fallait que la conscience personnelle eût été dégagée ainsi de la conscience collective pour que la religion de l'humanité pût sacrer la personnalité raisonnable.

Donc les grandes crises religieuses qui, en secouant comme des tempêtes les états civilisés ont déterminé les régressions ne sont pas des *ricorsi;* elles n'ont pas ramené les communautés humaines vers la vie instinctive. Si irrationnelles qu'aient été d'ordinaire leurs formules théologiques elles n'ont pas servi moins que la science à substituer des liens sociaux rationnels à une discipline dérivée de la finalité instinctive.

Que sont donc les régressions ? ou pour mieux dire quels effets la loi de régression détermine-t-elle dans le devenir des sociétés humaines ? *La régression n'est pas la dissolution de la discipline sociale. Elle n'est pas non plus la substitution d'une nouvelle finalité instinctive à cette finalité réfléchie qui caractérise la culture.* Les régressions ont souvent amené un état d'anarchie politique car elles atteignent en premier lieu la notion de l'État et la conscience du droit. Mais l'anarchie politique et juridique fait place le plus souvent, sinon toujours, à une discipline sociale beaucoup plus lourde que n'est jamais le droit public le plus sévère et le plus coercitif. C'est un axiome de la sagesse vulgaire que l'épreuve de l'anarchie dispose les esprits à l'acceptation du despotisme, en d'autres termes que les hommes se trouvent plus libres sous l'autorité d'un état fort et indiscuté que sous le joug de clubs révolutionnaires ou de partis violents en compétition pour le pouvoir. Cela nous prouve que la secte établit une discipline plus impérieuse et plus coercitive que celle de l'État et du droit légal. Mais elle est toujours dépassée dans cette voie par la société de malfaiteurs. Comme le note un historien anglais, l'État-Brigand a joué un grand rôle dans l'histoire de l'Orient, surtout dans l'Inde. Mais si l'on étudiait dans le détail l'histoire de l'Italie méridionale entre la restauration et le risorgimento, on trouverait que les associations malfaisantes dont le Camorra a été le type n'ont eu, au point de vue du rôle politique, que peu à envier aux Mahrattes, aux Pindaris, aux Thugs, etc. Bref le brigand collectif se transforme en gendarme et dans l'intérêt de son parasitisme restaure, avec une main de fer, un semblant d'ordre.

A plus forte raison des formes normales de la discipline reprennent-elles dans les périodes de régression la place laissée vide par le recul de l'État et du droit. On sait combien les périodes régressives sont favorables à l'expansion des sociétés religieuses et à leur intrusion dans le domaine spirituel. Tant que l'Église chrétienne fut en face de l'empire romain, elle se souvint du précepte et de l'exemple de Jésus refusant de porter des jugements sur les affaires temporelles des hommes (Luc. XII, 14). Mais le résultat le plus clair de la régression juridique qui suivit l'invasion barbare et la constitution du régime féodal fut la formation du droit canonique d'abord par les conciles, puis par les papes. Les guerres de religion avaient eu pour effet de rendre à l'Église un pouvoir civil qu'elle n'avait plus connu depuis Philippe le Bel et certains historiens ne sont pas éloignés de penser que les crises révolutionnaires imprimées à l'État français au xix° siècle ont rendu au clergé l'influence morale et politique que l'esprit du xviii° siècle lui avait enlevée [1].

La discipline domestique est aussi de celles qui se renfor-

---

1. Cf. Debidour. *Histoire des rapports de l'Église et de l'État en France* (1789-1870), (Paris, F. Alcan).

cent quand rétrogradent l'État et l'ordre juridique. Une famille très forte se manifeste en général par deux conséquences, l'esclavage et la vendetta. La famille patriarcale est inévitablement esclavagiste puisqu'elle tend à confondre l'autorité domestique avec le droit de propriété. C'est dans les colonies du Nouveau-Monde et surtout dans l'Amérique saxonne que cette évolution rétrograde s'est accomplie. On sait par les travaux de Le Play et de Demolins combien la famille anglaise était restée forte, voisine du type patriarcal. Transportée dans l'Amérique du Nord, à peine subordonnée à un État très faible et à des Églises très libres, elle évolua dans le sens rétrograde et appela son complément nécessaire l'esclave ; de plus, obligée dans les solitudes de l'ouest de pourvoir sans l'État à sa sécurité, elle restaura sous le nom de loi de lynch l'ancien droit familial de représailles. Il était ainsi prouvé que la discipline domestique peut suppléer dans une certaine mesure à l'insuffisance d'une discipline politique et juridique en partie dissoute.

La régression n'amène pas non plus la substitution d'une finalité instinctive à la finalité réfléchie. De deux choses l'une, ou nous voyons la culture résister à la régression du droit, ou nous la voyons disparaître sans qu'aucun instinct en prenne la place. Au xvie siècle, en France, les convulsions des guerres religieuses n'ont point anéanti l'art, la littérature, la science. L'action foudroyante qu'exerça la *Satire Ménippée* montre à quel point, en dépit du fanatisme déchaîné de toute part, l'influence de la culture rationnelle était restée grande sur les Français formés par la Renaissance. La restauration de la culture fut plus lente dans l'Allemagne du Nord après la guerre de Trente Ans ; le concours d'un pouvoir absolu y fut plus longtemps nécessaire ; le succès en fut complet cependant. On sait au contraire quelle peinture Volney nous a fait *de visu* de l'Égypte et de la Syrie à la fin du xviiie siècle. C'est le tableau d'une régression totale de la culture. Janissaires, Mamelouks, Druses, Bédouins, etc., disputent le sabre au poing une précaire subsistance à des paysans clairsemés. Plus d'écoles ! plus de constructions et rien qui atteste la tendance à reconstituer d'instinct une civilisation inférieure, à revenir par exemple au type de l'ancienne Assyrie! Telle était aussi l'Afrique du Nord quand la colonisation française vint l'arracher au brigandage turc et à la famine ; tel est encore le Maroc. Fez, la première ville d'Occident où se soit élevée une université, la ville d'où Averroès initiait les Occidentaux à la libre interprétation d'Aristote est aujourd'hui le centre d'un État où les forces de la barbarie triomphent peut-être plus complètement qu'en aucun point du monde. La culture en a disparu sans qu'aucun instinct créateur l'ait remplacée.

La régression sociologique est donc la disparition des attributions supérieures de l'homme social, de l'homme qui transforme la solidarité eu agent du développement de la culture rationnelle et de la conscience. Elle atteint d'abord la conscience de l'unité humaine, puis la conscience du droit, enfin la conscience domestique. En dernier lieu la culture intellectuelle est elle-même mise en péril. La finalité sociale réfléchie disparaît donc au profit des formes inférieures de la vie commune. L'altruisme élevé qui voit dans la volonté et la conscience personnelles des fins s'efface, mais peu à peu des formes absorbantes de l'égoïsme collectif se restaurent.

Il faut donc admettre que la régression est une réadaptation à une forme inférieure de l'existence humaine. La philosophie sociale comme la philosophie biologique nous conduit à conclure que la notion de régression est téléologique et non mécanique.

Elle n'en a que plus d'importance dans les sciences morales. La loi de régression, si contingente qu'elle soit, nous montre que le progrès n'est pas une loi nécessaire. Il n'est point l'effet d'une adaptation passive, involontaire, aux conditions physiologiques, économiques et mentales de l'existence. Chaque homme et chaque nation sont sollicités en deux sens et peuvent choisir entre deux formes de l'adaptation. La régression s'offre à eux comme une voie aussi facile à suivre que le progrès, car si le progrès promet plus de bonheur que la régression et un bonheur plus élevé, il exige aussi plus d'efforts volontaires.

CHAPITRE XIV

LA RÉGRESSION SOCIALE COMPARÉE
A LA RÉGRESSION BIOLOGIQUE [1]

A la conclusion qui précède, le mécanisme peut opposer une objection, c'est que le progrès social amène inévitablement la dégénérescence physiologique et par suite une forme de la régression contre laquelle aucune culture, aucune discipline ne peut prévaloir.

La civilisation rationnelle est l'œuvre des villes ; en même temps elle détermine un accroissement régulier de la population urbaine. La grande ville est en effet le produit d'une activité commerciale, industrielle, d'une division du travail qui dissout peu à peu le vieil atelier domestique ou corporatif et détermine inévitablement une triple concurrence, entre les producteurs, entre les consommateurs, entre les producteurs et les consommateurs. De là une inévitable régression fonctionnelle qui a sévi sur la civilisation gréco-romaine et qui frappe maintenant la civilisation occidentale tout entière. L'accroissement de la folie dans toutes les classes, l'accroissement de la misère physiologique parmi les travailleurs ruraux appelés dans les villes, en est la preuve. La dégénérescence est le lot obligé des populations urbaines.

Or elle aurait pour conséquence une double régression sociale, une régression morale dont la progression régulière du nombre des crimes, des suicides, des divorces est le fruit,

1. Ce chapitre est nouveau : il ne figurait pas dans le manuscrit soumis à l'Académie.

une régression de la culture amenée par l'infiltration lente, mais régulière de populations restées à un stade inférieur. Pour ne pas laisser les campagnes en friche, il faut en effet combler les vides laissés par l'émigration des ruraux vers les villes. C'est ainsi qu'il y a une poussée des Asiatiques vers la Russie, des Slaves vers l'Allemagne, des Irlandais en Angleterre, etc. [1]

Le sens de cette théorie, appuyée par un choix ingénieux des faits, est que le progrès crée automatiquement les conditions de sa disparition. Nous nous réservons de voir si elle est fondée. Mais serait-elle bien appuyée sur l'expérience, l'évolutionnisme spencérien ne pourrait y faire appel puisque ce système tend à expliquer le progrès biologique et le progrès social par la concurrence. La dégénérescence physiologique peut-elle déterminer directement la régression des sociétés? Cette question est obscure; elle resterait même inaccessible à toute investigation méthodique si l'on idendifiait le progrès social avec prépondérance de la civilisation urbaine et si l'on entendait la dégénérescence au sens strict comme l'éloignement du type primitif. Il est évident qu'alors l'homme dégénérerait par le fait même qu'il s'éloignerait du type humain préhistorique et par suite, de la vie sauvage. Le citadin le plus sain de corps et d'esprit, le plus altruiste, le plus maître de lui, serait néanmoins un dégénéré.

Mais nous avons dit en traitant de la régression biologique que la dégénérescence peut être entendue en un sens scientifique plus défini ; on peut y voir l'ensemble des manifestations de la loi physiologique de régression. Dès lors le problème qui nous occupe peut être clairement posé : la dégénérescence dissout-elle, non pas la civilisation, au sens concret du mot, mais la culture et la discipline sur lesquelles repose une société approximativement rationnelle? Les dégénérés sont-ils réfractaires à ces formes supérieures des

1. Ces faits sont bien mis en lumière par Hahn : *Die Wirtschaftder Welt am Ausgange des XIX Jahrhunderts* (Heidelberg-Winter 1899).

liens sociaux sans lesquels la société rationnelle est impossible ?

Comme on le voit, c'est à la criminologie qu'il faut aller demander la solution. C'est par cette manifestation négative de la vie sociale appelée le crime que la dégénérescence peut indirectement frapper les formes supérieures de la culture. De là l'extrême importance de la contribution apportée à la psychologie sociale par la sociologie criminelle.

La correspondance entre la dégénérescence et la criminalité est-elle une vérité scientifique établie? Alimena l'a niée au nom de la statistique morale[1]. Des aliénistes ont conclu dans le même sens. Il n'y aurait de correspondance bien établie qu'entre la neurasthénie et une forme très douce, une forme quasi innocente de la criminalité, le vagabondage.

Dans le grand ouvrage qu'ils ont consacré au vagabondage et qui est une des meilleures contributions de la science italienne à la criminologie, Florian et Cavaglieri ont cru pouvoir démontrer que le vagabond parasite est le plus souvent un homme d'attention faible et de volonté instable. Faiblesse physique, défaut d'attention, absence du pouvoir directeur de la volonté, manque de discipline intellectuelle et morale, fréquence de l'infantilisme et de la misère physiologique, tels sont les traits qui distinguent le vagabond[2]. Or le vagabondage est devenu anormal seulement à mesure que s'est constituée l'humanité civilisée. Les témoignages de la palethnologie, confirmés par ceux de l'ethnographie comparée établissent que les petites hordes qui vivent de la pêche et de la chasse sont perpétuellement errantes, elles nous présentent le spécimen parfait du vagabondage normal. A bien des égards il en est encore ainsi des tribus pastorales, mais au stade agricole, notamment après la constitution de la pro-

---

1. Alimena. *I limite et i modificatore dell' imputabilita*, t. I.
2. *I vagabondi*. 2 vol. Turin, Bocca. 1897, Voir l'*Année sociologique*, 1898, p. 437, et 1901, p. 456.

priété foncière, la persistance de la disposition à la vie errante contrarie les exigences de la production. Le vagabondage criminel apparaît. On peut même dire que ce stade économique est caractérisé par la lutte contre l'esclavage et le vagabondage représenté par l'esclave et le serf fugitif. La constitution de la petite industrie corporative n'apporte à cet état de choses aucune modification appréciable car l'apprenti et le compagnon sont enchaînés à la corporation à peu près comme le serf à la glèbe.

Tout change avec l'apparition de la grande industrie; on voit alors réapparaître, à côté du vagabondage malfaisant, un vagabondage aussi normal que celui des temps primitifs. La grande industrie a besoin d'une armée de réserve; le chômage le lui fournit et l'existence de l'ouvrier sans travail est partout une condition quasi nécessaire de la grande entreprise. Mais cette nécessité douloureuse n'est ni discernée, ni surtout acceptée dès l'apparition de la grande industrie. Il y a une phase de transition qu'il est possible de constater dans la Russie contemporaine et qui a caractérisé la société anglaise dans les trois siècles postérieurs à la Réforme, la France et l'Allemagne pendant le xviie et surtout le xviiie siècle.

Ainsi le vagabondage est dans une première phase la condition du chasseur sauvage ou du pasteur nomade, dans une seconde celle de l'esclave ou du serf fugitif, dans une troisième qui dure encore, c'est selon les cas, tantôt un parasitisme social, tantôt la conséquence du chômage [1].

Le neurasthénique ou l'épileptique qui devient vagabond imprime donc, à la société, pour sa part virile, une tendance à revenir à un type économique très primitif et imparfait. Mais c'est un agent de régression des plus impuissants. Il se montre en effet dans les contrées les plus riches, dans les pays où la civilisation industrielle déploie

---

1. *I vagabondi*. t. II, voir l'analyse que nous en avons donnée dans l'*Année sociologique* de 1900-1901.

toute sa vigueur. Florian et Cavaglieri nous montrent qu'aux Etats-Unis par exemple, les vagabonds sont rares dans les régions désertiques et nombreux au contraire dans les États de l'Est. En Europe les grandes cités attirent les vagabonds et c'est surtout dans les grands ports de mer qu'il y a le plus de condamnations pour vagabondages. Les départements français qui ont le moins de vagabonds sont ceux où l'on compte le moins de chevaux-vapeur. En Angleterre les vagabonds se rencontrent surtout dans les districts miniers et manufacturiers. De même le nombre des vagabonds est en raison directe du nombre de ceux qui épargnent, du nombre des rentiers et des assistés. Bref l'intensité du vagabondage dans une région correspond à la prospérité de cette région et à l'inégale distribution des richesses.

En est-il ainsi des formes les plus graves du crime, attentats à la personne, attentats violents à la propriété, attentats graves au crédit? On l'a soutenu mais sans jamais réussir à le prouver. Sans doute les manifestations graves de la criminalité, depuis l'assassinat jusqu'aux vols et aux violences commis par les enfants, depuis le vol à main armée jusqu'à la grande escroquerie expriment, attestent des régressions de la conscience politique, juridique, domestique ainsi que de l'ordre économique. Toutefois ces régressions correspondent non à un lent processus de dégénérescence qui atteindrait surtout les populations urbaines, mais à des crises atteignant tour à tour l'État, l'Eglise, la société civile et professionnelle, la société domestique.

« L'existence d'une relation de causalité entre la crimi-
» nalité politique et un état de crise sociale ne peut guère
» être révoquée en doute. On peut dire que l'existence du
» crime politique atteste la crise parce qu'elle en est l'effet
» direct. Or, c'est à tort, croyons-nous, que les anthropolo-
» gistes italiens ont opposé radicalement les criminels poli-
» tiques aux malfaiteurs dont toute société doit se défendre.
» Le criminel politique serait, d'après eux, le défenseur

» passionné de l'idée du progrès ; il serait conduit par
» l'idée fixe du nouveau et du mieux à un état d'aliénation
» dont ses attentats seraient les manifestations inévitables.
» Le malfaiteur de droit commun incarnerait, au contraire,
» les aspirations les plus rétrogrades de l'humanité. Nous
» aurions là une loi de la criminologie. A notre avis il est
» difficile de confondre plus complètement une pétition de
» principe avec une induction scientifique. Les auteurs de
» cette thèse ont eu sans doute les yeux fixés exclusivement
» sur certains conspirateurs au service du libéralisme dans
» la première partie de ce siècle ou au service de la démo-
» cratie plus tard. Mais ils ont oublié la notion juridique
» des crimes contre la chose publique. Il leur serait difficile
» de prouver que l'abus de pouvoir, la forfaiture, la concus-
» sion, le faux, le faux témoignage, la formation des asso-
» ciations de malfaiteurs etc., puissent être inspirés par un
» amour excessif de l'humanité ou par un zèle immodéré
» en faveur du progrès.

» Le vrai type de la criminalité politique nous est offert
» par la criminalité sectaire dont Sighele a fait une étude si
» lumineuse. Or il nous semble que la criminalité sectaire
» manifeste une double régression. D'un côté, la conscience
» de la responsabilité personnelle est annulée par la pres-
» sion qu'exerce sur l'individu la conscience collective de la
» secte ; d'un autre côté les sentiments sociaux les plus
» élevés, la pitié surtout, sont émoussés dans les luttes que
» soutient la secte contre les sectes rivales ou contre la
» société régulière. L'individu est donc livré sans contre-
» poids à ces accès de terreur et de colère collectives que la
» résistance des autres hommes fait éprouver aux sectes et
» aux foules. C'est pourquoi la criminalité sectaire, presque
» toujours collective, est si facilement sanglante.

» Voici donc un type de la criminalité dont les conditions
» ne peuvent être découvertes nulle part ailleurs que dans un
» état de crise de la société. Notons que le crime politique

» ou sectaire peut devenir un exemple, surtout dans les
» luttes engagées entre les familles et les individus.

» Aux crises de l'organisation économique on peut attri-
» buer tous les crimes qui impliquent le parasitisme. L'effet
» des crises économiques est de donner aux hommes une
» impression plus vive et plus immédiate de la concurrence
» vitale ; elles surexcitent donc les instincts qui président à
» la conservation personnelle ainsi que les formes basses
» de l'instinct du moi. Par là elles mettent en péril les senti-
» ments sociaux les plus délicats par lesquels, en temps
» normal, la lutte des intérêts est rendue moins âpre. Sont-
» ce proprement des crises commerciales ayant pour consé-
» quence la multiplication des faillites? Elles rendront un
» grand nombre d'individus insensibles à cette idée de
» justice contractuelle qui a pris si tardivement une forme
» définie dans la conscience morale des races civilisées.
» La crise atteint-elle la production ?

» Les chômages prolongés détruisent l'habitude d'un
» travail régulier et bien discipliné, habitude qui est peut-
» être la principale différence entre l'homme civilisé et le
» barbare. La crise atteint-elle la consommation elle-même et
» devient-elle une disette ? Elle peut mettre les mœurs et les
» sentiments sociaux à la même épreuve qu'une épidémie.
» L'obéissance à l'autorité et aux lois n'est pas moins affai-
» blie alors que le respect du travail, le respect des contrats
» et de la propriété. Selon la culture des classes, on voit se
» multiplier soit l'escroquerie, la banqueroute et la fraude
» commerciale, soit la mendicité, le vagabondage, le marau-
» dage et le vol. Or l'imitation aidant, le type de criminalité
» né des crises économiques survit aux conditions de son
» apparition.

» N'existe-t-il pas un lien de causalité réciproque entre
» les crises économiques en sorte que l'intensité de ces der-
» nières serait beaucoup plus grande dans un état en voie
» de transformation ou de dissolution? Sans prétendre

» résoudre cette question, nous sommes conduits, en com-
» parant l'effet exercé par ces deux sortes de crises sur la
» criminalité sectaire et sur la criminalité parasitaire, à
» reconnaître la présence d'un caractère commun. Dans les
» deux cas il y a à la fois dissolution d'une discipline sociale
» et régression de certains sentiments moraux. La loi de
» régression, en effet, se lit clairement énoncée dans les
» tables de criminalité. Les biens juridiques les plus sou-
» vent lésés ne sont pas seulement ceux dont il est le plus
» difficile d'assurer la défense, tels que ceux qui reposent
» sur le crédit et la bonne foi et sur lesquels se porte par
» conséquent la faible énergie des parasites. Si l'on attente à
» la propriété mobilière et aux contrats plus qu'à la propriété
» foncière, à la propriété et aux droits réels plus qu'aux
» droits personnels, à la pudeur et à la réputation plus qu'à
» la vie, ce n'est pas seulement parce que les hommes
» défendent leur vie plus énergiquement que tout autre bien
» et participent aux droits personnels plus communément
» qu'aux droits réels, c'est encore parce que la fidélité aux
» contrats, le respect de la propriété, de la pudeur et de la
» réputation sont des sentiments que l'espèce a tardivement
» acquis[1]. »

Les crises sociales dont la criminalité est en quelque sorte l'indice et la rançon paraissent liées au mouvement progressif de l'humanité ; elles rappellent l'effort du grand fleuve contre les rochers qui arrêtent son passage. Mais la régression criminelle, si ample qu'elle puisse être, est partielle, non générale. Collective à l'origine, elle devient individuelle. Il n'y a pas de crime en effet sans une réaction personnelle de la volonté. Le crime n'est donc jamais une manifestation purement instinctive. S'il est la grande épreuve de la société qui tend à la discipline rationnelle, il

---

[1]. Nous avons emprunté ce passage à peu près textuellement à un mémoire publié par nous dans l'*Année sociologique* en 1901 sous ce titre : *Les crises sociales et les conditions de la criminalité* (Félix Alcan, éditeur).

n'atteste pas qu'elle soit travaillée par une tendance à revenir au type des communautés animales.

Ces conclusions sont radicalement en contradiction avec la doctrine que Lombroso, ses disciples et ses collaborateurs ont cru povoir tirer d'un examen comparatif des données de l'anthropologie criminelle et de la psychiatrie. Nous ne sommes pas de ceux qui feignent de dédaigner le monument scientifique élevé par l'école de Turin, et dont, après sa démolition, mainte pierre entrera dans la science de l'avenir. Mais l'hypothèse lombrosienne, qui tend en somme à identifier la régression criminelle, la dégénérescence épileptique et l'atavisme a été étayée sur trois thèses ruineuses qui nous semblent entièrement discréditées par l'examen sociologique.

La première est l'opposition, l'antithèse radicale du criminel politique et du criminel de droit commun; le premier incarnerait la passion désintéressée du progrès et le second serait le représentant le plus obstiné du misonéisme[1].

La seconde professe l'existence d'une sorte d'équivalence entre le crime et la prostitution. Si la femme, qui représente plus que l'homme le type mental et émotionnel de l'humanité primitive, attente moins fréquemment que lui à la discipline juridique, c'est qu'elle a sa forme de régression propre, la prostitution, transgression de la discipline morale et domestique[2].

Vient enfin une thèse plus paradoxale encore qui identifie l'homme de génie et le dégénéré épileptique. La supériorité intellectuelle qui en fait l'agent le plus puissant du progrès serait compensée par une véritable régression du caractère et des sentiments moraux[3].

---

1. Lombroso et Laschi. *Le crime politique et les révolutions*, t. 1, ch. Ier, trad. fr. (Paris, F. Alcan), 1892.

2. Lombroso et Ferrero. *La femme criminelle et la prostituée*, (trad. fr. (Paris, F. Alcan), 1896.

3. Lombroso. *L'homme de génie*, trad. franç., Georges Carré éditeur.

Si ces trois thèses étaient établies, l'œuvre de la psychologie sociale serait bien malaisée et celle de la sociologie criminelle plus malaisée encore. On ne pourrait pas rattacher la grande criminalité aux crises de la conscience civique et juridique, puisqu'il n'y aurait aucune solidarité morale entre l'œuvre du criminel politique et celle du malfaiteur. Le crime privé serait, comme la prostitution, une tentative de restauration d'une forme inférieure de la vie morale. Enfin l'homme de génie identifierait dans son organisme et son activité la régression non moins que le progrès.

Mais aucune de ces trois hypothèses ne soutient l'examen de celui qui la soumet à une critique sérieuse. La plus aisée à discuter est celle qui prétend opposer comme des faits moraux contradictoires le crime politique et le crime privé. C'est une théorie trop étroitement liée à l'histoire politique de l'Italie moderne. Nous l'avons examinée plus haut. Nous n'y reviendrons pas.

La prostitution n'est ni un équivalent du crime, ni une régression vers les formes primitives de l'union sexuelle. La statistique morale dément l'idée que la prostitution conférerait à celles qui l'exerce une immunité contre le délit. Elle montre que la prostituée est, dans toute la force du terme, un parasite social, et que, comme complice ou auteur principal, elle associe souvent le vol à son métier. La prostitution a certainement pour condition une régression de la pudeur, mais elle est en réalité une imitation déréglée du commerce, un abus de l'échange, une manifestation individualiste. Elle n'a aucun rapport avec le commerce sexuel très réglé que l'on a observé chez certaines tribus sauvages et qualifié à tort de promiscuité[1].

Enfin une psychiatrie bien informée contredit absolument la fallacieuse analogie du génie et de l'épilepsie larvée. P. Flechsig émet l'idée fort vraisemblable que le cerveau de

---

1. Cf. Durkheim. *La prohibition de l'inceste et ses origines. Année sociologique*, 1897-98 (Paris, F. Alcan).

l'homme de génie diffère du cerveau de l'homme moyen non par une irritabilité plus grande de l'écorce, mais par une organisation supérieure et plus puissante [1].

La psychiatrie et la criminologie lombrosiennes nous proposent d'admettre, non pas que le progrès humain est sans cesse traversé par les régressions, constatation trop facile à faire, mais qu'il est conditionné par une loi de régression éthico-sociale. Le progrès humain naîtrait dans les crises épileptiques du génie. Le progrès social serait l'œuvre de criminels politiques sans lesquels la résistance des misonéistes ne pourrait être vaincue. Or à notre avis, bien que ce soit le progrès humain plutôt que le progrès social qui obéisse à la raison, on ne peut séparer à ce point l'un de l'autre. Si le progrès humain, au sens strict, est l'œuvre du génie intellectuel, le progrès social est surtout l'œuvre du génie moral dont Wundt et M. Ribot ont si bien mis l'existence en pleine lumière. — Le génie moral, qui est bien souvent le compagnon de l'imagination utopique, agit sur la société en suscitant dans la conscience moyenne un grand et fécond mécontentement. Mais les mécontents qui assurent le progrès ne sont pas des criminels politiques; ils sont le plus souvent leurs victimes. L'antithèse évangélique de Barabbas et de Jésus est pour l'historien celle du criminel politique et du génie moral.

La régression sociologique est une destruction des attributions supérieures de l'homme social. Quand elle est générale et qu'aucun effort moral ne la contient, il y a, comme nous l'avons vu, une réadaptation à des formes sociales inférieures. L'égoïsme collectif se substitue de plus en plus à l'altruisme rationnel. Quand la régression est partielle, l'on voit apparaître, selon son extension et son intensité, les diverses formes de la criminalité. Il en résulte que la régression sociale peut être artificiellement rapprochée

---

1. P. Flechsig. *Études sur le cerveau*, I, Les frontières de la folie traduction Lévi (Vigot frères, éditeurs), 1898.

de la psychonévrose, de la dégénérescence psychique, ou même du parasitisme. Mais pour l'analyse scientifique, la différence reste grande. Le dégénéré, le fou est impropre à toutes les formes de la symbiose, tandis que chez le criminel, ce sont des formes supérieures, humaines de la symbiose qui disparaissent. Les criminels et les parasites tendent à l'association ; ils rendent hommage à leur façon à la loi de la symbiose et parfois reproduisent certaines formes inférieures de l'état et de la société domestique, *sociétés sans morale* et dont la crainte est l'unique ressort.

CONCLUSION

L'application de la méthode génétique au problème de la vie et de l'organisation nous avait conduit à conclure que la complication graduelle des organismes implique la spontanéité vivante et que celle-ci suppose elle-même la conscience à quelque degré. Mais il restait à savoir si les degrés d'intensité que présente la conscience correspondent à des formes différentes de la vie ou sont au contraire des phénomènes négligeables.

L'étude du processus biologique devait dès lors faire place à une autre étude. Les sciences biologiques ne peuvent éluder l'étude de l'instinct puisque l'instinct est pour les individus et les races une condition de l'existence ; mais elles sont ainsi conduites à considérer l'instinct comme la forme normale et définie de la conscience et à faire abstraction de la conscience claire, réfléchie, personnelle et formelle. Il est donc nécessaire de constituer une autre science qui élucide le rapport de l'instinct à la conscience réfléchie et de reconnaître un processus nouveau, le processus superorganique.

De là résulte la légitimité de la psychologie.

Mais la psychologie ne peut résoudre le problème du rapport de l'instinct avec la raison en s'enfermant dans la sphère de la conscience et de l'activité individuelles. Ou cette psychologie est subjective, ou elle est objective. Subjective, elle est condamnée à l'usage exclusif de la méthode introspective. Or le psychologue subjectif ne peut connaître que la conscience réfléchie. Il ignore la présence de l'instinct chez l'homme, se refuse à le retrouver même dans les racines de la vie émotionnelle. Beaucoup plus que les théoriciens de la fixité des espèces, il creuse un hiatus entre l'homme et l'animal, au risque de scinder l'histoire et la cosmologie et d'opposer l'une à l'autre la morale et la cosmologie scientifique.

Objective, la psychologie peut encore hésiter entre deux voies : ou c'est une psychologie génétique, appuyée sur l'observation comparative des espèces, des races, des âges, des sexes et des cas morbides, ou c'est une psychophysique expérimentale. L'une et l'autre ne peuvent manquer de mettre en relief l'activité inconsciente ou subconsciente de l'esprit ; mais s'agit-il d'estimer à sa vraie valeur la conscience réfléchie et l'activité rationnelle ? on les voit livrées à toutes les incertitudes de l'esprit de système. Ou bien elles obéissent aux tendances analytiques des sciences statiques, ou bien elles se laissent guider par l'esprit synthétique de la philosophie. Dans le premier cas les psychologues n'hésitent point à sacrifier la conscience réfléchie à l'activité inconsciente et instinctive, les plus modérés estimant que la réflexion n'a qu'une existence formelle et que l'irritabilité des cellules cérébrales est l'unique phénomène objectif ; dans le second cas, le psychologue va parfois jusqu'à concevoir des forces conscientes, libres, soustraites aux lois physiques et mathématiques et ne recule pas toujours devant l'appel au spiritisme.

Ou bien la négation de l'instinct au profit de la réflexion, au risque de se voir en contradiction avec les données les plus certaines de l'observation, ou l'absorption de la réflexion dans l'instinct et dans l'inconscient, telles sont les deux conclusions extrêmes entre lesquelles oscille toute psychologie strictement individuelle.

Le problème reste donc sans solution, car le psychologue subjectif y oppose une fin de non-recevoir et le psychologue objectif oublie souvent la distinction capitale du conditionné et de la condition pour ériger un rapport de succession et de causalité en rapport d'identité.

Il faut donc sortir de la conscience et de l'organisme individuels et par suite constituer une psychologie sociale.

La psychologie sociale permet de comparer avec précision l'activité des espèces animales à celle de l'espèce humaine ; c'est en effet dans les associations formées par les animaux que le passage des manifestations instinctives aux manifestations intelligentes se laisse observer le plus facilement. Le perfectionnement de l'association est lui-même la manifestation la mieux définie de l'intelligence animale. La psychologie sociale rend également possible une comparaison des diverses races humaines, car le degré de la civilisation réalisée est la meilleure mesure de leur intelligence et le degré de la civilisation est chose sociale, correspondant à la complexité de l'association. Enfin dans les limites d'une même race la psychologie sociale permet de comparer la personnalité sociale définie à la foule et d'opposer ainsi deux états de la conscience humaine. Ces comparaisons permettent de suivre dans la vie de l'humanité les transformations de l'instinct, sa spécification, sa dissolution. Elles écartent à l'avance toute solution unilatérale, car s'il est impossible au sociologue de mettre en doute l'existence de grands instincts collectifs, il ne peut nier en revanche ni le rapport de la culture avec la complexité des liens sociaux ni le rapport de l'attention réfléchie et de l'activité rationnelle avec la culture.

Or cette psychologie sociale doit être génétique et par suite appliquer une méthode comparative et historique. En effet elle ne peut être ni déductive ni proprement expérimentale. Le sociologue ne doit pas s'interdire l'usage du raisonnement s'il veut débrouiller l'écheveau des faits mais il n'en résulte pas que sa méthode soit la déduction. D'un côté en effet ses raisonnements doivent toujours être soumis au contrôle de l'expérience, de l'autre le psychologue ne peut demander à aucune autre science ses postulats et ses majeures.

La méthode déductive écartée, l'on sait quelles objections peuvent être opposées à la méthode expérimentale. Il ne saurait être question d'expérimentation directe car le savant ne peut ni faire surgir, ni faire disparaître, ni même faire varier un fait social dans des conditions qui donneraient à l'épreuve une réelle valeur scientifique. L'expérimentation indirecte, l'étude des révolutions, des crises morales et économiques, de la criminalité et du suicide est précieuse, indispensable, mais encore insuffisante. Elle permet bien d'induire qu'à côté de la conscience claire qui préside à l'activité individuelle coexistent des tendances sociales en grande partie instinctives, mais le rapport de l'activité personnelle, réfléchie à la tendance sociale inconsciente n'est pas défini par là et ne peut l'être.

Reste une seule méthode. Elle consiste à suivre pas à pas la formation des types sociaux en la comparant sans cesse à la formation de la conscience personnelle. De même que la psychologie personnelle doit, sous peine de faire œuvre vaine, comparer l'enfant à l'animal d'une part, à l'adulte normal ou anormal de l'autre, de même la psychologie sociale devra étudier historiquement la formation et la dissolution des liens sociaux ainsi que leur rapport avec la culture et la discipline sociale.

En ce sens, mais en ce sens seulement, cette psychologie est une histoire universelle ou philosophie de l'histoire. Elle ne peut se contenter de la comparaison des races actuellement vivantes, si inégales qu'elles puissent être au point de vue psychique et politique. Le passé des races supérieures est beaucoup plus instructif et il ne peut être connu sans l'aide de la critique historique. Mais la critique des documents n'est qu'un procédé auxiliaire de la méthode génétique ou méthode de filiation. Le sociologue, comme le statisticien, néglige les faits dits accidentels parce que, ces faits s'annulant réciproquement, leur action sur la société est comme s'ils n'étaient pas. Il ne compare que des cas généraux; il ne rattache les uns aux autres par un rapport de filiation que des types sociaux et la critique historique lui sert seulement à donner un fondement certain à la connaissance de ces types. Jamais l'historien descriptif n'oserait rapprocher l'Inde et l'Europe médiévale, la Chine moderne et l'Egypte ancienne : mais faire de tels rapprochements est dans l'œuvre du sociologue la partie la plus aisée.

Or l'application d'une telle méthode aux problèmes de la psychologie sociale reçoit-elle quelque lumière de l'idée d'évolution ou du passage de l'homogène à l'hétérogène ?

Si l'idée d'évolution pouvait être ramenée à l'idée de succession régulière, de série ou de processus, il n'est pas douteux qu'elle deviendrait le fil conducteur de la méthode historique. Le sociologue doit former de longues séries de phénomènes pour pouvoir les comparer terme à terme. Mais ainsi entendue, l'idée d'évolution est toute formelle et ne devance pas les conclusions de la science.

Si l'idée d'évolution représente le passage de l'homogène à l'hétérogène, il n'en est plus ainsi : elle a sans doute la valeur d'une hypothèse directrice, mais plus propre à égarer la recherche sociologique qu'à l'éclairer.

L'idée d'évolution implique en effet les idées de métamorphose et de continuité. De ces idées, il n'en est pas une qui ne puisse égarer le sociologue. Rien ne prouve en effet que le rapport de la société supérieure à la société simple soit assimilable à la métamorphose d'un insecte ou à celle d'une nébuleuse. L'idée de continuité conduit les sociologues à nier le sens, l'importance et la valeur des révolutions et des crises. Or c'est peut être en étudiant les révolutions qu'on voit le mieux le rapport de l'instinct collectif à l'idéation rationnelle.

Le terme d'évolution a pour effet de combiner ces deux idées en une seule et de multiplier ainsi la puissance d'illusion contenue en chacune d'elles. Le résultat inévitable était l'assimilation des sociétés aux corps vivants. L'évolution sociale n'est plus alors que le prolongement des variations d'organismes astreints à s'associer pour s'adapter aux conditions de l'existence. On oublie ainsi les problèmes de la psychologie sociale au risque d'absorber définitivement la psychologie dans la biologie, le superorganique dans l'organique.

L'idée directrice de la psychologie sociale, loin d'être celle de l'évolution universelle ou de l'identité des processus, doit être celle de leur distinction.

La recherche génétique conclut donc à l'abandon de l'hypothèse, trop facilement adoptée par les évolutionnistes, sur la nature et le rôle de la conscience personnelle. Le progrès est l'œuvre des caractères et des esprits mécontents du monde qui leur est donné mais il n'y aurait pas de mécontentement fécond en progrès sans l'élaboration et l'élucidation des idées qui dirigent l'activité volontaire et lui fournissent des motifs pour réagir. Les besoins organiques peuvent être mécontents sans que rien en résulte sauf ces convulsions populaires qui, telles que les Jacqueries, n'ont d'autre effet que de modérer temporairement le parasitisme. Si le mécontentement des besoins suffit, comme les historiens le constatent, à déterminer des crises progressives, c'est que dans toute société peuvent se former des besoins ou des tendances nouvelles auxquels l'ordre social existant refuse satisfaction (1). Ces besoins n'existaient pas dans une communauté toute spontanée et instinctive comme les animaux en forment. Donc l'origine en doit être cherchée dans la forme d'activité qui distingue l'homme des êtres instinctifs, c'est-à-dire dans l'aptitude à élaborer des concepts.

L'éveil des besoins sociaux supérieurs, des besoins dont l'irritation détermine le progrès, est l'œuvre de l'activité

---

1. Voir l'appendice II. *Le caractère mécontent et l'imagination utopique.*

mentale réfléchie. De là l'importance de l'histoire, abstraite et concrète, des idées morales et juridiques.

Le progrès, dans l'ordre intellectuel, est un passage de l'implicite à l'explicite, du sentiment à l'idée, de l'idée concrète ou du récept au concept. Mais la possibilité de ce progrès doit être cherchée dans la spontanéité de l'intelligence. L'idée pure, réfléchie ou rationnelle, est tout autre chose que le sentiment obscur qui l'a d'abord représentée dans la conscience.

Ce progrès, facilement observable chez l'individu, se répète exactement de même dans l'espèce.

Or à mesure que les idées morales passent du sentiment à la conscience réfléchie, de l'instinct à la lumière, pour parler le langage de Leibnitz, le conflit devient plus violent entre les besoins sociaux qu'elles excitent ou généralisent et les conditions naturelles ou historiques de l'ordre social présent. C'est ce qu'on a nommé, en termes un peu emphatiques mais commodes, le conflit de l'idéal moral et de la fatalité sociale. Tels sont les conflits entre le droit personnel et les conditions domestiques de la perpétuité de l'espèce, entre le droit public et les forces politiques aveugles (race, territoire, etc.), entre la justice sociale et les lois économiques.

Les révolutions sont des phénomènes qui distinguent profondément l'évolution sociale consciente de l'évolution quasi-inconsciente des organismes, phénomènes gênants pour un évolutionnisme unilatéral, mais que l'histoire ne peut feindre d'oublier pour assurer le succès d'un système.

Dès lors peut-on parler d'un rapport de continuité entre le processus organique et le processus psycho-social ? Ne semble-t-il pas que le psychologue doive se préserver des habitudes d'esprit du biologiste bien loin d'en répéter les formules ?

Bien distinguée de la biologie, l'étude du processus psycho-social n'en éclaire que mieux la cosmogonie générale. Plus encore que la comparaison du monde organique et du monde inorganique, celle de la société consciente et de la vie organisée prouve que l'ordre du monde est progressif et que l'esprit scientifique peut atteindre plus et mieux que des lois statiques. L'équilibre mécanique est le symbole le plus simple de l'ordre, mais il n'en est pas le fond. L'ordre implique le développement dont la vie organisée est la manifestation la plus générale et la plus grandiose. L'ordre naturel impose à son tour aux êtres vivants non la compétition universelle, mais la vie en société au sein de laquelle l'instinct se décompose pour faire place à la connaissance rationnelle et à la conscience réfléchie. Loin de dissoudre l'ordre et la vie, la conscience réfléchie l'achève : l'art reprend avec une puissance supérieure les œuvres de l'instinct et les conduit à des fins volontairement posées, clairement entrevues. Ainsi les processus se succèdent et se complètent comme les étages d'un bel et solide édifice sans que le supérieur résulte de la dissolution de l'inférieur ainsi que l'affirme un savant pessimisme. Ainsi les séries convergentes des phénomènes laissent entrevoir l'ordre et l'ordre naturel devient, par l'entremise de la société rationnelle, l'ordre moral.

TROISIÈME PARTIE

LA CONSCIENCE ET L'EXPLICATION GÉNÉTIQUE

I

L'idée d'évolution ne peut pas, sans contradiction, conduire la philosophie à la formule d'une loi unique qui serait la synthèse totale de la connaissance empirique. Une telle loi en effet devrait être déduite d'une théorie mécanique : elle impliquerait donc la réduction préalable de tous les phénomènes aux lois de la quantité. Mais les états de conscience sans lesquels nul phénomène n'est objet de connaissance, sont purement qualitatifs, donc scientifiquement inexplicables. Ils sont ainsi exclus de la synthèse. Or éliminer la conscience, n'est-ce pas éliminer la vie et avec l'une et l'autre les vrais spécimens de tout développement dans l'univers ?

Comparée aux résultats de la philosophie critique, aux enseignements de la science et de la philosophie positive, la théorie de l'évolution universelle est une régression ; c'est une violation des conditions de la phénoménologie ; c'est un effort qui ne peut donner que deux résultats. L'un serait de restaurer le mécanisme universel, c'est-à-dire la subordination étroite du savoir dynamique au savoir statique. L'autre tendrait à renouveler la confusion d'idées qui prévalait chez les anciens physiologues de l'Ionie avant la fondation de la science mathématique et de la philosophie logique.

Nous l'avons dit : on ne saurait équitablement accuser l'école évolutionniste de revenir aux vieilles conceptions grecques sur le devenir et la métamorphose universels. L'idée de loi et de causalité avait été trop fortement élaborée par la logique et par la science statique pour qu'une telle régression fût possible. Aussi est-ce vers le mécanisme que l'école a penché. Son effort a tendu à faire en sorte que la phénoménologie génétique ne portât pas atteinte à la conception des lois naturelles sur laquelle reposent les sciences statiques; or le mécanisme n'est que l'unification et la synthèse de ces sciences.

C'est pourquoi les lois de l'évolution simple et de la dissolution universelle ont été présentées comme des corollaires de la grande loi de l'équilibre cosmique, la loi de la conservation de l'énergie. L'esprit de l'évolutionnisme est l'effort pour prouver que tous les changements qui s'accomplissent dans l'univers ne sont que des apparences et qu'en fait toute la phénoménologie se ramène à cette équation $x = mv^2$.

La loi d'évolution n'ajoute donc rien à la loi de conservation de l'énergie, si ce n'est la prétention d'en faire : 1° une loi absolue alors qu'elle est seulement une loi approchée ; 2° le postulat d'une cosmogonie qui ne peut être que le dogme bouddhique de l'illusion universelle.

Or que nous montre l'étude critique de la phénoménologie et de ses méthodes ? C'est que toutes les lois dynamiques sont contingentes à l'égard de la loi de la conservation de l'énergie et que sans exception, toutes ces lois impliquent que cette conclusion suprême de la physique mécanique, loin d'être la formule de la cosmologie, n'a qu'une valeur approchée.

Cependant le concept de l'évolution ne peut-il être distingué de la formule, que Spencer a donnée ? Ne peut-on pas y voir un simple concept heuristique propre à guider

1. Voir cette question débattue par M. Émile Boutroux. *Contingence des Lois de la nature*, ch. IV et V. — *L'idée de loi naturelle dans la science et la philosophie modernes*, ch. IV, V, VI, VII.

toutes les recherches expérimentales, comparatives et historiques et à en rendre possible l'unification ?

Quand les idées manquent, un mot en tient la place, dit Méphistophélès à Faust. Mais qu'importe un mot nouveau là où les idées claires ne manquent pas ? Quel sens nouveau le terme d'évolution vient-il ajouter aux idées précises de causalité naturelle et de relation de succession, idées épurées et définies par la critique ?

Les mots que la logique n'a pas élaborés ne doivent pas prendre place dans le vocabulaire de la science et de la philosophie si l'on ne veut pas qu'ils y introduisent un monde d'équivoques et d'erreurs. Le mot évolution est du nombre. Quoi qu'on fasse, il entraîne à sa suite les idées de métamorphose universelle, de progrès à l'infini et de continuité absolue, trois idées dont une seule suffit à égarer et à ruiner toute étude méthodique des phénomènes.

Comme l'avait montré Bacon, la phénoménologie ne peut se former sans l'idée du processus latent. Mais il importe au plus haut point que cette idée soit définie et ne se confonde ni avec celle de la métamorphose, ni avec celle du progrès à l'infini ni même avec celle de la continuité, prise au sens que les géomètres donnent à ce terme.

L'analogie confuse des sociétés et des organismes nous a montré quelle perturbation l'idée de métamorphose peut produire dans une recherche génétique. Les trop nombreux sociologues qui croyaient trouver dans l'évolutionnisme la formule d'une cosmogonie positive n'avaient plus pour objet la genèse des sociétés définies : ils voulaient découvrir le secret de la métamorphose du règne organique en un règne social. Dès lors l'analogie suffisait et la sociologie consistait à chercher les phénomènes sociaux auxquels sans trop d'impropriété pouvaient s'appliquer les termes d'organes, d'appareils, de tissus, de cellules, de fonction de nutrition, de reproduction, de relation. Réciproquement on transportait en biologie une partie du vocabulaire de la science politique ou économique et l'on y parlait de concurrence et de colonisation. L'étude génétique des formes vivantes et des formes sociales exige au contraire la distinction attentive des deux processus. Sans doute le sociologue ne doit pas ignorer la biologie; il doit connaître les méthodes de la paléontologie et de l'embryologie; mais avant tout il doit définir le phénomène social et le définir, c'est le distinguer de toute autre classe de phénomènes. Faire cette distinction, appliquer la notion des genres, c'est précisément, comme l'avait écrit Gœthe, écarter l'idée de la métamorphose.

L'idée du progrès à l'infini ne peut, elle aussi, qu'obscurcir notre façon de concevoir un processus naturel. Qu'au delà du processus social d'autres soient possibles, l'imagination peut le concevoir, mais peu importe à l'étude des processus définis. En revanche, introduite dans l'étude des processus naturels, l'idée du progrès à l'infini ôte à la méthode scientifique tout point d'application. La phénoménologie a pour objet le réel, le donné et non pas le possible. Sans doute la science doit autoriser la prévision et la prévision est une connaissance anticipée de faits qui, n'étant pas accomplis, ne sont encore que des possibilités. Mais la prévision scientifique consiste à projeter dans l'avenir l'action des lois extraites de l'observation du passé ; elle suppose écartée, non seulement l'idée du progrès à l'infini, mais, on peut le dire, l'idée de progrès elle-même. Essaie-t-on par exemple de prévoir les états sociaux futurs ? On affirmera que les institutions sociales continueront à exprimer le rapport de la nature humaine au milieu extérieur et que si elles subissent des variations, ces variations auront comme condition, tout comme dans le passé, des différences de quantité, d'intensité et de complexité. Mais l'hypothèse d'une nature humaine entièrement nouvelle, chez laquelle par exemple, la conscience personnelle serait annulée ou cesserait d'agir sur les émotions, les besoins, les croyances, cette hypothèse bouleverserait absolument la prévision.

Le progrès qualitatif ne peut être confondu avec l'accroissement. L'accroissement futur d'une société ou d'un organisme est un fait qui peut être déduit de la connaissance exacte du passé; mais le progrès qualitatif est toujours entièrement contingent. La dégénérescence organique et la décadence sociale sont toujours également possibles dès que la vie a atteint un certain niveau. Autant la notion du progrès peut-être féconde pour l'action, autant elle risque d'obscurcir la conception scientifique du processus. Quant à la notion d'accroissement, elle exclut radicalement celle de l'infini.

La notion du processus implique celle du degré. Mais la notion de degré implique à son tour celle d'échelle et d'intensité. Une intensité qui croit à l'infini est scientifiquement un non sens. Les sciences expérimentales se sont débarrassées d'une telle erreur, si jamais elles l'ont accueillie; la morphologie actuelle n'examinerait pas sérieusement le problème d'une transmutation indéfinie des espèces; elle reconnaît que l'action de l'homme exclut la possibilité d'une transformation indéfinie des faunes. Seules les sciences sociales et politiques accueillent encore l'idée du progrès à l'infini, flatteuse pour l'orgueil humain, ruineuse de toute constitution méthodique.

L'idée de continuité est au premier abord plus légitime et il semble malaisé de la bannir de la biologie et de la sociologie. Les embryologistes parlent couramment de la continuité de la matière vivante et les sociologues invoquent la continuité historique. Voici cependant une option inévitable : ou l'on donne à ce mot le même sens que les géomètres ou l'on entend seulement désigner l'unité d'un grand processus naturel. Dans le premier cas, on transgresse les conditions logiques de la phénoménologie, car, si le principe de continuité est valable en géométrie (question litigieuse), en revanche il est inapplicable aux phénomènes. Une série de phénomènes est empirique et une série empirique est discontinue. C'est seulement entre phénomènes discontinus que l'on peut énoncer une relation de causalité.

A vrai dire, le savant empirique emploie ce terme en un tout autre sens. La continuité est pour lui l'attribut d'une série dans laquelle il n'observe pas de lacunes. *Non datur saltus: non datur hiatus, non datur vacuum formarum*; telles sont pour lui les formules de la continuité. Le biologiste qui parle de la continuité de la matière vivante reconnaît cependant la vie propre de chaque cellule. L'historien qui parle de la continuité historique n'entend pas nier la distinction des phases de la civilisation ou même l'action bien réelle des génies et des caractères personnels. Mais ils entendent dire que seules les causes biologiques ont agi dans la série des faits biologiques, les causes sociologiques dans la série sociologique et que les accidents sont ou niables ou négligeables, vu l'insignifiance du résultat. La continuité, c'est donc l'intégrité de la série, l'unité du processus. L'emploi d'un terme aussi équivoque, même s'il est expliqué, n'en est pas moins regrettable.

Bref, le concept verbal d'évolution a pour résultat unique de confondre les concepts fondamentaux de la phénoménologie, les concepts de causalité, de série, de processus latent avec des notions métaphysiques confuses, la métamorphose universelle, le progrès à l'infini, la continuité absolue. C'est un énergique stimulant de l'imagination diffluente, laquelle est plus propre à neutraliser l'imagination scientifique qu'à l'aider. Dénoncer cette confusion est le premier office de la critique.

II

Nous avons écarté jusqu'ici toute espèce de discussion métaphysique qui n'intéresse pas directement la critique. Mais le problème de l'évolution touche à l'explicabilité des choses ainsi qu'à l'applicabilité des connaissances. Or la philosophie générale est-elle autre chose qu'une théorie de l'explication et une étude des rapports généraux du savoir et de l'action?

L'évolutionnisme est, ou veut être une synthèse du savoir. Mais cette synthèse ne peut être purement objective ; elle doit exprimer l'unité de la logique et celle de la science qui l'applique, et en outre l'unité du savoir et celle de l'action qui met la connaissance en œuvre. Aussi voyons-nous la philosophie évolutionniste débuter en énonçant la correspondance de la conscience et de la force et s'achever par une théorie de l'optimisme servant de fondement à une science de la conduite.

A notre avis, le système évolutionniste a dû son grand succès, moins à sa valeur scientifique qu'à la satisfaction donnée par lui à l'esprit métaphysique. On trouvait dans l'œuvre de Spencer une doctrine sur les limites et la certitude de la connaissance et l'affirmation d'un rapport unissant les règles de la conduite aux lois universelles des phénomènes. On était porté par là-même à oublier les contradictions inhérentes à la cosmologie hâtive dont cette œuvre tentait de jeter des fondements.

Or notre critique de l'évolutionnisme nous conduit-elle à une conclusion purement négative soit sur les rapports de la nature et de la conscience, soit sur les liens de l'action et du savoir?

Nous avons conclu à la possibilité d'une cosmogonie ou théorie dynamique du monde, fondée sur l'application d'une méthode déterminée, la méthode génétique, qui reconstitue l'unité des processus en formant des séries régulières de phénomènes homogènes. Nous avons opposé ce savoir dynamique ou génétique aux prétentions de l'évolutionnisme. En effet, la cosmogonie telle que nous l'entendons ne consiste pas en une double loi d'évolution et de dissolution universelles ; elle est contenue dans une série de sciences complémentaires, susceptibles d'être ordonnées de la plus générale à la plus complexe. Chacune de ces sciences énonce un système de lois empiriques, ou de relations constantes, mais vraies seulement dans les limites de l'expérience, puisqu'elles unissent des phénomènes contigents. La cosmogonie est ainsi une pure phénoménologie.

Elle met fin à la vieille antithèse de la science et de l'histoire, qui se ramène à l'antithèse de la nécessité et de l'accident. *Vere scire per causas scire.* Mais la cause, c'est l'antécédent, et la condition est toujours distincte du conditionné. Justiciable de l'expérience, la science ne connaît rien par cause et nécessité. Néanmoins la phénoménologie est autre chose qu'une simple description de l'accidentel. L'accidentel et le nécessaire forment une couple de notions inséparables car qui nie ou pose l'un nie ou pose l'autre. La nécessité est en effet le seul critère de l'accidentel. S'il y avait des lois nécessaires, l'accident serait le phénomène dont elles ne pourraient rendre compte. Par là-même tout événement, tout devenir serait accidentel. Mais si nulle loi n'est nécessaire, nul phénomène n'est sans antécédent, car concevoir le phénomène, c'est le replacer dans la série, sinon il échappe à la pensée. La phénoménologie est une histoire naturelle, mais où chaque moment, conditionné par le précédent conditionne le suivant. Rien n'empêche de concevoir la possibilité d'un devenir du monde qui serait tout autre, mais, qu'on nous passe cette comparaison familière, le monde réel des phénomènes étant donné, ses parties sont entre elles comme les pièces d'un jeu de patience ; il devient impossible *en fait* de les séparer ou d'en intervertir l'ordre.

Cette cosmogonie est-elle compatible d'abord avec un ordre du monde, en second lieu avec un ordre moral du monde ? Ces deux questions contiennent tout le problème philosophique ; elles ne peuvent être isolées ; la seconde ne peut être résolue ou examinée avant la première. Un monde où règnerait le surnaturel, au sens vulgaire du mot, un monde où surgiraient capricieusement des êtres intelligents mais où l'intelligence ne rencontrerait que des énigmes, un monde où se joueraient des volontés plus capricieuses que les forces les plus aveugles, un tel monde ne pourrait présenter un ordre moral. C'est cette vérité qu'avait établi fortement la philosophie grecque, depuis Platon jusqu'aux stoïciens et que les subtilités de la scolastique n'ont pu infirmer.

L'ordre moral du monde a donc pour base, nous n'hésitons pas à le dire, une conception *de l'explicabilité scientifique des phénomènes :* écartons le terme de déterminisme s'il doit recevoir une interprétation équivoque. Cependant si la notion du déterminisme n'est que la notion de la succession régulière, du rapport entre antécédents, conditions et conséquents conditionnés, cette notion est la première pierre de l'ordre moral du monde. C'est là seulement où la notion du déterminisme scientifique a pénétré dans les esprits, que la conscience morale a été émancipée des traditions sauvages et des instincts collectifs. En vain on veut que la dialectique témoigne en sens contraire ; elle n'est pas juge d'un tel débat. La sociologie démontre au contraire que les religions éthiques n'ont porté leurs fruits moraux qu'au sein des sociétés les plus modernes, et ont dépéri là où avait persisté la conception mythique du monde.

La notion de la loi, voilà la base de l'ordre cosmologique dont l'ordre moral ne peut être que la fleur. Le problème posé à la cosmogonie critique, à la phénoménologie génétique est donc double.

Comment passer de la notion de la loi empirique et contingente à celle de l'unité des phénomènes ?

Comment passer de la connaissance des lois à la connaissance des règles d'action.

III

La méthode historico-évolutive ne conduit qu'à la conquête des lois empiriques : telles sont en embryologie les lois de l'*hérédité embryonnaire, de la fixité des connexions, de l'adaptation embryonnaire, de l'omission, du déplacement*, etc. Le groupe des lois qui rend compte d'un seul et même processus constitue une science. Mais l'explication du monde peut-elle consister ainsi en une multitude de lois ? La diversité des lois ne contrarie-t-elle pas les exigences logiques de l'entendement autant que la diversité des phénomènes et l'explication n'est-elle pas avant tout une satisfaction donnée au besoin d'unité ?

Le problème de l'explication des lois surgit donc ici.

Mais qu'est-ce qu'expliquer une loi ? est-ce l'absorber dans une loi plus générale ? Est-ce la surbordonner à une conception unitaire du monde ?

La solution qui a semblé la plus simple est évidemment la première ; expliquer une loi empirique, ne serait-ce pas la traiter comme un phénomène, puisqu'après tout elle n'est que la formule descriptive d'une relation entre couple de phénomènes ? Mais le type de l'explication n'est-elle pas la réduction du phénomène à ses éléments quantitatifs ou mesurables ? Donc, expliquer une loi empirique, ce sera la réduire à une loi plus générale, l'absorber dans une loi rationnelle. C'est ainsi que les lois empiriques de la chimie minérale et organique se laissent ramener aux lois des proportions définies et finalement aux lois de la thermochimie. C'est ainsi que les lois descriptives de la cosmographie sont réduites aux lois rationnelles de la mécanique céleste.

Mais la réduction n'est qu'une illusion de l'esprit. Réduire, dans l'étude d'un phénomène, la qualité à la quantité, c'est en négliger les éléments qualitatifs ou sensibles pour les éléments mesurables. Mais un phénomène est une donnée réelle de l'expérience parce qu'il est sensible. En négliger l'aspect qualitatif, c'est renoncer à l'expliquer *comme tel ;* à plus forte raison, réduire une loi empirique à une loi rationnelle, est-ce nier la certitude et la valeur de cette loi.

Nous l'avons dit : l'étude statique du monde, l'étude des

rapports de coexistence, abstraction faite de la genèse et du développement cosmiques, a dû précéder l'étude dynamique ou génétique, parce que seule elle correspondait à l'enfance des méthodes. Socrate, repoussant la physique ancienne, ne voit la certitude que dans les sciences qui dénombrent, qui mesurent et qui pèsent : tout le reste est révocable en doute ; et en effet, ici, la méthode est tout entière à créer. Descartes est encore dans le même état d'esprit que Socrate, bien qu'il conçût déjà, après Bruno, la possibilité et l'urgence d'une cosmogonie positive. C'est qu'il dédaigne le témoignage, l'observation directe, la méthode comparative et que l'expérimentation elle-même lui semble être un procédé douteux, dans la mesure où il requiert le concours des sens.

Une vieille tradition, lentement formée, nous a donc accoutumés à attribuer à la connaissance statique une dignité et une certitude encore contestées à la connaissance dynamique. Ses procédés d'explication, si imparfaits qu'ils soient au fond, semblent être les procédés vrais.

Néanmoins le point de vue génétique s'est introduit dans deux sciences dont nous avons montré l'importance pour la cosmogonie : la géologie et la biologie. Or il se trouve que par la nature même de leur objet, elles échappent à la réduction mathématique. Le mécanisme cartésien, effort pour conserver en cosmogonie les méthodes et les idées directrices de la cosmologie statique, a donc été mis en échec et ne trouve guère de défenseurs, non seulement parmi les biologistes, mais encore parmi les géomètres. Pourquoi en conserverait-on l'idée génératrice, nous voulons dire la théorie de l'explication dont il procède ?

Comte l'a montré dans un de ses premiers écrits : Le problème cosmologique est compliqué ici par le problème de la certitude, chacun obscurcissant l'autre. On place la certitude dans l'intuition et le raisonnement mathématiques parce qu'on la confond avec l'exactitude ; on fait cette confusion parce que l'idéal de la recherche scientifique semble être la mensuration des phénomènes. Pourquoi en est-il ainsi ? Parce que l'on est exclusivement soucieux de connaître entre les phénomènes des rapports de grandeur ? Et pourquoi ce souci exclusif ? Parce que l'on borne l'horizon de la science à la cosmologie statique, à l'étude des rapports de coexistence.

Rétablissez au contraire les titres de la cosmogonie à la confiance de l'intelligence; la difficulté disparaît. La cosmogonie consiste à connaître des rapports de succession, donc elle n'est qu'une phénoménologie, mais une phénoménologie ne peut devoir sa certitude qu'à la comparaison d'observations faites directement ou indirectement et par témoignages. La mensuration des phénomènes conserve encore une haute valeur. Les variations correspondantes de l'intensité de deux phénomènes prouvent en effet, lorsqu'elles se correspondent, qu'il y a entre eux relation du conditionné à la condition : or on ne peut comparer l'intensité de deux phénomènes sans la symboliser par une grandeur mesurable. Mais symboliser n'est pas réduire. La phénoménologie peut s'aider du symbolisme mathématique sans demander à la mathématique universelle rien qui ressemble à une explication.

On n'expliquera donc pas les lois empiriques en les absorbant dans des lois rationnelles; en d'autres termes l'unité de la phénoménologie ne sera pas cherchée dans la mécanique universelle.

En résulte-t-il que la cosmogonie ne devra pas être, selon le mot de d'Alembert, « une grande vérité » ?

Dans le mécanisme universel, théorie statique de l'univers, l'école idéaliste voit une explication du supérieur par l'inférieur et elle y oppose cette formule, qui a eu une certaine fortune : explication de l'inférieur par le supérieur. En d'autres termes l'unité de l'univers doit être cherchée, non pas dans l'homogénéité des éléments les plus simples de la réalité, mais dans l'harmonie et la finalité de l'ensemble, par suite dans une pensée, immanente ou transcendante, sans laquelle cette harmonie ne serait pas possible.

La formule : explication de l'inférieur par le supérieur n'a pas échappé à la critique. Ne prête-on pas ainsi le flanc à l'argument sceptique de l'ignorance, car l'esprit humain n'est-il pas rendu plus propre, soit par sa constitution interne, soit par ses relations avec la nature, au maniement de l'analyse qu'à l'usage de la synthèse? S'il faut expliquer la partie par le tout, l'esprit n'est-il pas enfermé dans un éternel mystère?

Eludons cette difficulté : N'est-il pas acquis que l'inférieur n'est que le nom du simple et le supérieur le nom du complexe? Mais comment expliquerait-on le simple par le complexe? Le simple n'est-il pas l'élément du complexe et par suite la condition de son existence? De plus le simple n'est-il pas représenté par des notions plus claires que le complexe? Quoi qu'on fasse, la confusion et l'équivoque logique ne s'introduisent-elles pas dans nos idées à mesure que nous les compliquons? C'est de l'appui de ces vérités que le mécanisme a toujours tiré sa force.

Cependant l'idéaliste se retranche dans une position inexpugnable quand il fait remarquer que la décomposition analytique d'un tout, organisme, système solaire ou univers, ne permet point de rendre compte de l'unité de ses parties. En d'autres termes, si le complexe n'explique point le simple, inversement les propriétés du simple, abstraitement considérées, ne donnent pas du complexe une explication satisfaisante. C'est pourquoi les lois statiques sont insuffisantes et l'étude génétique des processus, indispensable.

Donc l'explication n'est ni dans la réduction du complexe au simple, du supérieur à l'inférieur, du tout à la somme des partages ; ni dans la dépendance du simple ou de l'élément à l'égard du complexe ou de l'ensemble ; elle est dans la notion d'une action réciproque de l'élément et de la combinaison.

La phénoménologie génétique peut établir l'unité relative de chacun des grands processus, l'inorganique, l'organique, le superorganique. Dans chaque cas, on constate la réaction de l'ensemble sur les parties ; on la constate dans la combinaison chimique, dans la vie de la cellule, dans celle de l'organisme complexe, dans l'activité sociale. De moins en moins la combinaison peut être identifiée avec la simple résultante.

Le problème philosophique consiste donc à chercher si quelque unité supérieure des processus ne pourrait pas être découverte. La phénoménologie scientifique nous oblige déjà à conclure que les trois processus forment une série historique, l'inorganique ayant précédé et conditionné dans la durée le processus organique qui à son tour a conditionné le processus superorganique ou psycho-social. Mais il reste à savoir si la série n'est pas en outre un système : si dans la vie de l'univers l'inorganique n'est pas lié indissolublement à l'organisation vivante et l'organisation vivante à la conscience.

Si cette unité peut être constatée, l'explication relative de l'univers cesse d'être chimérique. Dans chaque processus inférieur, le processus supérieur a été possible et par conséquent potentiel. Il est donc légitime d'admettre une tendance du supérieur vers l'inférieur, cette spontanéité virtuelle sans laquelle l'avènement des organismes les plus simples est rationnellement inconcevable. D'un autre côté, dès qu'a existé le processus supérieur, il a réagi sur le processus inférieur. Durant la série des âges géologiques les organismes ont épuré l'atmosphère, transformé les roches, créé les éléments de terrains nouveaux, etc. ; puis l'activité humaine a modifié les conditions de l'existence de toutes les espèces animales et végétales en agissant indirectement sur les unes par l'intermédiaire des autres.

L'esprit peut donc s'élever à la notion d'un ordre universel : « Le progrès est le développement de l'ordre ». Cette formule qui a résumé la politique des disciples de Comte est celle de la cosmogonie philosophique. La notion de l'ordre n'est pas purement statique ; en d'autres termes elle ne peut se confondre avec la notion mathématique de l'équilibre ;

réciproquement, la conception dynamique du monde n'est pas celle d'une *Evolution* au sens vulgaire du mot, d'une métamorphose indéfinie et sans direction. L'ordre est un développement soumis à des lois de coexistence. C'est cette notion, correctif de celle de la finalité, et non celle de l'évolution qui a guidé la méthode génétique dans ses recherches et l'a conduite aux résultats déjà obtenus.

IV

Mais cet ordre du monde est-il un ordre moral? On fait couramment à la science le reproche d'être *amorale*, non seulement parce qu'elle ne peut révéler aucun idéal d'action, mais encore parce que, reposant sur le principe du déterminisme, elle ne peut formuler une règle de conduite qui ne soit inapplicable. Étrangère par définition à la liberté et à la finalité, la science ne pourrait donc nous faire connaître un ordre moral du monde, lequel ne peut être qu'un objet de foi.

Posons la question avec plus de précision. Les croyances sur lesquelles s'appuie la conduite de l'homme social peuvent-elles reposer sur la connaissance que nous avons de l'ordre naturel? Peuvent-elles s'en déduire?

On pourrait sans doute énoncer le problème en termes opposés et chercher si les croyances qui président à la pratique pourraient avoir quelque valeur si elles n'avaient pas pour point d'appui, pour noyau, une notion de l'ordre du monde éprouvée par les méthodes scientifiques, mais c'est ici qu'on se heurterait à l'objection tirée de la liberté et de la finalité.

Aristote avait distingué *l'Art* et *l'Action* ; et cette distinction semble présider encore à la philosophie pratique contemporaine[1]. L'on admet volontiers, dans l'impossibilité

---

1. *Ethique à Nicomaque*, liv. V.

de nier l'évidence, que l'ensemble des arts, des techniques repose sur la science, ou pour mieux dire, sur la conception de l'ordre cosmique que la science manifeste. Mais l'on professe aussi que l'action morale est radicalement distincte de l'art, l'impératif de l'habileté de l'impératif de moralité. Les esprits les moins asservis aux rancunes théologiques enseignent que l'action morale a ses conditions propres, que l'ordre moral révélé par la conscience est supérieur à l'ordre cosmique et en est indépendant et que les règles techniques ne peuvent être que des procédés auxiliaires destinés à servir d'instrument à la réalisation de l'ordre moral.

La thèse de l'amoralité de la science est donc la négation de son applicabilité à la direction de la conduite humaine. Néanmoins, il semble qu'il y ait quelque chose de paradoxal à soutenir que l'ordre moral du monde est indépendant de l'ordre cosmique. Kant, au nom duquel on associe volontiers le patronage de cette doctrine, ne l'a pas vraiment professée, ou pour dire mieux, a professé dans la *Critique du jugement* la doctrine opposée. Le moins qu'on puisse dire est en effet que si l'ordre moral est distinct de l'ordre cosmique, il en émerge ; mais la raison est portée plutôt à ratifier la thèse stoïcienne qui fait l'ordre moral immanent au Cosmos. *Et Cœlum, et virtus!*

Reportons-nous à l'origine de la thèse que nous examinons ici : nous retrouvons encore la prépondérance de la connaissance statique sur la connaissance dynamique. Evidemment, la théorie statique du monde, dont le spinozisme est la formule achevée, est *amorale*. On ne délibère pas sur les conséquences de lois nécessaires, dit l'*Ethique à Nicomaque*. Or la cosmologie statique ou mathématique aspire à formuler des lois nécessaires que l'analyse ramène à une seule et rattache aux propriétés d'une substance éternelle. — Evidemment, aussi longtemps que la science de l'univers est restée statique, les règles de l'action ont dû être appuyées ou sur la croyance subjective, au risque de subordonner la morale au mysticisme, ou sur des sciences de la pratique, sciences réputées étrangères à la certitude et n'étudiant qu'un ordre mêlé d'accident et de contingence. — La doctrine morale du spinozisme ne fait pas exception, car Spinoza n'aurait pu conclure ni à la politique du IV° livre de l'*Ethique* ni à l'éthique religieuse du v°, s'il était resté fidèle à sa théorie de l'unité de substance et de l'absolue nécessité.

Mais aujourd'hui, il n'est plus permis de dénoncer l'amoralité de la cosmologie statique pour conclure à l'amoralité de l'ordre progressif dévoilé par la phénoménologie génétique. Au-dessus du processus organique apparaît le processus vital; au-dessus des êtres vivants le processus psychosocial. Les phénomènes sociaux achèvent et couronnent le monde sans cesser d'en faire partie; de la nature, qui est déjà une histoire, on passe sans hiatus à l'histoire humaine où se prolonge la nature.

De plus, cette phénoménologie élimine l'idée de nécessité et se contente d'énoncer des relations constantes entre phénomènes contingents sans jamais identifier le conditionné et ses conditions. Peut-on tenir le même langage qu'au temps où la réduction de la qualité à la quantité était le seul type d'explication admissible, temps où cependant Leibnitz voyait la morale partout à côté de la géométrie?

L'école évolutionniste, on le sait, ne l'a point pensé, et ce sera sa grande originalité, dirons-nous son grand mérite? Elle a enseigné que les règles de la conduite se déduisent du principe des conditions d'existence, c'est-à-dire des lois physiologiques, modifiées par les lois sociologiques : de là elle a tiré les règles de la morale personnelle, celles de la morale domestique et civique, celles de la justice et plus timidement celles de la bienfaisance. Elle a même été jusqu'à distinguer une morale absolue et une morale relative, la première se déduisant des lois générales de la vie humaine, la seconde des conditions d'existence imposées aux nations.

Toutefois l'on a pu mettre en doute l'unité logique de la morale et de la cosmologie des évolutionnistes. L'utilitarisme rationnel, déduit des lois de l'adaptation, implique un optimisme relatif. De là, pour le philosophe évolutionniste, une position à la fois faible et périlleuse. Fait-il œuvre de cosmologiste? Il regarde la vie comme un état transitoire de la matière en mouvement, comme une combinaison instable destinée à être reconquise et désagrégée par les lois de la dissolution universelle? Fait-il œuvre de moraliste? Le développement de la vie devient la grande loi de l'univers : il semble que les lois de la force inconsciente tendent réellement à créer des êtres vivants, à les conserver, à les développer, à assurer leurs relations normales et à les rendre heureux.

Le problème de l'ordre moral du monde n'est donc pas clairement posé, et toute la doctrine morale en est affectée. La morale est conçue comme l'ensemble des règles qui adaptent l'homme à ses conditions d'existence et par suite à la vie sociale. Il semblerait que cette adaptation dût être directe, consciente et par suite, réduire au minimum ou même remplacer définitivement la concurrence vitale et la sélection naturelle. Mais l'on ne saurait rien imaginer de plus obscur que la pensée de Spencer et de son école sur ce point. Le rôle de la morale et du droit est de faire disparaître la société militaire et de rendre inutiles les formes guerrières de la concurrence vitale. Mais toute règle sociale qui tend à modérer la lutte des intérêts, à apaiser la concurrence économique est dénoncée comme nuisible à la sélection. Spencer ne cache pas cependant les analogies de la lutte guerrière et de la lutte économique ; et, quoique de son propre aveu, il ne puisse point rattacher à l'évolution les règles de la bienfaisance positive et négative, il ne laisse pas de les recommander, car elles contribueront à former un type humain plus élevé et sociable que le type actuel[1]. Mais

[1] Cf. Le rôle moral de la bienfaisance (trad. fr. Guillaumin).

si la sélection reste même pour les humains la forme décisive de l'adaptation, les règles morales ne doivent-elles pas être dénoncées, ainsi qu'elles l'ont été par Nietzsche, comme des obstacles à l'avènement d'un type surhumain?

Donc l'école évolutionniste laisse encore des arguments et des armes aux mains de ceux qui persistent à soutenir que toute conception scientifique du monde est inévitablement *amorale*. La raison en est facile à comprendre. L'école évolutionniste ne formule qu'en apparence la théorie dynamique du cosmos : en réalité elle subordonne les sciences dynamiques aux sciences statiques. Mais les emprunts qu'elle a faits aux études génétiques sur la vie, de la conscience et de l'ordre social, emprunts d'une incontestable valeur, suffisent à montrer qu'une véritable cosmogonie mettrait fin au préjugé qui oppose l'ordre moral à l'ordre cosmique et nie la compétence pratique du savoir méthodique.

La moralité est l'ensemble des modifications que subit la conscience personnelle chez le membre actif de la société humaine, arrivée à la phase rationnelle ; la morale est l'ensemble des règles dont l'observance rend possibles ces modifications : c'est pourquoi la morale pratique se confond avec une théorie de l'éducation. Les modifications que la conscience personnelle doit subir sont d'autant plus grandes que l'enfant doit entrer dans une société plus développée et plus parfaite. De là, la notion du péché, la seule notion peut-être que la philosophie scientifique et critique puisse garder de la théologie, à la condition de l'interpréter comme l'a fait Kant.

Dire que l'ordre cosmique révélé par la phénoménologie génétique est *amoral* revient à dire que la société n'en fait pas partie. C'est donc oublier les relations de la nature et de l'histoire. Si l'histoire nous montre le triomphe de la réflexion sur l'instinct, elle nous montre également que les créations sociales de l'instinct sont conservées, réformées et achevées par l'activité rationnelle. Mais l'instinct fait apparaître un ordre social au sein même de la vie, car sans la société animale, sans la loi de symbiose, l'adaptation directe serait rendue impossible aux organismes complexes.

L'ordre progressif de l'univers rend possible l'apparition successive de la spontanéité vivante, de la société instinctive, de la société consciente. Les relations qu'il soutient avec l'ordre moral sont identiques à celles qu'il soutient avec la conscience. L'ordre du monde est un ordre conscient, parce que le phénomène en général ne se laisse pas isoler de la conscience qui en est l'aspect subjectif[1], parce que la conscience est le type de la spontanéité, de la succession, du développement, enfin parce que l'unité même de la série cosmique complique une liaison consciente qui s'ébauche dans l'animalcule, sinon dans la granulation protoplasmique, s'achève dans les représentants élevés de l'humanité et s'organise dans la culture; laquelle donne l'autonomie personnelle du caractère comme base à l'ordre social conscient.

En fondant l'ordre moral sur l'ordre progressif de l'univers et en donnant la spontanéité vivante et consciente comme type aux phénomènes qui constituent l'ordre cosmique nous faisons disparaître la dernière objection, celle qui se tire du déterminisme scientifique.

L'applicabilité de la méthode génétique à l'étude de l'organisation vivante et à celle de la conscience sociale est la meilleure preuve à donner de l'irréductibilité de la science expérimentale aux mathématiques. Le mécanisme repose cependant sur l'illusion de cette réductibilité. Or la conception de l'évolution qui explique le dedans par le dehors, la conscience et la vie par l'adaptation au milieu, n'est pas autre chose qu'une forme particulièrement savante du mécanisme. Nous sommes donc conduits à ce raisonnement disjonctif : ou bien nous nierons la valeur de la méthode génétique au risque de sacrifier jusqu'à l'idée d'un développement de l'uni-

---

[1] Cf. Boirac : *L'idée du phénomène* (Paris, F. Alcan). Fouillée, *L'évolutionnisme des idées forces*. Introduction (Paris, F. Alcan).

vers ou bien nous considérerons le mécanisme comme une explication purement statique de l'univers, explication destinée à mettre grossièrement l'expérience d'accord avec le calcul, destinée également à être abandonnée dès que l'on considère les phénomènes au point de vue dynamique.

Nier la valeur de la méthode génétique, c'est mettre en cause l'expérience elle-même. Dès lors la cosmologie mécanique serait l'explication du possible et non plus celle de l'univers réel. Il faut donc adopter la seconde solution et conclure que l'univers procède d'un développement interne et spontané.

Mais dès lors le déterminisme scientifique n'est-il pas en péril ?

D'après l'opinion la plus communément adoptée, le déterminisme scientifique repose tout entier sur l'idée que tous les phénomènes sont réductibles à la quantité ou contiennent un élément mesurable. C'est même pourquoi les savants ont si facilement admis la disposition à considérer la conscience comme un épiphénomène. Donc, opposer l'ordre cosmique au mécanisme, n'est-ce pas au fond prendre la conscience de l'acte volontaire comme le type même du développement ? — Or, puisque l'acte volontaire est libre pour la conscience qui ignore ses relations avec l'ensemble, l'affirmation de l'indéterminisme n'est-elle pas le premier et le dernier mot d'une théorie de l'ordre universel qui prétend éliminer le mécanisme ?

Cette question ne peut être éludée. A notre avis, au lieu d'y opposer une fin de non-recevoir, il faut mieux chercher si l'antithèse classique de la liberté et de la science expérimentale ne serait pas un vieux legs de la philosophie précritique tandis que la liberté de l'agent moral et le déterminisme de la nature seraient deux faces d'un seul et même développement spontané.

L'ambition de la philosophie, comme l'ont admirablement montré Bacon, Leibnitz et Kant, est moins de faire la synthèse totale du savoir que la synthèse de l'expérience, connaissance relative, et des règles de l'action. Mais comme l'avait montré l'auteur de l'*Ethique à Nicomaque*, l'action et la croyance à la nécessité s'excluent. On ne délibère que sur le possible. L'action repose donc sur la distinction du possible et du réel et partant sur la négation de la nécessité.

Or la croyance à la liberté n'est pas autre chose que la croyance à la possibilité de deux actes différents ou opposés. Mais la possibilité a bien des degrés. Ce qui est possible abstraitement n'est pas toujours concrètement réalisable. C'est l'expérience qui mesure le réalisable. Ce qui est possible logiquement peut n'être pas possible empiriquement. Même ce qui se présente à l'imagination pratique comme une fin d'action réalisable peut manquer des principales conditions de l'existence. Le possible, pour emprunter un terme commode à la langue de Leibnitz, n'est pas toujours compossible au réel.

Il ne faut donc point se hâter d'identifier la liberté morale avec l'indéterminisme scientifique, avec la négation de tout déterminisme historique. Chacun de nous est à la fois un caractère personnel et un moment de l'histoire. Être libre, chacun peut éclairer sa conscience, l'affranchir de l'erreur et réformer graduellement son caractère. Chacun peut renforcer en soi le motif moral et intervenir dans la solidarité pour en faire un instrument des fins morales. Mais l'individu ne peut se flatter de transformer la civilisation et de renouveler l'histoire. Encore moins peut-il penser et agir comme si la solidarité morale de l'histoire et comme si la civilisation n'existaient pas.[1]

Nous avons rejeté ce déterminisme mécanique qui affirme à priori comme une vérité nécessaire la proportion de la cause et de l'effet[2]. Nous pensons avoir montré qu'il y a là

---

1. Cf. Vacherot. *La science et la conscience*, IIIe partie. (L'histoire) et Charles Renouvier, *Essais de critique générale*, 1re édition, t. II.
2. Wundt. *Ethik*. III.

une conception de l'univers que viennent démentir les lois de l'adaptation. Mais sous peine de rejeter la condition même de toute expérience, nous devons affirmer d'autant plus énergiquement avec Wundt, le déterminisme historique et génétique[1].

Mieux nous connaissons la série des faits psychologiques et sociaux, mieux nous voyons que, même dans le domaine moral et religieux, aucun fait ne se produit sans des conditions antécédentes.

Sans doute, ce n'est pas une loi d'adaptation aux conditions physiques ou économiques de l'existence qui régit le développement des faits sociaux. Ce sont les lois de la connaissance et du sentiment, ou si l'on veut les lois de la croyance et du désir qui régissent l'histoire. Plus la conscience pénètre les phénomènes psycho-sociaux, aux dépens de l'instinct, plus le déterminisme historique se distingue du mécanisme physique; moins la connaissance du passé autorise la prévision de l'avenir. Si l'expérience du passé agit sur nos jugements, alourdie de son poids d'erreurs, si nous en sentons la force combinée avec celles de l'hérédité organique et des facteurs physiques de la coexistence sociale, nous apprenons cependant de l'histoire que nous pouvons reviser cette expérience, en éliminer graduellement la part d'erreurs que le passé y a mêlées, que nous pouvons aussi affaiblir par notre art l'influence des facteurs physiques et organiques sur notre activité. Nous apprenons de l'histoire qu'à la condition seulement d'éliminer l'erreur et de vaincre la nature extérieure, la contribution au progrès humain et social devient possible, car les facteurs de régression ou d'arrêts sont tout puissants, si l'homme ne sait pas mettre en œuvre ses facultés critiques ainsi que son industrie et en tirer le maximum d'effets.

Loin d'être un prolongement de la physique ou même de

---

1. Wundt. *Ethik*. III.

la biologie, l'histoire est ainsi un grand tableau de la contingence des faits humains ; elle nous prêche l'action et non la résignation du fataliste. Mais l'histoire est aussi l'enseignement de la solidarité, plus peut-être que la biologie elle-même. Elle nous montre que par la solidarité seule, les semences bonnes ou mauvaises, que jette l'activité individuelle, sont multipliées indéfiniment. Elle nous montre l'autonomie du caractère individuel inséparable des liens sociaux qui l'enchaînent, consciemment ou non, au genre humain tout entier.

C'est ainsi que Kant a pu professer la liberté morale et traiter de l'histoire universelle en pur déterministe. A plus forte raison la liberté morale ne trouble-t-elle pas le développement de la vie et celui du Cosmos. De la combinaison d'actes libres ou spontanés doit résulter un système lié et déterminé, l'ensemble réagissant sur ses parties, les cas semblables se renforçant, les cas contraires se neutralisant comme l'a bien montré la statistique morale.

La liberté dont nous avons conscience n'est donc nullement la négation d'un développement de l'univers dont nous sommes solidaires : elle consiste au contraire à affirmer que ce développement peut se poursuivre en nous et par nous.

C'est à cette conclusion que l'on arrive si l'on étudie l'idée de la liberté et sa transformation en motif d'action. Au premier abord il semble malaisé de comprendre comment l'idée de liberté peut être un motif pour l'être intelligent et sensible. Cette idée ne représente aucune fin déterminée, aucune satisfaction des tendances. Elle exprime seulement une possibilité future opposable à la réalité actuelle. Tout au plus pourrait-on dire qu'elle excite le sentiment du moi (self-feeling) et l'oppose à la pression des penchants nutritifs et génésiques ou des instincts collectifs.

Mais, ainsi que l'a montré M. Fouillée, l'idée de liberté ne reste pas ainsi formelle et indéterminée. Elle reçoit de l'expérience interne ou externe un contenu qui en fait une fin de la volonté. Ce contenu est l'idée d'un développement personnel sans obstacle et sans contrainte, par suite la réprésentation idéale du caractère humain.

Ainsi entendue l'idée de liberté est tout autre chose que l'idée de l'indéterminisme ou la négation d'un rapport de filiation entre les phénomènes dans la durée. Elle est la conscience du devenir de l'esprit dans la nature humaine; et cette conscience, bien loin d'être immuable et identique, gagne sans cesse en richesse en prélevant son tribut sur toutes les données de l'expérience physique, physiologique et sociologique.

Si la liberté était la négation du déterminisme scientifique, elle aurait dû s'effacer dans les esprits à mesure que l'idée de loi a étendu ses conquêtes. La croyance à la liberté aurait dû atteindre le plus haut degré de clarté chez les populations qui ne peuvent concevoir l'univers que sous la forme du mythe. Elle aurait dû décliner dans les premières civilisations de l'ancien Orient, tomber plus bas chez les philosophes grecs et enfin succomber à la critique moderne.

En effet, l'esprit humain est devenu de plus en plus sensible à la contradiction; il lui a été de plus en plus impossible de professer une conception de l'action morale qui fût la négation de sa conception scientifique de l'ordre universel. C'est même pourquoi la philosophie n'a jamais sérieusement accepté l'expédient dualiste qui croit pouvoir isoler l'un de l'autre le monde moral et le monde physique. L'action ne se sépare ni de l'image, ni de l'émotion, ni de l'effort musculaire. Or de même que l'action sort de la pensée consciente pour pénétrer dans la nature, l'image et l'émotion émergent de la nature pour pénétrer au centre de la pensée. Si l'univers est déterminé, l'action humaine ne saurait être indéterminée.

Cependant la croyance à la liberté morale a marché du même pas que la croyance à l'ordre de l'univers. Nous en avons une preuve bien frappante dans l'histoire même de l'idée de responsabilité. La croyance à la responsabilité n'est que le corollaire de la croyance à la liberté. Si donc l'idée de responsabilité était équivalente à l'idée négative de l'indéterminisme, on devrait la rencontrer chez les populations sauvages, car l'étude des mythes montre que dans l'esprit de ces peuples il n'y a aucunes limites à la possibilité et que tout peut naître de tout. Au contraire, l'idée de responsabilité personnelle aurait dû s'effacer chez les peuples modernes à dater du jour où a été fondée la physiologie cérébrale.

Or l'histoire des croyances et des institutions nous fait assister au phénomène inverse. La croyance à la responsabilité personnelle est étrangère à la conscience des tribus sauvages et à celle des peuples civilisés de l'Ancien-Orient. La responsabilité du crime est alors collective et c'est la responsabilité d'un fait, plutôt que d'une intention. Il ne suffit donc pas de livrer l'univers à l'indéterminisme pour être incliné à professer les croyances sociales qui nous semblent indissolublement liées à la profession de la liberté morale.

La croyance à la liberté a été la négation non pas du déterminisme scientifique, mais de la nécessité des lois, c'est-à-dire d'une conception purement logique, à laquelle, comme l'a montré la critique de Hume, l'expérience est étrangère. Mais la nécessité est elle-même la négation du devenir. Comme l'avaient admirablement compris les philosophes de l'École d'Élée, il faut choisir entre l'affirmation de la nécessité et la théorie du devenir universel. L'affirmation de la nécessité réduit notre connaissance à l'énonciation du principe d'identité et de contradiction. Mais la théorie du devenir nous oblige à réhabiliter l'expérience, nous interdit d'attribuer à priori des lois mécaniques à l'univers et de transformer la science en dogme.

Les notions d'ordre et de développement réconcilient

donc la croyance à la liberté et l'affirmation du déterminisme expérimental sur les ruines de la croyance à la nécessité universelle. Savoir, ce n'est pas déduire d'une loi mécanique la réalité tout entière. Encore moins est-ce déduire d'une vérité logique toute la possibilité. Les « tenailles de fer de la nécessité » n'ont aucune prise sur l'expérience ; elles laissent échapper la fluidité des phénomènes.

Se croire libre, ce n'est nier ni la solidarité morale interne qui constitue le caractère, ni la solidarité morale externe qui constitue le lien social, ni la connexion de l'homme et de la terre sans laquelle l'activité humaine n'est pas concevable. C'est croire qu'on est apte à fonder un ordre moral distinct de l'ordre biologique et supérieur à lui. Mais fonder cet ordre moral, c'est le devenir, c'est se réaliser en lui. Ce n'est pas en détruire les conditions naturelles ; bien loin de là, c'est les parfaire.

Se savoir moralement libre ou responsable, c'est croire que l'on peut agir d'après sa conscience ; en d'autres termes, c'est croire que l'on peut, dans la délibération, introduire un jugement anticipé porté sur un acte qui n'est encore que possible. Otez l'aptitude à agir d'après une maxime réfléchie et la croyance à l'autonomie disparaît. Donc, la conscience de la liberté morale n'est pas autre que la forme la plus élevée et la mieux définie de la conscience morale elle-même[1].

Le caractère actif et autonome n'est jamais anarchique. La conscience individuelle sent au contraire le prix des règles sociales quoiqu'elle convertisse en maximes de vie intérieure toutes les règles de la discipline collective.

Il n'est pas dans la nature de la conscience morale de mettre l'individu en opposition avec l'humanité. Elle contient l'aspiration à l'unité morale des hommes et si elle détruit

---

1. Cf. Wundt. *Ethik*, 2ᵉ édition. III, I, 4.

certaines formes de solidarité, c'est pour faire apparaître des formes nouvelles, pour faire sentir aux hommes le besoin d'une solidarité plus flexible et plus souple.

La conscience morale est donc sociale dans son germe et dans sa fleur. Elle sort d'une société inférieure et elle est féconde d'une société supérieure ; c'est réellement en elle et par elle que se fait le passage de la communauté instinctive à la société rationnelle [1], en elle que se résume l'histoire de la culture humaine.

C'est pourquoi la conscience de l'autonomie ne s'y sépare pas de la conscience de la solidarité quoique dans les âges de transformation rapide, et pendant les crises sociales la solidarité morale puisse cesser d'y faire équilibre à l'autonomie.

L'ordre moral du monde est un ordre où la conscience se réalise progressivement émergeant de l'instinct collectif et s'achevant dans le caractère personnel ; c'est un ordre où l'action contingente, manifestant le caractère personnel n'est pas toutefois un accident qui se laisse séparer de la vie de l'ensemble. Plus un acte est libre, plus il est humain, réfléchi; éloigné de l'action réflexe ; mieux il reflète le progrès, le développement de l'ordre, et y conspire.

Cette façon de concevoir la liberté et l'ordre moral est sans doute en opposition complète avec la tradition cartésienne. Descartes a formulé en effet la seule théorie de la liberté qui fût compatible avec une cosmologie mécanique et il n'est pas étonnant que, repoussant sa cosmologie, nous devions pareillement repousser sa théorie de l'ordre moral. En revanche sommes-nous vraiment en désaccord avec les principes de la morale de Kant ?

Les trois Critiques sont, on le sait, les parties d'une œuvre unique. La téléologie morale qui forme la conclusion de la *Critique du jugement* fait ainsi partie intégrante de

---

[1]. Cf. Durand (de Gros). *Nouvelles recherches sur l'esthétique et la morale*, § 85 et sq.,(Paris, F. Alcan). 1899.

la morale kantienne. Cette téléologie soutient elle-même les relations les plus étroites avec la philosophie de l'histoire telle que Kant l'a conçue et ébauchée[1]. On rétrécit donc la philosophie pratique de Kant quand on la cherche tout entière dans les formules de la *Critique de la raison pratique*. Ce rétrécissement a été souvent à vrai dire le fruit de l'esprit de système, car on a pu ainsi faire une synthèse précaire de la doctrine kantienne et de la tradition cartésienne. En revanche on risque par là de faire surgir au sein même de la philosophie critique une opposition entre la science expérimentale et la morale, opposition que Kant n'a jamais avouée.

Chez Kant la moralité est l'œuvre de la liberté, mais la liberté est la manifestation de la raison, non celle d'une volonté qui se déchaînerait sans aucune loi au milieu de la nature. Or la raison ne se réalise que dans l'espèce et ne s'y réalise que successivement. Une histoire universelle est nécessaire à celui qui veut comprendre l'affranchissement de l'homme et l'avènement progressif du règne de la raison.

Quoiqu'on ait bien souvent, surtout en France, cherché à faire de Kant le philosophe même de l'individualisme,

---

1. Nous croyons devoir reproduire ici le texte des propositions fondamentales de la philosophie de l'histoire de Kant. — « Erster Satz, Alle Naturanlagen eines Geschöpfes sind bestimmt sich einmal vollständig und zweckmässig aurzuwickeln. — II *ter* Satz. Am Menschen (als dem einzigen vernünftigen Geschöpf auf Erden) sollten sich diegenigen Naturanlagen die auf den Gebrauch seiner Vernunpft abgeselt sind nur in der Gattung, nicht aber im Individuum vollständig entwickeln. III *ter* Satz. Die Natur hat gewollt dass der Mensch alles, was über die mechanische Anordnung seines thierischen Daseyns geht, gänzlich aus sick selbst herausbringe und keiner anderen Glückseligkeit oder Vollkommenheit theilhaftig werde, als die er sich selbst, frei von Instinct, durch eigene Vernunft verschafft hat. Die Natur thut nämlich nicht überflüssig und ist in Gebrauch der Mittel zu ihren zwecken nicht verschwenderisch. Da sie dem Menschen Vernunft und darauf sich gründende Freiheit des Willens gab, so war das schon eine Klare Anzeige ihrer Absicht in Ansehung seiner Ausstattung. Er sollte nämlich nun nicht durch Instinct geleitet oder durch anerschaffene Kenntniss versorgt und unterrichtet sein; er sollte vielmehr alles aus sich selbst herausbringen (Hartenstein, t. IV. p. 343 sq.).

Kant n'accorde pas l'autonomie à l'individu, mais seulement à l'humanité [1]. Sa philosophie religieuse éclaire sur ce point sa philosophie de l'"histoire : Kant a retenu du christianisme l'idée fondamentale de la solidarité dans la faute et contre la faute. La personne humaine ne pourrait par ses seules forces sortir de l'*état moral de nature*, état où dans la conscience humaine le bon principe lutte contre le mauvais. La victoire du bon principe sur le péché radical ne peut être assurée que par la fondation d'un peuple de Dieu, d'une société éthico-civile, bien distincte de l'État, car la formation de l'État a mis fin seulement à l'état juridique de nature sans réformer les maximes de la volonté [2].

Or la formation d'une société éthico-civile suppose avant elle ce qu'on pourrait appeler une phase préhistorique de la raison. Kant a bien nettement pressenti la préhistoire et il n'est pas téméraire de le classer parmi les transformistes. Dans un écrit qui est comme un préambule à sa philosophie de l'histoire il affirme en effet qu'en l'homme l'être raisonnable a été greffé sur l'être instinctif [3].

---

1. *Loco citato*. Zweiter Satz.

2. Die Herrschaft des guten Principes. sofern Menschen dazu hinwirken, ist also, so viel wir einsehen können, nicht anders erreichbar, als durch Errichtung und Ausbreitung einer Gesellschaft nach Tugendgesetzen und zum Behuf derselben; eine Gesellschaft, die dem ganzen Menschengeschlecht in ihrem Umfange sie zu beschliessen, durch die Vernunft zur aufgabe und zur Pflicht gemacht wird. — Denn so allein kann für das gute Princip. über das böse ein Sieg gehofft werden. Es ist von der moralisch-gesetzgebenden Vernunft ausser den gesetzen, die sie jedem Einzelnen vorschreibt, noch überdem eine Fahne der Tugend als Vereinigungspunkt, für alle, die das Gute lieben, ausgesteckt, um sich darunter zu versammeln und so allererst über das sie reistlos anfechtende Böse die oberhand zu bekommen. — Man kann eine Verbindung der Menschen unter blossen Tugendgesetzen eine ethisch-bürgerliche oder ein ethisches gemeines Wesen nennen. » — (Religion innerhalb der Grenzen der blosser Vernunft, III *ter* Stück (von dem Sieg des guten Principes uber das böse).

3. Aus dieser Darstellung der ersten Menschengeschichte ergibt sich dass der Ausgang des Menschen aus dem, ihm durch die Vernunft als erster Aufenthalt seiner Gattung vorgestellten Paradiese nicht anderes als der Uebergang aus der Rohig Keit eines blos thierischen Geschöpfes in die Menschkheit, aus dem Gängelwagen des Instincts zur Leitung der Vernunft, mit einem Worte : aus dem Vormundschaft der Natur in den Stand der Freiheit gewesen sei. Ob der Mensch durch diese Veränderung gewonnen

La grande affirmation de la raison qui affranchit l'homme de l'instinct est celle par laquelle il se pose comme une fin au-dessus de tous les autres êtres. Mais cette grande et décisive manifestation de la raison pratique est précédée par une série de transformations qu'une anthropologie grossière ne pourrait ni discerner ni comprendre. La raison modifie d'abord en l'homme l'appétit nutritif[1], puis l'appétit sexuel[2]; elle met fin ensuite à l'imprévoyance absolue de l'animal qui persiste si longtemps chez le sauvage[3]. La liberté se fait par un lent travail comparable, aux yeux d'un observateur inattentif, aux procédés de la vie organique. La raison ne renverse l'instinct qu'en le transformant. L'abolition totale de la domination des penchants n'est qu'un céleste idéal dont l'espèce ne peut que se rapprocher sans jamais l'atteindre. La lutte entre le penchant et la raison est le lot de l'humanité et dans cette lutte la conscience de la solidarité morale peut seule faire luire l'espérance de la victoire.

oder verloren habe, kann nun nicht mehr die Frage sein, wenn man auf die Bestimmung seiner Gattung sieht die in nichts als im Fortschreiten zur Vollkommenheit besteht, so fehlerhaft auch die ersten, selbst in einer langen Reihe ihrer Glieder nach einander folgenden versuche, zu diesem Ziele durchzudringen, ausfallen mögen. — Indem ist dieser Gang, der für, die Gattung ein Fortschritt vom schlechterem zum Beiseren ist, nicht eben das Nämliche fur das Individuum. Ehe die Vernunft erwachte, war noch kein Gebot und Verbot und also noch keine Uebertretung; als sie aber ihr geschäft aufging und, schwach wie ist, mit der Thierheit und deren ganzen stärke ins Gemenge kom, so mussten Uebel und, was ärger ist, bei cultevierten Vernunft. Laster entspringen die, dem stande der Unwissheit, mithin der Unschuld ganz fremd waren. » (Muthmasslicher Anfang der Menschengeschichte. — Anmerkung (Hartenstein, t. IV, p. 321). — On peut voir dans cette œuvre, trop peu connue en France, l'hypothèse de Kant sur les quatre phases du développement de la raison dans l'humanité.

1. *Loco citato*. A I. (Hartenstein, t. IV, p. 317.
2. *Ibid.*, II.
3. *Ibid.*, III.

CONCLUSION GÉNÉRALE

Quelques mots peuvent résumer cet exposé.

La connaissance expérimentale a une sphère beaucoup plus large que celle de l'expérimentation directe. Elle a pour objet l'étude des rapports de succession et par suite la généalogie des processus qui constituent la nature. La preuve est ici demandée à l'expérimentation indirecte plus souvent qu'à l'expérimentation directe, à l'observation active plus souvent qu'à l'expérimentation, à la comparaison analogique, aidée par le témoignage aussi souvent qu'à l'observation directe.

La connaissance expérimentale met en œuvre une méthode génétique qui retrace l'unité de chaque processus et la succession des processus dans la nature. Mais à toute méthode il faut un concept directeur qui l'oriente, un principe heuristique qui la féconde.

En apparence seulement ce concept est l'idée d'évolution, c'est-à-dire l'idée d'une métamorphose continue se poursuivant à l'infini : cette idée, selon le mot de Gœthe, détruirait jusqu'à la notion d'une explication scientifique.

L'idée directrice de la méthode scientifique est celle du cosmos ou de l'ordre progressif, unité de phénomènes contingents, reliés par des lois contingentes elles-mêmes.

La notion du cosmos qui subordonne à l'ordre le devenir et le développement implique l'immanence de la pensée ou de la conscience à la nature, l'immanence d'une conscience qui est l'aspect subjectif et formel de la vie.

La vie en son fond est la spontanéité créatrice : elle

exclut toute nécessité, interne ou externe. C'est une source indéfinie de créations indéfiniment variées.

La négation de la création n'est donc pas la notion directrice de la méthode génétique. Cette méthode est incompatible avec l'idée de création arbitraire, non avec l'idée d'un plan qui s'achève comme une création plastique ou poétique. Si nous consentons à dépasser le savoir purement relatif, nous placerons à l'intérieur même du monde cette puissance créatrice, dont la nature est la manifestation régulière. Cette puissance créatrice sera pour nous une pensée qui sort peu à peu du rêve pour se concentrer dans la réflexion personnelle, et la série des actes créateurs a pour termes la volition réfléchie d'un agent moral.

L'idée d'évolution ne peut donc jouer dans la science et la philosophie qu'un rôle négatif; elle résulte d'une synthèse arbitraire des idées de développement et d'équilibre. Par là-même elle provoque une critique des conceptions qui identifient l'ordre cosmique et l'équilibre mécanique. Une telle notion de l'ordre ne repose que sur des relations de coexistence et les représente insuffisamment, précisément parce que les rapports quantitatifs sont seuls retenus. L'ordre cosmique doit comprendre des relations de succession et par conséquent l'idée de l'ordre implique l'idée de développement. Mais en dépit des analogies verbales, l'idée de l'ordre progressif ne doit nullement être confondue par la science et la philosophie critique avec l'idée de l'évolution, car elle est étrangère aux idées de métamorphose et de continuité, sur lesquelles la cosmologie évolutionniste est assise.

En effet, si nous ne sommes pas grossièrement trompé, l'étude des origines et de la formation des processus dont la série correspond à ce que l'école évolutionniste nomme l'évolution complexe, montre combien il est impossible à la phénoménologie de considérer la conscience comme un simple épiphénomène et de ramener la diversité qualitative à l'homogène, c'est-à-dire à la quantité.

Le système évolutionniste est donc amené à l'alternative ou de récuser le témoignage de la méthode des sciences concrètes, la méthode que l'on a appelée tour à tour génétique, évolutive ou, plus simplement comparative, ou d'abandonner entièrement la formule de la loi d'évolution universelle en reconnaissant qu'il n'y aurait pas de devenir sans la diversité qualitative et de principe de diversité sans la spontanéité vivante et la conscience.

Or, récuser les conclusions de la méthode génétique, c'est présenter la loi d'évolution comme une simple formule de la mécanique universelle et avouer qu'elle tire d'elle toute sa certitude. — Mais d'un autre côté, abandonner la formule célèbre, qui nous montre partout le passage de l'homogène à l'hétérogène, c'est abandonner l'espoir d'une synthèse totale de l'expérience ; c'est renoncer en effet à déduire d'un principe unique la série indéfinie des lois empiriques qui résument l'état de la science concrète sur le devenir et l'origine de chacun des processus réels.

On sait que l'école évolutionniste n'hésite pas à choisir le premier terme de l'alternative. Malheur à l'expérience si en biologie, en psychologie, en sociologie elle dément les conclusions de la mécanique universelle ! Elle est dénoncée comme complice de formes inférieures de la pensée et de la croyance et flétrie du nom quasi infamant d'empirisme ! Tentons cependant de montrer pourquoi cette solution est inadmissible au simple point de vue de la véritable unification du savoir.

L'ambition des auteurs de la théorie évolutionniste, c'est, avons-nous dit, de faire une synthèse de l'expérience. L'expérience porte sur le changement, le devenir, le phénomène. Aussi le savoir unifié auquel ils aspirent doit-il être, non pas la notion d'un être ou d'une substance, mais celle d'un rapport ou d'une loi ; non la formule d'un rapport fixe ou éternel, d'une loi statique, mais celle d'une loi dynamique, d'une loi de développement. Bref, l'école évolutionniste a prétendu constituer une phénoménologie synthétique susceptible d'être tirée tout entière d'une loi unique qui fût la loi universelle des phénomènes.

Or c'est ici qu'éclate la contradiction fondamentale inhérente au système : cette loi dynamique universelle, l'école évolutionniste la demande à la conception statique du monde et aux méthodes qui ont conduit l'esprit humain à cette conception; elle doit récuser la méthode par excellence de la phénoménologie concrète, la seule méthode qui ait accès au devenir des processus.

L'histoire des sciences et de la philosophie nous montre que l'esprit humain a dû scinder la constitution du savoir en deux moments. Le devenir des phénomènes s'était offert d'abord à lui comme l'objet suprême de la connaissance, mais il n'y trouva qu'une métamorphose incessante et insaisissable des choses, métamorphose dont la contemplation risquait de le ramener à la mythologie. Il ajourna l'étude de la succession des phénomènes ou la négligea pour celle des rapports de coexistence. Le progrès de la philosophie et de la science depuis les Pythagoriciens, jusqu'aux savants d'Alexandrie, consista donc exclusivement à chasser toujours davantage les préoccupations des physiciens d'Ionie, la recherche de la genèse des choses, pour celle des rapports fixes entre des corps coexistants.

Or l'étude des rapports de coexistence rendait applicables d'un côté les concepts mathématiques de l'espace et du nombre, de l'autre celle des lois pures de la logique. De là une double conséquence ; la cosmologie statique consiste en rapports quantitatifs et en lois nécessaires. Elle dut être une mathématique universelle, énonçant entre les éléments de l'univers des rapports fixes et nécessaires.

La philosophie dite scolastique n'apporte aucune modification à cette conception de l'univers qu'elle surcharge toutefois de contradictions morales et théologiques. La cosmologie statique des Grecs due au concours des Pythagoriciens, des atomistes, de Platon et d'Aristote devint, grâce aux progrès de l'analyse mathématique et de l'astronomie planétaire, le mécanisme des modernes.

Descartes, héritier des mathématiciens d'Alexandrie, en donna la formule, mais ce n'est pas sans raison qu'indifférent à son dualisme, M. Alfred Fouillée a montré en lui un ancêtre de la doctrine évolutionniste. La gloire de Descartes est en effet d'avoir compris que la connaissance statique de l'univers est purement provisoire, qu'à l'analyse quantitative des phénomènes, la synthèse doit faire suite et que cette synthèse doit rendre compte de la formation des différents processus dont la nature résulte.

Mais Descartes crut que la méthode à laquelle étaient dus les progrès de la connaissance statique était propre à fonder également la connaissance dynamique. Identifiant les conditions de la certitude scientifique avec celles de la précision, il récusa l'observation et se fia seulement, sauf en quelques cas exceptionnels, au raisonnement déductif. Il travailla donc à remplacer la phénoménologie concrète, l'histoire du monde, par une dynamique quantitative consistant exclusivement dans la série des corollaires tirés d'un théorème unique, le principe de la conservation du mouvement.

Descartes réussit à inculquer à la pensée scientifique moderne l'idée maîtresse qui constitue l'héritage du mécanisme statique : il n'y a science que des relations quantitatives, mais il ne put éluder le problème de la nécessité des lois et le soustraire à la critique de Leibnitz.

La déduction mathématique n'a pour objet qu'un monde possible. La science pure qui aspire à la connaissance du nécessaire n'est pas même certaine d'atteindre le réel. Le phénomène, le détail du changement, est contingent ; il est, mais il pourrait ne pas être. Or des relations entre faits contingents peuvent-elles être nécessaires ?

Leibnitz, créateur du calcul intégral, ne jugeait pas l'expérience susceptible de conduire à la certitude et par suite à la science : aussi n'osa-t-il pas fonder la science sur la théorie de la contingence universelle ; il usa d'un détour ; il opposa à l'absolue nécessité logique et à la pure contingence empirique la nécessité hypothétique qui est à la base des études du géomètre et du physicien. C'est ainsi qu'il put formuler une transaction.

La métaphysique, à laquelle appartient de dire le dernier mot sur le fond des choses, professe l'universelle contingence limitée seulement par l'universelle finalité [1]. Mais la connaissance de l'écorce des phénomènes, des relations quantitatives entre mouvements appartient à la mécanique et il lui est permis de concevoir une nécessité hypothétique.

Mais avec la réhabilitation de l'expérience, l'idée de contingence devait pénétrer au cœur des sciences de la nature, et jusque dans la notion de loi naturelle. Ce fut l'œuvre de la philosophie critique et de la biologie, la psychologie tenant lieu d'anneau.

La métaphysique du xviie siècle tient tout entière dans l'antithèse de Spinoza et de Leibnitz ; en d'autres termes c'est le problème de la nécessité universelle qui en est le principal objet. Descartes, Hobbes, Gassendi, Spinoza, Malebranche, Leibnitz croient également à la possibilité d'une synthèse totale du savoir. Mais cette unification de la connaissance est-elle le résultat d'une application des lois logiques de l'entendement ou doit-elle prendre pour point de départ la donnée immédiate de la conscience, la conscience d'une existence active ? Descartes laisse le problème sans solution ; ses théories opposées sur la substance et la liberté intérieure de l'âme montrent qu'il penche tour à tour vers la nécessité et vers la contingence. Mais Spinoza sacrifie entièrement toute donnée de l'expérience interne et externe à la nécessité logique, car ce qu'il appelle la substance n'est pas autre chose que la notion formelle de l'identité absolue. Leibnitz

---

1. Leibnitz. *De libertate.* Erdmann, LXXVI.

montre au contraire que la substance ne peut différer de l'être, que l'être ne peut être opposé à la vie et à la tendance, lesquelles sont incompatibles avec le règne de l'absolue nécessité.

Mais la constatation de cette antinomie fondamentale rendait nécessaire une critique de la connaissance qui fut d'abord l'œuvre de l'école anglaise. Locke, Berkeley, Hume examinent successivement les idées de substance, de matière et de cause, et en prouvent la relativité; le dernier conclut que rien ne justifie l'idée de rapport nécessaire entre l'antécédent et le conséquent. La loi naturelle devient une relation contingente exprimant seulement une succession régulière entre états de conscience ou phénomènes naturels.

L'édification de la biologie conduisait au xviiie siècle la majorité des esprits à accepter ces conclusions.

Ce corollaire du mécanisme universel, la biologie cartésienne qui reposait sur la chimie du moyen âge, était incompatible avec toute analyse objective de l'organisme. La cytologie contemporaine peut légitimement se poser le problème des rapports de l'organique et de l'inorganique, mais on ne pouvait passer de la physiologie humaine à la cytologie que par l'intermédiaire de l'histologie, science qui devait être le fruit d'une méthode biologique en désaccord absolu avec l'esprit cartésien.

Dès la fin du xviie siècle, Swammerdam, Malpighi et Leuwenhœck portent des coups décisifs à la biologie cartésienne. On entrevoit dès ce moment deux vérités fondamentales : la première est que l'organisme supérieur est composé d'une multitude d'organismes élémentaires, la seconde est qu'il y a une analogie au moins lointaine entre les éléments de l'organisme et les germes d'où sortent les animaux. Une véritable classification généalogique des animaux et des plantes pouvait seule vérifier cette double hypothèse, et il fallait plus que l'observation des faunes et des flores actuelles pour rendre cette généalogie possible.

Aussi assiste-t-on au xviii° siècle à une double élaboration scientifique. D'un côté les expériences de Trembley préludent à l'histologie ; de l'autre, des hypothèses telles que celle de Bonnet, habituent les esprits à la notion d'une série organique naturelle allant du simple au complexe. Dès lors l'objection newtonnienne et voltairienne (*Natura est sibi ipsi consona*) cessait de peser sur la science : on ne craignait plus d'ébranler la notion des lois fixes et éternelles de la nature en découvrant en elle des processus dont chacun présente des phases de développement.

Cette biologie nouvelle reconnaissait l'impossibilité de mesurer les phénomènes par cela même qu'elle va plus loin que la simple recherche des rapports de coexistence et qu'elle ne peut faire abstraction de leur instabilité : elle se contente donc de connaître avec certitude des rapports de succession. Ces lois empiriques sont découvertes par l'expérience.

Les relations ainsi connues sont donc toujours contingentes : elles sont vraies dans les limites de l'expérience, mais rien ne prouve que les phénomènes ne pourraient pas se présenter autrement.

La critique qui chassait de la connaissance l'idée de nécessité recevait donc l'appui tout puissant de la biologie, bientôt complétée par les sciences psychologiques et sociales.

Le moment était donc venu où l'esprit humain cesserait de s'interdire l'étude de l'aspect dynamique de l'univers, mais il n'allait pas néanmoins oublier son acquis séculaire et revenir à la cosmologie confuse des Ioniens.

Expliquer, ce n'est plus désormais ramener les faits aux rapports quantitatifs en faisant abstraction de toute diversité qualitative : c'est retrouver la place d'un phénomène dans une série naturelle, et peut-être aussi, la place d'une série dans un système où les séries sont solidaires et réagissent réciproquement. Cette définition convient à la physiologie et à la psychologie tout comme à la physique et à l'astronomie : elle s'appliquera merveilleusement à la science sociale, où la relation se trouve ainsi distinguée de la quantité.

La *Critique de la raison pure* exprime à l'avance la pensée durable de la philosophie positive fondée par Comte : c'est que l'absorption de toutes les sciences des phénomènes complexes dans la mathématique est l'indice d'un état inférieur et imparfait de la pensée scientifique et que le matérialisme ou brutisme, qui supprime tout rapport entre la science et l'action morale, est le fruit naturel de cette conception du savoir et de l'explication.

Mais il est aisé de voir pourquoi cette philosophie des sciences qui n'accepte qu'un type d'explication, la réduction à la quantité, caractérise un état inférieur de la pensée scientifique : c'est qu'elle répond exclusivement aux exigences d'une étude statique du monde. Cette étude, négligeant toute relation causale réelle, se borne à mesurer des rapports de coexistence et se donne à elle-même l'illusion de saisir des vérités nécessaires. De là une théorie étroite de la certitude, confondue avec l'exactitude du calcul et la précision dans les procédés de mensuration. Mais contre cette théorie de la certitude et de la loi s'est élevée toute la critique moderne en même temps que les sciences des corps vivants et la physique expérimentale qui y prépare brisaient le cadre étroit du savoir statique.

APPENDICES

APPENDICE A

LA MÉTHODE GÉNÉTIQUE ET LA TÉLÉOLOGIE

Le terme de méthode génétique n'est pas reçu dans le langage usuel des logiciens, au moins en France. La notion est cependant d'usage courant. On ne peut décrire la méthode des sciences naturelles sans y faire constamment allusion.

La logique courante présente donc une lacune des plus regrettables. Rien ne semble avoir plus contribué à mettre le système évolutionniste en crédit auprès des esprits scientifiques que l'effort de ses auteurs pour combler cette lacune.

Si nous cherchons pourquoi les logiciens de l'école criticiste et de l'école idéaliste ont laissé un système dont l'esprit est essentiellement illogique prendre en mains la cause d'une méthode si féconde, nous en trouvons la raison dans un vice de la logique traditionnelle auquel les travaux récents n'ont pas apporté un remède efficace : nous voulons parler de la confusion entre la logique générale de la science et la logique spéciale de la preuve scientifique. Cependant l'on ne peut passer de la logique formelle à la théorie des preuves sans un intermédiaire qui est la logique du concept scientifique. C'est ce qu'avait compris Claude Bernard quand il écrivait son *Introduction à l'étude de la médecine expérimentale*.

Le concept de l'explication génétique devrait, selon nous, être étudié par une branche de la logique qui correspondrait assez au *Cours de philosophie positive* de Comte mais conçu d'une façon plus abstraite et plus analytique.

Essayons de montrer en quoi cette étude domine la théorie de la preuve avec laquelle elle a été si souvent confondue.

La méthode génétique peut être tour à tour expérimentale, comparative ou historique. Ces différences sont superficielles. Chacun sait en effet : 1° que toute observation tend à devenir comparative, la comparaison étant le principal moyen de contrôler les observations les unes par les autres et d'en éliminer les erreurs, 2° que toute observation comparative suffisamment contrôlée donne la même certitude qu'une expérience de laboratoire, vu qu'un expérimentateur n'est jamais qu'un observateur qui sait se placer dans des conditions favorables artificiellement préparées ; 3° que l'observation par témoignage peut, si elle est contrôlée par la critique, avoir la même valeur que l'observation directe. « La croyance à un témoignage, écrit Kant, ne diffère ni quant au degré, ni quant à l'espèce de la croyance par expérience personnelle [1].

En somme toutes les sciences de la nature font appel à l'expérimentation, à l'observation comparative et au témoignage. Quand on y regarde de près, l'on s'aperçoit que le champ de l'expérimentation proprement dite est bien borné.

La méthode génétique est une recherche dont l'objet est de rattacher un phénomène à une série dans la durée au lieu d'y voir le terme d'un rapport quantitatif dans l'espace. Elle tend donc à une connaissance réelle, non à une connaissance abstraite. Tout processus naturel se présentant à nous comme une série chronologique irréversible, la méthode génétique est la seule qui soit applicable à l'étude des processus.

La considération des résultats donnés par cette méthode en géogénèse, en embryologie, en paléontologie, en psychologie, en sociologie, suffirait à en démontrer la valeur logique car la vraie méthode n'est pas celle qui *a priori* devrait réussir mais celle qui réussit en fait. Mais une démonstration plus frappante, quoique négative, est donnée par l'histoire des tentatives faites dans deux voies différentes.

En effet si l'on écarte le procédé génétique, l'on ne peut rattacher le phénomène au processus que 1° par voie de déduction ou construction géométrique, 2° par cause finale.

Le procédé téléologique et le procédé déductif ont été mis en œuvre concurremment. Néanmoins le procédé téléologique est le plus ancien. Le procédé déductif y a été substitué à mesure que l'expérience a été plus étendue et l'analyse abstraite poussée plus loin. La raison d'être du mécanisme a été de remplacer la téléologie dont le nom a fini par devenir synonyme, non seulement d'explication pré-scientifique, mais d'explication anti-scientifique.

Mais la méthode déductive, la seule qui convienne vraiment au mécanisme, a dû être abandonnée, tant ses conclusions se sont trouvées en désaccord avec l'expérience. A cet égard, les *Principes de la philosophie de Descartes* et les deux traités biologiques qui y font suite (*L'Homme, La formation du fœtus*), sont des monuments inoubliables. Rien de plus digne d'intérêt que le IV° livre des *Principes*.

---

1. Kant, *Logique*. Introduction, IX, 1°. Traduction Tissot.

On y voit la déduction rattacher aux principes du mécanisme universel non seulement une géologie et une minéralogie imaginaires, mais encore les erreurs les plus grossières de l'alchimie. En d'autres termes le mécaniste tombe dans les erreurs les plus graves dès que les résultats de l'induction cessent de l'éclairer.

Cependant l'échec de la déduction géométrique dans l'étude de la nature ne pouvait ramener d'une façon durable l'esprit humain à la téléologie. C'est pourquoi à mesure qu'a baissé le crédit de la méthode constructive dans un ordre d'étude, on a vu s'élever celui de la recherche génétique dont Descartes lui-même avait pressenti la fécondité.

La méthode génétique a d'ailleurs sur la méthode constructive des mécanistes une supériorité : si elle n'explique pas les faits par cause finale, elle ne nie pas *a priori* la finalité. Elle l'élimine ni de l'histoire, ni de la biologie, quoique le plus souvent elle constate ce que Wundt a nommé l'hétérogénie des fins. (Rarement l'organe en biologie, presque jamais l'institution en sociologie ne remplit sa destination primitive). On peut dire d'ailleurs que la finalité sera affirmée avec d'autant plus d'autorité par la science que les causes finales n'auront pas été présupposées dans la recherche.

APPENDICE B

LA SÉGRÉGATION ET LA GÉOGRAPHIE ZOOLOGIQUE

Nous n'aurions pas donné cette importance à la théorie de Moritz Wagner si elle ne mettait en pleine lumière le démenti qu'une science naturelle très concrète et très positive, la chorologie ou géographie botanique et zoologique oppose à l'hypothèse de la sélection. Darwin a été peut-être l'un des premiers à indiquer le rôle capital que cette science doit jouer dans la vérification d'une théorie de l'adaptation. La géographie des animaux et des plantes est l'intermédiaire nécessaire entre la paléontologie et l'étude des faunes et des flores actuelles. La géographie botanique et la géographie zoologique, la dernière surtout, réunissent des documents historiques plutôt qu'elles ne nous renseignent directement sur la relation des milieux physiques et des espèces. L'histoire du globe et l'histoire de la vie sur le globe peuvent seules nous faire comprendre la répartition de la faune actuelle entre plusieurs régions déterminées.

On sait que Sclater, ne tenant compte que de la répartition actuelle des oiseaux, a distingué deux grandes faunes, celle de la Paléogée (Ancien Continent) et celle de la Néogée [1].

Mais Huxley démontra que cette division doit être subordonnée à une autre si l'on ne veut pas méconnaître systématiquement les relations qui rattachent les faunes actuelles à celles des deux périodes tertiaire et quaternaire. Il a donc distingué la faune de l'Arctogée et celle de la Notogée [2].

En effet l'Amérique du Nord (région néo-arctique) a une faune qui diffère très peu de celle de l'Europe et de l'Asie septentrionale et occidentale (région palé-arctique). Cette faune n'est pas autochtone. Elle dérive d'une autre qui s'est formée dans les terres polaires actuelles. L'unité de la faune arctique et des faunes néarctique et palé-arctique est attestée par plusieurs faits : le mieux connu est, à l'âge actuel,

---

1. Sclater, *A treatise on the geography and classification of animals* (*in* Lardners Cabinet. Cyclopedia, 1835).
2. Huxley, *Proceedings of the Zoological society*, 1868.

l'identité à peu près complète de la faune polaire et de la faune des hautes régions montagneuses.

D'un autre côté les analogies sont grandes entre la faune sud-américaine (région néo-tropicale) et la faune australienne. Les mollusques terrestres s'y distribuent à peu près de la même façon. Les deux régions se ressemblent d'abord par des caractères négatifs. On n'y rencontre ni les grands singes ni les ongulés mais « elles possèdent en commun les Didelphes et les Marsupiaux, qui en excluent à la fois les insectivores et les lémuriens comme des types fonctionnellement similaires dans l'équilibre de la nature ; et bien que ces Didelphes appartiennent à des familles bien distinctes, ce fait n'en a pas moins, au point de vue de l'ancienneté de la faune dont ils font partie, une importance historique considérable [1] ».

L'Arctogée de Huxley comprend donc la zone de l'hémisphère Nord et la Notogée la zone de l'hémisphère méridional. Les caractères de cette dernière sont beaucoup mieux marqués en Australie que dans l'Amérique du Sud. Le continent australien dont la faune et la flore peuvent être opposées à celles de l'ancien continent est le principal reste de la Notogée; or celle-ci paraît avoir été très étendue à l'époque secondaire. Les recherches de Neumayr, de Huttin et d'autres ont conduit à penser que de larges bandes retracent alors l'Amérique méridionale à l'Afrique australe d'un côté, à l'Australie ainsi qu'à la Nouvelle-Zélande de l'autre [2]. Il a donc existé un continent circumpolaire antarctique, foyer de créations organiques d'une fécondité comparable aux terres arctiques.

L'étude comparative des données de la paléontologie et de celles de la géographie conduit à conclure que les différentes faunes actuelles proviennent toutes de deux grands centres, c'est-à-dire des terres arctiques et antarctiques. Ces terres n'étaient pas seulement plus étendues qu'aujourd'hui ; leur climat ne devait pas différer de celui des régions équatoriales actuelles. Elles subirent ensuite un refroidissement graduel quoique inégal et inconstant. C'est pourquoi dans l'hémisphère boréal nous voyons les palmiers et les grands mammifères peupler à l'âge tertiaire l'Europe et le Nord de l'Asie et se retirer aux âges suivants dans la région indienne et dans la région éthiopienne. Si ce fait est scientifiquement établi, il en est un autre qui a au moins la valeur d'une hypothèse bien plausible. C'est qu'au début de l'âge tertiaire il y eut vers le Nord une migration active des animaux et des plantes qui avaient occupé jusqu'alors le continent

---

1. Trouessart, *Géographie zoologique*, ch. v.
2. Neumayr. *Die geographische Verbreitung des Juraformation* (Denkschriften der K. Akad. der Wissenschaften, Wien, 1885). — Huttin, *The New Zealand journal of science*, 1884, (analysé par Trouessart dans la Bibliothèque de l'Ecole des Hautes-Études. Zoologie, 1883).

antarctique. Ainsi s'explique l'analogie observée entre la faune sud-américaine et celle de l'Australie.

On ne peut donc pas rendre compte des transformations subies par les organismes au cours des périodes géologiques sans faire intervenir le grand phénomène des migrations. L'action de ce phénomène sur les fonctions et les structures des animaux est beaucoup plus palpable et plus intelligible que celle d'une prétendue lutte pour les subsistances.

APPENDICE C

LE CERVEAU DE LA FEMME ET LA THÉORIE DE LA SÉLECTION

La comparaison du cerveau des deux sexes est, relativement au problème de la sélection, beaucoup plus instructive encore que la comparaison des races.

Aucune école n'a plus contribué que celle de Darwin à élever au rang d'axiome la proposition qui attribue à l'homme un cerveau plus développé qu'à la femme. Mais cette affirmation est directement liée à la thèse qui voit dans la puissance intellectuelle un fruit de la sélection naturelle et sexuelle. Cette thèse serait ébranlée si l'égalité cérébrale et mentale des deux sexes était établie ; elle serait ruinée si l'on pouvait considérer la moyenne des femmes comme supérieure à la moyenne des hommes.

Darwin professe que « la moyenne de la puissance mentale chez l'homme doit excéder celle de la femme » et il en donne cette preuve : Que l'on dresse deux listes des hommes et des femmes qui se sont distingués dans la poésie, la peinture, la sculpture, la musique, y compris la composition et l'exécution, l'histoire, la science et la philosophie : les deux listes d'une demi-douzaine de noms pour chaque art ou science ne supportent pas la comparaison. »

Or cette supériorité serait en relation avec la combativité imposée à l'homme.

« L'homme a dû défendre sa femme et ses enfants contre des ennemis de tout genre et chasser pour subvenir à leur subsistance et à la sienne propre. Mais pour éviter l'ennemi, pour l'attaquer avec avantage, pour capturer des animaux sauvages, *il faut le concours des facultés mentales supérieures, c'est-à-dire l'observation, la raison, l'invention ou l'imagination.* Ces diverses facultés auront donc été mises continuellement à l'épreuve et auront fait l'objet d'une sélection, etc. ».

On voit à quel point Darwin a simplifié le problème. Le génie est l'attribut du sexe mâle ; donc la puissance des facultés mentales ne peut manquer d'être plus élevée chez la moyenne des hommes que chez celle des femmes. Le fait général ainsi posé, il devient facile de l'expliquer : la théorie de la sélection y pourvoit.

Mais peut-on conclure ainsi du génie à la moyenne? Le génie n'est pas une monstruosité, mais c'est un écart, une anomalie; celui qui en tient compte ne doit pas oublier les anomalies d'autre nature. Les femmes fournissent à l'humanité moins d'esprits supérieurs, mais ne comptent-elles pas aussi moins de fous, d'imbéciles et d'idiots? Si nous comparons les deux sexes au seul point de vue de la dégénérescence, ne serons-nous pas portés à conclure à l'infériorité mentale du sexe musculin?

Si nous voulons éviter les erreurs, nous devrons donc faire abstraction des anomalies et ne considérer que les moyennes. L'inégalité des sexes cesse alors d'être évidente. Encore pour bien apprécier les faits, faut-il faire abstraction de la supériorité artificiellement conférée aux hommes.

Si l'éducation des femmes a été systématiquement négligée, si les hommes investis de l'autorité sociale ont réprimé l'activité intellectuelle chez les femmes, encouragé la docilité du caractère et la passivité de l'esprit, les apparences seront inévitablement défavorables aux femmes.

Il faut donc savoir les écarter et par suite ne tenir aucun compte des portions les plus cultivées des peuples civilisés. Là en effet, une longue tradition a condamné l'intelligence féminine à l'atrophie. Nous ne disons pas que distinguer un pourpoint d'un haut-de-chausse soit tout ce que l'on en attende, mais on ne cultive chez les femmes que la mémoire et le goût. Toutefois, quand par exception les deux sexes reçoivent une culture identique, comme aux États-Unis, les faits observés témoignent hautement en faveur de l'intelligence féminine.

Si nous considérons les portions incultes des peuples civilisés nous sommes portés à croire que la femme est en moyenne plus intelligente que l'homme, ou tout au moins que l'égalité des sexes y est complète. Dira-t-on que c'est l'égalité dans l'ignorance et l'infériorité? Qui ne voit que c'est précisément ce qu'il importe de savoir? En effet l'homme a eu constamment pour développer sa personnalité des ressources que n'avait pas la femme. Nous savons aussi que l'égalité se maintient là où la culture des deux sexes est la même. L'égalité originelle est donc, au point de vue biologique, un fait d'une extrême importance.

Le darwinisme doit renoncer à demander ici des arguments à la psychologie. Il doit se contenter de ceux que la morphologie peut lui donner.

Or aussi longtemps que l'on a évalué l'organisation du cerveau par son poids et appliqué des méthodes imparfaites à l'évaluation du poids relatif du cerveau ; aussi longtemps que l'on a attribué aux lobes frontaux une dignité, une fonction psychologiquement plus importante qu'aux lobes pariétaux, on a pu considérer le cerveau de la femme comme moins développé que le cerveau de l'homme, mais une anthropologie méthodique a écarté toutes ces causes d'erreur.

Il n'existe qu'une relation très vague entre le poids du cerveau et son organisation. On sait combien était faible le poids du cerveau de Gambetta qui fut un puissant orateur et un homme d'État avisé. En revanche sur six cerveaux pesant plus de dix-huit cents grammes on compte seulement ceux de deux hommes d'une intelligence remarquable, Tourgueneff et Cuvier. Les quatre autres vécurent obscurément ou finirent leur vie dans des hôpitaux d'aliénés. Le poids absolu du cerveau est un indice dépourvu de signification.

On serait porté à tenir plus de compte de la relation entre le poids du cerveau et le poids total du corps; mais lorsque l'on compare un sexe à l'autre, certaines précautions doivent être prises. L'importance du tissu adipeux est plus grande chez les femmes que chez les hommes et cette circonstance ajoute à leur poids moyen. D'après les évaluations de Tiedemann, de Vierordt et de plusieurs autres, le rapport du poids moyen de la femme à celui de l'homme est 83 p. 100, alors que le rapport du poids du cerveau est 90 p. 100 [1]. Il y aurait déjà une légère différence en faveur de la femme ; elle fait place à une supériorité marquée si l'on fait abstraction du tissu adipeux. Le poids de la femme serait dès lors au poids de l'homme comme 70 à 100, et par suite le cerveau serait chez elle un facteur du poids total plus considérable que chez l'homme.

Chez la femme, les lobes pariétaux sont plus développés que les lobes frontaux, et cette circonstance manifeste dès la vie fœtale, a été longtemps interprétée défavorablement pour elle. L'homme est un frontal (homo-frontalis); la femme n'est qu'un homo-pariétalis, disaient avec solennité certains anatomistes allemands, notamment Huschke [3]. Déjà cependant Broca, procédant à des mesures minutieuses, mettait en doute cette inégalité de développement des lobes frontaux. Mais l'aspect du problème changea quand il fut reconnu que le concours des lobes pariétaux à l'activité des fonctions mentales n'est pas moindre que celui des lobes frontaux. Or d'après les évaluations de Broca, de Cunningham, de Crichton Brown cette partie des hémisphères a, chez la femme, un plus grand développement que chez l'homme [4].

Bref la morphologie refuse de décerner aux femmes ce brevet d'infériorité que la consolidation de l'hypothèse darwiniste exigerait. De même qu'il est imprudent d'attribuer à la femme plus de sensibilité qu'à l'homme, il est scientifiquement faux de lui refuser un cerveau aussi bien organisé.

La femme est moins soumise que l'homme à la concurrence vitale;

---

1. Apud Havelock Ellis, *Mann und Weib*, ch. v, p. 100.
2. *Ibid.*, p. 103.
3. Apud H., Ellis, ch. v, p. 109.
4. Havelock Ellis, ch. v, p. 114.

elle subit moins les effets de la sélection sexuelle et cependant le cerveau serait plus développé chez elle que chez l'homme ? Aucun fait n'inflige à la doctrine de la sélection un démenti plus complet et plus probant.

Il est exact cependant que la femme ne déploie pas une activité mentale supérieure à celle de l'homme, qu'on ne peut contester que l'homme ne surpasse la femme dans toutes les branches de l'activité, qu'elles exigent ou non le concours de l'intelligence. Quelque cause fait donc obstacle à la supériorité de la femme, la voue même à une réelle infériorité sociale. Mais on ne cherchera pas cette cause dans la concurrence vitale si l'on n'a pas l'esprit comme obsédé par cette formule d'économiste. Pourquoi ne résiderait-elle pas dans quelque fonction de l'organisme féminin ?

Tous les éducateurs dans tous les pays sont frappés de la précocité intellectuelle des jeunes filles et de leur supériorité sur les jeunes gens de leur âge. Ce sont des élèves plus attentives, plus aptes à profiter de l'enseignement qui leur est donné. En revanche la femme adulte tient rarement d'une façon complète les promesses de la jeune fille. Il semble que chez la femme mariée, les facultés mentales subissent un arrêt de développement, arrêt qui ne s'observe pas chez les femmes vouées au célibat. C'est toujours parmi celles-ci que l'on rencontrera les spécimens les plus élevés de l'intelligence de leur sexe.

Nous tenons dès lors la cause de l'arrêt du développement de l'intelligence chez la femme. Ce n'est point autre chose que la gestation qui exerce si souvent une influence perturbatrice sur le raisonnement et même sur les émotions. L'homme doit sa supériorité uniquement à ce qu'il est moins sacrifié à la perpétuité de l'espèce. Encore faut-il qu'il réussisse à exercer un certain contrôle sur ses instincts génésiques. C'est pourquoi la balance des facultés mentales dans les deux sexes se renverse à l'âge adulte. L'intelligence de la femme brille de tout son éclat avant vingt ans et ce n'est guère qu'après trente ans que l'homme est en possession de toutes ses facultés intellectuelles.

Nous sommes ramenés au rapport déjà constaté entre l'activité du cerveau et l'infécondité relative de l'individu ou de l'espèce. Le cerveau croît à mesure que l'organisme paie un tribu moins lourd à la reproduction. La loi énoncée par Spencer et Lombroso, l'antagonisme de l'individuation et de la genèse, contient l'explication que nous refuse la loi de sélection naturelle. Elle est incompatible avec cette hypothèse.

APPENDICE D

LA SCIENCE ET LA CRITIQUE HISTORIQUE
D'APRÈS L'ÉCOLE CRITICISTE

En faisant de la critique historique un procédé auxiliaire de la psychologie sociale, nous nous écartons des conceptions d'une école dont nous avons cependant accepté les vues essentielles. L'école criticiste a pris position au nom de l'histoire contre la notion même de la sociologie. Elle y a vu un fruit de cet esprit positiviste, qui, sans tenir compte des différences entre les méthodes, classe les sciences selon une complexité croissante et une généralité décroissante. La sociologie, qui serait l'objet même de l'histoire, ne peut être absorbée dans la science parce que sa méthode purement critique n'a rien de commun avec celle de la science. La science mathématique, la science expérimentale, l'histoire naturelle, la critique historique, tels seraient donc, d'après M. Charles Renouvier, les moments essentiels dans la constitution du savoir. Ils correspondraient à ce que l'on pourrait appeler une spontanéité croissante et un déterminisme décroissant[1].

Nous aurions trop présumé de nos forces si nous avions entrepris de réfuter les conclusions d'une philosophie aussi profonde. Nous avons seulement cherché à justifier une classification des connaissances un peu différente qui, selon nous, permet de combiner, avec la théorie criticiste du phénomène, la part de vérité contenue dans la hiérarchie positiviste.

Nous avons dit dans notre introduction pourquoi la notion critique du phénomène ne permet pas d'opposer l'histoire naturelle à la science expérimentale. Cette antithèse n'est pas plus légitime au point de vue logique qu'au point de vue métaphysique. Si l'observation est la méthode du naturaliste, elle est aussi celle de l'astronome. Attribuer à la preuve expérimentale plus de dignité et plus de certitude qu'à l'observation est inadmissible. En écrivant l'*Introduction* à *l'étude de la médecine expérimentale*, Claude Bernard a fait justice de cette vieille

---

1. *Essais de critique générale.* On sait qu'en appliquant ses principes, l'auteur a constitué une véritable philosophie de l'histoire religieuse et juridique.

antithèse. La méthode expérimentale est-elle une investigation dont le raisonnement est l'opération essentielle? le naturaliste peut raisonner tout comme le physicien ou le physiologiste. S'agit-il de contrôler, de vérifier une hypothèse, un raisonnement expérimental? L'observation active et comparative ainsi que l'expérimentation indirecte ont la même valeur que l'expérimentation du laboratoire. Personne n'oserait dire que la morphologie et l'embryologie ont moins de certitude que la physiologie.

Si nous faisons tomber toute barrière artificielle entre l'histoire naturelle et la science expérimentale, nous sommes conduits à rejeter l'antithèse de la science et de la critique historique.

Il n'y a pas de science sans esprit critique. La critique examine les fondements de la connaissance ; elle éprouve la validité des méthodes; enfin elle contrôle les grandes hypothèses soumises à la vérification approchée de l'expérience.

Il en résulte qu'il n'y a pas lieu de considérer une part des phénomènes, les phénomènes humains et sociaux, comme soustraits à la science et réservés à la critique. L'attitude de Kant nous semble ici préférable à celle de M. Charles Renouvier, de Kant qui n'a pas hésité à soumettre les faits humains au déterminisme et à professer la légitimité d'une anthropologie, d'une préhistoire et d'une histoire universelle et qui a pu légitimer ainsi les conceptions les plus élevées sur le droit et la religion.

La critique historique s'applique non aux faits mais aux documents et aux monuments qui nous permettent de les appréhender dans la durée. Une fois accomplie l'œuvre de la critique philologique et archéologique, le témoignage selon la logique de Kant a la même certitude qu'une observation directe. Mais dès lors les phénomènes humains ne doivent-ils pas être classés et expliqués comme les phénomènes de la nature qui ne sont pas moins qu'eux *contingents* et hétérogènes à leurs conditions?

Pour répondre négativement, il faudrait reprendre les vues les plus surannées sur l'accident historique et écarter la notion de la solidarité morale entre les générations. Or aucune école n'a plus contribué que celle des criticistes à introduire cette notion au cœur même des sciences morales.

APPENDICE E

L'HISTOIRE DES SECTES ET LA PSYCHOLOGIE SOCIALE

L'école criticiste a souvent distingué entre la société fatale, soumise à la loi de solidarité historique et les sociétés libres qui, constituées par un contrat délibéré et volontaire, peuvent s'affranchir progressivement de cette loi et modifier le devenir de l'humanité. Le grand reproche fait par les criticistes à la sociologie issue du positivisme est d'avoir méconnu cette distinction et de n'avoir étudié que des familles et des états soumis à l'influence du milieu physique. Il faut convenir que les sociologues évolutionnistes n'ont rien fait pour cesser de mériter ce reproche.

Sans doute si des associations sans rapport avec le milieu historique pouvaient spontanément se constituer dans ce milieu et le modifier graduellement, la possibilité d'une sociologie deviendrait fort douteuse. Mais comme aucun historien ne peut nier la réalité des associations et l'étendue de l'action exercée par elles sur la vie de l'Etat, surtout à dater du monothéisme et en général des grandes religions éthiques, le sociologue ne doit pas éluder le problème.

D'accord avec plusieurs sociologues contemporains, notamment MM. Sighele, Tarde, Bouglé, nous pensons que la psychologie sociale doit commencer par l'étude des associations sans base héréditaire ou territoriale. Après avoir ainsi étudié les liens sociaux qui les tiennent assemblées, l'on verra combien le lien social est fortifié, dans le clan et la famille, par l'hérédité physiologique, dans l'État par la division du travail et l'action prolongée du territoire national sur le travail divisé.

La comparaison des associations interpersonnelles aux foules, aux sociétés domestiques et aux États, si elle ne confirme pas entièrement les vues de l'école criticiste, a au moins pour effet de bien mettre en lumière les facteurs psychologiques du lien social et de montrer la distance qui le sépare du lien organique. Par contre, cette psychologie sociale comparée aurait pour résultat de montrer que les forces qui dirigent le développement de l'Etat sont inhérentes à l'association dite volontaire.

Formulons rapidement les conclusions dues aux travaux de Sighele, de Tarde, de Ratzel complétées par quelques observations que nous empruntons à l'histoire religieuse.

1° Le lien qui tient unis les membres d'une association n'est que l'épanouissement de celui que nous observons dans les relations interpersonnelles. Il est rare qu'il y ait véritablement égalité entre les associés si l'on entend par là que tous agissent ou réagissent également les uns sur les autres. En réalité il y a dans toute association des chefs et des séides. Le rapport du chef au séide est, sinon comme l'a pensé M. Tarde, celui de l'hypnotiseur à l'hypnotisé, tout au moins celui de l'auteur au lecteur. La relation est fondée sur ce que Malebranche nommait « la communication contagieuse d'une imagination forte. » Le chef est reconnu tel et suivi parce qu'il est obsédé davantage par l'idée et les sentiments communs à tous les associés et parce qu'il l'exprime plus fortement.

A cet égard la différence est toute relative entre l'association et la foule. Un meeting, pourvu qu'il soit dominé par un orateur entraînant, se comporte comme une secte et se compose de séides, dociles à un « suggestionneur ». — L'histoire des clubs modernes, celui des Jacobins par exemple, présenterait une transition entre l'association et la foule. On y verrait l'esprit de l'association se communiquer à la foule et la foule s'organiser en association.

2° Entre la foule et l'association, la différence est évidemment que le lien qui tient unie la première est beaucoup plus fragile et évanescent que celui de l'association. Mais cette différence est très relative. En réalité quiconque a quelque peu l'expérience des associations sait qu'elles succombent bien facilement à un mal intérieur qui est l'indifférence des sociétaires. Quand elles n'ont pas l'un de ces trois ciments, la conviction religieuse, l'intérêt économique, l'intérêt esthétique ou intellectuel, elles sont sans cesse en voie de dissolution. — Ceci nous montre quel concours l'hérédité physiologique et l'influence du territoire exercent sur la durée, la cohésion des sociétés domestiques et des États. Nous serions conduits par là à penser que dans la lutte entre l'association et l'État la première est toujours vouée à la défaite si l'association devenue corporation, église ou école ne pouvait agir sur les citoyens par l'intermédiaire du travail, de la religion ou de la culture intellectuelle.

3° La crainte de la dissolution est un sentiment qui travaille en général la partie consciente, le gouvernement de l'association. C'est un mobile qui le porte à renforcer son action sur les intérêts, les sentiments, les habitudes, les idées des associés. En d'autre termes l'association tend à constituer une discipline et une éducation. On sait quels sont les règlements draconiens des associations de malfaiteurs et combien elles châtient sévèrement l'indépendance où elles voient une défection et une trahison. Les associations religieuses qui en diffèrent à tous les autres points de vue leur ressemblent à celui-là. Bref l'association dite volontaire tend à substituer sa volonté collective, en d'autres termes la perpétuité de ses fins propres, à la volonté mobile de l'individu : nouveau trait qui la rapproche de la foule, de la famille et de l'Etat. L'association la plus volontaire en apparence tend donc à devenir une *force politique*.

4° De là une dernière conséquence : c'est que l'association tend, en vertu d'une véritable loi, à approprier à ses fins un territoire et à se transformer en Etat. C'est une véritable loi de sociologie objective dont l'histoire offre des exemples nombreux et probants. La *Ligue hanséatique* et la *Compagnie anglaise des Indes orientales* ont été toutes deux, l'une au moyen âge, l'autre au XVIIIe et au XIXe siècle, dans des conditions bien différentes, deux puissantes associations de commerçants. Il subsiste de la première trois républiques municipales, tardivement intégrées dans l'empire allemand, de la seconde une des plus grandes et des plus surprenantes créations politiques que l'histoire ait observées, l'empire anglo-indien. Cette différence des destinées tient évidemment à ce que la Ligue hanséatique, si puissante qu'elle ait été au temps où elle confédérait 89 villes, de Londres à Novgorod et de Francfort sur Oder à Bergen, fut toujours une puissance exclusivement maritime, sans base territoriale propre. Au contraire la Compagnie des Indes put de bonne heure prendre pied au Bengale et y exercer les droits de la souveraineté.

L'histoire religieuse est encore plus instructive que l'histoire du commerce. Nombreux ont été les États théocratiques. Ils ont toujours dû leur origine à ce qu'un ordre religieux ou une secte a pu se saisir ou d'un territoire désert ou d'une région dont les habitants ne s'étaient pas élevés au-dessus du type de la tribu. Citons dans l'histoire du christianisme les Chevaliers teutoniques en Prusse, les Porte-Glaives en Livonie, les Indépendants au Rhodes-Island, les Quaker en Pensylvanie, les Jésuites au Paraguay et plus obscurs les Nestoriens dans le Kurdistan ; dans l'histoire de l'Islam les Kharidjites dans les oasis de M'zab ; dans l'histoire du bouddhisme la théocratie des lamas au Thibet.

Mais c'est aussi une loi que l'association religieuse ou commerciale qui a acquis la souveraineté territoriale ne puisse faire coexister en elle le caractère de l'Etat et celui de l'association. Il y a là un phénomène de transformation très propre à exciter la curiosité et cependant négligé des bio-sociologistes. L'Ordre teutonique a dû, au prix d'une révolution religieuse, devenir un duché héréditaire ; la ligue hanséatique a dû, pour subsister, se résoudre en trois républiques municipales ; la Compagnie des Indes est devenue un ministère britannique. La théocratie romaine, faute d'avoir pu ou voulu organiser en 1848 la nation italienne, a dû faire place à l'État italo-piémontais.

Un fait général nous montre que nous sommes réellement en présence d'une loi, c'est que l'association devenue souveraine adopte, non pas un type politique uniforme (comme le voudrait la théorie du pacte social) mais précisément le type d'état qui correspond à l'étendue aux ressources et aux besoins politiques du territoire dont elle dispose. La Compagnie des Indes est devenue l'empire anglo-indien ; l'Etat formé par les Teutoniques est devenu le duché, puis le royaume de Prusse. Ces deux communautés disposaient de territoires étendus ; elles ont enfanté de grands états du type moderne. La ligue hanséatique au contraire a dû se résoudre en républiques municipales, en communes du type médiéval quoiqu'au moyen âge on eût cru permis de lui promettre des destinées bien plus brillantes que celles des Chevaliers teutoniques.

Si nous pouvons maintenant constater que dans des régions déshéritées, des églises en décadence ont enfanté des tribus ou des confédérations tribales, la valeur générale de la loi sera mise hors de doute. Or nous en connaissons deux exemples au moins. Le moins inconnu est celui que présente la fédération des Ksours établis dans un oasis du Sahara algérien par les Beni-Mzab, modestes descendants de la puissante secte des Kharidjites. Leur attachante histoire a été racontée par Emile Masqueray au livre duquel nous renvoyons le lecteur [1]. L'autre est offert par les tribus nestoriennes qui, sous la suzeraineté nominale du Sultan, jouissent d'une réelle autonomie au milieu des rochers du Kurdistan.

On sait qu'une partie des Nestoriens s'est ralliée à l'Eglise catholique romaine et a formé l'Eglise des Chaldéens-Unis dont le patriarche réside à Mossoul. Les autres Nestoriens ont conservé leurs doctrines, leurs rites, leur organisation ecclésiastique. « Ils habitent, nous dit Vital Cuinet, au nombre de 50.000 environ les montagnes du Sandjak de Hekkiari (vilayet de Van) au pied desquelles coule le grand Zab affluent du Tigre. Depuis le XVIIIe siècle, ils vivent là, groupés en *tribus*, sans mélange et s'administrent eux-mêmes suivant un régime accepté jusqu'à ce jour par le gouvernement turc qui se contente de leur imposer un tribut annuel en témoignage de vassalité. — Les deux pouvoirs, religieux et civil, sont réunis entre les mains du patriarche, chef suprême de cette communauté. Après lui viennent les évêques, qui prennent part à sa double autorité ; puis les *melek* ou chef de tribus, dont la charge consiste à prélever les redevances communes, à choisir et à commander les hommes destinés à combattre au besoin. Ils conservent les lois de l'église primitive et leurs coutumes sont celles de leurs ancêtres. »

« Ce petit peuple est composé de cinq tribus qui prennent les noms

---

1. *Formation des cités chez les populations sédentaires de l'Algérie*, IV. 1 vol. Leroux éditeur.

de leurs vallées et de leurs montagnes. Les hommes de la tribu de Dez ont le privilège de former la garde du patriarche... Pour maintenir l'équilibre entre elles, les tribus nestoriennes se sont partagées en deux camps de forces à peu près égales [1]. »

Ce singulier état tribal et théocratique a une constitution en rapport avec le territoire dont a pu s'emparer le débris de l'ancienne Eglise nestorienne qui couvrit au V° siècle l'Asie occidentale, l'Asie centrale et l'Inde de ses ramifications civilisatrices. « Tout le pays occupé par les Nestoriens autonomes n'est qu'un vaste massif de hautes montagnes rocheuses, entrecoupé d'étroites vallées profondément encaissées. Plusieurs sommets sont perpétuellement couverts de neige. C'est à l'abri de ces pentes abruptes, fortifications naturelles, que les tribus nestoriennes ont pu conserver leur existence ; mais la pauvreté du pays leur impose une vie des plus dures [2] ».

Le territoire agit sur la communauté plus que sur l'individu et sur la communauté qui se reproduit par la génération plus que sur toute autre. De là la différence entre la discipline politique et celle d'une simple association. Toute association tend à neutraliser les tendances centrifuges de ses membres, mais par là-même qu'elle n'est pas implantée dans le sol, l'individu peut lui échapper s'il n'a pas un caractère dépourvu de toute énergie. Il n'en est pas ainsi de l'État. Maître du territoire, il exerce sur ses membres une action coercitive à peu près inéluctable, action qui au fond est la mise en œuvre des conditions de l'existence sur l'organisme humain.

Si l'examen des faits sociaux ne nous autorise pas à accepter toute la thèse criticiste, il ne nous permet pas de nier qu'il y ait plus de chance d'implanter les idées morales dans l'organisation sociale et politique par l'intermédiaire des associations, voire des sectes, que par une action directe des esprits sur les pouvoirs de l'État. L'Etat est l'agent du droit; il en est l'unique agent possible, mais par là même que l'État est solidaire d'un territoire, il subit à un haut degré l'action des choses ; il est subordonné au milieu physique beaucoup plus que ne l'est l'individu.

De plus il tend à s'enraciner dans son territoire, à l'agrandir, à y voir une puissance inconsciente qui le détournerait de sa fin juridique et morale s'il n'y était ramené par l'opinion, mais par l'opinion organisée en écoles, en associations ou même en partis.

1. Vital Cuinet. *La Turquie d'Asie*, t. II, p. 650.
2. *Ibid.*

APPENDICE F

LA LOI DE LOCALISATION ET LES SURVIVANCES DANS LA DIVISION DU TRAVAIL SOCIAL

La division du travail n'a été considérée que tardivement comme une condition du développement social et juridique de la personnalité. Il a fallu pour y arriver les études comparatives de Sumner Maine sur le développement du droit privé puis celles de M. Emile Durkheim sur la succession des formes de la solidarité. Auparavant Smith, Rossi et Proudhon avaient décrit la spécification des tâches comme une cause d'aliénation et même de dégradation de la volonté morale et de la personnalité raisonnable. — Quant à nous, nous croyons que les observations et les conclusions de Sumner Maine et de Durkheim sont mieux fondées que celles de Smith, de Rossi et de Proudhon, mais qu'elles ne doivent pas les faire oublier.

Ce n'est pas la division du travail qui a émancipé la personnalité, c'est la substitution de l'art à l'instinct. La division du travail a pour effet au contraire de faire sentir étroitement à l'homme sa dépendance à l'égard du milieu social : elle lui présente la solidarité dans les mérites et dans dans fautes, comme inséparable de la liberté et de la responsabilité personnelles. C'est pourquoi son histoire n'est pas parallèle à celle de l'effacement de la conscience religieuse, mais à l'épanouissement d'une conscience religieuse à la fois universelle et personnelle, celle dont l'Évangile a donné la formule parfaite.

La division du travail a deux aspects ou, si l'on veut, deux lois. D'un côté c'est une *individuation des fonctions*, appuyée sur la valeur équivalente des types psychologiques; de l'autre, c'est une *localisation des fonctions*, localisation double, à la fois territoriale et organique. Selon que l'on considère exclusivement les effets de la loi d'individuation ou ceux de la loi de localisation, l'on verra dans la division du travail un agent de la société rationnelle ou un obstacle à sa formation. Il nous semble voir le libéralisme et le socialisme autoritaire se livrer bataille en ce champ clos.

La localisation territoriale des fonctions spécifiées est un fait trop bien connu pour qu'il soit besoin de le décrire. Les fonctions intellectuelles y échappent en grande partie quoiqu'elles ne se laissent guère séparer de la vie nationale, mais les fonctions administratives et les fonctions économiques y sont étroitement asservies. On ne fera pas le grand commerce de spéculation ailleurs que dans les grands ports maritimes ; l'on n'établira pas les grandes industries loin des houillères ou des chutes d'eau ; enfin la culture des plantes et l'élevage du bétail sont asservies à des conditions de sol et de climat qui enchaînent les populations. Économiquement un peuple est réparti en différentes couches de populations qui se présentent au regard concentrées sur les côtes ou dans les vallées des grands fleuves, disséminées au contraire sur les plateaux et dans les hautes vallées des montagnes.

La localisation organique n'est pas un phénomène moins évident. L'on n'attendrait pas l'exécution des travaux agricoles des muscles grêles et du système nerveux surexcitable des citadins. Les statistiques mortuaires paraissent prouver que le travail des ateliers décime les ouvriers ruraux qui viennent s'y livrer. Les pêcheurs de la Bretagne ne se laissent transformer que péniblement en cultivateurs. La division des populations laborieuses en urbaines, rurales et maritimes correspond à des différences organiques héréditaires.

La localisation territoriale et la localisation organique ont des effets sociaux que l'on a trop souvent attribués à une division artificielle ou transitoire de la société en classes. L'on a montré la société complexe partagée d'abord en nobles, patriciens ou féodaux, en plébéiens libres ou bourgeois, et en esclaves, serfs ou prolétaires. Mais cette division historique en cache une autre qui groupe les populations laborieuses d'après l'adaptation héréditaire à la fonction et au territoire où la fonction peut être exercée.

Or ces effets sociaux sont au nombre de trois : 1° la loi de localisation fait apparaître des caractères professionnels locaux ; 2° elle suscite des intérêts corporatifs rivaux ; 3° elle fait naître un profond sentiment de dépendance et un impérieux besoin d'autorité.

Ce n'est pas là un effet historique et transitoire, vrai seulement du temps où les corporations n'avaient qu'une existence municipale et pourvoyaient au besoin d'un cercle économique étroit. Que tous les houilleurs d'Angleterre, que tous les viticulteurs ou pêcheurs de France forment une société professionnelle nationale, elle aura toujours ses racines fixées dans le sol ; elle sera toujours locale. Par suite elle conservera un caractère professionnel irréductible et aura une façon propre de sentir les besoins sociaux, de concevoir les fins sociales et de réagir sur la société. Enfin si elle se sent en partie maîtresse de l'activité générale, elle apprend par l'expérience qu'elle en est réciproquement dépendante et qu'elle ne peut réaliser ses fins sans le concours de l'ensemble.

Ce sont là des phénomènes en quelque sorte obvies et que l'optimisme révolutionnaire a seul pu feindre d'oublier. Mais il est un fait moins visible, que la loi de localisation tend à expliquer. C'est la persistance en quelque sorte fonctionnelle de certaines survivances.

Les populations rurales ont la réputation d'être traditionnalistes dans le costume, le langage, les croyances, les goûts. Or elles sont loin de l'être toutes également. La majorité d'entre elles suit le mouvement des populations urbaines et lui rend le service de le modérer. Mais il en est qui se montrent à peu près réfractaires à toute transformation. Telles sont, en France, les populations des plateaux et celles de certaines vallées montagneuses. Elles jouent cependant leur partie dans la division du travail. Bien mieux, l'on ne voit pas trop comment, le milieu physique étant donné, elles pourraient la jouer autrement. Ces survivances fonctionnelles n'ont guère été étudiées, si ce n'est incidemment. Cependant elles rattachent la constitution actuelle de l'activité humaine au passé de l'humanité. Elles font plus. Par elles les survivances irrationnelles entrent dans la constitution de l'autorité. Sans elles la conservation des partis régressifs serait inexplicable. Le rôle de ces partis n'est pas négligeable car ils suggèrent des exemples et des maximes et c'est ainsi que « le vieux persiste. »

La division du travail est donc une puissance indifférente. L'on peut s'en servir pour ou contre le droit personnel, pour ou contre la culture. Elle donne à l'autorité une force que la raison peut conquérir et subordonner à ses fins ou qu'elle peut au contraire abandonner à la tradition. Le libéralisme révolutionnaire, le seul agent conscient que la société rationnelle ait encore eu à son service a, faute de lumière historique et sociologique, dédaigné ou méconnu cette puissance. Il n'en sera peut-être pas ainsi dans l'avenir.

APPENDICE G

LA DISCUSSION JUDICIAIRE ET LE PROGRÈS DU DROIT [1]

Un des fondateurs de la sociologie, Bagehot, a montré que l'usage général de la discussion est le caractère dominant de la phase la plus récente de la vie des sociétés. L'âge de la discussion c'est la civilisation européenne opposée à la civilisation asiatique et l'Europe moderne opposée à l'Europe ancienne ou médiévale. Les principales formes de l'activité humaine sont alors modifiées et toutes par la même cause. Dans l'ordre intellectuel, l'examen personnel remplace la foi à une tradition orale ou à un livre; dans l'ordre industriel, l'initiative individuelle, l'esprit d'entreprise se substitue à la transmission de procédés secrets, héréditaires dans une corporation ou une famille, pendant que le libre choix de la profession succède à la vocation héréditaire; dans l'ordre politique, l'obéissance à une loi réputée divine fait place à la discussion de l'intérêt public. Les fondateurs de la sociologie, surtout en France, ont énuméré avec une abondance suffisante les principaux traits de cet âge social, le plus souvent pour en gémir et pour y chercher un correctif.

Mais l'âge de la discussion a une autre face. Si, comparé à celui qui le précède, il représente la critique opposée à la foi et l'initiative personnelle substituée à l'imitation passive, il représente, au moins autant, la paix opposée à l'état de guerre et la procédure mise à la place de la querelle. Moins docile, l'humanité, dans l'âge de la discussion, est aussi moins divisée, moins en lutte avec elle-même. Période critique par un côté, cet âge est, par un autre, période organique. Est-ce là un rapport accidentel? Ces deux grands événements ont-ils une même loi? La disposition, encore si commune, à identifier la discussion avec l'antagonisme, la critique avec la guerre, et, inversement, la docilité aux traditions avec la constitution organique de la société, ne serait-elle pas le résultat d'un parti pris d'école, d'un préjugé sociologique contraire au véritable esprit scientifique?

[1]. Nous croyons devoir reproduire un article que nous avons publié dans la *Revue philosophique* de novembre 1894.

Empiriquement défini, qu'est-ce que le droit sinon la faculté de se défendre sans combattre, de préserver sans recourir à la force sa personne et ses biens contre la violence et contre la fraude? Il y a droit là où la défense cesse d'avoir le caractère militaire. Le progrès de l'état juridique est donc caractérisé par la substitution de la procédure au combat. En remontant du présent au passé, nous voyons l'avènement de la discussion correspondre au recul de la guerre. C'est que la procédure et la discussion sont choses identiques. Arrivé à son terme, purgé de toute trace de guerre, le procès est un examen réfléchi de preuves. Un procès criminel repose sur une critique de témoignages ou d'expertises, un procès civil sur l'examen de pièces écrites et d'enquêtes. Donc, il y a lieu, tout lieu de présumer que la même cause conduit les hommes de la tradition à la critique et de la guerre à la procédure.

Dans l'ordre intellectuel, la cause qui met fin au règne de la tradition est le besoin de preuves. La science positive n'a pas d'autre source. Dans l'ordre juridique, la cause qui met fin à la guerre privée est l'aptitude à douter, à critiquer des preuves (notamment des preuves testimoniales et à faire entre elles un choix logique). De plus, ce choix, cette critique, ce doute même est impossible si déjà l'esprit n'a pas la certitude que les phénomènes physiques obéissent à des lois.

Cette matière a été touchée, en partie traitée par Bentham. Mais l'auteur du *Traité des preuves judiciaires* a négligé le point de vue des origines et le rapport qui unit l'usage des preuves au développement de l'état de droit. Dans les lignes qui vont suivre on va chercher à montrer que ce point est susceptible d'être éclairé et de faire la lumière sur le reste.

I

Une des erreurs les plus graves qui pèsent sur la théorie du droit est celle qui nous porte à croire à une incompatibilité absolue entre l'état de guerre et l'état social. Là est peut-être la cause de l'étrange faveur dont jouit encore auprès d'esprits distingués la fragile hypothèse du contrat social. En réalité l'état de guerre, le règlement des contestations par la force, peut fort bien coexister avec la vie de famille et la coopération. Telle est, entre autres, cette société des Radjpoutes dont Afred Lyall nous a fait une peinture si précise ; tel était à une date récente, tel est peut-être encore l'état social du Montenegro. En effet la *vendetta*, dont l'usage donne le plus grand prix aux liens de famille, suffit à arrêter les forfaits les plus graves; d'autre part si, en l'absence de sanctions légales, on ne passe pas de contrats à long terme, il ne faut pas oublier que la masse des échanges qui constituent le commerce journalier n'implique jamais d'obligations futures. Il est donc faux qu'en l'absence de relations juridiques le crime ait libre carrière et que les pactes soient impossibles. Mais il est un point indéniable : c'est que l'état de guerre entre les groupes domestiques produit des effets infiniment plus graves que l'état de guerre entre les nations, et on sait s'ils sont sensibles : il aggrave le poids des relations sociales et il empêche la société de porter des fruits véritables au profit de la culture individuelle et du bien-être général.

De là une réaction naturelle, spontanée, inévitable de la société contre la guerre. L'effet de cette réaction est d'abord de transformer la querelle en procès. Mais ce n'est là qu'une première étape ; le procès primitif en effet a un singulier caractère. Il présente indistinctement les traits du procès criminel et ceux du procès civil. L'objet est une cause criminelle ; mais, sauf les cas où le crime est considéré comme un sacrilège, le but est le paiement d'une indemnité à la victime ou à ses proches, en d'autres termes, le rachat du talion au moyen d'une composition. La seconde étape spécifie le procès civil et le procès criminel. Comme l'a montré M. Durkheim, le droit à sanction restitutive et le droit à sanction répressive se distinguent alors nettement et la cause de cette transformation est la division du travail. L'échange, que l'état de guerre entrave sans le rendre impossible, prend son essor dès qu'un système répressif grossier met fin à l'ère des vendettas. Dès lors, l'imitation aidant, les fonctions se partagent, la cohésion sociale s'accroît et la procédure passe de l'état embryonnaire à l'état défini [1].

C'est alors que l'usage des preuves judiciaires devient nécessaire.

Il n'est besoin d'aucune preuve pour l'instruction des crimes flagrants et ce sont ceux que la violence des mœurs rend les plus fréquents. L'instruction se confond ici avec la répression. Être témoin d'un crime et le châtier séance tenante ne sont pas deux actes différents, si l'on vit sous le régime de la *vendetta*. S'il y a eu déjà délégation de la fonction judiciaire, être témoin du crime et crier haro sur le coupable, le saisir et le traîner devant le juge sont deux actes identiques. Quant aux crimes clandestins, ils sont alors considérés comme relevant soit de la vengeance divine, soit de la vengeance individuelle. De même, il n'est pas besoin de prouver une convention quand le pacte ne donne lieu à aucune obligation future et quand les deux contractants s'acquittent immédiatement l'un envers l'autre.

Il n'en est plus de même quand les causes énoncées plus haut ont accentué le passage de la guerre à la procédure. D'une part, les crimes clandestins prennent une importance qui rend leur répression nécessaire si l'on veut éviter à la société un retour à la *vendetta*. En effet

---

1. Émile Durkheim, *la Division du travail social*, passim.

la fraude fait son apparition avec son cortège de faux, de banqueroutes, d'émissions de fausse monnaie, de parjures ; puis, la violence homicide, réprimée sous sa forme la plus brutale, prend des allures savantes ; le guet-apens remplace l'agression publique ; l'empoisonnement aide les projets de l'homicide. D'autre part, le prêt à intérêt, le mandat, le dépôt, la société, le gage, la vente à long terme, tous les contrats qui découlent de la division du travail entraînent des obligations à longue échéance dont il faut pouvoir faire la preuve en cas de faillite.

Or toutes les preuves judiciaires se ramènent à deux, comme l'a fait remarquer Bentham, la preuve personnelle ou déposition d'un témoin, et la preuve réelle ou tirée d'une chose. Quelle que puisse être l'importance de la seconde, elle ne rend jamais la première inutile. En matière criminelle, le témoignage est toujours la preuve fondamentale. Si le droit civil proprement dit le relègue au second plan et lui préfère l'écrit, en revanche le droit commercial (le vrai droit des obligations pour le sociologue) restitue au témoignage toute sa valeur.

C'est que le témoignage jaillit du fond même de la vie sociale. Le témoin, c'est l'œil même de la société sur les parties en litige. Considérons d'abord la cause criminelle. Le crime est flagrant s'il s'est passé sous le regard, non de la société tout entière, mais du magistrat ou d'un tel nombre de témoins que toute dénégation de l'accusé devient impossible. Le crime clandestin est celui dont un ou deux témoins connaissent quelques circonstances propres à renseigner sur l'identité de l'auteur. Or il n'y a là qu'une différence de degrés. Dans le second cas comme dans le premier, le témoignage est le facteur essentiel de l'état juridique. Il représente l'enquête spontanée de la société sur ce qui la menace ; il atteste la puissance de pacification, de restauration qu'elle porte en elle.

Est-ce une obligation qu'il y a lieu de prouver ? il en est de même. Le témoignage n'est autre chose que la conscience prise par la société d'une convention qui, pour ne porter en apparence que sur des intérêts privés, n'en est pas moins un moment de sa vie et touche par ses conséquences à son organisation tout entière.

C'est pourquoi la croyance au témoignage est spontanée. « On croit au témoignage humain, dit Bentham[1], par la même cause qu'on croit à l'existence de la matière, c'est-à-dire en vertu d'une expérience générale, confirmée par celle de chaque individu. Agissez d'après la présomption que le témoignage est toujours faux, vous serez arrêté dès le premier pas comme dans un pays perdu, dans un désert. Car le nombre des faits qui tombent sous la perception immédiate de chaque individu n'est qu'une goutte d'eau dans le vase,

---

[1]. *Traité des preuves judiciaires*, traduction Étienne Dumont, liv. I, ch. VII.

comparé à ceux dont on ne peut être informé que par le rapport d'autrui. »

II

Mais s'il en est ainsi, peut-on parler de preuves judiciaires? Peut-on trouver autre chose qu'une analogie accidentelle entre la logique judiciaire et la logique scientifique? N'est-ce pas s'abuser que de voir dans le développement de la première une conséquence du développement de la seconde? Le témoignage, avons-nous dit, est la principale des preuves judiciaires, et la croyance au témoignage, ou la foi, est spontanée. Elle est l'affirmation de la société sur elle-même. Qu'y a-t-il là de commun avec la preuve scientifique?

Allons plus loin. La preuve judiciaire est l'attestation d'un fait isolé, accidentel; la preuve scientifique est l'attestation d'une loi, d'un rapport universel ou présumé tel. Les tendances intellectuelles auxquelles toutes deux répondent ne sont-elles pas différentes et même opposées?

Ce sont sans doute ces considérations qui ont détourné la majorité des logiciens de l'étude de la logique judiciaire, en dépit de l'immense intérêt moral qui s'y attache. Cependant, s'il importe de savoir en vertu de quels principes un astronome prédit le retour d'une comète, est-il moins important de connaître le critère grâce auquel un jury croit pouvoir discerner un innocent d'un coupable?

Nous dira-t-on que la décision d'un jury est l'effet d'une conviction intime dont on ne saurait rendre raison, vu que le sentiment et même le préjugé y ont leur part? Mais l'éclaircissement de telles énigmes ne doit-il pas tenter les logiciens? Aujoutons que, croire arbitraire la décision du jury, c'est s'en tenir à l'apparence. Le verdict du jury est une décision populaire souveraine sur la valeur d'une enquête préalable. Or l'arrêt qui renvoie un accusé devant la juridiction criminelle ne s'appuie pas sur une conviction intime irraisonnée, mais sur un ensemble de preuves. Si le juré s'affranchit de la logique, le magistrat instructeur est lié par elle. Faut-il admettre que les lois de l'induction sont autres pour lui que pour le savant et que si l'examen s'impose à l'un, la croyance aveugle, irréfléchie suffit à l'autre?

Si nous considérons la procédure criminelle contemporaine, nous lui trouvons des bases scientifiques indéniables. Si elle part de la confiance spontanée au témoignage, elle refuse toute créance à celui qui contredit une loi naturelle établie scientifiquement; placée entre deux témoignages contradictoires, elle refuse la confiance à celui qui manifeste chez le témoin, soit l'altération du jugement et des sens, soit l'excès de l'imagination, soit la faiblesse de la mémoire. Sur ces points les analyses de Bentham sont définitives ; si la langue qu'il parle (ou que parle son éditeur génevois) a vieilli, sa logique est au fond celle qu'a développée Mill, et il a pressenti, presque en tout, les résultats de la psychologie expérimentale.

Une preuve est une réponse à un doute; c'est une perception ou une représentation assez forte pour [mettre fin à un conflit d'idées et de tendances. Le doute est une opération laborieuse ou, pour mieux dire, un état exceptionnel. Il ne se produit que si deux représentations se contredisent. Aussi est-ce un état que la volonté ne peut nullement faire naitre non plus d'ailleurs que l'empêcher de cesser, car le plus souvent la distraction, ou la fatigue, ou le sentiment, ou l'habitude suffit à y mettre fin quand il s'est produit. C'est pourquoi, dès qu'une croyance est enracinée, fortifiée par les habitudes d'esprit, elle rend celui qu'elle possède peu difficile en matière de preuves. Cependant quand la contradiction est irrémédiable, un esprit qui réunit ces deux conditions, l'aptitude à l'attention volontaire, l'aptitude à réfléchir, non seulement sur des sentiments mais sur des idées, ne peut sortir du doute que par la découverte d'une preuve. La preuve est alors simplement une perception propre à servir de réducteur à une des deux représentations en conflit.

Ceci nous permet de voir comment se pose logiquement le problème des preuves judiciaires. La logique judiciaire consiste dans les raisons de non-croyance qui peuvent être opposées au témoignage, de même que la logique inductive consiste dans les raisons de douter d'une induction spontanée.

Or la plus générale des raisons de non-croyance se tire des lois des phénomènes physiques ; la seconde, des lois des opérations mentales. La logique judiciaire est ainsi comme une ombre portée par la science sur la vie sociale.

L'auteur du *Traité des preuves judiciaires* a bien mis en relief la dépendance de l'autorité du témoignage à l'égard des lois qui régissent le fait matériel. Réfutant la théorie écossaise ou l'idée que l'autorité d'un témoin placé au-dessus du soupçon peut rendre croyable un fait improbable, il s'exprime ainsi : « Que le témoignage humain soit le plus souvent conforme à la vérité, c'est un principe que j'admets et qui est fondé sur l'expérience ; mais l'expérience m'apprend aussi qu'il y a beaucoup d'assertions téméraires et fausses. Quand j'examine tous les motifs qui peuvent influer sur les témoignages, je n'en voit pas un, de ceux que l'on estime bons comme de ceux que l'on estime mauvais, qui ne puisse porter des témoins à mentir. Aussi, dès qu'il s'agit de témoignages humains, il ne peut jamais exister une pleine et parfaite assurance qui ne puisse être entachée de fausseté. Ajoutez les cas où, exempt de mensonge, il est susceptible d'erreur, et vous verrez s'écrouler la doctrine des philosophes écossais, parce qu'elle suppose dans le témoignage humain un degré de certitude qu'il ne comporte pas. Cette certitude se trouve dans les faits physiques. Ils sont invariables dans le même ordre; ils ne se démentent jamais.... L'assertion de mille témoins ne rendrait pas le moins du monde probable à un homme d'un esprit sain qu'une masse de fer dans un cas quelconque se soit trouvée plus légère qu'une masse d'eau[1]. »

La notion des lois du monde physique introduit donc dans l'appréciation du témoignage le doute et avec lui la critique. Ce progrès se poursuit avec la connaissance du monde mental. Croire à un témoignage, c'est renouveler, reproduire en soi la croyance d'un autre. Cette reproduction est naturelle et spontanée d'ordinaire; mais elle devient plus malaisée chez celui qui sait quelle est la part de la passion et de l'habitude à la formation de la croyance. La croyance est l'effet de l'attention, et l'attention est ordinairement spontanée, soumise au sentiment et au besoin. Le témoin le plus sincère transforme donc plus ou moins le fait perçu. De plus, trois causes au moins peuvent empêcher sa déposition judiciaire d'être identique à la perception qu'il a eue du fait. La première est le défaut de la mémoire, défaut qui peut faire omettre des détails d'importance capitale; la seconde est l'excès de l'imagination qui transforme inconsciemment le contenu du récit; la troisième est l'imperfection de l'expression; elle peut aller jusqu'à faire entendre le contraire de l'intention du témoin. Ainsi, mieux sont connues les lois psychologiques comme les physiques, moins l'enquête judicaire est une adhésion aveugle et passive aux dépositions des témoins; plus elle prend l'aspect d'un examen, d'une critique : plus les choses, les indices, les expertises viennent contrôler les assertions des hommes. Il s'agit sans doute de déterminer les relations de deux faits contingents, l'empoisonnement de Z... et la volition de X..., mais on veut le faire méthodiquement, par une véritable opération inductive, en éliminant par voie expérimentale toutes les explications opposées. Si la certitude est bien plus faible ici que dans les recherches scientifiques, c'est que, vu la précipitation et la passion, les conditions requises par un véritable examen sont parfois négligées : ce n'est pas que la méthode soit au fond différente.

Jusqu'ici nous n'avons considéré que le procès criminel. Les règles de la preuve suivies dans les procès civils sont-elles différentes? La procédure civile proprement dite fait une faible place au témoignage et lui préfère l'écrit. La logique est-elle pour quelque chose dans cette défiance du juge civil pour le témoignage ? Si cette preuve mérite la confiance en matière criminelle, pourquoi s'en défie-t-on dans les matières civiles, dans les questions d'obligation dont l'importance est

---

1. *Traité des preuves judiciaires*, liv. VIII, ch. x.

moindre à coup sûr. Faut-il plus de probabilités pour condamner un homme à payer que pour le condamner à mourir?

Ce n'est pas en effet le souci de la logique qui a fait établir cette distinction. La procédure civile proprement dite est visiblement le vestige d'un temps où le procès civil et le procès criminel étaient encore faiblement distingués, où la vieille confusion de la peine et de la dette persistait encore. En présence d'une obligation conventionnelle, la société semble alors n'avoir que deux attitudes — ou refuser toute sanction, ou sanctionner le contrat en frappant le débiteur d'une peine criminelle s'il refuse de s'acquitter. Laissons de côté l'antique asservissement du débiteur insolvable au créancier : que de temps n'a-t-il pas fallu pour que la faillite fût distinguée de la banqueroute et la prison pour dette abolie? De là résultent deux tendances : l'une portait à garantir par une poursuite criminelle le créancier trop gravement lésé ; l'autre à protéger autant que possible le débiteur contre la dureté du créancier, partout à écarter les preuves litigieuses dès que la dette avait quelque importance. — En revanche, le droit commercial qui nous montre le procès civil réellement distinct du procès criminel, et dont le but est de veiller aux besoins sociaux en assurant le respect des conventions les plus nombreuses et les plus importantes, le droit commercial restitue au témoignage ses titres à la confiance du juge.

L'examen judiciaire, issu d'un fait social spontané, le témoignage, répond aux mêmes exigences que l'examen scientifique. Il naît lui aussi d'un doute créé par un conflit de représentations ; il y met fin par la même opération. Grâce à lui, la logique inductive régit la procédure, et la comparaison des preuves opposées remplace la guerre.

III

Entre l'impuissance de la société à substituer la procédure à la querelle violente et l'impuissance de l'esprit à peser les preuves judiciaires, le lien est étroit. Qu'est-ce que la guerre si nous la supposons distincte du crime ? un conflit de prétentions qui ne peut être apaisé juridiquement. Peu importe qu'elle sévisse entre deux familles, deux clans, deux villages, deux cités, deux nations : elle ne change pas de nature. Il y a guerre là où aucune sentence arbitrale n'est possible. Or, est-il si difficile de voir en quel cas la guerre sera inévitablement et universellement préférée à la procédure ?

Le procès n'est possible que si le juge ou l'arbitre est apte à contrôler les assertions de la partie plaignante. Supposons-le placé dans l'alternative, ou de croire le demandeur sur sa déclaration ou de refuser d'examiner la cause. N'est-il pas inévitable que dans les deux cas les adversaires préfèrent la guerre privée, si l'impuissance de l'autorité leur laisse cette issue? Or l'examen des preuves requiert du juge un développement intellectuel qui, dans certaines conditions sociales, peut être exceptionnel.

Ceci nous explique les particularités les plus remarquables du développement de l'état juridique et les principaux incidents qui ont accompagné la substitution de la discussion à la guerre.

C'est d'abord le rigide formalisme du droit antique, notamment en matière de contrats. Une convention n'a pas d'autre preuve alors que la forme solennelle qui l'a enveloppée. Dès lors cette forme ne saurait jamais être trop solennelle, trop compliquée, trop minutieuse. Les témoins ne sauraient jamais être trop nombreux. S'il était possible, il faudrait que toute la communauté pût être appelée en témoignage pour certifier que telles paroles ont été prononcées par chacun des contractants. Il s'agit en effet d'un véritable traité qui doit à l'avance prévenir une querelle ; on n'en saurait dresser l'instrument avec trop de cérémonies.

C'est ensuite l'institution des co-jureurs si usitée dans le droit germanique. Si pour éviter la guerre, il faut que les parties soient crues sur parole par l'arbitre, leur véracité a une importance capitale. Par suite, il importe que des hommes véridiques viennent en grand nombre jurer que le plaideur est homme de bonne foi. Cette procédure est inintelligible dans nos idées, et des plus naturelles là où l'examen des preuves est impossible.

C'est encore le singulier rôle imposé souvent par la coutume à l'arbitre : celui de témoin d'un combat. On sait que tel est le sens précis des mots βραβεύς et βραβεῖον. Si la guerre est inévitable, que tout au moins les conditions de la bataille soient égales! A cela se réduira le rôle de la justice et de la société impartiale. Tel, le rôle du roi, dans ces duels judiciaires que nous peignent les poètes dramatiques les plus fidèles à l'esprit du moyen âge, les Shakespeare[1] et les Calderon[2].

Mais la procédure la plus remarquable que nous présente le droit très ancien est à coup sûr l'ordalie. Commune à tous les peuples, comme le duel judiciaire et la composition, c'est sous la forme prise par elle chez les Germains qu'elle nous est surtout connue. Cependant si nous savons assez exactement comment les sociétés germaniques pratiquaient l'ordalie, il est un monument qui nous aide mieux encore à nous représenter le travail d'esprit qui peut conduire les intelligences à une procédure aussi singulière. Nous voulons parler du Code de Manou. On sait que les lois dites de Manou n'ont jamais formé un code sanctionné par une autorité souveraine. C'est

---

[1]. *Richard II.*
[2]. *El postrer duelo de España*, Jornada III.

plutôt une des nombreuses manifestations de l'idéal social et juridique conçu par la caste brahmanique [1]. Mais, pour l'histoire des idées, peu nous importe. Or, au livre VIII de ce code, nous voyons clairement l'épreuve judiciaire naître de l'indécision du juge en présence des lacunes des témoignages. L'écrivain hindou pose d'abord la règle de la preuve presque en la même forme que nos codes : « Lorsqu'un créancier vient porter plainte devant le roi pour le recouvrement d'une somme prêtée que retient le débiteur, qu'il fasse payer le débiteur après que le créancier a fourni la preuve de la dette [2] ». — « Sur la dénégation d'un débiteur sommé devant le tribunal de s'acquitter, que le débiteur appelle en témoignage une personne présente au moment du prêt ou produise une autre preuve comme un billet [3]. » — Les préjugés relatifs aux castes décident en principe de la valeur des témoignages. Cependant, « s'il s'agit d'un événement arrivé dans les appartements intérieurs, dans une forêt ou dans un meurtre, celui, quel qu'il soit, qui a vu le fait, doit porter témoignage entre les deux parties. — Dans de telles circonstances, au défaut de témoins convenables, on peut recevoir la déposition d'une femme, d'un enfant, d'un vieillard, d'un élève, d'un parent ou d'un domestique [4]. »

Ainsi, tant que le témoignage est concluant, la procédure suit un cours logique ; elle se jette dans le surnaturel et le merveilleux au moment où le témoignage fait défaut. « Dans les affaires pour lesquelles il n'y a pas de témoins, le juge, ne pouvant reconnaître parfaitement entre deux parties contestantes de quel côté est la vérité, peut en acquérir la connaissance par le moyen du serment [5]. » — « Ou bien, suivant la gravité du cas, qu'il fasse prendre du feu avec la main à celui qu'il veut éprouver, ou qu'il ordonne de le plonger dans l'eau ou lui fasse toucher séparément la tête de chacun de ses enfants et de sa femme. Celui que la flamme ne brûle pas, que l'eau ne fait pas surnager, auquel il ne survient pas de malheur promptement, doit être reconnu comme véridique dans son serment [6]. »

Ici l'ordalie est l'épreuve de la sincérité d'un serment ; mais il est des cas où elle sert à éprouver la valeur d'une simple disposition. Nous lisons en effet cette curieuse disposition : « Le témoin auquel dans l'intervalle de sept jours après la disposition, il survient une

---

1. Sumner Maine, *Early Laws and Customs* (passim).
2. *Lois de Manou*, traduction Loiseleur-Deslongchamps. liv. VIII, 47.
3. *Ibid.*, 52.
4. *Ibid.*, livre VIII, 69, 70.
5. *Ibid.*, 109.
6. *Ibid.*, 114, 115.

maladie, un accident par le feu, ou la mort d'un parent, doit être condamné à payer la dette et une amende [1]. »

L'ordalie n'est donc pas une preuve judiciaire, au sens où nous entendons ce mot. C'est le moyen de mettre fin à un procès en l'absence de preuves. L'accusateur qui, ne l'oublions pas, est un particulier, poursuivant en son nom propre ou au nom d'une famille, l'accusateur affirme; l'accusé nie. Le juge recevra-t-il la plainte du premier? Oui, s'il croit voir la faveur divine étendue sur lui. Les deux parties seront donc appelées à subir une épreuve. Toutes deux devront manier un fer rouge ou plonger la main dans une eau bouillante. Le plaideur dont la main restera intacte gagnera sa cause; si l'accusateur succombe, il subira la peine qu'il réclamait pour l'accusé.

Si cette épreuve n'était imposée qu'à l'accusé, une procédure aussi monstrueuse défierait toute explication. Mais il est visible qu'elle est dirigée contre l'accusateur. Nulle accusation ne sera crue sur la parole de l'accusateur si elle n'est appuyée d'un miracle. Le résultat est évidemment de faire redouter la solution judiciaire et de lui faire préférer la vengeance, ou tout au moins le duel, lorsqu'entre les deux procédures l'option est permise.

Néanmoins l'ordalie resterait peu intelligible si on ne pouvait la rapprocher d'une autre manifestation intellectuelle beaucoup plus générale et, malgré ses obscurités, beaucoup mieux connue. Nous voulons parler de la divination.

L'ordalie et la divination ont un trait commun. Toutes deux reposent sur la croyance à une révélation permanente de Dieu à l'homme; toutes deux supposent que l'homme peut interroger Dieu et l'amener à répondre. L'homme des cités antiques qui consulte l'oracle ou l'haruspice pour connaître τὰ ἄδηλα, l'issue inconnue d'un acte qu'il veut entreprendre, vit dans le même ordre d'idées que le Germain du moyen âge qui pense découvrir le jugement direct de la divinité dans les effets de l'eau bouillante ou du fer rouge. Ni l'un ni l'autre n'hésitent à penser que Dieu est une intelligence personnelle, voisine de l'homme, capable d'être intéressée aux affaires particulières de chacun. La différence est que la divination antique consulte la divinité sur des objets futiles, l'issue d'un voyage, d'une candidature, tandis que la divination judiciaire du moyen âge recourt à elle pour un objet plus élevé, mieux en harmonie avec ses attributs moraux; elle la consulte sur la justice ou l'injustice d'une accusation criminelle.

A cette analogie en répond une autre qui en est en quelque sorte la contre-partie. L'ordalie et la divination excluent l'idée d'un cours naturel de l'univers, l'idée de la moindre action. La divination sup-

---

[1]. *Lois de Manou*, traduction Loiseleur-Deslongchamps, liv. VIII, 108.

pose que la divinité peut révéler des contingences futures par des manifestations particulières; l'ordalie suppose qu'une décision divine pourra empêcher une même cause donnée, l'eau bouillante ou le fer rouge, de produire en des cas identiques, sur la main de l'accusateur et sur la main de l'accusé, les mêmes effets.

Peut-être jugera-t-on que nous exagérons les ressemblances et que nous méconnaissons des différences profondes. En effet, l'homme de l'antiquité croit à des dieux enchaînés par le destin; ce qu'il leur demande, c'est la révélation de l'avenir. Le Germain chrétien du moyen âge croit à un Dieu libre; ce qu'il lui demande, c'est de révéler un événement passé resté caché. Cette différence est incontestable. Encore ne faut-il pas en exagérer, l'esprit ou les conséquences. Le dieu antique peut au moins retarder le destin :

> Non dabitur regnis, esto, prohibere latinis
> Atque immota manet fatis Lavinia conjux
> At trahere atque moras tantis licet addere rebus.

La divination antique ne consiste donc pas seulement à demander à un dieu de faire connaître les destins qui l'enchaînent, mais encore ses intentions propres. Quant à l'ordalie, rappelons qu'elle exista ailleurs que chez les Germains. Les Germains odinistes la pratiquaient comme les Germains chrétiens. C'est des premiers que les seconds l'avaient reçue. De leur côté, les Israélites aussi croyaient à un Dieu libre. Cependant ils pratiquaient l'ordalie. Chez eux l'accusé se justifiait en buvant l'eau amère [1].

D'ailleurs, le fait futur sur lequel la divination consulte le dieu antique et le fait caché sur lequel est consulté le Dieu des ordalies, se ressemblent en ce que tous deux sont jugés impénétrables à l'investigation de la raison humaine. Allons plus loin : ce que l'ordalie, comme la divination, demande à la divinité, c'est de faire connaître ses propres caprices. La majorité des historiens nous disent que l'ordalie reposait sur une croyance morale, sur la conviction que Dieu ne peut abandonner l'innocence dans une épreuve solennelle. C'est là une explication rétrospective qui attribue nos idées morales sur la responsabilité et la justice à des sociétés qui semblent y avoir été assez étrangères. L'ordalie n'est-elle pas contemporaine du temps où Grégoire de Tours faisait suivre le récit des fratricides de Clovis de cette phrase mémorable : « C'est ainsi que tout lui réussissait parce qu'il marchait les mains pures dans les voies du Seigneur »? En réalité l'idée sur laquelle repose l'ordalie est que l'homme ne doit pas tirer vengeance de celui à qui Dieu a donné une marque visible de sa faveur. Ce que l'ordalie demande à la divinité, ce n'est pas de

---

1. *Nombres*, ch. v.

rendre un jugement impartial, c'est de faire connaître la partie qu'elle favorise.

Si l'ordalie n'est qu'un mode particulier de la divination, il nous est plus aisé d'en comprendre les rapports avec l'idée de preuve. Grâce aux admirables travaux de M. Bouché-Leclerc, la divination est un sujet bien connu. D'ailleurs, pour en comprendre la nature, il ne nous est pas nécessaire de descendre dans les détails de son organisation, comme doit le faire l'érudition historique. L'histoire de la philosophie grecque nous suffit[1]. La lutte contre la divination lui donne sa physionomie propre, si distincte de la philosophie moderne. La préoccupation de la divination s'y imprime à chaque page. Or la philosophie grecque est la première grande manifestation des exigences logiques, du besoin de preuves et de vérité démontrée.

C'est donc le souci de la preuve qui a détruit la confiance de l'esprit humain en la divination et accompli la plus mémorable des révolutions intellectuelles. Partant si l'ordalie n'est que la divination appliquée à la procédure, la conclusion est aisée à tirer : c'est que la procédure ne pouvait être fondée que par le développement

---

[1]. On a dit que la philosophie grecque repose tout entière sur le postulat d'une harmonie entre les lois de la pensée et celles de la réalité. Ceci est vrai en général. Cependant nous constatons, en suivant le développement de la philosophie grecque, un effort visible pour démontrer ce postulat. Plus un système est gros de conséquences futures, plus il cherche à démontrer l'harmonie de la pensée et de son objet. Tel est, par exemple, au plus haut degré, le caractère de l'aristotélisme.

Or, plus un système grec a affirmé sans critique l'harmonie de la pensée et de la nature, plus nous le voyons favorable à la divination. Tel est le cas du stoïcisme, de cette théologie poétique que l'antiquité admira en proportion même de sa faiblesse. Les *Astronomiques* de Manilius nous montrent le stoïcisme préconisant l'astrologie. Si certains stoïciens repoussaient les oracles, d'autres recommandaient les formes les plus basses de la divination. La raison en doit être cherchée précisément dans la plus élevée de leurs conceptions, celle du lien de toutes les parties de l'univers.

Le platonisme rejette la divination inductive, celle qui se tire des présages et des phénomènes extérieurs, mais il admet la divination intuitive. la valeur des pressentiments de l'âme, le prophétisme en un mot : conséquence de sa théorie de la connaissance, car si le monde sensible n'est que l'image imparfaite de l'ordre divin, en revanche l'âme est capable de saisir le réel et le divin par intuition.

Cependant, de tous les philosophes grecs qui ont admis la divination, Socrate est celui qui montre le mieux le rapport qui unit cette croyance à l'impossibilité de trouver des preuves. Deux domaines sont offerts à l'esprit : dans l'un, on peut prouver la vérité par le calcul, la mesure, la pesée ; dans l'autre, les conséquences échappent à toute prévision certaine. Il serait ridicule de consulter les dieux sur le premier, déraisonnable de ne pas les consulter sur le second. Socrate croit à la divination en raison même de son impuissance à concevoir une induction vérifiée, une physique expérimentale.

des conceptions qui servent de base à la science et des exigences logiques dont les méthodes scientifiques sont les manifestations les plus hautes.

L'état d'esprit qui rend possible une conception des choses telle que celle qui sert d'appui à l'ordalie favorise la persistance de l'état de guerre et retarde la substitution de la discussion à la violence. Au moyen âge, nous disent les historiens, on n'accepte pas l'épreuve toutes les fois que l'on peut recourir au duel. « Ceux qui s'y soumettaient, c'étaient ordinairement les femmes, les pauvres, les serfs... Les guerriers dédaignaient les épreuves. Ils voulaient que l'on crût ou leur parole, ou leur épée. Ils juraient par leurs armes et s'en servaient pour se faire croire [1]. »

IV

L'état de droit n'est donc fondé que le jour où la procédure civile et criminelle se subordonne aux règles logiques de la preuve : il a donc pour antécédent et pour condition un développement intellectuel déterminé. L'humanité juridique est l'humanité adulte; une différence analogue à celle qui distingue l'homme fait de l'enfant la sépare des premières sociétés historiques.

Cette différence est celle de la croyance réfléchie et de la croyance spontanée. Là où le doute est un état fugitif et exceptionnel, exigeant des intelligences un effort considérable et une souffrance proportionnelle à l'effort, le véritable examen judiciaire est impossible. La psychologie du doute est encore bien obscure; nous savons cependant que le doute n'est pas une attitude que l'intelligence prenne facilement. L'enfant ne doute pas; l'illettré doute peu. Les logiciens à tendance métaphysique peuvent voir dans le doute un fruit de la liberté d'indifférence; ils peuvent donner les préceptes les plus beaux sur l'usage qu'il convient d'en faire; mais la rapidité avec laquelle eux-mêmes reviennent du doute, le plus radical en apparence, aux habitudes d'esprit de leur enfance, prouve assez qu'ils s'imaginaient seulement douter, et que, même chez eux, c'est la croyance affirmative ou négative qui est facile et spontanée. Le doute est un fruit de la maturité de l'humanité; il est peut-être sa meilleure récompense; il est sûrement la mesure de son élévation intellectuelle.

Dans le développement de l'humanité la croyance réfléchie, fruit du doute, est à la croyance spontanée, ce que dans le développement individuel l'attention volontaire est à l'attention spontanée. L'adulte

---

1. Michelet, *Origines du droit français*, ch. LI, LIII.

est, psychologiquement, d'autant plus distinct de l'enfant que l'attention volontaire est chez lui plus développée. Cette correspondance entre le développement historique et le développement individuel n'a rien de factice. La plus haute forme de l'attention volontaire est la réflexion et la forme la plus parfaite de la réflexion, celle qui s'exerce non sur des sentiments ou des images, mais sur des idées abstraites. Ces formes mentales sont celles que la régression atteint les premières. Leur absence chez l'adulte caractérise, soit l'idiotie, soit l'imbécillité : l'idiot ne peut réfléchir ; la réflexion de l'imbécile ne peut se porter que sur des sentiments ou des images[1]. Or la croyance réfléchie ne saurait se distinguer de la croyance spontanée là où la réflexion ne peut s'exercer sur des idées abstraites. Le passage de l'attention spontanée à l'attention volontaire est le premier pas vers le doute et l'examen ; mais sur cette route, beaucoup s'arrêtent à mi-chemin. La réflexion sur les idées abstraites est une attitude pénible ; elle implique un effort au fond peu commun ; elle peut être fort rare en fait là où elle est déjà possible.

La correspondance entre les âges de l'individu et les phases historiques est d'autant moins conjecturale que l'on peut apercevoir l'identité du changement dans les deux cas. De même que le passage de l'attention spontanée à la croyance volontaire, le passage de la croyance immédiate à la croyance réfléchie se ramène à une décroissance de l'apathie intellectuelle. La faiblesse d'esprit qui caractérise l'idiot et l'imbécile consiste dans la prédominance, plus ou moins absolue, des besoins et des sentiments sur les idées. Chez l'enfant normal, il existe bien un état semblable, mais la mécanique des images tend à y remédier. Cependant, tant que l'idée abstraite et le raisonnement abstrait n'ont pas apparu, toute combinaison d'images est *crue*, du moment qu'elle occupe le champ de la conscience. C'est avec l'image générique, l'idée abstraite et le raisonnement abstrait qu'apparaissent des réducteurs assez forts pour expulser du champ de la conscience les combinaisons d'images fantastiques. Or tout ce que nous enseigne l'histoire des croyances nous montre en cet ordre une analogie entre le passé de l'humanité et l'enfance de l'individu. Plus loin on remonte dans le passé, plus on voit l'hallucination reçue comme l'expression du phénomène réel, non seulement par celui qui l'éprouve, mais par ceux à qui elle est racontée. La notion contraire d'un ordre général invariable ne prévaut que lentement à mesure que l'on se rapproche de l'ère présente. Un tel changement historique implique sans nul doute des modifications psychologiques. Il fallait des esprits scientifiques, c'est-à-dire à la fois douteurs et généralisateurs, non seulement pour former les sciences, mais encore pour les accueillir. Il fallait donc que l'apathie mentale eût décru.

---

1. Paul Sollier, *Psychol. de l'idiot et de l'imbécile*, p. 79. (Paris, F. Alcan.)

Aujourd'hui l'observateur est surpris des différences du niveau intellectuel chez les races humaines. Laissons de côté le sauvage proprement dit, figurant de comédie, utilité théâtrale, à laquelle le théoricien impose le rôle qui répond le mieux au besoin du système, féroce sans limite pour un Lombroso, altruiste sans mesure pour un Lévis-Morgan et un Engels [1]. Considérons cependant le demi-civilisé des États de l'Afrique sus-équatoriale, le nègre de la Guinée, de la Sénégambie et du Soudan. Aux yeux des différents observateurs, la paresse d'esprit est sa note distinctive. « L'infériorité intellectuelle du nègre en comparaison de l'Européen se traduit avant tout par une grande incapacité d'attention soutenue. Le nègre réfléchit difficilement et, comme l'a fort bien fait remarquer Bérenger-Féraud, il manque essentiellement d'esprit de comparaison [2]. » Selon A. de Quatrefages, le nègre adulte est un être « dont l'intelligence est restée par une sorte d'arrêt de développement au point où nous l'observons chez les adolescents de race blanche. Le nègre conserve toute sa vie la légèreté, la versatilité et l'étourderie de l'enfant [3]. » — « Sa paresse est proverbiale, mais à vrai dire son apathie procède plus encore d'une paresse d'esprit que d'une paresse du corps ainsi que l'a fait remarquer Raffenet [4]. » — « L'abstraction est absolument en dehors de ses facultés de compréhension : point de mots abstraits dans son langage ; seules, les choses tangibles ont le don de le saisir. Quant à généraliser, quant à tirer de l'ensemble des phénomènes un système quelconque, il ne faut pas le lui demander. Traduire autrement que par des à-peu-près les mots que nous employons pour exprimer les idées de croyance, d'espérance, de vertu, de conviction, lui est absolument impossible ». — « Il semble, dit Sanderval, que les noirs n'aient pas de vie dans le cerveau. Ainsi je ne puis pas dire au prince : « Tu es plus mal logé que mes poules. » Il faut pour être compris que je dise : J'ai des poules ; j'ai une maison pour mes poules. La maison de mes poules est meilleure que la tienne [5]. »

Les mêmes observateurs, qui nous peignent cette apathie mentale des peuplades nègres, nous les montrent recourant à la divination comme les anciens Grecs et pratiquant l'ordalie comme les anciens Germains. Sur ce point, les ethnographes les plus différents, parlant des populations les plus diverses, se trouvent d'accord. Ce qu'observent les voyageurs contemporains, ceux du XVIIe siècle le constataient déjà. « Lorsqu'on veut, dit Loyer, savoir la vérité de

---

1. Je n'écrirais plus ces lignes aujourd'hui.
2. Hovelacque, *Les nègres de l'Afrique sus-équatoriale*, p. 425, 426.
3. *Bulletins de la Société d'anthropologie*, 1860, p. 428.
4. Hovelacque, *Les nègres de l'Afrique sus-équatoriale*, p. 425.
5. *Ibid.*, p. 456.

quelque chose d'un nègre, il n'y a qu'à faire semblant de brouiller quelque chose dans l'eau et lui dire de boire et de manger ce fétiche en signe de la vérité. Si la chose est véritable, il mangera et boira hardiment; si elle ne l'est pas, quand il irait de tout son bien, il n'en goûterait pas, parce qu'il croirait mourir sur l'heure s'il le faisait à faux [1]. » — Mollien rapporte que pour savoir si un accusé a dit vrai, on lui applique sur la langue un fer rougi au feu; supporte-t-il l'épreuve sans sourciller : c'est évidemment qu'il est innocent. Parfois il faut avaler un breuvage empoisonné. Une fois pris, peut-on le vomir : c'est encore un signe d'innocence [2]. — Dans la région de la Casamance, le poison d'épreuve, dit Marche, s'appelle *tali*. On le boit en grande cérémonie; les patients boivent jusqu'à ce qu'ils tombent morts ou jusqu'à ce qu'ils rendent ce qui a été absorbé. En ce dernier cas, leur innocence est proclamée. « Un noir accuse son voisin d'avoir jeté un sort sur lui ou sur ses troupeaux en allant la nuit placer sur la porte de celui-ci trois épis de mil. L'homme ainsi dénoncé est obligé d'aller le lendemain se faire inscrire pour le prochain tali. S'il n'y va pas, le jour du départ pour la cérémonie, le roi le met à mort et confisque ses biens et sa famille en faveur de celui qui a accusé. Sur environ deux cents infortunés qui vont chaque année boire le tali, bien peu en échappent. On me dit cinq à six seulement [3]. » — L'ordalie est ici inséparable de la divination. « On consulte les fétiches sur l'issue des entreprises. Dans les sacrifices d'animaux, on reconnaît à certains signes ce que réserve l'avenir... L'augure se retire, dit Bosman, soit du jet de morceaux de cuir, soit en jetant à pair ou non des fruits sauvages. Sur les bords du Rio Nuñez, le père qui va marier sa fille prend un kola blanc et un kola rouge, le coupe par le milieu et jette en l'air la moitié de chacun pour obtenir un augure favorable [4]. »

Quand nous voyons le nègre n'employer d'autre procédure criminelle que l'ordalie et ne pas dépasser le point de vue de la divination, nous sommes conduits à penser que dans notre passé social l'absence de l'examen judiciaire n'avait pas d'autre cause qu'une apathie intellectuelle, différente de celle du nègre seulement en ce qu'elle n'était pas invincible.

Quelle cause a pu triompher de cette apathie? Je n'en vois pas d'autre que l'expérience sociale. A mesure que celle-ci s'accumule, les contradictions qui y sont inhérentes se développent et sollicitent l'activité logique. De là la naissance de la critique. Accumuler les expériences, puis les soumettre à une critique de plus en plus exi-

1. Loyer, *Relation du voyage au Cap Vert*, p. 162. Paris, 1637.
2. Mollien, *Voyage dans l'intérieur de l'Afrique*, 21. Paris, 1822.
3. Marche, cité par Hovelacque, *op. cit.*, p. 397.
4. Hovelacque, *ibid*.

geante et en faire ainsi disparaître les conditions, telle paraît bien être la formule du progrès intellectuel. Rien de plus faux que de croire que l'expérience sociale, en se développant, prenne des formes dogmatiques arrêtées ; le dogmatisme rigide n'est compatible qu'avec une expérience très simple, un trésor d'idées assez pauvre. L'Orient comparé à l'Occident et l'Afrique centrale comparée à l'Orient sont instructives à cet égard; l'absence de critique coïncide avec une expérience stationnaire.

Par suite, l'apathie mentale doit diminuer et l'aptitude à l'examen croître à mesure que l'expérience acquise est plus aisément transmissible. L'écriture et ses perfectionnements successifs ont marqué à cet égard la phase décisive. Loin de fortifier l'autorité de la tradition impérative, ils l'ont toujours plus ébranlée. Le rapport entre l'écriture alphabétique et le développement de la critique en Grèce, comme entre l'imprimerie et l'essor de l'esprit critique dans les temps modernes, est devenu un lieu commun de l'histoire. Il est étrange que le préjugé contraire ait prévalu dans la théorie du droit. Aux yeux des partisans du droit naturel, les lois écrites semblent n'être que des instruments de la tyrannie sociale. Que de déclamations n'a pas inspirées le vers d'Antigone sur les lois non écrites ! L'invention de l'écriture aurait-elle été si mortelle au droit? Pour s'en rendre compte, il suffit de comparer les lois non écrites de l'Afrique noire aux nôtres ou même aux lois romaines. Ce qu'invoque l'héroïne du théâtre grec, ce n'est pas l'autorité de la conscience morale mais celle d'une coutume religieuse inflexible. En réalité, une société qui écrit ses lois augmente dans une mesure presque indéfinie les garanties individuelles, car elle pose une condition nécessaire de la discussion judiciaire.

Le développement de l'activité mentale moyenne conduit à l'esprit d'examen, à la critique, à la discussion dont le débat judiciaire est d'abord le domaine propre. Réciproquement l'examen judiciaire devient un stimulant puissant de l'activité mentale.

Rien n'est plus propre que la discussion judiciaire conduite au grand jour à développer non seulement l'éducation morale d'une société, mais encore son éducation intellectuelle. Elle a sur la discussion politique, elle a même sur la discussion scientifique une supériorité incontestable. Peu d'intelligences sont vraiment aptes à comprendre la position d'un problème politique et, les mathématiques exceptées, d'un problème scientifique. Il n'est guère au contraire d'esprit si lourd qu'il ne puisse suivre un débat judiciaire. Si la France a fait depuis la Révolution d'incontestables progrès dans l'aptitude à donner la discussion pour base aux institutions politiques, c'est à la pratique ininterrompue des débats judiciaires publics, plus qu'à toute autre cause qu'il faut sans doute l'attribuer. Est-il besoin de faire observer que l'éducation scientifique comme l'éducation politique profite des habitudes d'esprit créés par l'usage de la discussion judiciaire méthodique?

La discussion judiciaire, notamment l'examen des preuves d'un crime ou d'une dette, fut le principal agent qui affranchit les intelligences individuelles de l'obéissance passive aux préjugés sociaux ; c'est elle qui les a soustraites à la pression des erreurs collectives. Elle a eu ce succès précisément parce qu'elle porte sur des faits. Peu d'intelligences sont aptes à discuter des principes. Les mathématiques sont peut-être l'unique domaine où une intelligence vulgaire puisse appuyer un jugement général sur une démonstration et soustraire sa croyance au besoin d'une autorité. Ailleurs, c'est sur le fait concret exclusivement que peut s'exercer la sagacité du jugement. Or le jugement collectif tend en général à ôter à l'intelligence individuelle jusqu'au contrôle des faits les plus simples. Mais la nécessité d'instruire les procès fait prendre aux esprits l'habitude de résister à l'entraînement et au parti pris. La pensée personnelle cesse ainsi d'être, en un domaine restreint, ce qu'elle est naturellement en beaucoup d'autres, une pure écholalie. Sans doute bien souvent, notamment dans les époques de troubles, magistrats et jurés peuvent se laisser reprendre par l'habitude de laisser la foule, l'opinion, juger par leurs yeux et entendre par leurs oreilles [1]. Néanmoins, telle n'est pas la règle. La discussion judiciaire instruit l'individu à résister à l'impulsion d'une croyance aveugle. A la contagion d'une opinion dominante, elle oppose un arrêt. Devant cette digue, l'inondation vient souvent s'arrêter. C'est là que le credo de la passion populaire rencontre l'évidence contraire qui lui inflige un démenti.

V

La science politique ne peut-elle tirer une conséquence pratique importante de ce qui précède? Si en général la discussion est le caractère propre au type de société auquel nous appartenons et si ce type politique s'est développé avec l'activité des intelligences, nous possédons une mesure de la vérité d'une doctrine politique ou sociale : c'est l'appréciation qu'elle fait de la discussion judiciaire, politique ou scientifique. L'exclut-elle? elle est radicalement fausse. L'admet-elle sous une forme en la repoussant sous une autre? elle est en désaccord avec elle-même. Si donc il est une doctrine qui se borne à mettre au-dessus de toute atteinte le principe de la discussion, en laissant pour le reste la vie sociale suivre son cours naturel, cette doctrine est plus que toute autre apte à se dire justifiée par l'expérience. Or tels sont les signes du libéralisme.

1. Nous rappelons que ces lignes étaient publiées en novembre 1894 ; elles étaient écrites avant l' « Affaire ».

Le libéralisme voit dans la discussion l'indice même de la vie de l'État. Un État est d'autant plus vivant que son organisation est plus compatible avec une activité générale des esprits, activité qui a pour aiguillon le besoin de preuves. Il en résulte que la philosophie du libéralisme repousse l'antithèse que l'on a si souvent cherché à établir entre le caractère organique des institutions et leur subordination à la réflexion. L'antagonisme de la vie sociale et de la réflexion a été élevé par la sociologie allemande à la hauteur d'un axiome. Cette thèse ne repose cependant sur aucun fondement. L'État est d'autant plus *organique* qu'il est plus *juridique*, d'autant plus juridique que la discussion s'y substitue plus complètement à la guerre.

Sans doute, le rôle de la discussion n'est pas de créer une organisation sociale artificielle et de faire prévaloir en politique un idéal subjectif toujours plus ou moins tyrannique. Par sa propre existence elle exclut la possibilité d'une telle organisation sociale. Son rôle est néanmoins de mettre la réflexion dans tous les actes de la vie de l'État, notamment dans le jugement des procès, dans l'établissement des charges publiques, dans les résolutions qui préludent aux entreprises collectives et dans la transmission des connaissances. Grâce à elle, la biologie sociale fait place à la psychologie sociale. Ce ne sont plus, comme dans les sociétés animales, les conditions de la nutrition de l'individu et de la reproduction de l'espèce qui dominent la politique. Ces influences doivent partager l'empire avec les exigences logiques de l'entendement.

On essaie parfois de rejeter sur le libéralisme le discrédit dont souffre l'individualisme. Il y a évidemment là une méprise. L'individualisme est une théorie métaphysique excluant *a priori* de la vie sociale tout ce qui ne peut s'expliquer par des volitions individuelles. Il fait donc violence aux faits, car il traite la solidarité nationale, domestique, religieuse, comme un accident négligeable, accident qu'une liquidation sociale, suivie d'une reconstruction appropriée, pourrait et devrait faire disparaître. Le libéralisme au contraire est de toutes les doctrines la seule qui soit vraiment respectueuse des faits sociaux puisqu'il s'interdit avant tout l'usage de la contrainte, soit pour transformer l'état social, soit pour en arrêter les transformations spontanées. Il s'abstient donc de prendre pour mesure du droit d'un état social à l'existence sa conformité plus ou moins complète à un idéal subjectif conçu *a priori*.

Cependant le libéralisme passe à bon droit pour ne pas être étranger à tout idéal; mais celui qu'il préconise n'est rien que l'ensemble des garanties de la discussion. S'il réclame d'abord celles de la discussion judiciaire, la sécurité du juge à l'égard du pouvoir et la sécurité des parties et des accusés à l'égard des juges, s'il exige ensuite les garanties de la discussion politique, scientifique, et religieuse, il peut légitimement montrer qu'un tel idéal n'est pas sans proportion avec l'expérience. L'idéal libéral énonce seulement la structure normale de l'État, telle que la moyenne de l'humanité civilisée l'a constituée par une action séculaire, et en se bornant à donner une existence objective à ses besoins intellectuels.

Peut-être le libéralisme a-t-il au fond un idéal moral encore supérieur et repose-t-il sur la distinction de la morale et du droit. Plus l'État libéral se réalise, plus il tend à manifester un double caractère : le premier est de ne jamais se contenter pour les obligations juridiques de sanctions purement morales ; le second est de ne jamais étendre les sanctions légales aux obligations proprement morales, notamment au respect que la personne doit à sa dignité.

Mais s'il en est ainsi, nous apercevons une fois de plus le lien profond qui unit le libéralisme au développement de la logique judiciaire. Le métaphysicien qui cherche les frontières de la morale et du droit éprouve la plus grande difficulté à les découvrir. C'est pourquoi il tend à absorber le droit dans la morale au risque d'en méconnaître le caractère coercitif. Au contraire le théologien est plutôt porté à absorber la morale dans le droit, sauf à subordonner le glaive de l'État à l'autorité spirituelle. Il ne semble pas que les juristes aient connu ces difficultés. C'est que pour eux la faute à punir, l'obligation à sanctionner est juridique ou non selon qu'elle est ou non susceptible d'une preuve déterminée.

Ce principe n'est-il pas propre à éclairer la marche du droit pénal dans les temps modernes ? Un droit plus ancien punissait avec une rigueur extrême certaines fautes contre les mœurs. Comment expliquer par des considérations purement morales le passage de la répression inexorable à la complète impunité ? Si nous faisons intervenir les conditions de la preuve, tout devient clair. Une faute échappe à la sanction pénale dans la mesure même où sa nature la dérobe ordinairement à la preuve. Pour faire disparaître certaines formes de l'incrimination, il a suffi que l'examen judiciaire devînt plus soucieux de la certitude.

La spécification de la morale et du droit ne confirme nullement la thèse ordinaire de la morale autonome. Elle n'autorise point à conclure qu'une branche quelconque de la morale puisse se passer de l'autorité sociale. En fait, quand nous déchargeons le magistrat de la censure des mœurs, nous sous-entendons que l'éducateur en sera chargé, et le sous-entendu est parfois un peu trop implicite. Il se peut que l'idéal moral puisse parler à quelques consciences sans avoir besoin d'intermédiaires, mais, pour la foule des hommes, la moralité est et sera toujours l'ensemble des principes inculqués par l'éducation. Jamais il ne sera possible de savoir si la règle morale pourrait prendre au regard de la conscience un caractère obligatoire au cas où elle n'aurait pas été présentée dès l'enfance comme un commandement catégorique par une autorité respectée. Néanmoins, quand bien même la distinction faite par le libéralisme entre la morale et le droit n'aurait pas d'autre sens que de spécifier le rôle de l'éducateur et celui du magistrat, elle serait capitale et suffirait à distinguer la société libérale des sociétés antérieures. Confondre les crimes et les *péchés*, identifier la sanction pénale et la pénitence, faire du bras séculier le surveillant des pénitents et au besoin l'exécuteur des pénitences, ce sont là les traits communs du droit (ou plutôt du désordre juridique) dans l'Inde ancienne, dans la cité grecque, dans la société européenne du moyen âge, dans celle de l'Orient musulman. Cet état de choses accompagne partout la prédominance du combat sur la procédure. Or une cause unique a fait cesser l'un et l'autre. Cette cause est le progrès de la discussion judiciaire, subordonnée elle-même à l'examen méthodique des preuves.

APPENDICE H

LE CARACTÈRE MÉCONTENT ET L'IMAGINATION UTOPIQUE

Nous avons dû rappeler la formule de Stuart Mill : « le progrès est l'œuvre des caractères mécontents ». Nous avons pu ajouter aussi qu'il est dû en partie à l'imagination des utopistes. D'ailleurs l'utopie et le mécontentement du réel sont inséparables. Nous nous proposons ici de montrer en quelques mots en quoi leur action concourt à la grande œuvre du progrès, à la substitution de l'art à l'instinct et de la société quasi rationnelle à la communauté instinctive.

I. Toute création de l'instinct ou de l'art suppose, au moins temporairement, le mécontentement d'une tendance. Supposons les tendances satisfaites sans effort, l'art ne naîtra pas; l'instinct ne dépassera pas les formes les plus basses. En preuve on peut donner l'arrêt du développement social chez la plupart des tribus qui se sont formées dans les régions tropicales et équatoriales, surtout quand la flore du pays met à leur disposition des produits spontanés en grande abondance. Réciproquement la tendance mécontentée donne lieu à quelque invention chez l'homme ou même chez l'animal capable de représentations. Spontanément les images se groupent de façon à représenter l'objet capable d'apaiser la tendance irritée. Déjà l'homme affamé ou glacé ne s'endort pas sans rêver de repas copieux ou de paysages ensoleillés.

A la base d'un caractère, d'après tous les éthologistes, il faut chercher une tendance dominante ou tout au moins un faisceau de tendances. L'irritation de cette tendance doit avoir pour effet une construction imaginative qui y donne satisfaction. Si le caractère est mécontenté par le milieu social l'imagination tendra, au moins chez certains hommes, à créer la représentation d'un état social où les tendances mécontentes seront satisfaites. De là l'invention sociale ou l'utopie.

L'utopie est caractérisée par la représentation d'une société sans réalité. Le mode le plus simple et le plus fréquent de sa formation est le renversement de l'image de la société présente, l'antithèse au sens absolu du mot. Les prophètes d'Israël écrivent à un moment où l'humanité civilisée gémit des atrocités de la conquête assyrienne : ils se conçoivent par antithèse une humanité unie et pacifiée sous un divin berger. Les écrivains français du XVIII° siècle souffrent d'un despotisme tracassier et sans grandeur : ils conçoivent par antithèse la liberté et l'égalité politique absolues. Les socialistes du XIX° siècle assistent à l'essor de la grande industrie capitaliste : ils rêvent de l'égalité économique dans le communisme.

L'imagination utopique a été étudiée récemment par M. Ribot; il est à souhaiter que les véritables historiens étudient de leur côté l'action exercée par les utopistes sur les progrès réels. Il nous semble que l'on peut dès maintenant distinguer entre les utopistes utilitaires dont les saint-simoniens ont été les représentants les meilleurs et les utopistes moraux. Les premiers suscitent des inventions pratiques. De l'enseignement de Saint-Simon et d'Enfantin sont résultés les Michel Chevalier, les Pereire, les Lesseps, les perceurs d'isthme, les grands constructeurs de chemins de fer et de paquebots. — Les utopistes moraux introduisent dans la conscience des notions nouvelles ou plutôt ils placent devant la conscience commune le tableau vivant des conséquences totales de l'omission ou de l'accomplissement de certains devoirs jusque-là mal conçus. Ils renouvellent la notion de l'homme moral. Les prophètes d'Israël ont à jamais inquiété ceux qui se complaisent dans une piété sans charité et sans justice. Ils ont lié inséparablement l'idée du culte à celle d'un effort vers la paix et vers le perfectionnement de l'humanité. Quant à l'enseignement des utopistes du XIX° siècle, il en résultera la notion rajeunie de la solidarité morale ou de l'obligation imposée aux membres sains d'une société de prendre soin des membres corrompus. De l'utopie socialiste résultera sans doute un art nouveau, l'art de l'éducation sociale.

II. Le mécontentement dont le progrès est l'effet est avant tout une révolte contre les règles d'action dont la tradition est le point d'appui. Il n'y a donc pas de progrès sans l'affaiblissement du sentiment que l'école de Comte a considéré comme la forme supérieure de l'altruisme, la vénération du passé. L'erreur des sociologues de cette école est de n'avoir pas vu que cette vénération des ancêtres, cette soumission au gouvernement des morts, ne se maintient dans les sociétés civilisées qu'à l'aide d'une véritable idéalisation dont l'imagination plastique est l'agent. Le mythe, la légende et l'épopée sont les ressorts de cette dépendance voulue du présent à l'égard du passé. Il en résulte que le travail des caractères mécontents, l'essor de l'imagination utopique doit toujours correspondre à une réaction contre l'idéalisation du passé. La littérature voltairienne est l'exemple le plus connu de cette attitude de l'esprit à l'égard des croyances qui subordonnent les vivants aux morts. On sait combien le voltairianisme était préparé par la littérature des libertins au XVII° siècle. L'on sait aussi que les libertins du XVI° et du XVII° siècle étaient rattachés par beaucoup de liens aux esprits forts de la Renaissance italienne. Or nous voyons la littérature italienne du XVᵉ siècle dirigée tout entière contre l'idéal épique, chevaleresque et ascétique du moyen âge. L'antiquité grecque et romaine a connu elle aussi les grands railleurs qui savent livrer au persiflage de milliers de lecteurs les personnages symboliques dans lesquels les générations résignées incarnaient la beauté et la grandeur du passé. Lucien fut à la fois le Voltaire et le Boccace de l'antiquité.

C'est qu'en effet la première œuvre des mécontents est la destruction de la résignation de la multitude à l'état social par lequel ils sentent leurs tendances froissées ou opprimées. Mais la résignation est rarement un état purement passif. Le peuple ne consent aux maux sociaux qu'autant qu'il vénère ou tout au moins admire l'œuvre de ses pères, qu'il la divinise et y voit une sagesse supérieure à la sienne.

La résignation et la vénération ne peuvent toutefois disparaître chez tous en même temps. Ceux qui livrent le passé à un mépris excessif suscitent à leur tour un nouveau travail d'idéalisation qui suffit à restaurer dans un certain nombre d'âmes les sentiments détruits. Après le voltairianisme vint le romantisme ; après la *Guerre des Dieux* fut écrit le *Génie du Christianisme*.

En d'autres termes, loin de ressembler à la métamorphose d'un insecte, une transformation sociale ne peut être conçue sans une lutte de sectes et de partis. Cette lutte n'a pas pour objet unique ou principal le pouvoir ou même la possession des instruments de travail, comme l'ont enseigné des sociologues superficiels, mais la diffusion d'un sentiment, l'acceptation ou la critique d'une utopie. Les partis se ramènent toujours finalement à deux, le parti des mécontents et le parti des résignés, le parti des utopies et le parti des traditions. Mais toujours les mécontents entament et amincissent la couche de résignation sur laquelle repose l'autorité ; toujours quelque chose de l'utopie passe dans la tradition. C'est de ces transactions que résultent en dernière analyse le progrès humain et l'approximation de la société rationnelle.

TABLE DES MATIÈRES

	Pages.
Avant-propos	i
Préface	iii
Introduction	1

PREMIÈRE PARTIE
LE PROBLÈME BIOLOGIQUE

Chapitre I. L'évolution simple et l'évolution complexe 23
— II. L'évolution complexe. La géogénie et l'évolution organique 32
— III. Le problème de l'organisation et le problème de la vie dans la discussion du transformisme 40
— IV. Le problème de l'adaptation 47
— V. Le problème de l'adaptation (suite). La concurrence et l'adaptation 62
— VI. Le système nerveux et l'adaptation 78
— VII. La genèse du cerveau 87
— VIII. La genèse du cerveau (suite). Les fonctions cérébrales et l'adaptation directe 97
— IX. La loi de régression comparée à la loi d'adaptation . . . 111
Conclusion 129

DEUXIÈME PARTIE
LE PROBLÈME PSYCHOLOGIQUE ET SOCIOLOGIQUE

PREMIÈRE SECTION
L'HISTOIRE ET LA SOCIOLOGIE

Chapitre I. Les rapports de l'instinct et de la conscience réfléchie . 139
— II. L'accident historique et son élimination 143
— III. Quel est l'objet de la méthode historique? La critique historique et la psychologie sociale 152

DEUXIÈME SECTION

LES TRANSFORMATIONS DU LIEN SOCIAL

— IV. L'inconscient dans la psychologie sociale 179
— V. L'inconscient dans la sociologie évolutionniste. Hypothèse de la société militaire. 183
— VI. La socialité et la genèse de l'être raisonnable. 193
— VII. Les données concrètes de la psychologie sociale. . . . 213
— VIII. Les communautés instinctives. 217
— IX. Les survivances et la psychologie sociale. 222
— X. Les révolutions et les liens sociaux. 235
— XI. La formation des liens sociaux sous l'influence de l'activité mentale. L'art et la division du travail. 251
— XII. La notion de l'arrêt de développement en psychologie sociale 266
— XIII. La loi de régression en psychologie sociale. 284
— XIV. La régression sociale comparée à la régression biologique. 298
Conclusion. 312

TROISIÈME PARTIE

LA CONSCIENCE ET L'EXPLICATION GÉNÉTIQUE

Conclusion générale 350

APPENDICES

A. La méthode génétique et la téléologie 359
B. La ségrégation et la géographie zoologique. 362
C. Le cerveau de la femme et la théorie de la sélection. 365
D. La science et la critique historique d'après l'école criticiste. . . 369
E. L'histoire des sectes et la psychologie sociale. 371
F. La loi de localisation et les survivances dans la division du travail social. 376
G. La discussion judiciaire et le progrès du droit. 379
H. Le caractère mécontent et l'imagination utopique. 401

FÉLIX ALCAN, ÉDITEUR, 108, BOULEVARD SAINT-GERMAIN, PARIS, 6ᵉ

BIBLIOTHÈQUE DE PHILOSOPHIE CONTEMPORAINE
Volumes in-18 ; chaque vol. broché : 2 fr. 50.

EXTRAIT DU CATALOGUE

H. Taine.
Philosophie de l'art dans les Pays-Bas. 2ᵉ édit.
Paul Janet.
Le matérialisme cont. 6ᵉ éd.
Origines du socialisme.
La philosophie de Lamennais.
J. Stuart Mill.
Auguste Comte. 6ᵉ édit.
L'utilitarisme. 2ᵉ édit.
Corresp. avec G. d'Eichthal.
Herbert Spencer.
Classification des sciences.
L'individu contre l'Etat. 4ᵉ éd.
Th. Ribot.
La psych. de l'attention. 6ᵉ éd.
La philos. de Schopen. 8ᵉ éd.
Les mal. de la mém. 15ᵉ édit.
Les mal. de la volonté. 16ᵉ éd.
Les mal.de la personnalité 9ᵉ éd.
Hartmann (E. de).
La religion de l'avenir. 4ᵉ éd.
Le Darwinisme. 6ᵉ édit.
Schopenhauer.
Essai sur le libre arbitre. 8ᵉ éd.
Fond. de la morale. 6ᵉ édit.
Pensées et fragments. 16ᵉ éd.
H. Marion.
Locke, sa vie, son œuvre. 2ᵉ éd.
L. Liard.
Logiciens angl. contem. 3ᵉ éd.
Définitions géomét. 2ᵉ éd.
Naville.
Nouv. classif. des scienc. 2ᵉ éd.
A. Binet.
La psychol. du raisonn. 3ᵉ édit.
Mosso.
La peur. 2ᵉ édit.
La fatigue. 3ᵉ édit.
G. Tarde.
La criminalité comparée. 4ᵉ éd.
Les transform. du droit. 2ᵉ éd.
Les lois sociales. 2ᵉ éd.
Ch. Féré.
Dégénérescence et criminal.
Sensation et mouvement. 2ᵉ éd.
Ch. Richet.
Psychologie générale. 2ᵉ éd.
C. Bos.
Psych. de la croyance.
Guyau.
La genèse de l'idée de temps.
Lombroso.
L'anthropol. criminelle. 3ᵉ éd.
Nouvelles recherches de psychiat. et d'anthropol. crim.
Les applications de l'anthr. crim.
Tissié.
Les rêves. 2ᵉ édit.
J. Lubbock.
Le bonheur de vivre. (2 vol.)
L'emploi de la vie. 3ᵉ édit.

E. de Roberty.
La recherche de l'unité. 2ᵉ éd.
Les fondements de l'éthique.
Constitution de l'éthique.
Frédéric Nietzsche.
Georges Lyon.
La philosophie de Hobbes.
Queyrat.
L'imagination chez l'enfant.
L'abstraction dans l'éduc.
Les caract. et l'éduc. morale.
La logique chez l'enfant.
Wundt.
Hypnotisme et suggestion.
Fonsegrive.
La causalité efficiente.
Guillaume de Greef.
Les lois sociologiques. 3ᵉ édit.
Gustave Le Bon.
Lois psychol. de l'évolution des peuples. 5ᵉ édit.
Psychologie des foules. 6ᵉ édit.
G. Lefèvre.
Obligat. morale et idéalisme.
Durkheim.
Règles de la méthode sociolog.
P.-F. Thomas.
La suggestion et l'éduc. 2ᵉ éd.
Morale et éducation.
Dunan.
Théorie psychol. de l'espace.
Mario Pilo.
Psychologie du beau et de l'art.
R. Allier.
Philosophie d'Ernest Renan.
Lange.
Les émotions.
E. Boutroux.
Conting. des lois de la nature.
L. Dugas.
Le psittacisme.
La timidité. 2ᵉ édition.
Psychologie du rire.
C. Bouglé.
Les sciences soc. en Allem.
Marie Jaëll.
Musique et psychophysiol.
Max Nordau.
Paradoxes psycholog. 3ᵉ édit.
Paradoxes sociolog. 3ᵉ édit.
Génie et talent. 2ᵉ édit.
J.-L. de Lanessan.
Morale des philos. chinois.
G. Richard.
Social. et science sociale 2ᵉ éd.
F. Le Dantec.
Le déterminisme biologique.
L'individualité.
Lamarckiens et Darwiniens.
Fiérens-Gevaert.
Essai sur l'art contemporain.
La tristesse contemp. 3ᵉ éd.
Psychologie d'une ville.
A. Cresson.
La morale de Kant.

Enrico Ferri.
Les criminels dans l'art et la littérature.
J. Novicow.
L'avenir de la race blanche.
G. Milhaud.
La certitude logique. 2ᵉ éd.
Le rationnel.
Herckenrath.
Esthétique et morale.
F. Pillon.
Philos. de Ch. Secrétan.
H. Lichtenberger.
Philos. de Nietzsche. 6ᵉ édit.
Frag. et aphor. de Nietzsche.
G. Renard.
Le régime socialiste. 2ᵉ édit.
Ossip-Lourié.
Pensées de Tolstoï.
La philosophie de Tolstoï.
La philos. sociale dans Ibsen.
M. de Fleury.
L'âme du criminel.
Anna Lampérière.
Le rôle social de la femme.
P. Lapie.
La justice par l'État.
Eug. d'Eichthal.
Social. et problèmes sociaux.
E. Marguery.
L'œuvre d'art et l'évolution.
Duprat.
Les causes sociales de la folie.
Tanon.
L'évolution du droit.
Bergson.
Le rire. 2ᵉ éd.
Brunschvicg.
Introd. à la vie de l'esprit.
Hervé Blondel.
Approximations de la vérité.
Mauxion.
L'éducation par l'instruction.
Arréat.
Dix ans de philosophie.
F. Paulhan.
Psychologie de l'invention.
Les phénomènes affectifs. 2ᵉ éd.
Murisier.
Malad. du sentim. religieux.
Palante.
Précis de sociologie.
Fournière.
Essai sur l'individualisme.
Grasset.
Les limites de la biologie.
Encausse.
Occultisme et Spiritualisme.
A. Landry.
La responsabilité pénale.
Sully Prudhomme et Ch. Richet.
Probl. des causes finales.
E. Goblot
Justice et Liberté.

FÉLIX ALCAN, ÉDITEUR, 108, BOULEVARD SAINT-GERMAIN, PARIS, 6e

BIBLIOTHÈQUE DE PHILOSOPHIE CONTEMPORAINE
Volumes in-8, brochés, à 5 fr., 7 fr. 50 et 10 fr.
EXTRAIT DU CATALOGUE

STUART MILL. — Mes mémoires, 3e éd. 5 fr.
— Système de logique. 2 vol. 20 fr.
— Essais sur la religion, 2e éd. 5 fr.
HERBERT SPENCER. Prem. principes. 10e éd. 10 fr.
— Principes de psychologie. 2 vol. 20 fr.
— Principes de biologie. 4e édit. 2 vol. 20 fr.
— Principes de sociologie. 4 vol. 36 fr.
— Essais sur le progrès. 5e éd. 7 fr. 50
— Essais de politique. 4e éd. 7 fr. 50
— Essais scientifiques. 3e éd. 7 fr. 50
— De l'éducation. 10e éd. 5 fr.
PAUL JANET. — Causes finales. 4e édit. 10 fr.
— Œuvres phil. de Leibnitz. 2e éd. 2 vol. 20 fr.
TH. RIBOT. — Hérédité psychologique. 7 fr. 50
— Psychologie anglaise contemporaine. 7 fr. 50
— La psychologie allem. contemp. 7 fr. 50
— Psychologie des sentiments. 3e éd. 7 fr. 50
— L'Évolution des idées générales. 5 fr.
— L'imagination créatrice. 5 fr.
A. FOUILLÉE. — Liberté et déterminisme. 7 fr. 50
— Systèmes de morale contemporains. 7 fr. 50
— Morale, art et religion, d'ap. Guyau. 3 fr. 75
— L'avenir de la métaphysique. 2e éd. 5 fr.
— L'évolut. des idées-forces. 2e éd. 7 fr. 50
— Psychologie des idées-forces. 2 vol. 15 fr.
— Tempérament et Caractère. 2e éd. 7 fr. 50
— Le mouvement positiviste. 2e éd. 7 fr. 50
— Le mouvement idéaliste. 2e éd. 7 fr. 50
— Psychologie du peuple français. 7 fr. 50
— La France au point de vue moral. 7 fr. 50
DE LAVELEYE. — De la propriété. 5e éd. 10 fr.
— Le Gouv. dans la démocratie. 2 v. 3e éd. 15 fr.
BAIN. — Les sens et l'intelligence. 3e éd. 10 fr.
— Les émotions et la volonté. 10 fr.
— L'esprit et le corps. 4e édit. 6 fr.
— La science de l'éducation. 6e édit. 6 fr.
LIARD. — Descartes. 5 fr.
— Science positive et métaph. 4e éd, 7 fr. 50
GUYAU. — Morale anglaise contemp. 3e éd. 7 fr. 50
— Probl. de l'esthétique cont. 2e éd. 7 fr. 50
— Morale sans obligation ni sanction. 5 fr.
— L'art au point de vue sociol. 2e éd. 7 fr. 50
— Hérédité et éducation. 3e édit. 5 fr.
— L'irréligion de l'avenir. 5e édit. 7 fr. 50
E. NAVILLE. — La physique moderne. 5 fr.
H. MARION. — Solidarité morale. 5e éd. 5 fr.
SCHOPENHAUER. — Sagesse dans la vie. 5 fr.
— Le monde comme volonté, etc. 3 vol. 22 fr. 50
JAMES SULLY. — Le pessimisme. 2e édit. 7 fr. 50
— Études sur l'enfance. 10 fr.
PREYER. — Éléments de psychologie. 5 fr.
— L'âme de l'Enfant. 10 fr.
FONSEGRIVE. — Le libre arbitre. 2e éd. 10 fr.
PICAVET. — Les idéologues. 10 fr.
GAROFALO. — La superstition socialiste. 5 fr.
G. LYON. — L'idéalisme en Angleterre au XVIIIe siècle. 7 fr. 50
P. SOURIAU. — L'esthét. du mouvement. 5 fr.
— La suggestion dans l'art. 5 fr.
F. PAULHAN. — L'activité mentale. 10 fr.
— Esprits logiques et esprits faux. 7 fr. 50
PIERRE JANET. — L'automatisme psych. 7 fr. 50
H. BERGSON. — Matière et mémoire. 5 fr.
— Données imméd. de la conscience. 3 fr. 75
ROMANES. — L'évolution mentale. 7 fr. 50
PILLON. — L'année philosophique. Années 1890 à 1901, chacune. 5 fr.
L. PROAL. — Le crime et la peine. 3e éd. 10 fr.
— La criminalité politique. 7 fr. 50
COLLINS. — Résumé de la phil. de Spencer. 10 fr.
NOVICOW. — Luttes entre sociétés hum. 10 fr
— Les gaspillages des sociétés modernes. 5 fr.

DURKHEIM. — Division du travail social. 7 fr. 50
— Le suicide, étude sociologique. 7 fr. 50
— L'année sociologique. Années 1896-97, 1897-98, 1898-99, 1899-1900, 1900-1901, chacune. 10 fr.
J. PAYOT. — Éduc. de la volonté. 14e éd. 10 fr.
— De la croyance. 5 fr.
CH. ADAM. — La Philosophie en France (Première moitié du XIXe siècle). 7 fr. 50
NORDAU (MAX). — Dégénérescence. 2 vol. 17 fr. 50
— Les mensonges conventionnels. 6e éd. 5 fr.
GODFERNAUX. — Le sentiment et la pensée. 5 fr.
LÉVY-BRUHL. — Lettres de J.-S. Mill et d'Aug. Comte. 10 fr.
— Philosophie d'Aug. Comte. 7 fr. 50
BOIRAC. — L'idée de phénomène. 5 fr.
G. TARDE. — La logique sociale. 2e éd. 7 fr. 50
— Les lois de l'imitation. 2e éd. 7 fr. 50
— L'opposition universelle. 7 fr. 50
— L'opinion et la foule. 5 fr.
— Psychologie économique. 2 vol. 15 fr.
G. DE GREEF. — Transform. social. 2e éd. 7 fr. 50
CRÉPIEUX-JAMIN. — Écrit. et caract. 4e éd. 7 fr. 50
J. IZOULET. — La cité moderne. 6e éd. 10 fr.
LANG. — Mythes, cultes et religion. 10 fr.
SÉAILLES. — Essai sur le génie dans l'art. 3e éd. 5 fr.
V. BROCHARD. — De l'erreur. 2e éd. 5 fr.
AUG. COMTE. — Sociol., rés. p. Rigolage. 7 fr. 50
G. PIAT. — La personne humaine. 7 fr. 50
— La destinée de l'homme. 5 fr.
E. BOUTROUX. — Études d'histoire de la philosophie. 2e éd. 7 fr. 50
P. MALAPERT. — Les élém. du caractère. 5 fr.
A. BERTRAND. — L'enseignement intégral. 5 fr.
— Les études dans la démocratie. 5 fr.
H. LICHTENBERGER. — Richard Wagner. 10 fr.
J. PÉRÈS. — L'art et le réel. 3 fr. 75
E. GOBLOT. — Classif. des sciences. 5 fr.
ESPINAS. — La philos. soc. au XVIIIe s. 7 fr. 50
MAX MULLER. — Études de mythologie. 12 fr. 50
THOMAS. — L'éducation des sentiments. 5 fr.
G. LE BON. — Psychol. du social. 3e éd. 7 fr. 50
RAUH. — De la méthode dans la psychologie des sentiments. 5 fr.
GÉRARD-VARET. — L'ignorance et l'irréflexion. 5 fr.
DUPRAT. — L'instabilité mentale. 5 fr.
AD. COSTE. — Sociologie objective. 3 fr. 50
— L'expérience des peuples. 10 fr.
LALANDE. — Dissolution et évolution. 7 fr. 50
DE LA GRASSERIE. — Psych. des religions 5 fr.
BOUGLÉ. — Les idées égalitaires. 3 fr. 75
F. ALENGRY. — Essai historique et critique sur la sociologie d'Aug. Comte. 10 fr.
DUMAS. — La tristesse et la joie. 7 fr. 50
OUVRÉ. — Les formes littéraires de la pensée grecque. 10 fr.
G. RENARD. — La méthode scientifique de l'histoire littéraire. 10 fr.
STEIN. — La question sociale. 10 fr.
BARZELLOTTI. — La philosophie de Taine. 7 fr. 50
RENOUVIER. — Dilemmes de la métaphys. 5 fr.
— Hist. et solut. des probl. métaphys. 7 fr. 50
LECLÈRE. — Le droit d'affirmer. 5 fr.
BOURDEAU. — Le problème de la mort. 3e éd. 5 fr.
— Le problème de la vie. 7 fr. 50
SOLLIER. — Le problème de la mémoire. 3 fr. 75
HARTENBERG. — Les timides et la timidité. 5 fr.
OSSIP-LOURIÉ. — Philos. russe contemp. 5 fr.
LECHALAS. — Études esthétiques. 5 fr.
BRAY. — Du beau. 5 fr.
PAULHAN. — Les caractères. 2e éd. 5 fr.
LAPIE. — Logique de la volonté. 7 fr. 50
GROOS. — Les jeux des animaux. 7 fr. 50
KARPPE. — Essais de critique et d'histoire de philosophie. 3 fr. 75

FÉLIX ALCAN, Éditeur
ANCIENNE LIBRAIRIE GERMER BAILLIÈRE ET Cⁱᵉ

PHILOSOPHIE — HISTOIRE

CATALOGUE
DES
Livres de Fonds

	Pages.
BIBLIOTHÈQUE DE PHILOSOPHIE CONTEMPORAINE.	
Format in-12	2
Format in-8	5
COLLECTION HISTORIQUE DES GRANDS PHILOSOPHES	10
Philosophie ancienne	10
Philosophie moderne	10
Philosophie anglaise	11
Philosophie allemande	11
Philosophie anglaise contemporaine	12
Philosophie allemande contemporaine	12
Philosophie italienne contemporaine	12
LES GRANDS PHILOSOPHES	12
BIBLIOTHÈQUE GÉNÉRALE DES SCIENCES SOCIALES	13
MINISTRES ET HOMMES D'ÉTAT	13
BIBLIOTHÈQUE D'HISTOIRE CONTEMPORAINE	14
BIBLIOTHÈQUE HISTORIQUE ET POLITIQUE	16
BIBLIOTHÈQUE DE LA FACULTÉ DES LETTRES DE PARIS	17
TRAVAUX DE L'UNIVERSITÉ DE LILLE	17

	Pages.
ANNALES DE L'UNIVERSITÉ DE LYON	17
PUBLICATIONS HISTORIQUES ILLUSTRÉES	17
RECUEIL DES INSTRUCTIONS DIPLOMATIQUES	18
INVENTAIRE ANALYTIQUE DES ARCHIVES DU MINISTÈRE DES AFFAIRES ÉTRANGÈRES	18
REVUE PHILOSOPHIQUE	19
REVUE HISTORIQUE	19
ANNALES DES SCIENCES POLITIQUES	19
REVUE DE L'ÉCOLE D'ANTHROPOLOGIE	19
ANNALES DES SCIENCES PSYCHIQUES	19
REVUE DE MORALE SOCIALE	19
BIBLIOTHÈQUE SCIENTIFIQUE INTERNATIONALE	20
Par ordre d'apparition	20
Par ordre de matières	23
RÉCENTES PUBLICATIONS NE SE TROUVANT PAS DANS LES COLLECTIONS PRÉCÉDENTES	26
BIBLIOTHÈQUE UTILE	31

On peut se procurer tous les ouvrages qui se trouvent dans ce Catalogue par l'intermédiaire des libraires de France et de l'Étranger.

On peut également les recevoir franco *par la poste, sans augmentation des prix désignés, en joignant à la demande des* TIMBRES-POSTE FRANÇAIS *ou un* MANDAT *sur Paris.*

108, BOULEVARD SAINT-GERMAIN, 108
Au coin de la rue Hautefeuille
PARIS, 6ᵉ
—
JUILLET 1901

F. ALCAN.

Les titres précédés d'un *astérisque* sont recommandés par le Ministère de l'Instruction publique pour les Bibliothèques des élèves et des professeurs et pour les distributions de prix des lycées et collèges.

BIBLIOTHÈQUE DE PHILOSOPHIE CONTEMPORAINE
Volumes in-12, brochés, à 2 fr. 50.
Cartonnés toile, 3 francs. — En demi-reliure, plats papier, 4 francs.

La *psychologie*, avec ses auxiliaires indispensables, l'*anatomie* et la *physiologie du système nerveux*, la *pathologie mentale*, la *psychologie des races inférieures et des animaux*, les *recherches expérimentales des laboratoires*; — la *logique*; — les *théories générales fondées sur les découvertes scientifiques*; — l'*esthétique*; — les *hypothèses métaphysiques*; — la *criminologie* et la *sociologie*; — l'*histoire des principales théories philosophiques*; tels sont les principaux sujets traités dans cette Bibliothèque.

ALAUX, professeur à la Faculté des lettres d'Alger. **Philosophie de V. Cousin.**
ALLIER (R.). *La Philosophie d'Ernest Renan. 1895.
ARRÉAT (L.). * La Morale dans le drame, l'épopée et le roman. 2ᵉ édition.
— *Mémoire et imagination (Peintres, Musiciens, Poètes, Orateurs). 1895.
— Les Croyances de demain. 1898.
— Dix ans de critique philosophique. 1900.
BALLET (G.). Le Langage intérieur et les diverses formes de l'aphasie. 2ᵉ édit.
BEAUSSIRE, de l'Institut. * Antécédents de l'hégél. dans la philos. française.
BERGSON (H.), professeur au Collège de France. Le Rire. Essai sur la signification du comique. 2ᵉ édition. 1901.
BERSOT (Ernest), de l'Institut. * Libre philosophie.
BERTAULD. De la Philosophie sociale.
BERTRAND (A.), professeur à l'Université de Lyon. La Psychologie de l'effort et les doctrines contemporaines.
BINET (A.), directeur du lab. de psych. physiol. de la Sorbonne. La Psychologie du raisonnement, expériences par l'hypnotisme. 2ᵉ édit.
BOUGLÉ, professeur à l'Univ. de Toulouse. Les Sciences sociales en Allemagne.
BOUTROUX, de l'Institut. * De la contingence des lois de la nature. 3ᵉ éd. 1896.
BRUNSCHVICG, professeur au lycée Condorcet, docteur ès lettres. Introduction à la vie de l'esprit. 1900.
CARUS (P.). * Le Problème de la conscience du moi, trad. par M. A. MONOD.
CONTA (B.).*Les Fondements de la métaphysique, trad. du roumain par D. TESCANU.
COQUEREL Fils (Ath.). Transformations historiques du christianisme.
COSTE (Ad.). *Les Conditions sociales du bonheur et de la force. 3ᵉ édit.
CRESSON (A.), agrégé de philos. La Morale de Kant. Couronné par l'Institut.
DAURIAC (L.), professeur au lycée Janson-de-Sailly. La Psychologie dans l'Opéra français (Auber, Rossini, Meyerbeer). 1897.
DANVILLE (Gaston). Psychologie de l'amour. 2ᵉ édit. 1900.
DUGAS, docteur ès lettres. * Le Psittacisme et la pensée symbolique. 1896.
— La Timidité. 2ᵉ éd. 1900.
DUMAS (docteur G.), agrégé de philosophie, docteur ès lettres. *Les états intellectuels dans la Mélancolie. 1895.
DUNAN, docteur ès lettres. La théorie psychologique de l'Espace. 1895.
DUPRAT (G.-L.), docteur ès lettres. Les Causes sociales de la Folie. 1900.
DURKHEIM (Émile), professeur à l'Université de Bordeaux. * Les règles de la méthode sociologique. 2ᵉ édit. 1901.
D'EICHTHAL (Eug.). Les Problèmes sociaux et le Socialisme. 1899.
ESPINAS (A.), prof. à la Sorbonne. * La Philosophie expérimentale en Italie.

Suite de la *Bibliothèque de philosophie contemporaine*, format in-12, à 2 fr. 50 le vol.

FAIVRE (E.). **De la Variabilité des espèces.**
FÉRÉ (Ch.). **Sensation et Mouvement.** Étude de psycho-mécanique, avec fig. 2° éd.
— **Dégénérescence et Criminalité**, avec figures. 3° édit.
FERRI (E.). *Les Criminels dans l'Art et la Littérature. 1897.
FIERENS-GEVAERT. **Essai sur l'Art contemporain.** (Couronné par l'Acad. franç.).
— **La Tristesse contemporaine**, essai sur les grands courants moraux et intellectuels du XIX° siècle. 3° édit. 1900. (Couronné par l'Institut.)
— Psychologie d'une ville. *Essai sur Bruges*. 1901.
FLEURY (Maurice de). L'Ame du criminel. 1898.
FONSEGRIVE, professeur au lycée Buffon. La Causalité efficiente. 1893.
FOURNIÈRE (E.). Essai sur l'individualisme. 1901.
FRANCK (Ad.), de l'Institut. * Philosophie du droit pénal. 5° édit.
— Des Rapports de la Religion et de l'État. 2° édit.
— La Philosophie mystique en France au XVIII° siècle.
GAUCKLER. Le Beau et son histoire.
GREEF (de). Les Lois sociologiques. 2° édit.
GUYAU. * La Genèse de l'idée de temps. 2° édit.
HARTMANN (E. de). La Religion de l'avenir. 5° édit.
— Le Darwinisme, ce qu'il y a de vrai et de faux dans cette doctrine. 6° édit.
HERCKENRATH. (C.-R.-C.) Problèmes d'Esthétique et de Morale. 1897.
HERBERT SPENCER. * Classification des sciences. 6° édit.
— L'Individu contre l'État. 5° édit.
HERVÉ BLONDEL. Les Approximations de la vérité. 1900.
JAELL (M°°). *La Musique et la psycho-physiologie. 1895.
JANET (Paul), de l'Institut. *Les Origines du socialisme contemporain. 3° édit. 1896.
— *La Philosophie de Lamennais.
LACHELIER, de l'Institut. Du fondement de l'induction, suivi de psychologie et métaphysique. 3° édit. 1898.
LAMPÉRIÈRE (M°° A.). * Rôle social de la femme, son éducation. 1898.
LANESSAN (J.-L. de). La Morale des philosophes chinois. 1896.
LANGE, professeur à l'Université de Copenhague. * Les Émotions, étude psychophysiologique, traduit par G. Dumas. 1895.
LAPIE, maître de conf. à l'Univ. de Rennes. La Justice par l'État. 1899.
LAUGEL (Auguste). L'Optique et les Arts.
— * Les Problèmes de l'âme.
LE BON (D° Gustave). * Lois psychol. de l'évolution des peuples. 4° édit.
— * Psychologie des foules. 5° édit.
LÉCHALAS. *Etude sur l'espace et le temps. 1895.
LE DANTEC, chargé du cours d'Embryologie générale à la Sorbonne. Le Déterminisme biologique et la Personnalité consciente. 1897.
— * L'Individualité et l'Erreur individualiste. 1898.
— Lamarckiens et Darwiniens. 1899.
LEFÈVRE, prof. à l'Univ. de Lille. Obligation morale et idéalisme. 1895.
LEVALLOIS (Jules). Déisme et Christianisme.
LIARD, de l'Institut. * Les Logiciens anglais contemporains. 4° édit.
— Des définitions géométriques et des définitions empiriques. 2° édit.
LICHTENBERGER (Henri), professeur à l'Université de Nancy. *La philosophie de Nietzsche. 6° édit. 1901.
— * Friedrich Nietzsche. Aphorismes et fragments choisis. 1899.
LOMBROSO. L'Anthropologie criminelle et ses récents progrès. 4° édit. 1901.
— Nouvelles recherches d'anthropologie criminelle et de psychiatrie. 1892.
— Les Applications de l'anthropologie criminelle. 1892.
LUBBOCK (Sir John). * Le Bonheur de vivre. 2 volumes. 5° édit.
— *L'Emploi de la vie. 3° éd. 1901.
LYON (Georges), maître de conf. à l'École normale. * **La Philosophie de Hobbes.**
MARGUERY (E.). L'Œuvre d'art et l'évolution. 1899.
MARIANO. La Philosophie contemporaine en Italie.
MARION, professeur à la Sorbonne. *J. Locke, sa vie, son œuvre. 2° édit.

F. ALCAN. — 4 —

Suite de la *Bibliothèque de philosophie contemporaine*, format in-12, à 2 fr. 50 le vol.

MAUXION, professeur à l'Université de Poitiers. **L'instruction par l'éducation et les Théories pédagogiques de Herbart.** 1900.
MILHAUD (G.), professeur à l'Université de Montpellier. * **Le Rationnel.** 1898.
— * **Essai sur les conditions et les limites de la Certitude logique.** 2° édit. 1898.
MOSSO. * **La Peur.** Étude psycho-physiologique (avec figures). 2° édit.
— * **La Fatigue intellectuelle et physique**, trad. Langlois. 3° édit.
MURISIER (E.), professeur à la Faculté des lettres de Neuchâtel (Suisse). **Les Maladies du sentiment religieux.** 1901.
NAVILLE (E.), doyen de la Faculté des lettres et sciences sociales de l'Université de Genève. **Nouvelle classification des sciences.** 2° édit. 1901.
NORDAU (Max). * **Paradoxes psychologiques**, trad. Dietrich. 4° édit. 1900.
— **Paradoxes sociologiques**, trad. Dietrich. 3° édit. 1901.
— * **Psycho-physiologie du Génie et du Talent**, trad. Dietrich. 2° édit. 1898.
NOVICOW (J.). **L'Avenir de la Race blanche.** 1897.
OSSIP-LOURIÉ, lauréat de l'Institut. **Pensées de Tolstoï.** 1898.
— * **La Philosophie de Tolstoï.** 1899.
— **La Philosophie sociale dans le théâtre d'Ibsen.** 1900.
PALANTE (G.), agrégé de l'Université. **Précis de sociologie.** 1901.
PAULHAN (Fr.). **Les Phénomènes affectifs et les lois de leur apparition.** 2° éd. 1901.
— * **Joseph de Maistre et sa philosophie.** 1893.
— **Psychologie de l'invention.** 1900.
PILLON (F.). * **La Philosophie de Ch. Secrétan.** 1898.
PILO (Mario). * **La psychologie du Beau et de l'Art**, trad. Aug. Dietrich.
PIOGER (Dr Julien). **Le Monde physique**, essai de conception expérimentale. 1893.
QUEYRAT, prof. de l'Univ. * **L'Imagination et ses variétés chez l'enfant.** 2° édit.
— * **L'Abstraction**, son rôle dans l'éducation intellectuelle. 1894.
— **Les Caractères et l'éducation morale.** 2° éd. 1901.
REGNAUD (P.), professeur à l'Université de Lyon. **Logique évolutionniste.** *L'Entendement dans ses rapports avec le langage.* 1897.
— **Comment naissent les mythes.** 1897.
RÉMUSAT (Charles de), de l'Académie française. * **Philosophie religieuse.**
RENARD (Georges), professeur au Conservatoire des arts et métiers. **Le régime socialiste**, *son organisation politique et économique.* 2° édit. 1898.
RIBOT (Th.), de l'Institut, professeur au Collège de France, directeur de la *Revue philosophique.* **La Philosophie de Schopenhauer.** 8° édition.
— * **Les Maladies de la mémoire.** 14° édit.
— * **Les Maladies de la volonté.** 16° édit.
— * **Les Maladies de la personnalité.** 9° édit.
— * **La Psychologie de l'attention.** 5° édit.
RICHARD (G.), docteur ès lettres. * **Le Socialisme et la Science sociale.** 2° édit.
RICHET (Ch.). **Essai de psychologie générale.** 4° édit. 1901.
ROBERTY (E. de). **L'Inconnaissable, sa métaphysique, sa psychologie.**
— **L'Agnosticisme.** Essai sur quelques théories pessim. de la connaissance. 2° édit.
— **La Recherche de l'Unité.** 1893.
— **Auguste Comte et Herbert Spencer.** 2° édit.
— * **Le Bien et le Mal.** 1896.
— **Le Psychisme social.** 1897.
— **Les Fondements de l'Ethique.** 1898.
— **Constitution de l'Éthique.** 1901.
ROISEL. **De la Substance.**
— **L'Idée spiritualiste.** 2° éd. 1901.
SAIGEY. **La Physique moderne.** 2° édit.
SAISSET (Émile), de l'Institut. * **L'Ame et la Vie.**
SCHŒBEL. **Philosophie de la raison pure.**
SCHOPENHAUER. * **Le Libre arbitre**, trad. par M. Salomon Reinach, de l'Institut. 8° éd.
— * **Le Fondement de la morale**, traduit par M. A. Burdeau. 7° édit.
— **Pensées et Fragments**, avec intr. par M. J. Bourdeau. 15° édit.

F. ALCAN.

Suite de la *Bibliothèque de philosophie contemporaine*, format in-12 à 1 fr. 50 le vol.

SELDEN (Camille). La Musique en Allemagne, étude sur Mendelssohn.
STUART MILL. * Auguste Comte et la Philosophie positive. 6° édit.
— * L'Utilitarisme. 2° édit.
— Correspondance inédite avec Gustave d'Eichthal (1828-1842) — (1864-1871), avant-propos et trad. par Eug. d'Eichthal. 1898.
-TAINE (H.), de l'Académie française. * Philosophie de l'art dans les Pays-Bas.
TANON. L'Évolution du droit et la Conscience sociale. 1900.
TARDE, de l'Institut, professeur au Collège de France. La Criminalité comparée. 4° édition. 1898.
— * Les Transformations du Droit. 2° édit. 1899.
— * Les Lois sociales. 2° édit. 1898.
THAMIN (R.), recteur de l'Académie de Rennes. * Éducation et Positivisme. 2° édit. Couronné par l'Institut.
THOMAS (P. Félix), docteur ès lettres. * La suggestion, son rôle dans l'éducation intellectuelle. 2° édit. 1898.
— * Morale et éducation, 1899.
TISSIÉ. * Les Rêves, avec préface du professeur Azam. 2° éd. 1898.
VIANNA DE LIMA. L'Homme selon le transformisme.
WECHNIAKOFF. Savants, penseurs et artistes, publié par Raphael Petrucci.
WUNDT. Hypnotisme et Suggestion. Étude critique, traduit par M. Keller.
ZELLER. Christian Baur et l'École de Tubingue, traduit par M. Ritter.
ZIEGLER. La Question sociale est une Question morale, trad. Palante. 2° édit.

BIBLIOTHÈQUE DE PHILOSOPHIE CONTEMPORAINE

Volumes in-8.

Br. à 3 fr. 75, 5 fr., 7 fr. 50, 10 fr., 12 fr. 50 et 15 fr.; Cart. angl., 1 fr. en plus par vol.;
Demi-rel. en plus 2 fr. par vol.

ADAM (Ch.), recteur de l'Académie de Dijon. * La Philosophie en France (première moitié du XIX° siècle). 7 fr. 50
AGASSIZ.* De l'Espèce et des Classifications. 5 fr.
ALENGRY (Franck), docteur ès lettres, inspecteur d'académie. *Essai historique et critique sur la Sociologie chez Aug. Comte. 1900. 10 fr.
ARRÉAT. * Psychologie du peintre. 5 fr.
AUBRY (le Dr P.). La Contagion du meurtre. 1896. 3° édit. 5 fr.
BAIN (Alex.). La Logique inductive et déductive. Trad. Compayré. 2 vol. 3° éd. 20 fr.
— * Les Sens et l'Intelligence. 1 vol. Trad. Cazelles. 3° édit. 10 fr.
— * Les Émotions et la Volonté. Trad. Le Monnier. 10 fr.
BALDWIN (Mark), professeur à l'Université de Princeton (États-Unis). Le Développement mental chez l'enfant et dans la race. Trad. Nourry. 1897. 7 fr. 50
BARTHÉLEMY-SAINT HILAIRE, de l'Institut. La Philosophie dans ses rapports avec les sciences et la religion. 5 fr.
BARZELOTTI, prof. à l'Univ. de Rome. La Philosophie de H. Taine. Trad. Aug. Dietrich. 1900. 7 fr. 50
BERGSON (H.), professeur au Collège de France. * Matière et mémoire, essai sur les relations du corps à l'esprit. 2° édit. 1900. 5 fr.
— Essai sur les données immédiates de la concience. 2° édit. 1898. 3 fr. 75
BERTRAND, prof. à l'Université de Lyon. * L'Enseignement intégral. 1898. 5 fr.
— Les Études dans la démocratie. 1900. 5 fr.
BOIRAC (Émile), recteur de l'Acad. de Grenoble. * L'Idée du Phénomène. 5 fr.
BOUGLÉ, professeur à l'Université de Toulouse. Les Idées égalitaires. 1899. 3 fr. 75
BOURDEAU (L.). Le Problème de la mort. 3° édition. 1900. 5 fr.
— Le Problème de la vie. 1 vol. in-8. 1901. 7 fr. 50

F. ALCAN.

Suite de la *Bibliothèque de philosophie contemporaine*, format in-8.

BOURDON, professeur à l'Université de Rennes. * **L'Expression des émotions et des tendances dans le langage.** 7 fr. 50
BOUTROUX (Em.), de l'Institut. Etudes d'histoire de la philos. 2° éd. 1901. 7 fr. 50
BROCHARD (V.), de l'Institut. De l'Erreur. 1 vol. 2° édit. 1897. 5 fr.
BRUNSCHWICG (E.), prof. au lycée Condorcet, docteur ès lettres. * **Spinoza.** 3 fr. 75
— **La Modalité du jugement.** 5 fr.
CARRAU (Ludovic), professeur à la Sorbonne. **La Philosophie religieuse en Angleterre,** depuis Locke jusqu'à nos jours. 5 fr.
CHABOT (Ch.), prof. à l'Univ. de Lyon. ***Nature et Moralité.** 1897. 5 fr.
CLAY (R.). * **L'Alternative,** *Contribution à la Psychologie.* 2° édit. 10 fr.
COLLINS (Howard). ***La Philosophie de Herbert Spencer,** avec préface de M. Herbert Spencer, traduit par H. de Varigny. 3° édit. 1900. 10 fr.
COMTE (Aug.). La Sociologie, résumé par E. RIGOLAGE. 1897. 7 fr. 50
CONTA (B.). Théorie de l'ondulation universelle. 1894. 3 fr. 75
COSTE. Les principes d'une Sociologie objective. 1899. 3 fr. 75
— L'Expérience des peuples et les prévisions qu'elle autorise, suite à la *Sociologie objective.* 1900. 10 fr.
CRÉPIEUX-JAMIN. L'Écriture et le Caractère. 4° édit. 1897. 7 fr. 50
DE LA GRASSERIE (R.), lauréat de l'Institut. Psychologie des religions. 1899. 5 fr.
DEWAULE, docteur ès lettres. * **Condillac et la Psychol. anglaise contemp.** 5 fr.
DUMAS (G.). La Tristesse et la Joie. (Couronné par l'Institut.) 7 fr. 50
DUPRAT (G. L.), docteur ès lettres. L'Instabilité mentale. 1899. 5 fr.
DUPROIX (P.), professeur à l'Université de Genève. * **Kant et Fichte et le problème de l'éducation.** 2° édit. 1897. (Ouvrage couronné par l'Académie française.) 5 fr.
DURAND (DE GROS). Aperçus de taxinomie générale. 1898. 5 fr.
— Nouvelles recherches sur l'esthétique et la morale. 1 vol. in-8. 1899. 5 fr.
— Variétés philosophiques. 2° édit. revue et augmentée. 1900. 5 fr.
DURKHEIM, prof. à l'Univ. de Bordeaux. * **De la division du travail social.** 2° édit. 1901. 7 fr. 50
— Le Suicide, *étude sociologique.* 1897. 7 fr. 50
— * L'Année sociologique. Collaborateurs : MM. SIMMEL, BOUGLÉ, MAUSS, FAUCONNET, HUBERT, LAPIE, EM. LÉVY, RICHARD, A. MILHAUD, SIMIAND, MUFFANG et PARODI. — 1re année, 1896-1897. — 2e année, 1897-1898. — 3e année, 1898-1899. 4e année, 1899-1900. Chaque volume. 10 fr.
ESPINAS (A.), professeur à la Sorbonne. La Philosophie sociale du XVIII° siècle et la Révolution française. 1898. 7 fr. 50
FERRERO (G.). Les Lois psychologiques du symbolisme. 1895. 5 fr.
FERRI (Louis). La Psychologie de l'association, depuis Hobbes. 7 fr. 50
FLINT, prof. à l'Univ. d'Edimbourg. ***La Philos. de l'histoire en Allemagne.** 7 fr. 50
FONSEGRIVE, professeur au lycée Buffon. * **Essai sur le libre arbitre.** Couronné par l'Institut. 2° édit. 1895. 10 fr.
FOUILLÉE (Alf.), de l'Institut. ***La Liberté et le Déterminisme.** 5° édit. 7 fr. 50
— Critique des systèmes de morale contemporains. 4° édit. 7 fr. 50
— ***La Morale, l'Art, la Religion,** d'après GUYAU. 4° édit. augm. 3 fr. 75
— L'Avenir de la Métaphysique fondée sur l'expérience. 2° édit. 5 fr.
— * L'Évolutionnisme des idées-forces. 7 fr. 50
— * La Psychologie des idées-forces. 2 vol. 2° édit. 15 fr.
— * Tempérament et caractère. 3° édit. 7 fr. 50
— Le Mouvement positiviste et la conception sociol. du monde. 2° édit. 7 fr. 50
— Le Mouvement idéaliste et la réaction contre la science posit. 2° édit. 7 fr. 50
— Psychologie du peuple français. 7 fr. 50
— La France au point de vue moral. 1900. 7 fr. 50
FRANCK (A.), de l'Institut. Philosophie du droit civil. 5 fr.
FULLIQUET. Essai sur l'Obligation morale. 1898. 7 fr. 50
GAROFALO, agrégé de l'Université de Naples. La Criminologie. 4° édit. 7 fr. 50
— La Superstition socialiste. 1895. 5 fr.
GÉRARD-VARET, professeur à l'Université de Dijon. L'Ignorance et l'Irréflexion. 1899. 5 fr.

Suite de la *Bibliothèque de philosophie contemporaine*, format in-8.

GOBLOT (E.), Professeur à l'Université de Caen. * **Essai sur la Classification des sciences.** 1898. 5 fr.
GODFERNAUX (A.), docteur ès lettres. * **Le Sentiment et la pensée.** 1894. 5 fr.
GORY (G.), docteur ès lettres. **L'Immanence de la raison dans la connaissance sensible.** 1896. 5 fr.
GREEF (de), prof. à la nouvelle Université libre de Bruxelles. **Le Transformisme social.** Essai sur le progrès et le regrès des sociétés. 2ᵉ éd. 1901. 7 fr. 50
GURNEY, MYERS et PODMORE. **Les Hallucinations télépathiques**, traduit et abrégé des « *Phantasms of The Living* » par L. MARILLIER, préf. de CH. RICHET. 3ᵉ éd. 7 fr. 50
GUYAU (M.). * **La Morale anglaise contemporaine.** 4ᵉ édit. 7 fr. 50
— **Les Problèmes de l'esthétique contemporaine.** 6ᵉ édit. 5 fr.
— **Esquisse d'une morale sans obligation ni sanction.** 5ᵉ édit. 5 fr.
— **L'Irréligion de l'avenir**, étude de sociologie. 7ᵉ édit. 7 fr. 50
— * **L'Art au point de vue sociologique.** 5ᵉ édit. 7 fr. 50
— ***Education et Hérédité**, étude sociologique. 5ᵉ édit. 5 fr.
HANNEQUIN, professeur à l'Université de Lyon. **Essai sur l'hypothèse des atomes.** 2ᵉ édition. 1899. 7 fr. 50
HALÉVY (Élie), docteur ès lettres, professeur à l'École des sciences politiques. **La Formation du radicalisme philosophique**, 1901 : T. I, *La jeunesse de Bentham*, 7 fr. 50. — T. II, *l'Evolution de la Doctrine utilitaire* (1789-1815). 7 fr. 50
HARTENBERG (Dʳ Paul). **Les Timides et la Timidité.** 1901. 5 fr.
HERBERT SPENCER. ***Les premiers Principes.** Traduc. Cazelles. 9ᵉ éd. 10 fr.
— * **Principes de biologie.** Traduct. Cazelles. 4ᵉ édit. 2 vol. 20 fr.
— * **Principes de psychologie.** Trad. par MM. Ribot et Espinas. 2 vol. 20 fr.
— ***Principes de sociologie.** 4 vol., traduits par MM. Cazelles et Gerschel :
Tome I. 10 fr. — Tome II. 7 fr. 50. — Tome III. 15 fr. — Tome IV. 8 fr. 75
— * **Essais sur le progrès.** Trad. A. Burdeau. 5ᵉ édit. 7 fr. 50
— **Essais de politique.** Trad. A. Burdeau. 4ᵉ édit. 7 fr. 50
— **Essais scientifiques.** Trad. A. Burdeau. 3ᵉ édit. 7 fr. 50
— * **De l'Education physique, intellectuelle et morale.** 10ᵉ édit. (Voy. p. 3, 20, 21 et 32.) 5 fr.
HIRTH (G.). ***Physiologie de l'Art.** Trad. et introd. de M. L. Arréat. 5 fr.
HOFFDING, professeur à l'Université de Copenhague. **Esquisse d'une psychologie fondée sur l'expérience.** Trad. par L. POITEVIN. Préf. de Pierre JANET. 1900. 7 fr. 50
IZOULET (J.), professeur au Collège de France. * **La Cité moderne.** 6ᵉ édit. 1901. 10 fr.
JANET (Paul), de l'Institut. * **Les Causes finales.** 4ᵉ édit. 10 fr.
— * **Victor Cousin et son œuvre.** 3ᵉ édition. 7 fr. 50
— * **Œuvres philosophiques de Leibniz.** 2ᵉ édit. 2 vol. 1900. 20 fr.
JANET (Pierre), chargé de cours à la Sorbonne. * **L'Automatisme psychologique**, essai sur les formes inférieures de l'activité mentale. 3ᵉ édit. 7 fr. 50
LALANDE (A.), agrégé de philosophie, docteur ès lettres. ***La Dissolution opposée à l'évolution**, dans les sciences physiques et morales. 1 vol. in-8. 1899. 7 fr. 50
LANG (A.). ***Mythes, Cultes et Religion.** Traduit par MM. Marillier et Dirr, introduction de Marillier. 1896. 10 fr.
LAVELEYE (de). ***De la Propriété et de ses formes primitives.** 5ᵉ édit. 10 fr.
— * **Le Gouvernement dans la démocratie.** 2 vol. 3ᵉ édit. 1896. 15 fr.
LE BON (Dʳ Gustave). **Psychologie du socialisme.** 3ᵉ édit. 1900. 7 fr. 50
LECHARTIER (G.). **David Hume, moraliste et sociologue.** 1900. 5 fr.
LECLÈRE (A.), Dʳ ès lettres. **Essai critique sur le droit d'affirmer.** 1901. 5 fr.
LÉVY-BRUHL, maître de conférences à la Sorbonne. ***La Philosophie de Jacobi.** 1894. 5 fr.
— ***Lettres inédites de J.-S. Mill à Auguste Comte**, publiées avec les réponses de Comte et une introduction. 1899. 10 fr.
— * **La Philosophie d'Auguste Comte.** 1900. 7 fr. 50
LIARD, de l'Institut. * **Descartes.** 5 fr.
— * **La Science positive et la Métaphysique.** 4ᵉ édit. 7 fr. 50

Suite de la *Bibliothèque de philosophie contemporaine*, format in-8.

LICHTENBERGER (H.), professeur à l'Université de Nancy. **Richard Wagner, poète et penseur.** 2° édit. 1899. (Ouvrage couronné par l'Académie française, prix Bordin.) 10 fr.
LOMBROSO. * **L'Homme criminel** (criminel-né, fou-moral, épileptique), précédé d'une préface de M. le docteur LETOURNEAU. 3° éd. 2 vol. et atlas. 1895. 36 fr.
LOMBROSO ET FERRERO. **La Femme criminelle et la prostituée.** 15 fr.
LOMBROSO et LASCHI. **Le Crime politique et les Révolutions.** 2 vol. 15 fr.
LYON (Georges), maître de conférences à l'École normale supérieure. ***L'Idéalisme en Angleterre au XVIII° siècle.** 7 fr. 50
MALAPERT (P.), docteur ès lettres, prof. au lycée Louis-le-Grand. ***Les Eléments du caractère et leurs lois de combinaison.** 1897. 5 fr.
MARION (H.), professeur à la Sorbonne. ***De la Solidarité morale.** Essai de psychologie appliquée. 6° édit. 1897. 5 fr.
MARTIN (Fr.), docteur ès lettres, prof. au lycée Saint-Louis. * **La Perception extérieure et la Science positive,** essai de philosophie des sciences. 1894. 5 fr.
MATTHEW ARNOLD. **La Crise religieuse.** 7 fr. 50
MAX MULLER, prof. à l'Université d'Oxford. * **Nouvelles études de mythologie,** trad. de l'anglais par L. Job, docteur ès lettres. 1898. 12 fr. 50
NAVILLE (E.), correspond. de l'Institut. **La Physique moderne.** 2° édit. 5 fr.
— * **La Logique de l'hypothèse.** 2° édit. 5 fr.
— * **La Définition de la philosophie.** 1894. 5 fr.
— Le libre Arbitre. 2° édit. 1898. 5 fr.
— Les Philosophies négatives. 1899. 5 fr.
NORDAU (Max). ***Dégénérescence,** trad. de Aug. Dietrich. 5° éd. 1898. 2 vol. Tome I. 7 fr. 50. Tome II. 10 fr.
— Les Mensonges conventionnels de notre civilisation. 5° édit. 1899. 5 fr.
NOVICOW. **Les Luttes entre Sociétés humaines.** 2° édit. 10 fr.
— * **Les Gaspillages des sociétés modernes.** 2° édit. 1899. 5 fr.
OLDENBERG, professeur à l'Université de Kiel. ***Le Bouddha, sa Vie, sa Doctrine, sa Communauté,** trad. par P. Foucher. Préf. de Lucien Lévy. 2° éd. 1901. 7 fr. 50
OUVRÉ (H.), professeur à l'Université de Bordeaux. **Les Formes littéraires de la pensée grecque.** 1900. *Ouvrage couronné par l'Association pour l'enseignement des études grecques.* 10 fr.
PAULHAN (Fr.). **L'Activité mentale et les Éléments de l'esprit.** 10 fr.
— **Les Types intellectuels :** esprits logiques et esprits faux. 1896. 7 fr. 50
PAYOT (J.), inspect. d'académie. * **L'Éducation de la volonté.** 12° édit. 1901. 5 fr.
— De la Croyance. 1896. 5 fr.
PÉRÈS (Jean), professeur au lycée de Toulouse. L'Art et le Réel. 1898. 3 fr. 75
PÉREZ (Bernard). **Les Trois premières années de l'enfant.** 5° édit. 5 fr.
— **L'Éducation morale dès le berceau.** 4° édit. 1901. 5 fr.
— ***L'Éducation intellectuelle dès le berceau.** 2° éd. 1901. 5 fr.
PIAT (C.). **La Personne humaine.** 1898. (Couronné par l'Institut). 7 fr. 50
— * **Destinée de l'homme.** 1898. 5 fr.
PICAVET (E.), maître de conférences à l'École des hautes études. * **Les Idéologues,** essai sur l'histoire des idées, des théories scientifiques, philosophiques, religieuses, etc., en France, depuis 1789. (Ouvr. couronné par l'Académie française.) 10 fr.
PIDERIT. **La Mimique et la Physiognomonie.** Trad. par M. Girot. 5 fr.
PILLON (F.). ***L'Année philosophique,** 10 années : 1890, 1891, 1892, 1893 (épuisé), 1894, 1895, 1896, 1897, 1898, 1899 et 1900. 11 vol. Chaque volume séparément. 5 fr.
PIOGER (J.). **La Vie et la Pensée,** essai de conception expérimentale. 1894. 5 fr.
La Vie sociale, la Morale et le Progrès. 1894. 5 fr.
PREYER, prof. à l'Université de Berlin. **Éléments de physiologie.** 5 fr.
— * **L'Ame de l'enfant.** Développement psychique des premières années. 10 fr.
PROAL, conseiller à la Cour de Paris. * **Le Crime et la Peine.** 3° édit. Couronné par l'Institut. 10 fr.
— * **La Criminalité politique.** 1895. 5 fr.
— Le Crime et le Suicide passionnels. 1900. 10 fr.

Suite de la *Bibliothèque de philosophie contemporaine*, format in-8.

RAUH, maître de conférences à l'École normale. **De la méthode dans la psychologie des sentiments.** 1899. 5 fr.

RÉCEJAC, docteur ès lettres. **Essai sur les Fondements de la Connaissance mystique.** 1897. 5 fr.

RENARD (G.), professeur au Conservatoire des arts et métiers. **La Méthode scientifique de l'histoire littéraire.** 1900. 10 fr.

RENOUVIER (Ch.) de l'Institut. **Les Dilemmes de la métaphysique pure.** 1900. 5 fr.
— **Histoire et solution des problèmes métaphysiques.** 1901 7 fr. 50

RIBOT (Th.), de l'Institut. * **L'Hérédité psychologique.** 5e édit. 7 fr. 50
— * **La Psychologie anglaise contemporaine.** 3e édit. 7 fr. 50
— * **La Psychologie allemande contemporaine.** 4e édit. 7 fr. 50
— **La Psychologie des sentiments.** 3e édit. 1899. 7 fr. 50
— **L'Evolution des idées générales.** 1897. 5 fr.
— **Essai sur l'Imagination créatrice.** 1900. 5 fr.

RICARDOU (A.), docteur ès lettres. * **De l'Idéal.** Couronné par l'Institut. 5 fr.

ROBERTY (E. de). **L'Ancienne et la Nouvelle philosophie.** 7 fr. 50
— * **La Philosophie du siècle** (positivisme, criticisme, évolutionnisme). 5 fr.

ROMANES. * **L'Evolution mentale chez l'homme.** 7 fr. 50

SAIGEY (E.). * **Les Sciences au XVIIIe siècle. La Physique de Voltaire.** 5 fr.

SANZ Y ESCARTIN. **L'Individu et la Réforme sociale**, trad. Dietrich. 7 fr. 50

SCHOPENHAUER. **Aphor. sur la sagesse dans la vie.** Trad. Cantacuzène. 5 fr.
— * **De la Quadruple racine du principe de la raison suffisante,** suivi d'une *Histoire de la doctrine de l'Idéal et du Réel.* Trad. par M. Cantacuzène 5 fr.
— * **Le Monde comme volonté et comme représentation.** Traduit par M. A. Burdeau. 3e éd. 3 vol. Chacun séparément. 7 fr. 50

SÉAILLES (G.), prof. à la Sorbonne. **Essai sur le génie dans l'art.** 2e édit. 5 fr.

SERGI, prof. à l'Univ. de Rome. **La Psychologie physiologique.** 7 fr. 50

SIGHELE (Scipio). **La Foule criminelle.** Essai de psychologie collective. 2e édition augmentée. 1901. 5 fr.

SOLLIER. **Le Problème de la mémoire.** 1900. 3 fr. 75

SOURIAU (Paul), prof. à l'Univ. de Nancy. **L'Esthétique du mouvement.** 5 fr.
— * **La Suggestion dans l'art.** 5 fr.

STEIN (L.), professeur à l'Université de Berne. **La Question sociale au point de vue philosophique.** 1900. 10 fr.

STUART MILL. * **Mes Mémoires.** Histoire de ma vie et de mes idées. 3e éd. 5 fr.
— * **Système de Logique déductive et inductive.** 4e édit. 2 vol. 20 fr.
— * **Essais sur la Religion.** 2e édit. 5 fr.
— **Lettres inédites à Aug. Comte et réponses d'Aug. Comte,** publiées et précédées d'une introduction par L. Lévy Brunl. 1899. 10 fr.

SULLY (James). **Le Pessimisme.** Trad. Bertrand. 2e édit. 7 fr. 50
— * **Études sur l'Enfance.** Trad. A. Monod, préface de G. Compayré. 1898. 10 fr.

TARDE (G.), de l'Institut, prof. au Collège de France. * **La Logique sociale.** 2e édit. 1898. 7 fr. 50
— * **Les Lois de l'imitation.** 3e édit. 1900. 7 fr. 50
— **L'Opposition universelle.** *Essai d'une théorie des contraires.* 1897. 7 fr. 50
— **L'Opinion et la Foule.** 1901. 5 fr.

THOMAS (P.-F.), docteur ès lettres. * **L'Éducation des sentiments.** 1898. Couronné par l'Institut. 5 fr.

THOUVEREZ (Émile), professeur à l'Université de Toulouse. **Le Réalisme métaphysique** 1894. Couronné par l'Institut. 5 fr.

VACHEROT (Et.), de l'Institut. * **Essais de philosophie critique.** 7 fr. 50
— **La Religion.** 7 fr. 50

F. ALCAN.

COLLECTION HISTORIQUE DES GRANDS PHILOSOPHES

PHILOSOPHIE ANCIENNE

ARISTOTE (Œuvres d'), traduction de J. Barthélemy-Saint-Hilaire, de l'Institut.
— *Rhétorique. 2 vol. in-8. 16 fr.
— *Politique. 1 vol. in-8... 10 fr.
— La Métaphysique d'Aristote. 3 vol. in-8. . . . . 30 fr.
— De la Logique d'Aristote, par M. Barthélemy-Saint-Hilaire. 2 vol. in-8. . . . . 10 fr.
— Table alphabétique des matières de la traduction générale d'Aristote, par M. Barthélemy-Saint-Hilaire, 2 forts vol. in-8. 1892 . . . . 30 fr.
— L'Esthétique d'Aristote, par M. Bénard. 1 vol. in-8. 1889. 5 fr.
— La Poétique d'Aristote, par Hatzfeld (A.), prof. hon. au Lycée Louis-le-Grand et M. Dufour, prof. à l'Univ. de Lille. 1 vol. in-8 1900. . . . . 6 fr.
SOCRATE. * La Philosophie de Socrate, par Alf. Fouillée. 2 vol. in-8 . . . . 16 fr.
— Le Procès de Socrate, par G. Sorel. 1 vol. in-8. . . . . . 3 fr. 50
PLATON. Études sur la Dialectique dans Platon et dans Hegel, par Paul Janet. 1 vol. in-8. 6 fr.
— *Platon, sa philosophie, sa vie et de ses œuvres, par Ch. Bénard. 1 vol. in-8. 1893. . . . . . . 10 fr.
— La Théorie platonicienne des Sciences, par Élie Halévy. In-8 1895. . . . . 5 fr.

PLATON. Œuvres, traduction Victor Cousin revue par J. Barthélemy-Saint-Hilaire : Socrate et Platon ou le Platonisme — Eutyphron — Apologie de Socrate — Criton — Phédon. 1 vol. in-8. 1896. 7 fr. 50
ÉPICURE.*La Morale d'Épicure et ses rapports avec les doctrines contemporaines, par M. Guyau. 1 volume in-8. 3ᵉ édit. . . . . . 7 fr. 50
BÉNARD. La Philosophie ancienne, histoire de ses systèmes. *La Philosophie et la Sagesse orientales. — La Philosophie grecque avant Socrate. — Socrate et les socratiques. — Études sur les sophistes grecs.* 1 v. in-8 . . . . 9 fr.
FAVRE (Mᵐᵉ Jules), née Velten. La Morale de Socrate. In-18. 3 fr. 50
— La Morale d'Aristote. In-18. 3 fr. 50
OGEREAU. Système philosophique des stoïciens. In-8. . . . . 5 fr.
RODIER (G.). *La Physique de Straton de Lampsaque. In-8. 3 fr.
TANNERY (Paul). Pour l'histoire de la science hellène (de Thalès à Empédocle). 1 v. in-8. 1887. . . . . 7 fr. 50
MILHAUD (G.).*Les origines de la science grecque. 1 vol. in-8. 1893 . . . . 5 fr.
— Les philosophes géomètres de la Grèce, Platon et ses prédécesseurs. 1 vol. in-8. 1900. 6 fr.

PHILOSOPHIE MODERNE

* DESCARTES, par L. Liard. 1 vol. in-8. . . . . 5 fr.
— Essai sur l'Esthétique de Descartes, par E. Krantz. 1 vol. in-8. 2ᵉ éd. 1897. . . . . 6 fr.
SPINOZA. Benedicti de Spinoza opera, quotquot reperta sunt, recognoverunt J. Van Vloten et J.-P.-N. Land. 2 forts vol. in-8 sur papier de Hollande. . . . . 45 fr.
Le même en 3 volumes élégamment reliés. . . . . 18 fr.
— Inventaire des livres formant sa bibliothèque, publié d'après un document inédit avec des notes biographiques et bibliographi-

ques et une introduction par A.-J. Servaas van Rvoijen. 1 v. in-4 sur papier de Hollande. . . . . . . 15 fr.
SPINOZA. La Doctrine de Spinoza, exposée à la lumière des faits scientifiques, par E. Ferrière. 1 vol in-12. . . . . 3 fr. 50
GEULINCK (Arnoldi). Opera philosophica recognovit J.-P.-N. Land, 3 volumes, sur papier de Hollande, gr. in-8. Chaque vol. . . 17 fr. 75
GASSENDI. La Philosophie de Gassendi, par P.-F. Thomas. In-8. 1889. . . . . 6 fr.
LOCKE. * Sa vie et ses œuvres, par Marion. In-18. 3ᵉ éd. . . 2 fr. 50

MALEBRANCHE. * **La Philosophie de Malebranche**, par OLLÉ-LAPRUNE, de l'Institut. 2 v. in-8. 16 fr.

PASCAL. **Études sur le scepticisme de Pascal**, par DROZ. 1 vol. in-8.............. 6 fr.

VOLTAIRE. **Les Sciences au XVIII° siècle**. Voltaire physicien, par Em. SAIGEY. 1 vol. in-8. 5 fr.

FRANCK (Ad.), de l'Institut. **La Philosophie mystique en France au XVIII° siècle.** 1 volume in-18............... 2 fr. 50

DAMIRON. **Mémoires pour servir à l'histoire de la philosophie au XVIII° siècle.** 3 vol. in-8. 15 fr.

J.-J. ROUSSEAU ***Du Contrat social**, édition comprenant avec le texte définitif les versions primitives de l'ouvrage d'après les manuscrits de Genève et de Neuchâtel, avec introduction par EDMOND DREYFUS-BRISAC. 1 fort volume grand in-8. 12 fr.

ERASME. **Stultitiæ laus des. Erasmi Rot. declamatio.** Publié et annoté par J.-B. KAN, avec les figures de HOLBEIN. 1 v. in-8. 6 fr. 75

PHILOSOPHIE ANGLAISE

DUGALD STEWART. ***Éléments de la philosophie de l'esprit humain.** 3 vol. in-12.... 9 fr.

BACON. **Étude sur François Bacon**, par J. BARTHÉLEMY-SAINT-HILAIRE. In-18........ 2 fr. 50

— * **Philosophie de François Bacon**, par CH. ADAM. (Couronné par l'Institut). In-8.... 7 fr. 50

BERKELEY. **Œuvres choisies.** Essai d'une nouvelle théorie de la vision. Dialogues d'Hylas et de Philonoüs. Trad. de l'angl. par MM. BEAULAVON (G.) et PARODI (D.). In-8. 1895. 5 fr.

PHILOSOPHIE ALLEMANDE

KANT. **La Critique de la raison pratique**, traduction nouvelle avec introduction et notes, par M. PICAVET. 2° édit. 1 vol. in-8.. 6 fr.

— **Éclaircissements sur la Critique de la raison pure**, trad. TISSOT. 1 vol. in-8....... 6 fr.

— * **Principes métaphysiques de la morale**, et Fondements de la métaphysique des mœurs, traduct. TISSOT. In-8............ 8 fr.

— **Doctrine de la vertu**, traduction BARNI. 1 vol. in-8........ 8 fr.

— * **Mélanges de logique**, traduction TISSOT. 1 v. in-8..... 6 fr.

— * **Prolégomènes à toute métaphysique future qui se présentera comme science**, traduction TISSOT. 1 vol. in-8........ 6 fr.

— * **Anthropologie**, suivie de divers fragments relatifs aux rapports du physique et du moral de l'homme, et du commerce des esprits d'un monde à l'autre, traduction TISSOT. 1 vol. in-8....... 6 fr.

— ***Essai critique sur l'Esthétique de Kant**, par V. BASCH. 1 vol. in-8. 1896...... 10 fr.

— **Sa morale**, par CRESSON. 1 vol. in-12............... 2 fr. 50

— **L'Idée ou critique du Kantisme**, par C. PIAT D^r ès lettres. 2° édit. 1 vol. in-8....... 6 fr.

KANT et FICHTE et le problème de l'éducation, par PAUL DUPROIX. 1 vol. in-8. 1897...... 5 fr.

SCHELLING. **Bruno**, ou du principe divin. 1 vol. in-8...... 3 fr. 50

HEGEL. ***Logique.** 2 vol. in-8. 14 fr.

— * **Philosophie de la nature.** 3 vol. in-8............. 25 fr.

— * **Philosophie de l'esprit.** 2 vol. in-8................ 18 fr.

— * **Philosophie de la religion.** 2 vol. in-8............ 20 fr.

— **La Poétique**, trad. par M. Ch. BÉNARD. Extraits de Schiller, Gœthe, Jean-Paul, etc., 2 v. in-8. 12 fr.

— **Esthétique.** 2 vol. in-8, trad. BÉNARD................: 16 fr.

— **Antécédents de l'hégélianisme dans la philosophie française**, par E. BEAUSSIRE. 1 vol. in-18.......... 2 fr. 50

— **Introduction à la philosophie de Hegel**, par VÉRA. 1 vol. in-8. 2° édit................ 6 fr. 50

—***La logique de Hegel**, par EUG. NOEL. In-8. 1897......... 3 fr.

HERBART. * **Principales œuvres pédagogiques**, trad. A. PINLOCHE. In-8. 1894........... 7 fr. 50

MAUXION (M.). **La métaphysique de Herbart et la critique de Kant.** 1 vol. in-8..... 7 fr. 50

— **L'Instruction par l'éducation et les théories pédagogiques de Herbart.** 1 vol. in-12.... 2 fr. 50

RICHTER (Jean-Paul-Fr.). **Poétique ou Introduction à l'Esthétique.** 2 vol. in-8. 1862....... 15 fr.

SCHILLER. **Son esthétique**, par Fr. Montargis. In-8..... 4 fr.

Essai sur le mysticisme spéculatif en Allemagne au XIV° siècle, par Delacroix (H.), Maître de conf. à l'Univ. de Montpellier. 1 vol. in-8, 1900.. 5 fr.

PHILOSOPHIE ANGLAISE CONTEMPORAINE
(Voir *Bibliothèque de philosophie contemporaine*, pages 2 à 9.)

Arnold (Matt.). — Bain (Alex.). — Carrau (Lud.). — Clay (R.). — Collins (H.). — Carus. — Ferri (L.). — Flint. — Guyau. — Gurney, Myers et Podmor. — Herbert Spencer. — Huxley. — Ribot. — Liard. — Lang. — Lubbock (Sir John). — Lyon (Georges). — Marion. — Maudsley. — Stuart-Mill (John). — Romanes. — Sully (James).

PHILOSOPHIE ALLEMANDE CONTEMPORAINE
(Voir *Bibliothèque de philosophie contemporaine*, pages 2 à 9.)

Bouglé. — Hartmann (E. de). — Mauxion. — Nordau (Max). — Nietzsche. — Oldenberg. — Piderit. — Preyer. — Ribot (Th.). — Schmidt (O.). — Schoebel. — Schopenhauer. — Selden (C.). — Stricker. — Wundt. — Zeller. — Ziegler.

PHILOSOPHIE ITALIENNE CONTEMPORAINE
(Voir *Bibliothèque de philosophie contemporaine*, pages 2 à 9.)

Barzelotti. — Espinas. — Ferrero. — Ferri (Enrico). — Ferri (L.). — Garofalo. — Léopardi. — Lombroso. — Lombroso et Ferrero. — Lombroso et Laschi. — Mariano. — Mosso. — Pilo (Mario). — Sergi. — Sighele.

LES GRANDS PHILOSOPHES
Publié sous la direction de M. C. PIAT
Agrégé de philosophie, docteur ès lettres, professeur à l'École des Carmes.

VOLUMES PUBLIÉS :

*****Kant**, par M. Ruyssen, agrégé de l'Université, professeur au lycée de Bordeaux.
Socrate, par M. l'abbé C. Piat.
Avicenne, par le baron Carra de Vaux.
Saint Augustin, par M. l'abbé Jules Martin.
Malebranche, par M. Henri Joly, ancien doyen de la Faculté des lettres de Dijon.
Pascal, par A. Hatzfeld, professeur honoraire au lycée Louis-le-Grand.
Saint Anselme, par M. Domet de Vorges, ancien ministre plénipotentiaire.

Chaque étude forme un volume in-8° carré de 300 pages environ, du prix de 5 francs.

SOUS PRESSE OU EN PRÉPARATION :

Descartes, par M. le baron Denys Cochin, député de Paris.
Saint Thomas d'Aquin, par Msᵣ Mercier, directeur de l'Institut supérieur de philosophie de l'Université de Louvain, et par M. de Wulf, professeur au même Institut.
Saint Bonaventure, par Mᵍʳ Dadolle, recteur des Facultés libres de Lyon.
Maine de Biran, par M. Marius Couailhac, docteur ès lettres.
Rosmini, par M. Bazaillas, agrégé de l'Université, professeur au collège Stanislas.
Spinoza, par M. P.-L. Couchoud.
Dunsscot, par le R. P. David Fleming, définiteur général de l'ordre des Franciscains.

F. ALCAN.

BIBLIOTHÈQUE GÉNÉRALE
des
SCIENCES SOCIALES

SECRÉTAIRE DE LA RÉDACTION :
DICK MAY, Secrétaire général de l'École des Hautes Études sociales.

VOLUMES PUBLIÉS :

L'Individualisation de la peine, par R. SALEILLES, professeur à la Faculté de droit de l'Université de Paris.
L'Idéalisme social, par Eugène FOURNIÈRE, député.
***Ouvriers du temps passé** (XVᵉ et XVIᵉ siècles), par H. HAUSER, professeur à l'Université de Clermont-Ferrand.
***Les Transformations du pouvoir**, par G. TARDE, professeur au Collège de France.
Morale sociale. Leçons professées au collège libre des Sciences sociales, par MM. G. BELOT, MARCEL BERNÈS, BRUNSCHVICG, F. BUISSON, DARLU, DAURIAC, DELBET, CH. GIDE, M. KOVALEVSKY, MALAPERT, le R. P. MAUMUS, DE ROBERTY, G. SOREL, le Pasteur WAGNER. Préface de M. ÉMILE BOUTROUX, de l'Institut.
Les Enquêtes, pratique et théorie, par P. DU MAROUSSEM. (Ouvrage couronné par l'Institut.)
Questions de Morale, leçons professées à l'École de morale, par MM. BELOT, BERNÈS, F. BUISSON, A. CROISET, DARLU, DELBOS, FOURNIÈRE, MALAPERT, MOCH, PARODI, G. SOREL.
Le développement du Catholicisme social depuis l'encyclique *Rerum novarum*, par Max TURMANN.
Le Socialisme sans doctrines. *La Question ouvrière et la Question agraire en Australie et en Nouvelle-Zélande*, par A. MÉTIN, agrégé de l'Université, professeur à l'École municipale Lavoisier.
Assistance sociale. *Pauvres et mendiants*, par PAUL STRAUSS, sénateur.
L'Éducation morale dans l'Université. (*Enseignement secondaire.*) Conférences et discussions, sous la présidence de M. A. CROISET, doyen de la Faculté des lettres de l'Université de Paris. (*École des hautes Études sociales*, 1900-1901).
La Méthode historique appliquée aux Sciences sociales, par Charles SEIGNOBOS, maître de conférences à l'Université de Paris.

Chaque volume in-8° carré de 300 pages environ, cartonné à l'anglaise . . . . 6 fr.

SOUS PRESSE OU EN PRÉPARATION :

Hygiène sociale, par E. DUCLAUX, de l'Institut, directeur de l'institut Pasteur.
Le Contrat de salaire, par M. BUREAU, prof. à la Faculté libre de droit de Paris.
La Formation de la Démocratie socialiste en France, par Albert MÉTIN, agrégé de l'Université.
La Méthode géographique appliquée aux Sciences sociales, par Jean BRUNHES, professeur à l'Université de Fribourg (Suisse).
Les Bourses, par M. THALLER, professeur à la Faculté de droit de l'Université de Paris.
Le Monisme économique (Sociologie marxiste), par DE KELLÈS-KRAUZ.
L'Organisation industrielle moderne. Ses caractères, son développement, par Maurice DUFOURMENTELLE.
Précis d'Économie sociale. *Le Play et la méthode d'observation*, par Alexis DELAIRE, secrétaire général de la Société d'Économie sociale.

MINISTRES ET HOMMES D'ÉTAT

HENRI WELSCHINGER. — *Bismarck. 1 vol. in-16. 1900 . . . . . 2 fr. 50
H. LÉONARDON. — Prim. 1 vol. in-16. 1901 . . . . 2 fr. 50
M. COURCELLE. — Disraëli. 1 vol. in-16, 1901 . . . . 2 fr. 50

SOUS PRESSE OU EN PRÉPARATION :

J. Ferry, par Alfred RAMBAUD (de l'Institut). — **Gladstone**, par F. DE PRESSENSÉ. — **Okoubo**, ministre japonais, par M. COURANT. — **Léon XIII**, par Anatole LEROY-BEAULIEU. — **Alexandre II**, par BOYER. — **Metternich**, par Ch. SCHEFER. — **Lincoln**, par A. VIALLATE.

BIBLIOTHÈQUE
D'HISTOIRE CONTEMPORAINE

Volumes in-12 brochés à 3 fr. 50. — Volumes in-8 brochés de divers prix

EUROPE

SYBEL (H. de). * **Histoire de l'Europe pendant la Révolution française**, traduit de l'allemand par Mlle Dosquet. Ouvrage complet en 6 vol. in-8. 42 fr.

DEBIDOUR, inspecteur général de l'Instruction publique. * **Histoire diplomatique de l'Europe, de 1815 à 1878.** 2 vol. in-8. (Ouvrage couronné par l'Institut.) 18 fr.

FRANCE

AULARD, professeur à la Sorbonne. * **Le Culte de la Raison et le Culte de l'Être suprême**, étude historique (1793-1794). 1 vol. in-12. 3 fr. 50
— * **Études et leçons sur la Révolution française.** 3 vol. in-12. Chacun. 3 fr. 50

DESPOIS (Eug.). * **Le Vandalisme révolutionnaire.** Fondations littéraires, scientifiques et artistiques de la Convention. 4° éd. 1 vol. in-12. 3 fr. 50

DEBIDOUR, inspecteur général de l'instruction publique. * **Histoire des rapports de l'Église et de l'État en France (1789-1870).** 1 fort vol. in-8. 1898. (Couronné par l'Institut.) 12 fr.

ISAMBERT (G.). * **La vie à Paris pendant une année de la Révolution (1791-1792).** 1 vol. in-12. 1896. 3 fr. 50

MARCELLIN PELLET, ancien député. **Variétés révolutionnaires.** 3 vol. in-12, précédés d'une préface de A. Ranc. Chaque vol. séparém. 3 fr. 50

BONDOIS (P.), agrégé de l'Université. * **Napoléon et la société de son temps (1793-1821).** 1 vol. in-8. 7 fr.

CARNOT (H.), sénateur. * **La Révolution française**, résumé historique. 1 volume in-12. Nouvelle édit. 3 fr. 50

WEILL (G.), docteur ès lettres, agrégé de l'Université. **Histoire du parti républicain en France, de 1814 à 1870.** 1 vol. in-8. 1900. 10 fr.

BLANC (Louis). * **Histoire de Dix ans (1830-1840).** 5 vol. in-8. 25 fr.
— 25 pl. en taille-douce. Illustrations pour l'*Histoire de Dix ans*. 6 fr.

GAFFAREL (P.), professeur à l'Université de Dijon. * **Les Colonies françaises.** 1 vol. in-8. 6° édition revue et augmentée. 5 fr.

LAUGEL (A.). * **La France politique et sociale.** 1 vol. in-8. 5 fr.

SPULLER (E.), ancien ministre de l'Instruction publique. * **Figures disparues**, portraits contemp., littér. et politiq. 3 vol. in-12. Chacun. 3 fr. 50
— **Histoire parlementaire de la deuxième République.** 1 volume in-12. 2° édit. 3 fr. 50
— **Hommes et choses de la Révolution.** 1 vol. in-12. 1896. 3 fr. 50

TAXILE DELORD. * **Histoire du second Empire (1848-1870).** 6 v. in-8. 42 fr.

VALLAUX (C.). * **Les campagnes des armées françaises (1792-1815).** 1 vol. in-12, avec 17 cartes dans le texte. 3 fr. 50

ZEVORT (E.), recteur de l'Académie de Caen. **Histoire de la troisième République :**
    Tome I. * **La présidence de M. Thiers.** 1 vol. in-8. 2° édit. 7 fr.
    Tome II. * **La présidence du Maréchal.** 1 vol. in-8. 2° édit. 7 fr.
    Tome III. **La présidence de Jules Grévy.** 1 vol. in-8. 7 fr.
    Tome IV. **La présidence de Sadi Carnot.** 1 vol. in-8. 7 fr.

WAHL, inspecteur général honoraire de l'Instruction aux colonies. * **L'Algérie.** 1 vol. in-8. 3° édit. refondue, 1898. (Ouvrage couronné par l'Institut.) 5 fr.

LANESSAN (J.-L. de). * **L'Indo-Chine française.** Étude économique, politique et administrative sur *la Cochinchine, le Cambodge, l'Annam et le Tonkin*. (Ouvrage couronné par la Société de géographie commerciale de Paris, médaille Dupleix.) 1 vol. in-8, avec 5 cartes en couleurs hors texte. 15 fr.

PIOLET (J.-B.). **La France hors de France, notre émigration, sa nécessité.** 1 vol. in-8. 1900. 10 fr.

LAPIE (P.), maître de conférences à l'Université de Rennes. *Les Civilisations tunisiennes (Musulmans, Israélites, Européens). 1 vol. in-12. 1898. (Couronné par l'Académie française.) 3 fr. 50

WEILL (Georges), agrégé de l'Université, docteur ès lettres. L'École saint-simonienne, son histoire, son influence jusqu'à nos jours. 1 vol. in-12. 1896. 3 fr. 50

ANGLETERRE

LAUGEL (Aug.). * Lord Palmerston et lord Russell. 1 vol. in-12. 3 fr. 50

SIR CORNEWAL LEWIS. * Histoire gouvernementale de l'Angleterre, depuis 1770 jusqu'à 1830. Traduit de l'anglais. 1 vol. in-8. 7 fr.

REYNALD (H.), doyen de la Faculté des lettres d'Aix. * Histoire de l'Angleterre, depuis la reine Anne jusqu'à nos jours. 1 vol. in-12. 2º éd. 3 fr. 50

MÉTIN (Albert). * Le Socialisme en Angleterre. 1 vol. in-12. 1897. 3 fr. 50

ALLEMAGNE

VÉRON (Eug.). * Histoire de la Prusse, depuis la mort de Frédéric II jusqu'à la bataille de Sadowa. 1 vol. in-12. 6ª édit., augmentée d'un chapitre nouveau contenant le résumé des événements jusqu'à nos jours, par P. BONDOIS, professeur agrégé d'histoire au lycée Buffon. 3 fr. 50

— * Histoire de l'Allemagne, depuis la bataille de Sadowa jusqu'à nos jours. 1 vol. in-12. 3ª éd., mise au courant des événements par P. BONDOIS. 3 fr. 50

ANDLER (Ch.), maître de conférences à l'Ecole normale. Les origines du socialisme d'état en Allemagne. 1 vol. in-8. 1897. 7 fr.

GUILLAND (A.), professeur d'histoire à l'Ecole polytechnique suisse. *L'Allemagne nouvelle et ses historiens. NIEBUHR, RANKE, MOMMSEN, SYBEL, TREITSCHKE. 1 vol. in-8. 1899. 5 fr.

AUTRICHE-HONGRIE

ASSELINE (L.). * Histoire de l'Autriche, depuis la mort de Marie-Thérèse jusqu'à nos jours. 1 vol. in-12. 3º édit. 3 fr. 50

BOURLIER (J.). * Les Tchèques et la Bohême contemporaine, avec préface de M. FLOURENS, ancien ministre des Affaires étrangères. 1 vol. in-12. 1897. 3 fr. 50

AUERBACH, professeur à la Faculté des lettres de Nancy. Les races et les nationalités en Autriche-Hongrie. In-8. 1898. 5 fr.

SAYOUS (Ed.), professeur à la Faculté des lettres de Besançon. Histoire des Hongrois et de leur littérature politique, de 1790 à 1815. 1 vol. in-12. 3 fr. 50

ITALIE

SORIN (Élie). *Histoire de l'Italie, depuis 1815 jusqu'à la mort de Victor-Emmanuel. 1 vol. in-12. 1888. 3 fr. 50

GAFFAREL (P.), professeur à la Faculté des lettres de Dijon. *Bonaparte et les Républiques italiennes (1796-1799). 1895. 1 vol. in-8. 5 fr.

BOLTON KING (M. A.). Histoire de l'unité italienne. Histoire politique de l'Italie, de 1814 à 1871, traduit de l'anglais, par M. MACQUART. introduction de M. Yves GUYOT. 1900. 2 vol. in-8. 15 fr.

ESPAGNE

REYNALD (H.). * Histoire de l'Espagne, depuis la mort de Charles III jusqu'à nos jours. 1 vol. in-12. 3 fr. 50

ROUMANIE

DAMÉ (Fr.). Histoire de la Roumanie contemporaine, depuis l'avènement des princes indigènes jusqu'à nos jours. 1 vol. in-8. 1900. 7 fr.

RUSSIE

CRÉHANGE (M.), agrégé de l'Université. *Histoire contemporaine de la Russie, depuis la mort de Paul Iᵉʳ jusqu'à l'avènement de Nicolas II (1801-1894). 1 vol. in-12. 2ª édit. 1895. 3 fr. 50

SUISSE

DAENDLIKER. *Histoire du peuple suisse. Trad. de l'allem. par Mᵐᵉ Jules FAVRE.et précédée d'une Introduction de Jules FAVRE. 1 vol. in-8. 5 fr.

GRÈCE & TURQUIE

BÉRARD (V.), docteur ès lettres. * La Turquie et l'Hellénisme contemporain. (Ouvrage cour. par l'Acad. française.) 1 v. in-12. 3ᵉ éd. 3 fr. 50

RODOCANACHI (E.). *Bonaparte et les îles Ioniennes, épisode des conquêtes de la République et du premier Empire (1797-1816). 1 volume in-8. 1899. 5 fr.

CHINE

CORDIER (H.), professeur à l'École des langues orientales. Histoire des relations de la Chine avec les puissances occidentales (1860-1900).
T. I. *L'empereur T'oung-Tché*. 1861-1875. 1 vol. in-8. 10 fr.
T. II. (1876-1887). 1 vol. in-8. 10 fr.
COURANT (M.), maître de conférences à l'Université de Lyon. En Chine. *Mœurs et institutions. Hommes et faits*. 1 vol. in-16. 3 fr. 50

AMÉRIQUE

DEBERLE (Alf.). * Histoire de l'Amérique du Sud, depuis sa conquête jusqu'à nos jours. 1 vol. in-12. 3ᵉ édit., revue par A. MILHAUD, agrégé de l'Université. 3 fr. 50

BARNI (Jules). * Histoire des idées morales et politiques en France au XVIIIᵉ siècle. 2 vol. in-12. Chaque volume. 3 fr. 50
— * Les Moralistes français au XVIIIᵉ siècle. 1 vol. in-12 faisant suite aux deux précédents. 3 fr. 50
BEAUSSIRE (Émile), de l'Institut. La Guerre étrangère et la Guerre civile. 1 vol. in-12. 3 fr. 50
BOURDEAU (J.). * Le Socialisme allemand et le Nihilisme russe. 1 vol. in-12. 2ᵉ édit. 1894. 3 fr. 50
— L'évolution du Socialisme. 1901. 1 vol. in-16. 3 fr. 50
D'EICHTHAL (Eug.). Souveraineté du peuple et gouvernement. 1 vol. in-12. 1895. 3 fr. 50
DEPASSE (Hector). Transformations sociales. 1894. 1 vol. in-12. 3 fr. 50
— Du Travail et de ses conditions (Chambres et Conseils du travail). 1 vol. in-12. 1895. 3 fr. 50
DRIAULT (E.), prof. agr. au lycée d'Orléans. Les problèmes politiques et sociaux à la fin du XIXᵉ siècle. In-8. 1900. 7 fr.
— * La question d'Orient, préface de G. MONOD, de l'Institut. 1 vol. in-8. 2ᵉ édit. 1900. 7 fr.
GUÉROULT (G.). * Le Centenaire de 1789, évolution polit., philos., artist. et scient. de l'Europe depuis cent ans. 1 vol. in-12. 1889. 3 fr. 50
LAVELEYE (E. de), correspondant de l'Institut. Le Socialisme contemporain. 1 vol. in-12. 10ᵉ édit. augmentée. 3 fr. 50
LICHTENBERGER (A.). * Le Socialisme utopique, *étude sur quelques précurseurs du Socialisme*. 1 vol. in-12. 1898. 3 fr. 50
— * Le Socialisme et la Révolution française. 1 vol. in-8. 5 fr.
MATTER (P.). La dissolution des assemblées parlementaires, étude de droit public et d'histoire. 1 vol. in-8. 1898. 5 fr.
REINACH (Joseph). Pages républicaines. 1894. 1 vol. in-12. 3 fr. 50
SCHEFER (C.). * Bernadotte roi (1810-1818-1844). 1 vol. in-8. 1899. 5 fr.
SPULLER (E.).* Éducation de la démocratie. 1 vol. in-12. 1892. 3 fr. 50
— L'Évolution politique et sociale de l'Église. 1 vol. in-12. 1893. 3 fr. 50
BONET-MAURY. Histoire de la liberté de conscience depuis l'édit de Nantes jusqu'à juillet 1870. 1 vol. in-8. 1900. 5 fr.

BIBLIOTHÈQUE HISTORIQUE ET POLITIQUE

DESCHANEL (E.), sénateur, professeur au Collège de France. * **Le Peuple et la Bourgeoisie**. 1 vol. in-8. 2ᵉ édit. 5 fr.
DU CASSE. **Les Rois frères de Napoléon Iᵉʳ**. 1 vol. in-8. 10 fr.
LOUIS BLANC. **Discours politiques** (1848-1881). 1 vol. in-8. 7 fr. 50
PHILIPPSON. **La Contre-révolution religieuse au XVIᵉ siècle**. 1 vol. in-8. 10 fr.
HENRARD (P.). **Henri IV et la princesse de Condé**. 1 vol. in-8. 6 fr.
NOVICOW. **La Politique internationale**. 1 fort vol. in-8. 7 fr.
REINACH (Joseph). * **La France et l'Italie devant l'histoire**. 1 vol. in-8. 1893. 5 fr.
LORIA (A.). **Les Bases économiques de la constitution sociale**. 1 vol. in-8. 1893. 7 fr. 50

F. ALCAN.

BIBLIOTHÈQUE DE LA FACULTÉ DES LETTRES DE L'UNIVERSITÉ DE PARIS

*De l'authenticité des épigrammes de Simonide, par AM. HAUVETTE, professeur adjoint. 1 vol. in-8. 5 fr.
*Antinomies linguistiques, par M. le Prof. VICTOR HENRY, 1 v. in-8. 2 fr.
*Mélanges d'histoire du Moyen âge, par MM. le Prof. A. LUCHAIRE, DUPONT, FERRIER et POUPARDIN. 1 vol. in-8. 3 fr. 50
*Études linguistiques sur la Basse-Auvergne, phonétique historique du patois de Vinzelles (Puy-de-Dôme), par ALBERT DAUZAT, préface de M. le Prof. ANT. THOMAS. 1 vol. in-8. 6 fr.
*De la flexion dans Lucrèce, par M. le Prof. A. CARTAULT, 1 v. in-8. 4 fr.
*Le treize vendémiaire an IV, par HENRY ZIVY. 1 vol. in-8. 4 fr.
Essai de restitution des plus anciens Mémoriaux de la Chambre des Comptes de Paris, par MM. J. PETIT, GAVRILOVITCH, MAURY et TÉODORU, préface de M. CH.-V. LANGLOIS, chargé de cours. 1 vol. in-8. 9 fr.
Étude sur quelques manuscrits de Rome et de Paris, par M. le Prof. A. LUCHAIRE, membre de l'Institut. 1 vol. in-8. 6 fr.
Études sur les Satires d'Horace, par M. le Prof. A. CARTAULT. 1 vol. in-8. 11 fr.
L'imagination et les mathématiques selon Descartes, par P. BOUTROUX, licencié ès lettres. 1 vol. in-8. 2 fr.
*Le dialecte alaman de Colmar (Haute-Alsace) en 1870, grammaire et lexique, par M. le prof VICTOR HENRY. 1 vol in-8. 8 fr.
La main-d'œuvre industrielle dans l'ancienne Grèce, par M. le Prof. GUIRAUD. 1 vol. in-8. 7 fr.
Mélanges d'histoire du Moyen âge, publiés sous la direction de M. le Prof. A. LUCHAIRE, par MM. LUCHAIRE, HALPHEN et HUCKEL. 1 vol. in-8. 6 fr.

TRAVAUX DE L'UNIVERSITÉ DE LILLE

PAUL FABRE. La polyptyque du chanoine Benoît — Etude sur un manuscrit de la bibliothèque de Cambrai. 3 fr. 50
MÉDÉRIC DUFOUR. Sur la constitution rythmique et métrique du drame grec. 1re série, 4 fr.; 2e série, 2 fr. 50; 3e série, 2 fr. 50.
A. PINLOCHE. * Principales œuvres de Herbart. 7 fr. 50
A. PENJON. Pensée et réalité, de A. SPIR, trad. de l'allem. in-8. 10 fr.
G. LEFÈVRE. Les variations de Guillaume de Champeaux et la question des Universaux. Etude suivie de documents originaux. 1898. 3 fr.

ANNALES DE L'UNIVERSITÉ DE LYON

Lettres intimes de J.-M. Alberoni adressées au comte J. Rocca, ministre des finances du duc de Parme, par Emile BOURGEOIS, maître de conférences à l'École normale. 1 vol. in-8. 10 fr.
Saint Ambroise et la morale chrétienne au IVe siècle, par Raymond THAMIN, recteur de l'Académie de Rennes. 1 vol. in-8. 7 fr. 50
La république des Provinces-Unies, la France et les Pays-Bas espagnols, de 1630 à 1650, par M. le Prof. A. WADDINGTON. TOME I (1630-42). 1 vol. in-8. 6 fr. — TOME II (1642-50). 1 vol. in-8. 6 fr.
Le Vivarais, essai de géographie régionale, par BURDIN. 1 vol. in-8. 6 fr.

PUBLICATIONS HISTORIQUES ILLUSTRÉES

*DE SAINT-LOUIS A TRIPOLI PAR LE LAC TCHAD, par le lieutenant-colonel MONTEIL. 1 beau vol. in-8 colombier, précédé d'une préface de M. DE VOGÜÉ, de l'Académie française, illustrations de RIOU. 1895. *Ouvrage couronné par l'Académie française (Prix Montyon).* 20 fr.
*HISTOIRE ILLUSTRÉE DU SECOND EMPIRE, par Taxile DELORD. 6 vol. in-8, avec 500 gravures. Chaque vol. broché, 8 fr.
HISTOIRE POPULAIRE DE LA FRANCE, depuis les origines jusqu'en 1815. — 4 vol. in-8, avec 1323 gravures. Chacun, 7 fr. 50

F. ALCAN. — 18 —

*RECUEIL DES INSTRUCTIONS
DONNÉES
AUX AMBASSADEURS ET MINISTRES DE FRANCE
DEPUIS LES TRAITÉS DE WESTPHALIE JUSQU'A LA RÉVOLUTION FRANÇAISE
Publié sous les auspices de la Commission des archives diplomatiques
au Ministère des Affaires étrangères.

Beaux vol. in-8 rais., imprimés sur pap. de Hollande, avec Introduction et notes.

- I. — **AUTRICHE**, par M. Albert SOREL, de l'Académie française. *Épuisé*.
- II. — **SUÈDE**, par M. A. GEFFROY, de l'Institut .... 20 fr.
- III. — **PORTUGAL**, par le vicomte DE CAIX DE SAINT-AYMOUR ..... 20 fr.
- IV et V. — **POLOGNE**, par M. LOUIS FARGES, 2 vol............. 30 fr.
- VI. — **ROME**, par M. G. HANOTAUX, de l'Académie française..... 20 fr.
- VII. — **BAVIÈRE, PALATINAT ET DEUX-PONTS**, par M. André LEBON. 25 fr.
- VIII et IX. — **RUSSIE**, par M. Alfred RAMBAUD, de l'Institut. 2 vol. Le 1er vol. 20 fr. Le second vol......................... 25 fr.
- X. — **NAPLES ET PARME**, par M. Joseph REINACH.............. 20 fr.
- XI. — **ESPAGNE** (1649-1750), par MM. MOREL-FATIO et LÉONARDON (tome I) .... 20 fr.
- XII et XII *bis*. — **ESPAGNE** (1750-1789) (t. II et III), par les mêmes.... 40 fr.
- XIII. — **DANEMARK**, par M. A. GEFFROY, de l'Institut........... 14 fr.
- XIV et XV. — **SAVOIE-MANTOUE**, par M. HORRIC de BEAUCAIRE. 2 vol. 40 fr.
- XVI. — **PRUSSE**, par M. WADDINGTON. 1 vol. 28 fr.

*INVENTAIRE ANALYTIQUE
DES
ARCHIVES DU MINISTÈRE DES AFFAIRES ÉTRANGÈRES
PUBLIÉ
Sous les auspices de la Commission des archives diplomatiques

- I. — **Correspondance politique de MM. de CASTILLON et de MARILLAC, ambassadeurs de France en Angleterre (1537-1542)**, par M. JEAN KAULEK, avec la collaboration de MM. Louis Farges et Germain Lefèvre-Pontalis. 1 vol. in-8 raisin .... 15 fr.
- II. — **Papiers de BARTHÉLEMY, ambassadeur de France en Suisse, de 1792 à 1797** (année 1792), par M. Jean KAULEK. 1 vol. in-8 raisin.. 15 fr.
- III. — **Papiers de BARTHÉLEMY** (janvier-août 1793), par M. JEAN KAULEK. 1 vol. in-8 raisin .... 15 fr.
- IV. — **Correspondance politique de ODET DE SELVE, ambassadeur de France en Angleterre (1546-1549)**, par M. G. LEFÈVRE-PONTALIS. 1 vol. in-8 raisin .... 15 fr.
- V. — **Papiers de BARTHÉLEMY** (septembre 1793 à mars 1794), par M. Jean KAULEK. 1 vol. in-8 raisin..................... 18 fr.
- VI. — **Papiers de BARTHÉLEMY** (avril 1794 à février 1795), par M. JEAN KAULEK. 1 vol. in-8 raisin .... 20 fr.
- VII. — **Papiers de BARTHÉLEMY** (mars 1795 à septembre 1796). *Négociations de la paix de Bâle*, par M. Jean KAULEK. 1 v. in-8 raisin. 20 fr.
- VIII. — **Correspondance politique de GUILLAUME PELLICIER, ambassadeur de France à Venise (1540-1542)**, par M. Alexandre TAUSSERAT-RADEL. 1 fort vol. in-8 raisin .... 40 fr.

Correspondance des Deys d'Alger avec la Cour de France (1759-1833), recueillie par Eug. PLANTET, attaché au Ministère des Affaires étrangères. 2 vol. in-8 raisin avec 2 planches en taille-douce hors texte. 30 fr.

Correspondance des Beys de Tunis et des Consuls de France avec la Cour (1577-1830), recueillie par Eug. PLANTET, publiée sous les auspices du Ministère des Affaires étrangères. 3 vol. in-8 raisin. TOME I (1577-1700). *Épuisé*. — TOME II (1700-1770). 20 fr. — TOME III (1770-1830). 20 fr.

F. ALCAN.

*REVUE PHILOSOPHIQUE
DE LA FRANCE ET DE L'ÉTRANGER

Dirigée par Th. RIBOT, Membre de l'Institut, Professeur au Collège de France.
(26° année, 1901.)

Paraît tous les mois, par livraisons de 7 feuilles grand in-8, et forme chaque année deux volumes de 680 pages chacun.

Prix d'abonnement : Un an, pour Paris, **30 fr.** — Pour les départements et l'étranger, **33 fr.** — La livraison, **3 fr.**
Les années écoulées, chacune **30 francs**, et la livraison, **3 fr.**
Tables des matières (1876-1887), in-8...... **3 fr.** — (1888-1895), in-8...... **3 fr.**

*REVUE HISTORIQUE
Dirigée par G. MONOD
Membre de l'Institut, Maître de conférences à l'École normale.
Président de la section historique et philologique à l'École des hautes études.
(26° année, 1901.)

Paraît tous les deux mois, par livraisons grand in-8 de 15 feuilles et forme par an trois volumes de 500 pages chacun.

Prix d'abonnement : Un an, pour Paris, **30 fr.** — Pour les départements et l'étranger, **33 fr.** — La livraison, **6 fr.**
Les années écoulées, chacune **30 fr.** ; le fascicule, **6 fr.** Les fascicules de la 1re année, **9 fr.**

TABLES GÉNÉRALES DES MATIÈRES

I. 1876 à 1880. 3 fr.; pour les abonnés, 1 fr. 50 | III. 1886 à 1890. 5 fr.; pour les abonnés, 2 fr. 50
II. 1881 à 1885. 3 fr.; — 1 fr. 50 | IV. 1891 à 1895. 3 fr.; — 1 fr. 50

ANNALES DES SCIENCES POLITIQUES
RECUEIL BIMESTRIEL
Publié avec la collaboration des professeurs et des anciens élèves de l'Ecole libre des Sciences politiques
(*Seizième année*, 1901.)

COMITÉ DE RÉDACTION : M. Émile BOUTMY, de l'Institut, directeur de l'Ecole ; M. ALF. DE FOVILLE, de l'Institut, conseiller maître à la Cour des comptes ; M. R. STOURM, ancien inspecteur des finances et administrateur des Contributions indirectes ; M. Alexandre RIBOT, député, ancien ministre ; M. Gabriel ALIX ; M. L. RENAULT, professeur à la Faculté de droit ; M. Albert SOREL, de l'Académie française ; M. A. VANDAL, de l'Académie française ; M. Aug. ARNAUNÉ, Directeur de la Monnaie ; M. Emile BOURGEOIS, maître de conférences à l'Ecole normale supérieure ; Directeurs des groupes de travail, professeurs à l'Ecole.

Rédacteur en chef : M. A. VIALLATE.

Conditions d'abonnement. — Un an (du 15 janvier) : Paris, **18 fr.** ; départements et étranger, **19 fr.** — La livraison, **3 fr. 50**.

Les trois premières années (1886-1887-1888) se vendent chacune 16 francs, les livraisons, chacune 5 francs, la quatrième année (1889) et les suivantes se vendent chacune 18 francs, et les livraisons, chacune 3 fr. 50.

Revue de l'École d'Anthropologie de Paris
(11° année, 1901)
Recueil mensuel publié par les professeurs :

MM. CAPITAN (Anthropologie pathologique), Mathias DUVAL (Anthropogénie et Embryologie), Georges HERVÉ (Ethnologie), J.-V. LABORDE (Anthropologie biologique), André LEFÈVRE (Ethnographie et Linguistique), Ch. LETOURNEAU (Histoire des civilisations), MANOUVRIER (Anthropologie physiologique), MAHOUDEAU (Anthropologie zoologique), SCHRADER (Anthropologie géographique), H. THULIÉ, directeur de l'Ecole.

Abonnement : France et Étranger, **10 fr.** — Le numéro, **1 fr.**

ANNALES DES SCIENCES PSYCHIQUES
Dirigées par le Dr DARIEX
(11° année, 1901)

Les ANNALES DES SCIENCES PSYCHIQUES paraissent tous les deux mois par numéros de quatre feuilles in-8 carré (64 pages), *depuis le 15 janvier 1891.*

Abonnement : Pour tous pays, **12 fr.** — Le numéro, **2 fr. 50.**

REVUE DE MORALE SOCIALE
(3° année, 1901)
Directeur : Louis BRIDEL, professeur à l'Université de Genève.

La *Revue de Morale sociale* paraît tous les 3 mois par livraisons de 8 feuilles au moins.

Abonnement : Un an, **10 fr.** — Le numéro, **2 fr. 75**
L'année commence le 1er avril

F. ALCAN.

BIBLIOTHÈQUE SCIENTIFIQUE
INTERNATIONALE
Publiée sous la direction de M. Émile ALGLAVE

La *Bibliothèque scientifique internationale* est une œuvre dirigée par les auteurs mêmes, en vue des intérêts de la science, pour la populariser sous toutes ses formes, et faire connaître immédiatement dans le monde entier les idées originales, les directions nouvelles, les découvertes importantes qui se font chaque jour dans tous les pays. Chaque savant expose les idées qu'il a introduites dans la science et condense pour ainsi dire ses doctrines les plus originales.

La *Bibliothèque scientifique internationale* ne comprend pas seulement des ouvrages consacrés aux sciences physiques et naturelles; elle aborde aussi les sciences morales, comme la philosophie, l'histoire, la politique et l'économie sociale, la haute législation, etc.; mais les livres traitant des sujets de ce genre se rattachent encore aux sciences naturelles, en leur empruntant les méthodes d'observation et d'expérience qui les ont rendues si fécondes depuis deux siècles.

Cette collection paraît à la fois en français et en anglais : à Paris, chez Félix Alcan; à Londres, chez C. Kegan, Paul et Cie; à New-York, chez Appleton.

Les titres marqués d'un astérisque* sont adoptés par le *Ministère de l'Instruction publique de France* pour les bibliothèques des lycées et des collèges.

LISTE DES OUVRAGES

95 VOLUMES IN-8, CARTONNÉS A L'ANGLAISE. CHAQUE VOLUME : 6 FRANCS.

1. J. TYNDALL. * **Les Glaciers et les Transformations de l'eau**, avec figures. 1 vol. in-8. 7e édition. 6 fr.
2. BAGEHOT. * **Lois scientifiques du développement des nations** dans leurs rapports avec les principes de la sélection naturelle et de l'hérédité. 1 vol. in-8. 6e édition. 6 fr.
3. MAREY. * **La Machine animale**, locomotion terrestre et aérienne, avec de nombreuses fig. 1 vol. in-8. 6e édit. augmentée. 6 fr.
4. BAIN. * **L'Esprit et le Corps**. 1 vol. in-8. 6e édition. 6 fr.
5. PETTIGREW. * **La Locomotion chez les animaux**, marche, natation. 1 vol. in-8, avec figures. 2e édit. 6 fr.
6. HERBERT SPENCER. * **La Science sociale**. 1 v. in-8. 12e édit. 6 fr.
7. SCHMIDT (O.). * **La Descendance de l'homme et le Darwinisme**. 1 vol. in-8, avec fig. 6e édition. 6 fr.
8. MAUDSLEY. * **Le Crime et la Folie**. 1 vol. in-8. 7e édit. 6 fr.
9. VAN BENEDEN. * **Les Commensaux et les Parasites dans le règne animal**. 1 vol. in-8, avec figures. 4e édit. 6 fr.
10. BALFOUR STEWART. * **La Conservation de l'énergie**, suivi d'une *Études sur la nature de la force*, par M. P. de SAINT-ROBERT, avec figures. 1 vol. in-8. 6e édition. 6 fr.
11. DRAPER. **Les Conflits de la science et de la religion**. 1 vol. in-8. 10e édition. 6 fr.
12. L. DUMONT. * **Théorie scientifique de la sensibilité**. 1 vol. in-8. 4e édition. 6 fr.
13. SCHUTZENBERGER. * **Les Fermentations**. 1 vol. in-8, avec fig. 6e édit. 6 fr.
14. WHITNEY. * **La Vie du langage**. 1 vol. in-8. 4e édit. 6 fr.
15. COOKE et BERKELEY. * **Les Champignons**. 1 vol. in-8, avec figures. 4e édition. 6 fr.
16. BERNSTEIN. * **Les Sens**. 1 vol. in-8, avec 91 fig. 5e édit. 6 fr.
17. BERTHELOT. * **La Synthèse chimique**. 1 vol. in-8. 8e édit. 6 fr.

18. NIEWENGLOWSKI (H.). *La photographie et la photochimie. 1 vol. in-8, avec gravures et une planche hors texte. 6 fr.
19. LUYS.* Le Cerveau et ses fonctions, avec fig. 1 v. in-8. 7ᵉ édit. 6 fr.
20. STANLEY JEVONS.* La Monnaie et le Mécanisme de l'échange. 1 vol. in-8. 5ᵉ édition. 6 fr.
21. FUCHS. * Les Volcans et les Tremblements de terre. 1 vol. in-8, avec figures et une carte en couleur. 5ᵉ édition. 6 fr.
22. GÉNÉRAL BRIALMONT. * Les Camps retranchés et leur rôle dans la défense des États, avec fig. dans le texte et 2 planches hors texte. 3ᵉ édit. *Épuisé.*
23. DE QUATREFAGES.* L'Espèce humaine. 1 v. in-8. 13ᵉ édit. 6 fr.
24. BLASERNA et HELMHOLTZ. * Le Son et la Musique. 1 vol. in-8, avec figures. 5ᵉ édition. 6 fr.
25. ROSENTHAL.* Les Nerfs et les Muscles. 1 vol. in-8, avec 75 figures. 3ᵉ édition. *Épuisé.*
26. BRUCKE et HELMHOLTZ. * Principes scientifiques des beaux-arts. 1 vol. in-8, avec 39 figures. 4ᵒ édition. 6 fr.
27. WURTZ. * La Théorie atomique. 1 vol. in-8. 8ᵉ édition. 6 fr.
28-29. SECCHI (le père). * Les Étoiles. 2 vol. in-8, avec 63 figures dans le texte et 17 pl. en noir et en couleur hors texte. 3ᵉ édit. 12 fr.
30. JOLY.* L'Homme avant les métaux. 1 v. in-8, avec fig. 4ᵉ éd. *Épuisé.*
31. A. BAIN.* La Science de l'éducation. 1 vol. in-8. 9ᵒ édit. 6 fr.
32-33. THURSTON (R.).* Histoire de la machine à vapeur, précédée d'une Introduction par M. HIRSCH. 2 vol. in-8, avec 140 figures dans le texte et 16 planches hors texte. 3ᵉ édition. 12 fr.
34. HARTMANN (R.). * Les Peuples de l'Afrique. 1 vol. in-8, avec figures. 2ᵒ édition. *Épuisé.*
35. HERBERT SPENCER. * Les Bases de la morale évolutionniste. 1 vol. in-8. 6ᵉ édition. 6 fr.
36. HUXLEY. * L'Écrevisse, introduction à l'étude de la zoologie. 1 vol. in-8, avec figures. 2ᵒ édition. 6 fr.
37. DE ROBERTY. * De la Sociologie. 1 vol. in-8. 3ᵉ édition. 6 fr.
38. ROOD. * Théorie scientifique des couleurs. 1 vol. in-8, avec figures et une planche en couleur hors texte. 2ᵉ édition. 6 fr.
39. DE SAPORTA et MARION. * L'Évolution du règne végétal (les Cryptogames). 1 vol. in-8, avec figures. 6 fr.
40-41. CHARLTON BASTIAN.* Le Cerveau, organe de la pensée chez l'homme et chez les animaux. 2 vol. in-8, avec figures. 2ᵉ éd. 12 fr.
42. JAMES SULLY. * Les Illusions des sens et de l'esprit. 1 vol. in-8, avec figures. 3ᵉ édit. 6 fr.
43. YOUNG. * Le Soleil. 1 vol. in-8, avec figures. *Épuisé*
44. DE CANDOLLE.* L'Origine des plantes cultivées. 4ᵉ éd. 1 v in-8. 6 fr.
45-46. SIR JOHN LUBBOCK. * Fourmis, abeilles et guêpes. Études expérimentales sur l'organisation et les mœurs des sociétés d'insectes hyménoptères. 2 vol. in-8, avec 65 figures dans le texte et 13 planches hors texte, dont 5 coloriées. *Épuisé.*
47. PERRIER (Edm.). La Philosophie zoologique avant Darwin. 1 vol. in-8. 3ᵉ édition. 6 fr.
48. STALLO.* La Matière et la Physique moderne. 1 vol. in-8. 3ᵉ éd., précédé d'une Introduction par CH. FRIEDEL. 6 fr.
49. MANTEGAZZA. La Physionomie et l'Expression des sentiments. 1 vol. in-8. 3ᵉ édit., avec huit planches hors texte. 6 fr.
50. DE MEYER. * Les Organes de la parole et leur emploi pour la formation des sons du langage. 1 vol. in-8, avec 51 figures, précédé d'une Introd. par M. O. CLAVEAU. 6 fr.
51. DE LANESSAN.* Introduction à l'Étude de la botanique (le Sapin). 1 vol. in-8. 2ᵉ édit., avec 143 figures. 6 fr.
52-53. DE SAPORTA et MARION. * L'Évolution du règne végétal (les Phanérogames). 2 vol. in-8, avec 136 figures. 12 fr.

F. ALCAN.

54. TROUESSART. *Les Microbes, les Ferments et les Moisissures. 1 vol. in-8. 2ᵉ édit., avec 107 figures. 6 fr.
55. HARTMANN (R.).*Les Singes anthropoïdes, et leur organisation comparée à celle de l'homme. 1 vol. in-8, avec figures. 6 fr.
56. SCHMIDT (O.).*Les Mammifères dans leurs rapports avec leurs ancêtres géologiques. 1 vol. in-8, avec 51 figures. 6 fr.
57. BINET et FÉRÉ. Le Magnétisme animal. 1 vol. in-8. 4ᵉ édit. 6 fr.
58-59. ROMANES.* L'Intelligence des animaux. 2 v. in-8. 3ᵉ édit. 12 fr.
60. F. LAGRANGE. Physiol. des exerc. du corps. 1 v. in-8 7ᵉ édit. 6 fr.
61. DREYFUS.* Évol. des mondes et des sociétés. 1 v. in-8 3ᵉ édit. 6 fr.
62. DAUBRÉE.* Les Régions invisibles du globe et des espaces célestes. 1 vol. in-8, avec 85 fig. dans le texte. 2ᵉ édit. 6 fr.
63-64. SIR JOHN LUBBOCK. * L'Homme préhistorique. 2 vol. in-8, avec 228 figures dans le texte. 4ᵉ édit. 12 fr.
65. RICHET (CH.). La Chaleur animale. 1 vol. in-8, avec figures. 6 fr.
66. FALSAN (A.). *La Période glaciaire principalement en France et en Suisse. 1 vol. in-8, avec 105 figures et 2 cartes. Épuisé.
67. BEAUNIS (H.). Les Sensations internes. 1 vol. in-8. 6 fr.
68. CARTAILHAC (E.). La France préhistorique, d'après les sépultures et les monuments. 1 vol. in-8, avec 162 figures. 2ᵉ édit. 6 fr.
69. BERTHELOT.*La Révolution chimique, Lavoisier. 1 vol. in-8. 6 fr.
70. SIR JOHN LUBBOCK. * Les Sens et l'instinct chez les animaux, principalement chez les insectes. 1 vol. in-8, avec 150 figures. 6 fr.
71. STARCKE. *La Famille primitive. 1 vol. in-8. 6 fr.
72. ARLOING. * Les Virus. 1 vol. in-8, avec figures. 6 fr.
73. TOPINARD. * L'Homme dans la Nature. 1 vol. in-8, avec fig. 6 fr.
74. BINET (Alf.).*Les Altérations de la personnalité. 1 vol. in-8, avec figures. 6 fr.
75. DE QUATREFAGES (A.).*Darwin et ses précurseurs français. 1 vol. in-8. 2ᵉ édition refondue. 6 fr.
76. LEFÈVRE (A.). * Les Races et les langues. 1 vol. in-8. 6 fr.
77-78. DE QUATREFAGES (A.).*Les Emules de Darwin. 2 vol. in-8, avec préfaces de MM. E. PERRIER et HAMY. 12 fr.
79. BRUNACHE (P.).*Le Centre de l'Afrique. Autour du Tchad. 1 vol. in-8, avec figures. 6 fr.
80. ANGOT (A.). *Les Aurores polaires. 1 vol. in-8, avec figures. 6 fr.
81. JACCARD. *Le pétrole, le bitume et l'asphalte au point de vue géologique. 1 vol. in-8, avec figures. 6 fr.
82. MEUNIER (Stan.). *La Géologie comparée. 1 vol. in-8, avec fig. 6 fr.
83. LE DANTEC. *Théorie nouvelle de la vie. 2ᵉ éd. 1 v. in-8, avec fig. 6 fr.
84. DE LANESSAN.* Principes de colonisation. 1 vol. in-8. 6 fr.
85. DEMOOR, MASSART et VANDERVELDE. *L'évolution régressive en biologie et en sociologie. 1 vol. in-8, avec gravures. 6 fr.
86. MORTILLET (G. de). *Formation de la Nation française. 2ᵉ édit. 1 vol. in-8, avec 150 gravures et 18 cartes. 6 fr.
87. ROCHÉ (G.). *La Culture des Mers (piscifacture, pisciculture, ostréiculture). 1 vol. in-8, avec 81 gravures. 6 fr.
88. COSTANTIN (J.). *Les Végétaux et les Milieux cosmiques (adaptation, évolution). 1 vol. in-8, avec 171 gravures. 6 fr.
89. LE DANTEC. L'évolution individuelle et l'hérédité. 1 vol. in-8. 6 fr.
90. GUIGNET et GARNIER. *La Céramique ancienne et moderne. 1 vol., avec grav. 6 fr.
91. GELLÉ (E.-M.). * L'audition et ses organes. 1 v. in-8, avec gr. 6 fr.
92. MEUNIER (St.). La Géologie expérimentale. 1 v. in-8, avec grav. 6 fr.
93. COSTANTIN (J.). *La Nature tropicale. 1 vol. in-8, avec grav. 6 fr.
94. GROSSE (E.). Les débuts de l'art. Introduction de L. MARILLIER. 1 vol in-8, avec 32 gravures dans le texte et 3 pl. hors texte. 6 fr.
95. GRASSET (J.). Les Maladies de l'orientation et de l'équilibre. 1 vol. in-8, avec gravures. 6 fr.

F. ALCAN.

LISTE PAR ORDRE DE MATIÈRES
DES 95 VOLUMES PUBLIÉS
DE LA BIBLIOTHÈQUE SCIENTIFIQUE INTERNATIONALE

Chaque volume in-8, cartonné à l'anglaise..... 6 francs.

SCIENCES SOCIALES

* **Introduction à la science sociale**, par Herbert Spencer. 1 vol. in-8. 12ᵉ édit. 6 fr.
* **Les Bases de la morale évolutionniste**, par Herbert Spencer. 1 vol. in-8. 4ᵉ édit. 6 fr.
  Les Conflits de la science et de la religion, par Draper, professeur à l'Université de New-York. 1 vol. in-8. 10ᵉ édit. 6 fr.
* **Le Crime et la Folie**, par H. Maudsley, professeur de médecine légale à l'Université de Londres. 1 vol. in-8. 7ᵉ édit. 6 fr.
* **La Monnaie et le Mécanisme de l'échange**, par W. Stanley Jevons, professeur à l'Université de Londres. 1 vol. in-8. 5ᵉ édit. 6 fr.
* **La Sociologie**, par de Roberty. 1 vol. in-8. 3ᵉ édit. 6 fr.
* **La Science de l'éducation**, par Alex. Bain, professeur à l'Université d'Aberdeen (Écosse). 1 vol. in-8. 9ᵉ édit. 6 fr.
* **Lois scientifiques du développement des nations** dans leurs rapports avec les principes de l'hérédité et de la sélection naturelle, par W. Bagehot. 1 vol. in-8. 6ᵉ édit. 6 fr.
* **La Vie du langage**, par D. Whitney, professeur de philologie comparée à Yale-College de Boston (États-Unis). 1 vol. in-8. 3ᵉ édit. 6 fr.
* **La Famille primitive**, par J. Starcke, professeur à l'Université de Copenhague. 1 vol. in-8. 6 fr.
* **Principes de colonisation**, par J.-L. de Lanessan, prof. à la Faculté de médecine de Paris, ancien gouverneur de l'Indo-Chine, 1 vol. in-8. 6 fr.

PHYSIOLOGIE

* **Les Illusions des sens et de l'esprit**, par James Sully. 1 v. in-8. 2ᵉ édit. 6 fr.
* **La Locomotion chez les animaux** (marche, natation et vol), par J.-B. Pettigrew, professeur au Collège royal de chirurgie d'Édimbourg (Écosse). 1 vol. in-8, avec 140 figures dans le texte. 2ᵉ édit. 6 fr.
* **La Machine animale**, par E.-J. Marey, membre de l'Institut, prof. au Collège de France. 1 vol. in-8, avec 117 figures. 6ᵉ édit. 6 fr.
* **Les Sens**, par Bernstein, professeur de physiologie à l'Université de Halle (Prusse). 1 vol. in-8, avec 91 figures dans le texte. 4ᵉ édit. 6 fr.
* **Les Organes de la parole**, par H. de Meyer, professeur à l'Université de Zurich, traduit de l'allemand et précédé d'une introduction sur l'*Enseignement de la parole aux sourds-muets*, par O. Claveau, inspecteur général des établissements de bienfaisance. 1 vol. in-8, avec 51 grav. 6 fr.
  La Physionomie et l'Expression des sentiments, par P. Mantegazza, professeur au Muséum d'histoire naturelle de Florence. 1 vol. in-8, avec figures et 8 planches hors texte. 3ᵉ édit. 6 fr.
* **Physiologie des exercices du corps**, par le docteur F. Lagrange. 1 vol. in-8. 7ᵉ édit. (Ouvrage couronné de l'Institut.)
  La Chaleur animale, par Ch. Richet, professeur de physiologie à la Faculté de médecine de Paris. 1 vol. in-8, avec figures dans le texte. 6 fr.
  Les Sensations internes, par H. Beaunis. 1 vol. in-8. 6 fr.
* **Les Virus**, par M. Arloing, professeur à la Faculté de médecine de Lyon, directeur de l'école vétérinaire. 1 vol. in-8, avec fig. 6 fr.
* **Théorie nouvelle de la vie**, par F. Le Dantec, docteur ès sciences, 1 vol. in-8, avec figures. 6 fr.
  L'évolution individuelle et l'hérédité, par *le même*. 1 vol. in-8. 6 fr.
* **L'audition et ses organes**, par le Docteur E.-M. Gellé, membre de la Société de biologie. 1 vol. in-8, avec grav. 6 fr.

PHILOSOPHIE SCIENTIFIQUE

* **Le Cerveau et ses fonctions**, par J. Luys, membre de l'Académie de médecine, médecin de la Charité. 1 vol. in-8, avec fig. 7ᵉ édit. 6 fr.
* **Le Cerveau et la Pensée chez l'homme et les animaux**, par Charlton Bastian, professeur à l'Université de Londres. 2 vol. in-8, avec 184 fig. dans le texte. 2ᵉ édit. 12 fr.
  Les Maladies de l'orientation et de l'équilibre, par J. Grasset, professeur à la Faculté de médecine de Montpellier. 1 vol. in-8, avec gravures. 6 fr.

* Le Crime et la Folie, par H. MAUDSLEY, professeur à l'Université de Londres. 1 vol. in-8. 6° édit. 6 fr.
* L'Esprit et le Corps, considérés au point de vue de leurs relations, suivi d'études sur les *Erreurs généralement répandues au sujet de l'esprit*, par Alex. BAIN, prof. à l'Université d'Aberdeen (Écosse). 1 v. in-8. 6° éd. 6 fr.
* Théorie scientifique de la sensibilité : *le Plaisir et la Peine*, par Léon DUMONT. 1 vol. in-8. 3° édit. 6 fr.
* La Matière et la Physique moderne, par STALLO, précédé d'une préface par M. Ch. FRIEDEL, de l'Institut. 1 vol. in-8. 2° édit. 6 fr.
* Le Magnétisme animal, par Alf. BINET et Ch. FÉRÉ. 1 vol. in-8, avec figures dans le texte. 4° édit. 6 fr.
* L'Intelligence des animaux, par ROMANES. 2 v. in-8. 2° éd. précédée d'une préface de M. E. PERRIER, prof. au Muséum d'histoire naturelle. 12 fr.
* L'Évolution des mondes et des sociétés, par C. DREYFUS. In-8. 6 fr.
* L'évolution régressive en biologie et en sociologie, par DEMOOR, MASSART et VANDERVELDE, prof. des Univ. de Bruxelles. 1 v. in-8, avec grav. 6 fr.
* Les Altérations de la personnalité, par Alf. BINET, directeur du laboratoire de psychologie à la Sorbonne. In-8, avec gravures. 6 fr.

ANTHROPOLOGIE

* L'Espèce humaine, par A. DE QUATREFAGES, de l'Institut, professeur au Muséum d'histoire naturelle de Paris. 1 vol. in-8. 12° édit. 6 fr.
* Ch. Darwin et ses précurseurs français, par A. DE QUATREFAGES. 1 v. in-8. 2° édition. 6 fr.
* Les Émules de Darwin, par A. DE QUATREFAGES, avec une préface de M. EDM. PERRIER, de l'Institut, et une notice sur la vie et les travaux de l'auteur par E.-T. HAMY, de l'Institut. 2 vol. in-8. 12 fr.
* Les Singes anthropoïdes et leur organisation comparée à celle de l'homme, par R. HARTMANN, prof. à l'Univ. de Berlin. 1 vol. in-8, avec 63 fig. 6 fr.
* L'Homme préhistorique, par SIR JOHN LUBBOCK, membre de la Société royale de Londres. 2 vol. in-8, avec 228 gravures dans le texte. 3° édit. 12 fr.
La France préhistorique, par E. CARTAILHAC. In-8, avec 150 gr. 2° édit. 6 fr.
* L'Homme dans la Nature, par TOPINARD, ancien secrétaire général de la Société d'anthropologie de Paris. 1 vol. in-8, avec 101 gravures. 6 fr.
* Les Races et les Langues, par André LEFÈVRE, professeur à l'École d'anthropologie de Paris. 1 vol. in-8. 6 fr.
* Le centre de l'Afrique. Autour du Tchad, par P. BRUNACHE, administrateur à Aïn-Fezza (Algérie). 1 vol. in-8, avec gravures. 6 fr.
* Formation de la Nation française, par G. de MORTILLET, professeur à l'Ecole d'anthropologie. In-8, avec 150 grav. et 18 cartes. 2° édit. 6 fr.

ZOOLOGIE

* La Descendance de l'homme et le Darwinisme, par O. SCHMIDT, professeur à l'Université de Strasbourg. 1 vol. in-8, avec figures. 6° édit. 6 fr.
* Les Mammifères dans leurs rapports avec leurs ancêtres géologiques, par O. SCHMIDT. 1 vol. in-8, avec 51 figures dans le texte. 6 fr.
* Les Sens et l'instinct chez les animaux, et principalement chez les insectes, par Sir JOHN LUBBOCK. 1 vol. in-8 avec grav. 6 fr.
* L'Écrevisse, introduction à l'étude de la zoologie, par Th.-H. HUXLEY, membre de la Société royale de Londres. 1 vol. in-8, avec 82 grav. 6 fr.
* Les Commensaux et les Parasites dans le règne animal, par P.-J. VAN BENEDEN, professeur à l'Université de Louvain (Belgique). 1 vol. in-8, avec 82 figures dans le texte. 3° édit. 6 fr.
* La Philosophie zoologique avant Darwin, par EDMOND PERRIER, de l'Institut, prof. au Muséum. 1 vol. in-8. 2° édit. 6 fr.
* Darwin et ses précurseurs français, par A. de QUATREFAGES, de l'Institut. 1 vol. in-8. 2° édit. 6 fr.
* La Culture des mers en Europe (Pisciculture, piscifacture, ostréiculture), par G. ROCHÉ, insp. gén. des pêches maritimes. In-8, avec 81 grav. 6 fr.

BOTANIQUE — GÉOLOGIE

* Les Champignons, par COOKE et BERKELEY. 1 v. in-8, avec 110 fig. 4° éd. 6 fr.
* L'Évolution du règne végétal, par G. DE SAPORTA et MARION, prof. à la Faculté des sciences de Marseille :
* I. Les Cryptogames. 1 vol. in-8, avec 85 figures dans le texte. 6 fr.
II. Les Phanérogames. 2 vol. in-8, avec 136 fig. dans le texte. 12 fr.
Les Volcans et les Tremblements de terre, par FUCHS, prof. à l'Univ. de Heidelberg. 1 vol. in-8, avec 36 fig. 5° éd. et une carte en couleurs. 6 fr.

* La Période glaciaire, principalement en France et en Suisse, par A. Falsan. 1 vol. in-8, avec 105 gravures et 2 cartes hors texte. *Épuisé*.
* Les Régions invisibles du globe et des espaces célestes, par A. Daubrée, de l'Institut. 1 vol. in-8, 2ᵉ édit., avec 89 gravures. 6 fr.
* Le Pétrole, le Bitume et l'Asphalte, par M. Jaccard, professeur à l'Académie de Neuchâtel (Suisse). 1 vol. in-8, avec figures. 6 fr.
* L'Origine des plantes cultivées, par A. de Candolle, correspondant de l'Institut. 1 vol. in-8. 4ᵉ édit. 6 fr.
* Introduction à l'étude de la botanique (*le Sapin*), par J. de Lanessan, professeur agrégé à la Faculté de médecine de Paris. 1 vol. in-8. 2ᵉ édit., avec figures dans le texte. 6 fr.
* Microbes, Ferments et Moisissures, par le docteur L. Trouessart. 1 vol. in-8, avec 108 figures dans le texte. 2ᵉ édit. 6 fr.
* La Géologie comparée, par Stanislas Meunier, professeur au Muséum. 1 vol. in-8, avec figures. 6 fr.
* Les Végétaux et les milieux cosmiques (adaptation, évolution), par J. Costantin, maître de conférences à l'École normale supérieure. 1 vol. in-8, avec 171 gravures. 6 fr.
La Géologie expérimentale, par Stanislas Meunier, professeur au Muséum. 1 vol. in-8, avec fig. 6 fr.
* La Nature tropicale, par J. Costantin, maître de conférences à l'École normale supérieure. 1 vol. in-8, avec fig. 6 fr.

CHIMIE

* Les Fermentations, par P. Schutzenberger, memb. de l'Institut. 1 v. in-8, avec fig. 6ᵉ édit. 6 fr.
* La Synthèse chimique, par M. Berthelot, secrétaire perpétuel de l'Académie des sciences. 1 vol. in-8. 8ᵉ édit. 6 fr.
* La Théorie atomique, par Ad. Wurtz, membre de l'Institut. 1 vol. in-8. 8ᵉ édit., précédée d'une introduction sur *la Vie et les Travaux* de l'auteur, par M. Ch. Friedel, de l'Institut. 6 fr.
La Révolution chimique (*Lavoisier*), par M. Berthelot. 1 vol. in-8. 6 fr.
* La Photographie et la Photochimie, par H. Niewenglowski. 1 vol. avec gravures et une planche hors texte. 6 fr.

ASTRONOMIE — MÉCANIQUE

* Histoire de la Machine à vapeur, de la Locomotive et des Bateaux à vapeur, par R. Thurston, professeur à l'Institut technique de Hoboken, près de New-York, revue, annotée et augmentée d'une introduction par M. Hirsch, professeur à l'École des ponts et chaussées de Paris. 2 vol. in-8, avec 160 figures et 16 planches hors texte. 3ᵉ édit. 12 fr.
* Les Étoiles, notions d'astronomie sidérale, par le P. A. Secchi, directeur de l'Observatoire du Collège romain. 2 vol. in-8, avec 68 figures dans le texte et 16 planches en noir et en couleurs. 2ᵉ édit. 12 fr.
* Les Aurores polaires, par A. Angot, membre du Bureau central météorologique de France. 1 vol. in-8, avec figures. 6 fr.

PHYSIQUE

La Conservation de l'énergie, par Balfour Stewart, prof. de physique au collège Owens de Manchester (Angleterre). 1 vol. in-8, avec fig. 6ᵉ édit. 6 fr.
* Les Glaciers et les Transformations de l'eau, par J. Tyndall, suiv. d'une étude sur le même sujet, par Helmholtz, professeur à l'Université de Berlin. 1 vol. in-8, avec fig. et 8 planches hors texte. 5ᵉ édit. 6 fr.
* La Matière et la Physique moderne, par Stallo, précédé d'une préface par Ch. Friedel, membre de l'Institut. 1 vol. in-8. 3ᵉ édit. 6 fr.

THÉORIE DES BEAUX-ARTS

Les Débuts de l'art, par E. Grosse. Traduit de l'allemand par A. Dirr. Préface de M. Marillier, 1 vol. in-8 avec gravures. 6 fr.
* Le Son et la Musique, par P. Blaserna, prof. à l'Université de Rome, prof. à l'Université de Berlin. 1 vol. in-8, avec 41 fig. 5ᵉ édit. 6 fr.
* Principes scientifiques des Beaux-Arts, par E. Brucke, professeur à l'Université de Vienne. 1 vol. in-8, avec fig. 4ᵉ édit. 6 fr.
* Théorie scientifique des couleurs et leurs applications aux arts et à l'industrie, par O. N. Rood, professeur à Colombia-College de New-York. 1 vol. in-8, avec 130 figures et une planche en couleurs. 6 fr.
* La Céramique ancienne et moderne, par MM. Guignet, directeur des teintures à la Manufacture des Gobelins, et Garnier, directeur du Musée de la Manufacture de Sèvres. 1 vol. in-8, avec grav. 6 fr.

RÉCENTES PUBLICATIONS
HISTORIQUES, PHILOSOPHIQUES ET SCIENTIFIQUES
qui ne se trouvent pas dans les collections précédentes.

ALAUX. **Esquisse d'une philosophie de l'être.** In-8. 1 fr.
— **Les Problèmes religieux au XIXe siècle.** 1 vol. in-8. 7 fr. 50
— **Philosophie morale et politique,** in-8. 1893. 7 fr. 50
— **Théorie de l'âme humaine.** 1 vol. in-8. 1895. 10 fr. (Voy. p. 2.)
— **Dieu et le Monde.** *Essai de phil. première.* 1901. 1 vol. in-12. 2 fr. 50
ALTMEYER (J.-J.). **Les Précurseurs de la réforme aux Pays-Bas.** 2 forts volumes in-8. 12 fr.
AMIABLE (Louis). **Une loge maçonnique d'avant 1789.** 1 v. in-8. 6 fr.
ANSIAUX (M.). **Heures de travail et salaires,** in-8. 1896. 5 fr.
ARRÉAT. **Une Éducation intellectuelle.** 1 vol. in-18. 2 fr. 50
— **Journal d'un philosophe.** 1 vol. in-18. 3 fr. 50 (Voy. p. 2 et 5.)
AZAM. **Hypnotisme et double conscience.** 1 vol. in-8. 9 fr.
BAISSAC (J). **Les Origines de la religion.** 2 vol. in-8. 12 fr.
BALFOUR STEWART et TAIT. **L'Univers invisible.** 1 vol. in-8. 7 fr.
BARTHÉLEMY-SAINT-HILAIRE. (Voy. pages 5 et 10, Aristote.)
— *Victor Cousin, sa vie, sa correspondance.** 3 vol. in-8. 1895. 30 fr.
BEAUMONT (G. de). **Paroles d'un vivant,** in-8. 1900. 5 fr.
BEAUNIS (H.). **Impressions de campagne** (1870-1871). In-18. 3 fr. 50
BERTAULD (P.-A.). **Positivisme et philos. scientif.** in-12. 1899. 3 fr. 50
BERTON (H.), docteur en droit. **L'évolution constitutionnelle du second empire.** Doctrines, textes, histoire. 1 fort vol. in-8. 1900. 12 fr.
BLONDEAU (C.). **L'absolu et sa loi constitutive.** 1 vol. in-8. 1897. 6 fr.
BOILLEY (P.). **La Législation internationale du travail.** In-12. 3 fr.
— **Les trois socialismes :** anarchisme, collectivisme, réformisme. 3 fr. 50
— **De la production industrielle, association du capital, du travail et du talent.** 1 vol. in-12. 1899. 2 fr. 50
BOURDEAU (Louis). **Théorie des sciences.** 2 vol. in-8. 20 fr.
— **La Conquête du monde animal.** In-8. 5 fr.
— **La Conquête du monde végétal.** In-8. 1893. 5 fr.
— **L'Histoire et les historiens.** 1 vol. in-8. 7 fr. 50
— *Histoire de l'alimentation.** 1894. 1 vol. in-8. 5 fr. (V. p. 5.)
BOUSREZ (L.). **L'Anjou aux âges de la Pierre et du Bronze.** 1 vol. gr. in-8, avec pl. h. texte. 1897. 3 fr. 50
BOUTROUX (Em.). *De l'idée de loi naturelle dans la science et la philosophie.** 1 vol. in-8. 1895. 2 fr. 50. (V. p. 2 et 6.)
BRASSEUR. **La question sociale.** 1 vol. in-8. 1900. 7 fr. 50
BROOKS ADAMS. **La loi de la civilisation et de la décadence,** *essai historique,* 1 vol. in-8, trad. Aug. Dietrich. 1899. 7 fr. 50
BUCHER (Karl). **Études d'histoire et d'économie polit.,** 1901, in-8. 6 fr.
BUNGE (N.-Ch.). **Littérature poli-économique,** 1 vol. in-8. 1898. 7 fr. 50
CARDON (G.). *Les Fondateurs de l'Université de Douai.** In-8. 10 fr.
CLAMAGERAN. **La Réaction économique et la démocratie.** In-18. 1 fr. 25
— **La lutte contre le mal.** 1 vol. in-18. 1897. 3 fr. 50
COLLIGNON (A.). *Diderot, sa vie et sa correspondance.** In-12. 1895. 3 fr. 50
COMBARIEU (J.). *Les rapports de la musique et de la poésie considérés au point de vue de l'expression.** 1893. 1 vol. in-8. 7 fr. 50
COSTE (Ad.). **Hygiène sociale contre le paupérisme.** In-8. 6 fr.
— **Nouvel exposé d'économie politique et de physiologie sociale.** In-18. 3 fr. 50 (Voy. p. 2, 6 et 32.)
COUTURAT (Louis). *De l'infini mathématique.** In-8. 1896. 12 fr.
DANY (G.), docteur en droit. *Les Idées politiques en Pologne à la fin du XVIIIe siècle.** *La Constit. du 3 mai* 1793, in-8, 1901. 6 fr.

DAREL (Dʳ). **La Folie.** Ses causes. Sa thérapeutique. 1901, in-12.   4 fr.
DAURIAC. **Croyance et réalité.** 1 vol. in-18. 1889.   3 fr. 50
— **Le Réalisme de Reid.** In-8.   1 fr. (V. p. 2.)
DAUZAT (A.), docteur en droit. **Du Rôle des chambres en matière de traités internationaux.** 1 vol. grand in-8. 1899. 5 fr. (V. p. 17.)
DENIS (Abbé Ch.). **Esquisse d'une apologie du Christianisme dans les limites de la nature et de la révélation.** 1 vol. in-12. 1898.   4 fr.
DERAISMES (Mˡˡᵉ Maria). **Œuvres complètes**: Tome I. **France et progrès.** — **Sur la noblesse.** — Tome II. **Eve dans l'humanité.** — **Les droits de l'enfant.** — Tome III. **Nos principes et nos mœurs.** — **L'ancien devant le nouveau.** — Tome IV. **Lettre au clergé français. Polémique religieuse.** Chaque volume 3 fr. 50
DESPAUX. **Genèse de la matière et de l'énergie.** In-8. 1900.   4 fr.
DOUHÉRET. **Idéologie**, discours sur la philos. prem. In-18. 1900.   1 fr. 25
DROZ (Numa). **Etudes et portraits politiques.** 1 vol. in-8. 1895. 7 fr. 50
— **Essais économiques.** 1 vol. in-8. 1896.   7 fr. 50
— **La démocratie fédérative et le socialisme d'État.** In-12.   1 fr.
DUBUC (P.). *****Essai sur la méthode en métaphysique.** 1 vol. in-8. 5 fr.
DUGAS (L.). *****L'amitié antique.** 1 vol. in-8. 1895.   7 fr. 50 (V. p. 2.)
DUNAN. *****Sur les formes à priori de la sensibilité.** 1 vol. in-8.   5 fr.
— **Zénon d'Élée et le mouvement.** In-8.   1 fr. 50 (V. p. 2.)
DUPUY (Paul). **Les fondements de la morale.** In-8. 1900.   5 fr.
DUVERGIER DE HAURANNE (Mᵐᵉ E.). **Histoire populaire de la Révolution française.** 1 vol. in-18. 5ᵉ édit.   3 fr. 50
Entre Camarades. Ouvr. publié par la Soc. des anciens élèves de la Faculté des lettres de l'Univ. de Paris. *Histoire, littérature ancienne, française, étrangères, philologie, philosophie, journalisme.* 1901, in-8. 10 fr.
ESPINAS (A.). *****Les Origines de la technologie.** 1 vol. in-8. 1897. 5 fr.
FEDERICI. **Les Lois du progrès.** 2 vol. in-8. Chacun.   6 fr.
FERRÈRE (F.). **La situation religieuse de l'Afrique romaine** depuis la fin du IVᵉ siècle jusqu'à l'invasion des Vandales. 1 v. in-8. 1898. 7 fr. 50
FERRIÈRE (Em.). **Les Apôtres**, essai d'histoire religieuse. 1 vol. in-12. 4 fr. 50
— **L'Ame est la fonction du cerveau.** 2 volumes in-18.   7 fr.
— **Le Paganisme des Hébreux jusqu'à la captivité de Babylone.** 1 vol. in-18.   3 fr. 50
— **La Matière et l'Énergie.** 1 vol. in-18.   4 fr. 50
— **L'Ame et la Vie.** 1 vol. in-18.   4 fr. 50
— **Les Mythes de la Bible.** 1 vol. in-18. 1893.   3 fr. 50
— **La Cause première d'après les données expérim.** In-18. 1896. 3 fr. 50
— **Étymologie de 400 prénoms usités en France.** 1 vol. in-18. 1898.   1 fr. 50 (Voy. p. 10 et 32).
FLEURY (Maurice de). **Introduction à la médecine de l'Esprit.** 1 vol. in-8. 6ᵉ éd. 1900.   7 fr. 50 (V. p. 3.)
FLOURNOY. **Des phénomènes de synopsie.** In-8. 1893.   6 fr.
— **Des Indes à la planète Mars.** Etude sur un cas de somnambulisme avec glossolalie. 1 vol. in-8, avec grav. 3ᵉ éd. 1900.   8 fr.
Fondation universitaire de Belleville (La). Ch. GIDE. *Travail intellectuel et travail manuel.* — J BARDOUX. *Premiers efforts et première année.* 1901. 1 vol. in-16.   1 fr. 50
FRÉDÉRICQ (P.). **L'Enseignement supérieur de l'histoire.** Allemagne, France, Ecosse, Angleterre, Hollande, Belgique. In-8. 1899.   7 fr.
GOBLET D'ALVIELLA. **L'Idée de Dieu**, d'après l'anthr. et l'histoire. In-8. 6 fr.
— **La représentation proportionnelle en Belgique**, 1900. 4 fr. 50
GOURD. **Le Phénomène.** 1 vol. in-8.   7 fr. 50
GREEF (Guillaume de). **Introduction à la Sociologie.** 2 vol. in-8. 10 fr.
— **L'évolution des croyances et des doctrines politiques.** 1 vol. in-12. 1895.   4 fr. (V. p. 7.)
GRIMAUX (Ed.). *****Lavoisier (1748-1794)**, d'après sa correspondance et divers documents inédits. 1 vol. gr. in-8, avec gravures, 3ᵉ éd. 1898. 15 fr.

GRIVEAU (M.). **Les Éléments du beau.** In-18. 4 fr. 50
— **La Sphère de beauté**, 1901. 1 vol. in-8. 10 fr.
GUYAU. **Vers d'un philosophe.** In-18. 3ᵉ édit. 3 fr. 50 (Voy. p. 3, 7 et 10.)
GYEL (le Dʳ E.). **L'être subconscient.** 1 vol. in-8. 1899. 4 fr.
HALLEUX (J.). **Les principes du positivisme contemporain**, exposé et critique. (Ouvrage récompensé par l'Institut). 1 vol. in-12. 1895. 3 fr. 50
HARRACA (J.-M.). **Contributions à l'étude de l'Hérédité et des principes de la formation des races.** 1 vol. in-18. 1898. 2 fr.
HENNEGUY (Félix). **Le Sphinx.** Poèmes dramatiques. 1 v. in-18. 1899. 3 fr. 50
— **Les Aïeux.** Poèmes dramatiques. 1 vol. in-18. 1901. 3 fr. 50
HIRTH (G.). **La Vue plastique, fonction de l'écorce cérébrale.** In-8. Trad. de l'allem. par L. Arréat, avec grav. et 34 pl. 8 fr. (Voy. p. 7.)
— **Pourquoi sommes nous distraits?** 1 vol. in-8. 1895. 2 fr.
HOCQUART (E.). **L'Art de juger le caractère des hommes sur leur écriture**, préface de J. Crépieux-Jamin. Br. in-8. 1898. 1 fr.
HORION. **Essai de Synthèse évolutionniste**, in-8. 1899. 7 fr.
HORVATH, KARDOS ET ENDRODI. **Histoire de la littérature hongroise**, adapté du hongrois par J. Kont. Gr. in-8, avec gr. 1900. Br. 10 fr. Rel. 15 fr.
JOYAU. **De l'Invention dans les arts et dans les sciences.** 1 v. in-8. 5 fr.
— **Essai sur la liberté morale.** 1 vol. in-18. 3 fr. 50
KARPPE (S.), docteur ès lettres. **Les origines et la nature du Zohar**, précédé d'une *Etude sur l'histoire de la Kabbale*. 1901. in-8. 7 fr. 50
KAUFMAN. **La cause finale et son importance au temps présent.** Traduit de l'allemand par A. Deiber. In-12. 2 fr. 50
KINGSFORD (A.) et MAITLAND (E.). **La Voie parfaite ou le Christ ésotérique**, précédé d'une préface d'Edouard Schuré. 1 vol. in-8. 1892. 6 fr.
KUFFERATH (Maurice). **Musiciens et philosophes.** (Tolstoï, Schopenhauer, Nietzsche, Richard Wagner). 1 vol. in-12. 1899. 3 fr. 50
KUMS (A.). *****Les choses naturelles dans Homère.** 1 vol. in-8. 1897. 5 fr.
— Supplément au précédent. 1 fr. 25
LAVELEYE (Em. de). **De l'avenir des peuples catholiques.** In-8. 25 c.
— **Essais et Études.** Première série (1861-1875). — Deuxième série (1875-1882). — Troisième série (1892-1894). Chaque vol. in-8. 7 fr. 50
LÉGER (C.). **La liberté intégrale.** 1 vol. in-12. 1896. 1 fr. 50
LEMAITRE (J.), professeur au Collège de Genève. — **Audition colorée et Phénomènes connexes observés chez des écoliers.** 1900, in-12. 4 fr.
LETAINTURIER (J.). **Le socialisme devant le bon sens.** in-18. 1 fr. 50
LÉVY (Albert). *****Psychologie du caractère.** In-8. 1896. 5 fr.
LÉVY-SCHNEIDER (L.), docteur ès lettres. — **Le conventionnel Jeanbon Saint-André** (1749-1813). 1901. 2 vol. in 8. 15 fr.
LICHTENBERGER (A.). **Le socialisme au XVIIIᵉ siècle.** Les idées socialistes dans les écrivains français au XVIIIᵉ siècle. In-8. 1895. 7 fr. 50
LUBBOCK (Sir J.). **Les origines de la civilisation.** in-8. 15 fr.
MABILLEAU (L.). *****Histoire de la philosophie atomistique.** 1 vol. in-8. 1895. (Ouvrage couronné par l'Institut.) 12 fr.
MAINDRON (Ernest). *****L'Académie des sciences** (Histoire de l'Académie; fondation de l'Institut national; Bonaparte, membre de l'Institut; cavalier, 53 grav., portraits, plans. 8 pl. hors texte et 2 autographes. In-8 12 fr.
MALCOLM MAC COLL. **Le Sultan et les grandes puissances**, essai historique, traduct. de Jean Longuet. 1 vol. in-8. 1899. 5 fr.
MANACÉINE (Marie de). **L'anarchie passive et Tolstoï.** In-18. 2 fr.
MANDOUL (J.). **Un homme d'État italien : Joseph de Maistre et la politique de la maison de Savoie.** 1 vol. in-8. 8 fr.
MARSAUCHE (L.). **La Confédération helvétique d'après la constitution**, préface de M. Frédéric Passy. 1 vol. in-18. 1891. 3 fr. 50
MATAGRIN. **L'esthétique de Lotze.** 1 vol. in-12. 1900. 2 fr.
MATTEUZZI. **Les facteurs de l'évolution des peuples.** In-8. 1900. 6 fr.
MERCIER (Mgr). **Les origines de la psych. contemp.** In-12. 1898. 5 fr.
— **La Définition philosophique de la vie.** Broch. in-8. 1899. 1 fr. 50

MISMER (Ch.). **Principes sociologiques.** 1 vol. in-8. 2ᵉ éd. 1897. 5 fr.
MONCALM. **Origine de la pensée et de la parole.** In-8. 1899. 5 fr.
MONNIER (Marcel). **Le drame chinois.** 1 vol. in-16. 1900. 2 fr. 50
MONTIER (Amand). **Robert Lindet**, grand in-8. 1899. 10 fr.
MORIAUD (P.). **La question de la liberté et la conduite humaine.** 1 vol. in-12. 1897. 3 fr. 50
NAUDIER (F.). **Le socialisme et la révolution sociale.** In-18. 3 fr. 50
NEPLUYEFF (N. de). **La confrérie ouvrière et ses écoles**, in-12. 2 fr.
NIZET. **L'Hypnotisme**, étude critique. 1 vol. in-12. 1892. 2 fr. 50
NODET (V.). **Les agnosies, la cécité psychique.** In-8. 1899. 4 fr.
NOVICOW (J.). **La Question d'Alsace-Lorraine.** In-8. 1 fr. (V. p. 4, 8 et 16.)
— **La Fédération de l'Europe.** 1 vol. in-18. 2ᵉ édit. 1901. 3 fr. 50
NYS (Ernest). **Les Théories politiques et le droit intern.** In-8. 4 fr.
PARIS (comte de). **Les Associations ouvrières en Angleterre** (Trades-unions). 1 vol. in-18. 7ᵉ édit. 1 fr. — Édition sur papier fort. 2 fr 50
PAUL-BONCOUR (J.). **Le fédéralisme économique**, préf. de M. WALDECK-ROUSSEAU. 1 vol. in-8. 2ᵉ édition. 1901. 6 fr.
PAULHAN (Fr.). **Le Nouveau mysticisme.** 1 vol. in-18. 1891. 2 fr. 50
PELLETAN (Eugène). ***La Naissance d'une ville** (Royan). In-18. 2 fr.
— ***Jarousseau, le pasteur du désert.** 1 vol. in-18. 2 fr.
PELLETAN (Eugène).***Un Roi philosophe :** *Frédéric le Grand*, in-18. 3 fr. 50
— **Droits de l'homme.** 1 vol. in-12. 3 fr. 50
— **Profession de foi du XIXᵉ siècle.** In-12. 3 fr. 50 (V. p. 31.)
PEREZ (Bernard). **Mes deux chats.** In-12, 2ᵉ édition. 1 fr. 50
— **Jacotot et sa Méthode d'émancipation intellect.** In-18. 3 fr.
— **Dictionnaire abrégé de philosophie.** 1893. in-12. 1 fr. 50 (V. p. 8.)
PHILBERT (Louis). **Le Rire.** In-8. (Cour. par l'Académie française.) 7 fr. 50
PHILIPPE (J.). **Lucrèce dans la théologie chrétienne** du IIIᵉ au XIIIᵉ siècle. 1 vol. in-8. 1896. 2 fr. 50
PIAT (C.). **L'Intellect actif.** 1 vol. in-8. 4 fr. (V. p. 8, 11, 12.)
— **L'Idée ou critique du Kantisme.** 2ᵉ édition 1901. 1 vol. in-8. 6 fr.
PICARD (Ch.). **Sémites et Aryens** (1893). In-18. 1 fr. 50
PICARD (E.). **Le Droit pur, les permanences juridiques abstraites.** 1 vol. in-8. 1899. 7 fr. 50
PICAVET (F.). **La Mettrie et la crit. allem.** 1889. In-8. 1 fr. (V. p. 8.)
PICTET (Raoul). **Étude critique du matérialisme et du spiritualisme par la physique expérimentale.** 1 vol. gr. in-8. 1896. 10 fr.
POEY. **Le Positivisme.** 1 fort vol. in-12. 4 fr. 50
— **M. Littré et Auguste Comte.** 1 vol. in-18. 3 fr. 50
PORT. **La Légende de Cathelineau.** In-8. 5 fr.
POULLET. **La Campagne de l'Est** (1870-1871). In-8, avec cartes. 7 fr.
***Pour et contre l'enseignement philosophique**, par MM. VANDEREM (Fernand), RIBOT (Th.), BOUTROUX (F.), MARION (H.), JANET (P.) et FOUILLÉE (A.); MONOD (G.), LYON (Georges), MARILLIER (L.), CLAMADIEU (abbé), BOURDEAU (J.), LACAZE (G.), TAINE (H.). 1894. In-18. 2 fr.
PRAT (Louis). **Le mystère de Platon** (Aglaophamos). 1 v. in-8. 1900. 4 fr.
PRÉAUBERT. **La vie, mode de mouvement.** In-8. 1897. 5 fr.
PRINS (Ad.). **L'organisation de la liberté et le devoir social.** 1 vol. in-8. 1895. 4 fr.
PUJO (Maurice). ***Le règne de la grâce.** 1 vol. in-18. 3 fr. 50
RATAZZI (Mᵐᵉ). **Emilio Castelar.** In-8, avec illustr., portr. 1899. 3 fr. 50
RAYMOND (P.). **L'arrondissement d'Uzès avant l'Histoire.** In-8, avec gravures. 1900. 6 fr.
RENOUVIER (Ch.), de l'Institut. **Uchronie** *L'Utopie dans l'Histoire*. 2ᵉ édit. 1901. 1 vol. in-8. 7 fr. 50
RIBOT (Paul). **Spiritualisme et Matérialisme.** 2ᵉ éd. 1 vol. in-8. 6 fr.
ROBERTY (J.-E.) **Auguste Bouvier**, pasteur et théologien protestant. 1826-1893. 1901. 1 fort vol. in-12. 3 fr. 50
ROISEL. **Chronologie des temps préhistoriques.** In-12. 1900. 1 fr.

ROTT (Ed.). **Histoire de la représentation diplomatique de la France auprès des cantons suisses, de leurs alliés et de leurs confédérés**, tome I. 1 fort vol. gr. in-8. 1900. 12 fr.
RUTE (Marie-Letizia de). **Lettres d'une voyageuse.** Vienne, Budapest, Constantinople. 1 vol. in-8. 1896. 3 fr.
SANDERVAL (O. de). **De l'Absolu.** La loi de vie. 1 vol. in-8. 2° éd. 5 fr.
— **Kahel. Le Soudan français.** In-8, avec gravures et cartes. 8 fr.
SAUSSURE (L. de). **Psychol. de la colonisation franç.**, in-12. 3 fr. 50
SAYOUS (E.), professeur à l'Université de Besançon. **Histoire générale des Hongrois.** 2° éd. revisée par ANDRÉ SAYOUS et J. DOLENECZ. 1 vol. grand in-8, avec grav. et pl. hors texte. 1900. Br. 15 fr. Relié. 20 fr.
SECRÉTAN (Ch.). **Études sociales.** 1889. 1 vol. in-18. 3 fr. 50
— **Les Droits de l'humanité.** 1 vol. in-18. 1891. 3 fr. 50
— **La Croyance et la civilisation.** 1 vol. in-18. 2° édit. 1891. 3 fr. 50
— **Mon Utopie.** 1 vol. in-18. 3 fr. 50
— **Le Principe de la morale.** 1 vol. in-8. 2° éd. 7 fr. 50
— **Essais de philosophie et de littérature.** 1 vol. in-12. 1896. 3 fr. 50
SECRÉTAN (H.). **La Société et la morale.** 1 vol. in-12. 1897. 3 fr. 50
SKARZYNSKI (L.). **Le progrès social à la fin du XIX° siècle.** Préface de M. LÉON BOURGEOIS. 1901. 1 vol in-12. 4 fr. 50
SOLOWEITSCHEK (Leonty). **Un prolétariat méconnu**, étude sur la situation sociale et économique des juifs. 1 vol. in-8. 1898. 2 fr. 50
SOREL (Albert) **Le Traité de Paris du 20 novembre 1815.** In-8. 4 fr. 50
SPIR (A.). **Esquisses de philosophie critique.** 1 vol. in-18. 2 fr. 50
— **Nouvelles études de philosophie critique.** In-8. 1899. 3 fr. 50
STOCQUART (Emile). **Le contrat de travail.** In-12. 1895. 3 fr.
STRADA (J.). **La loi de l'histoire.** 1 vol. in-8. 1894. 5 fr.
— **Jésus et l'ère de la science.** 1 vol. in-8. 1896. 5 fr.
— **Ultimum organum**, constit. scient. de la mét. générale. 2 v. in-12. 7 fr.
— **La Méthode générale.** 1 vol. in-12. 2 fr.
— **La religion de la science et de l'esprit pur**, constitution scientifique de la religion. 2 vol. in-8. 1897. Chacun séparément. 7 fr.
TERQUEM (A.). **Science romaine à l'époque d'Auguste.** in-8. 3 fr.
TISSOT. **Principes de morale.** 1 vol. in-8. 6 fr. (Voy. KANT, p. 11.)
VACHEROT. **La Science et la Métaphysique.** 3 vol. in-18. 10 fr. 50
VAN BIERVLIET (J.-J.). **Psychologie humaine.** 1 vol. in-8. 8 fr.
— **La Mémoire.** Br. in-8. 1893. 2 fr.
— **Études de psychologie**, 1 vol. in-8. 1901. 4 fr.
VIALLATE (A.). **Chamberlain.** in-12, préface de E. BOUTMY. 2 fr. 50
VIALLET (C.-Paul). **Je pense, donc je suis.** Introduction à la méthode cartésienne. 1 vol. in-12. 1896. 2 fr. 50
VIGOUREUX (Ch.). **L'Avenir de l'Europe** au double point de vue de la politique de sentiment et de la politique d'intérêt. 1892. 1 vol. in-18. 3 fr. 50
WEIL (Denis). **Le Droit d'association et le Droit de réunion** devant les chambres et les tribunaux. 1893. 1 vol. in-12. 3 fr. 50
— **Les Élections législatives.** Histoire de la législation et des mœurs. 1 vol. in-18. 1895. 3 fr. 50
WUARIN (L.). **Le Contribuable.** 1 vol. in-16. 3 fr. 50
WULF (M. de). **Histoire de la philosophie scolastique dans les Pays-Bas et la principauté de Liège jusqu'à la Révol. franç.** In-8. 5 fr.
— **Sur l'esthétique de saint Thomas d'Aquin.** In-8. 1 fr. 50
— **La Philosophie médiévale.** 1 vol. in-8. 1899. 7 fr. 50
ZIESING (Th.). **Érasme ou Salignac.** Étude sur la lettre de François Rabelais. 1 vol. gr. in-8. 4 fr.
ZOLLA (D.). **Les questions agricoles d'hier et d'aujourd'hui.** 1894, 1895. 2 vol. in-12. Chacun. 3 fr. 50

BIBLIOTHÈQUE UTILE

124 VOLUMES PARUS

Le volume de 192 pages, broché, 60 centimes.
Cartonné à l'anglaise, 1 fr.

La plupart des livres de cette collection ont été adoptés par le *Ministère de l'Instruction publique* pour les Bibliothèques des Lycées et Collèges de garçons et de jeunes filles, celles des Ecoles normales, les Bibliothèques populaires et scolaires.

HISTOIRE DE FRANCE

Les Mérovingiens, par Buchez.
Les Carlovingiens, par Buchez.
Les Luttes religieuses des premiers siècles, par J. Bastide. 4ᵉ édit.
Les Guerres de la Réforme, *du même*.
La France au moyen âge, par F. Morin.
Jeanne d'Arc, par Fréd. Lock.
Décadence de la monarchie française, par Eug. Pelletan, sénateur. 4ᵉ édit.
La Révolution française, par H. Carnot (2 volumes).
La Défense nationale en 1792, par P. Gaffarel, professeur à l'Univ. de Dijon.
Napoléon Iᵉʳ, par Jules Barni. 3ᵉ édit.
Histoire de la Restauration, par Fréd. Lock. 3ᵉ édit.
Histoire de Louis-Philippe, par Edgar Zevort, recteur de l'Académie de Caen. 2ᵉ édit.

Mœurs et Institutions de la France, par P. Bondois, prof. au lycée Buffon, 2 vol.
Petite histoire abrégée des rapports de l'Église et de l'État en France (1789-1831), par MM. Dubois et Sarthou. (Résumé d'après l'ouvrage de M. A. Debidour.)
Histoire de l'armée française, par L. Bère.
Histoire de la marine française, par Doneaud, prof. à l'École navale. 2ᵉ édit.
Histoire de la conquête de l'Algérie, par Quesnel.
Les Origines de la guerre de 1870, par Ch. de Larivière.
Histoire de la littérature française, par Georges Meunier, agrégé de l'Univ.
Histoire de l'Art ancien et moderne (avec grav.), par le même.

PAYS ÉTRANGERS

L'Espagne et le Portugal, par E. Raymond. 2ᵉ édition.
Histoire de l'Empire ottoman, par L. Collas. 2ᵉ édition.
Les Révolutions d'Angleterre, par Eug. Despois. 3ᵉ édition.
Histoire de la maison d'Autriche, par Ch. Rolland. 2ᵉ édition.

L'Europe contemporaine (1789-1879), par P. Bondois, prof. au lycée Buffon.
Histoire contemporaine de la Prusse, par Alfr. Doneaud.
Histoire contemporaine de l'Italie, par Félix Henneguy.
Histoire contemporaine de l'Angleterre, par A. Regnard.

HISTOIRE ANCIENNE

La Grèce ancienne, par L. Combes.
L'Asie occid. et l'Égypte, par A. Ott.
L'Inde et la Chine, par A. Ott.

Histoire romaine, par Creighton.
L'Antiquité romaine, par Wilkins.
L'Antiquité grecque, par Mahaffy.

GÉOGRAPHIE

Torrents, fleuves et canaux de la France, par H. Blerzy.
Les Colonies anglaises, par H. Blerzy.
Les Iles du Pacifique, par le capitaine de vaisseau Jouan (avec une carte).
Les Peuples de l'Afrique et de l'Amérique, par Girard de Rialle.
Les Peuples de l'Asie et de l'Europe, par Girard de Rialle.
L'Indo-Chine française, par Faque.

Géographie physique, par Geikie.
Continents et Océans, par Grove (avec figures).
Les Frontières de la France, par P. Gaffarel, prof. à la Faculté de Dijon.
L'Afrique française, par A. Joyeux.
Madagascar, par A. Milhaud, prof. agrégé d'histoire et de géographie (avec carte).
Les grands ports de commerce, par D. Bellet.

COSMOGRAPHIE

Les Entretiens de Fontenelle sur la pluralité des mondes, mis au courant de la science, par Boillot.
Le Soleil et les Étoiles, par le P. Secchi, Briot, Wolf et Delaunay. 2ᵉ éd. (avec fig.).
Les Phénomènes célestes, par Zurcher et Margollé.

A travers le ciel, par Amigues, proviseur du lycée de Toulon.
Origines et Fin des mondes, par Ch. Richard. 3ᵉ édition.
Notions d'astronomie, par L. Catalan. 4ᵉ édition (avec figures).

SCIENCES APPLIQUÉES

Le Génie de la science et de l'industrie, par B. Gastineau.

Causeries sur la mécanique, par Brothier. 2ᵉ édit.

Médecine populaire, par le Dr TURCK. 7e édit., revue par le Dr L. LARRIVÉ.

La Médecine des accidents, par le Dr BROQUÈRE.

Les Maladies épidémiques (Hygiène et Prévention), par le Dr L. MONIN.

Hygiène générale, par le Dr CRUVEILHIER.

La tuberculose, son traitement hygiénique, par P. MERKLEN, interne des hôpitaux.

Petit Dictionnaire des falsifications, par DUFOUR, pharmacien de 1re classe.

L'Hygiène de la cuisine, par le Dr LAUMONIER.

Les Mines de la France et de ses colonies, par P. MAIGNE.

Petite chimie de l'agriculture, par V. VAILLANT.

Les Matières premières et leur emploi, par le Dr H. GENEVOIX, pharmacien de 1re cl.

Les Procédés industriels, du même.

La Photographie, par H. GOSSIN.

La Machine à vapeur, du même (av. fig.).

La Navigation aérienne, par G. DALLET.

L'Agriculture française, par A. LARBALÉTRIER, prof. d'agriculture (avec figures).

La Viticulture nouvelle, par A. BERGET.

La pratique des vins, par le même.

Les vins de France, par le même.

Les Chemins de fer, p. G. MAYER (av. fig.).

Les grands ports maritimes de commerce, par D. BELLET (avec figures).

SCIENCES PHYSIQUES ET NATURELLES

Télescope et Microscope, par ZURCHER et MARGOLLÉ.

Les Phénomènes de l'atmosphère, par ZURCHER. 7e édit.

Histoire de l'air, par ALBERT-LÉVY.

Histoire de la terre, par BROTHIER.

Principaux faits de la chimie, par BOUANT, prof. au lycée Charlemagne.

Les Phénomènes de la mer, par E. MARGOLLÉ. 5e édit.

L'Homme préhistorique, par ZABOROWSKI. 2e édit.

Les Mondes disparus, du même.

Les grands Singes, du même.

Histoire de l'eau, par BOUANT, prof. au lycée Charlemagne (avec grav.).

Introduction à l'étude des sciences physiques, par MORAND. 5e édit.

Le Darwinisme, par E. FERRIÈRE.

Géologie, par GEIKIE (avec figures).

Les Migrations des animaux et le Pigeon voyageur, par ZABOROWSKI. 4e éd.

Premières Notions sur les sciences, par Th. HUXLEY.

La Chasse et la Pêche des animaux marins, par JOUAN.

Zoologie générale, par H. BEAUREGARD.

Botanique générale, par E. GÉRARDIN, (avec figures).

La Vie dans les mers, par H. COUPIN.

Les Insectes nuisibles, par A. ACLOQUE.

PHILOSOPHIE

La Vie éternelle, par ENFANTIN. 2e éd.

Voltaire et Rousseau, par E. NOEL. 3e éd.

La Philosophie zoologique, par Victor MEUNIER. 3e édit.

L'Origine du langage, par ZABOROWSKI.

Physiologie de l'esprit, par PAULHAN (avec figures).

L'Homme est-il libre? par G. RENARD.

La Philosophie positive, par le docteur ROBINET. 2e édition.

ENSEIGNEMENT. — ÉCONOMIE DOMESTIQUE

De l'Éducation, par H. SPENCER. 8e édit.

La Statistique humaine de la France, par Jacques BERTILLON.

Le Journal, par HATIN.

De l'Enseignement professionnel, par CORBON. 3e édit.

Les Délassements du travail, par Maurice CRISTAL. 2e édit.

Le Budget du foyer, par H. LENEVEUX.

Paris municipal, par H. LENEVEUX.

Histoire du travail manuel en France, par H. LENEVEUX.

L'Art et les Artistes en France, par Laurent PICHAT, sénateur. 4e édit.

Premiers principes des beaux-arts, par J. COLLIER (avec gravures).

Économie politique, par STANLEY JEVONS.

Le Patriotisme à l'école, par le général JOURDY.

Histoire du libre-échange en Angleterre, par MONGREDIEN.

Économie rurale et agricole, par PETIT.

La Richesse et le Bonheur, par Ad. COSTE.

Alcoolisme ou épargne, le dilemme social, par Ad. COSTE.

L'Alcool et la lutte contre l'alcoolisme, par les Drs SÉRIEUX et MATHIEU.

Les plantes d'appartement, de fenêtres et de balcons, par A. LARBALÉTRIER.

L'Assistance publique en France, par le Dr L. LARRIVÉ.

La pratique des vins, par A. BERGET.

Les vins de France, par A. BERGET.

DROIT

La Loi civile en France, par MORIN. 3e édit.

La Justice criminelle en France, par G. JOURDAN. 3e édit.

L.-Imprimeries réunies, rue Saint-Benoît, 7, Paris.

www.ingramcontent.com/pod-product-compliance
Lightning Source LLC
Chambersburg PA
CBHW070543230426
43665CB00014B/1790